乡村妇女主任口述

新中国基层社会政权建设(1949-1999)

丁贤勇　刘俊峰
徐　杨　冯小雪　编著

人民出版社

序　言

一

在人类社会发展中，妇女参政经历了一个漫长而曲折的发展过程。

在漫长的母系氏族社会里，妇女一直当家作主几十万年。大约在距今5000年前后，人类社会才转向父系氏族社会。即使在古代希腊的雅典，在号称“民主政治摇篮”中，公民指的是“本邦成年男子”，还是一个性别角色。直至19世纪中叶，英、美等资本主义国家才开始认可妇女参与政事，有选举权和被选举权。进入20世纪，这一认识才得以成为现实。先后有芬兰（1906）、挪威（1913）、丹麦（1915）、俄国（1917）、德国（1919）、美国（1920）、捷克斯洛伐克（1920）、波兰（1921）、英国（1928）、法国（1944）及日本（1945）等国，妇女在法律上获得与男子同等的参政权。1952年，联合国通过的保护妇女政治权益协定正式提出：妇女应当在一切选举中享有与男子完全平等的权利。

在辛亥革命时期，中国妇女提出了“女子参政”的要求；1911年11月，在上海成立“女子参政同志会”；12月，广东省会简章承认妇女有参政权，由此出现了中国最早的（也是亚洲最早的）10名省女议员。李大钊等人早在五四运动前就开始宣传和倡导妇女参政。五四运动后，妇女参政运动从湖南、广东波及至全国。1926—1927年北伐战争时期，妇女参政运动随着民族民主解放运动的发展进入一个新的阶段。1931年，中国共产党领导下的苏维埃中央政府制定的《宪法大纲》里就明确规定男女平等，在各级政权机构里，妇女应占25%。1937—1945年国共合作时期的第一届（1938）国民参政会中，有10名女参政员。1949年中华人民共和国成立后，1953

年公布的选举法和1954年颁布的宪法都明确规定妇女享有与男子同等的选举权和被选举权。现如今《中华人民共和国宪法》第四十八条是“中华人民共和国妇女在政治的、经济的、文化的、社会的和家庭的生活等各方面享有同男子平等的权利。国家保护妇女的权利和利益，实行男女同工同酬，培养和选拔妇女干部”。《中国共产党党章》第六章第三十五条规定“党重视培养、选拔女干部和少数民族干部”。这些政策极大地保障了妇女的参政权。

可以说20世纪以来，人类最巨大的变革之一就是女性走向社会、争取男女平等，并开始走入社会政治生活。“巾帼不让须眉”是中国的一句古话，但传统时代中男权统治总是压迫女性权利，即使有武则天和慈禧作为古代女性参政的事实，也被视为是非正统的典型个案。中华民国建立前后，西方民主平等思想传入中国，中国女性也开始思考自身权利。中华人民共和国成立后更是有“妇女能顶半边天”的口号，体现着新中国成立后妇女解放运动和妇女参政的发展。近年来中华人民共和国的妇女解放与妇女参政问题也逐渐成为中外学术界研究的热门话题。妇女主任这一基层政治组织群体是共和国背景下诞生的有关“妇女解放”和“男女平等”的体现。在村民自治制度下，农村妇女的政治参与是体现男女平等、基层民主发展程度与社会文明进步的重要尺度，农村妇女参与基层自治事务已经得到政策的诸多支持和社会的广泛认可。

现代意义上的“妇女参政”一词最早出自李大钊《战后之妇人问题》:“妇人参政的运动，也是本着这种精神起的。”意为直接或间接参与管理国家或社会公共事务及政治决策。女性参政指妇女参与社会公共事务的管理，分为权力参与、民主参与两个层面：权力参与，是女性进入公共权力机构管理公共事务，担任领导，参与决策；民主参与，是女性享有公民的选举权和被选举权，通过选举、建议等向权力机构反映自己的主张，影响公共决策，从而切实维护女性的利益和权利。民主参与是女性参政的基础层面。中华人民共和国成立，村民自治制度实施后出台的法律政策法规，为村民委员会选举制度的顺利进行提供了制度保障，“村民委员会成员中，妇女应当有适当的名额”的政策规定为农村妇女政治参与权利的实现奠定了制度基础。“离开了广大农村妇女的聪明才智，离开了广大农村妇女的积极参与，我国农村村民自治实践乃至整个社会主义新农村建设都是无法实现的。”

本书通过妇女主任这一独特视角考察农村基层民主政治建设中农村妇女的政治参与，对农村妇女的政治参与界定在农村基层社会中，彰显新中国基层民主政治建设与政权建设的伟大成就。妇女政治参与是一个社会民主政治范畴，是全体妇女作为国家的主人，同男子一样共同行使管理国家政治、经济、文化和社会生活的行为，并通过妇女群体或团体组织的政治、社会活动，反映妇女的权益，参与和影响各项政策、法律和法规的制定。从政和政治参与之间并不具有同等意义，部分妇女的从政，即妇女进行权力参与，是妇女政治参与的具体途径和形式，是相对高层次的政治参与，但从政妇女的数量和职务的高低并不能完全说明妇女政治参与的程度。因此，我们在考察农村妇女政治参与时，就不能仅仅只关注村委会成员中有多少女性，而是要看在村民自治中全体妇女的政治参与程度，并由此找到制约农村妇女进行政治参与的各种因素。

学界从不同学科视角，多层次地对村民自治制度下农村妇女政治参与进行探讨。大多集中在政治学、社会学、心理学、妇女学等研究领域，涌现出丰硕的研究成果。在总结影响和制约妇女参政的因素方面，学界多从客观因素和主观因素两方面分析探讨，客观因素包括社会环境、政策措施、传统文化等，主观因素包括妇女的教育水平、妇女自身素质、主人翁意识等。上述研究成果具有较强的现实性和实用性，对促进农村妇女的政治参与有积极意义，但也有进一步拓展的空间。

本书利用现代史学中新兴的口述史方法，立足于具体现实的人——新时期的妇女群体，在借助数据分析和个案访谈的基础上，希望通过不同于以往大范围、宏观讨论我国妇女参政的形式——个人口述，对曾任或现任基层干部——主要是妇女主任——进行口述访谈，借助口述史的形式了解和研究中华人民共和国成立七十多年来妇女政治参与在基层政权组织中的形式和作用，力图还原中华人民共和国成立初期女姓参与乡村地方社会治理的情景，建构中国乡土社会基层民主建设的历程，梳理共和国初期妇女解放的光荣与梦想，以及中华人民共和国建立后在政治、经济、社会、文化等方方面面的情景及存在的问题，重构毛泽东主席提出的“妇女撑起半边天”的社会场景。

二

关于农村妇女概念，目前学术界界定主要有三种：一指职业，从事农业劳动的妇女；二指居住地，居住并生活在农村的妇女；三指社会身份，即持有农业户口的妇女。本书研究的农村妇女是第二种界定上的农村妇女，即居住并生活在农村的妇女，把对农村妇女的政治参与限定在农村基层民主政治建设即担任乡村女干部范围中。

我们访谈的四十多位农村妇女，她们出任基层妇女干部原因不尽相同，主要是文化程度相对较高，其次是思想端正，身为党员，也有家庭成分好，为人积极热情等因素。

中华人民共和国成立之初，我国的文盲率高达80%，1952年我国开展扫盲运动，其高潮一直持续到20世纪50年代末。而我们所调查的四十多位妇女干部多出生于20世纪上半叶，部分经历了扫盲运动，有幸走进学堂甚至是接受较高程度教育。但由于当时民众的文化程度普遍较低，扫盲运动虽然在很大程度上降低了文盲率，但仍有较多困难家庭的孩子上不起学，有多数女性依然受到“重男轻女”思想的影响，会将受教育权利让给兄弟，因此农村女性的文盲率还是较高的。妇女干部与身边女性相比，在文化程度上具有明显优势，在我们采访的人中有三分之二是初中及以上学历，用其谦虚的话来说：“我勉强认得几个字，还算是个文化人，大家就推选我去当妇女干部。”诚然，文化程度相对较高给了女性一个新的自我展现平台，既是机遇，也是挑战。同时，思想端正是每个干部的基本要求，党员身份在某种程度上是对这位同志的思想、态度及为人处事等方面的认可，能成为党员的女性大多乐于助人，有着较好人缘和群众基础，这也成为被推荐担任妇女干部的一个重要条件。妇女干部大都经历过“文化大革命”，因此出任干部离不开一个条件，就是一个很时髦的词即“成分”。家里属于贫下中农，既不是地主，也不是所谓的“走资派”“当权派”等，属于当时“成分好”的人，自然而然地被推荐上去担任干部。

农村妇女进入村级组织中管理事务，作为农村自治的实践者、参与者和推动者，对村级事务的决策与推进具有一定的影响力。一个村的干部主要是由村民主任、妇女主任、民兵连长、支部书记和调解员等角色组成。在处理村务的过程中，妇女干部与其他干部可以说是通力合作的关系，“一根筷子易折断，十根筷子折不弯”。妇女干部负责上传下达，定时参加每月乡镇会议，会议内容主要是宣传上级政策、各村干部汇报上月情况、年底评选先进等事项；了解到最新的政策后再给村子里的妇女队长开小会，由于多数乡政府均没有专门用来开会的办公室，所以给每个小队的妇女开会一般约定在某个相对富裕的家庭或者家里有空屋子的人家，20世纪五六十年代通常是跑到小队长家里逐个叫喊来开会，到七八十年代就用广播来召集大家开会。

1982年，党的十二大把“计划生育”政策确定为基本国策。在这一生育政策当中广大农村女性不仅是重要的节育动员对象，而且是主要的实践者和推动者。在农村传统思想较为浓厚的情况下，妇女主任如何将计划生育纳入农村女性自身生活体系中，是个工作难题。就以落实来举例，其一表示“我每个月都要做月月清报表，吃药的有多少人，打避孕针的有多少人，安排可以生育的有多少人，一个大队有几个生育适龄的妇女，就像有一本账一样”。“计划生育”所宣传的“少生优生”“晚婚晚育”等口号与当时农村的“多子多福”“儿孙满堂”价值观存在很大矛盾，因此该工作从一开始就受到了阻碍。在早期推广阶段，一是政府的政策并没有很好地传达到基层，二是没有明确详细的指标要求，因此农村地区的计划生育工作基本处于口头劝告但无实际措施的阶段，妇女主任和村民之间的矛盾尚未激化。口述者普遍反映1990年前后是计划生育实施特别严的时期，其一反复强调：“我当时的工作几乎就是以计划生育为中心，可以说手头半步不离计划生育的工作，上面有关计划生育的政策层层下达下来，我们这些干部就要把政策付诸行动，贯彻到村里的家家户户。”妇女主任必须协调好国家政策与村民需求之间的矛盾冲突，首先是宣传计划生育理念，对已经有一胎的妇女进行避孕教育和劝说绝育；其次是制定避孕节育的不同标准，第一胎是男孩就绝育（结扎输卵管），第一胎是女孩就套节育环（避孕），四周年后可生第二胎。

中华人民共和国成立之初，国家经济正处于百废待兴之际，尽快实现工业化的首要任务决定了需从农业调动资源来支援发展工业，于是就进入了集体化时期。在农村，传统农业劳动一般是以户为单位进行家庭作业，男主外，女主内；实行集体化生产后，为扩大农业积累，要求尽可能调动一切劳动力。1955年毛泽东主席在对浙江建德千鹤妇女投入生产的报告批语中说："中国的妇女是一种伟大的人力资源。必须发掘这种资源，为了建设一个伟大的社会主义国家而奋斗。要发动妇女参加劳动，必须实行男女同工同酬的原则。"由此，乡村妇女作为一种不可或缺的劳动力资源，开始大规模进入生产领域。

在工分制下，经济地位是决定家庭地位的关键所在，妇女在劳动中挣得工分，即使从事同一工作或者同样的工作强度，依旧少于男性。"男的最高劳动力一天可以有十个工分，而我们妇女就算付出相同的劳动强度，最多也只有六个工分。一角一个工分，男的劳动力最高一天有一元收入，而女的最高一天只有六角钱。"不仅在普通的田地劳动中，即使在基层干部之间，女性干部每天的工分也比男性干部要少。一般情况下，男书记的工分比较多，即使开会或是其他活动，虽然可能只有半天的时间，但是仍按照一天满工来计算工分，而像妇女干部，半天只能算半天工分。落后的农村观念阻碍着男女平等的实现，妇女所接受的教育普遍少于男性，整体上妇女自身的劳动能力和知识水平都要弱于男性，因此追求完全的同工同酬也是不符合当时农村的现实状况的。

在基层妇女工作中，妇女干部工作的中心是为妇女服务。一方面针对妇女群体遇到的问题开展社会服务，另一方面为妇女群体发展提供社会保障。在传统的农村环境下，大部分妇女干部的工作都包括了协调家庭矛盾这一项，而在农村家庭矛盾主要是两大方面，一是婆媳矛盾，二是夫妻矛盾。婆媳矛盾的焦点主要围绕下一代的有关问题，妇女干部的工作围绕双方心结而开展，一方面宽慰女方，同时给男方及婆婆做工作，让他们理解女方；等到双方矛盾暂时平息后，妇女干部还会做好后续工作，介绍夫妻双方去相关医院做检查等等以最终解决矛盾的根源。夫妻矛盾所产生的消极影响也很大，妇女干部就要发挥"和事佬"的作用，方法也与协调婆媳矛盾类似，就是两头劝，要尽可能地让双方冷静下来，引导夫妻双方各退一步，互相体谅，心平气和地谈一谈；如果继续吵架，妇女干部会以影响生产队的工作、工分来提醒，这个时候为了大事化小，小事化了，一般双方就自动停止争吵。准备离婚的夫妻须到妇女干部那里开具介绍信，此时妇女干部总是会让双方再想想，并说要是一个星期以后坚持要离婚就再来开介绍信；如果一个星期之后双方还是要来开介绍信去办离婚，这时候妇女干部依然会做最后的努力，借助双方父母的力量尽量劝解。显然，妇女干部作为基层政权中的特殊组成部分，对于维护农村的社会稳定，协调邻里关系、家庭关系是具有重要意义的。

一个人在社会上扮演着多重角色，如在家庭这个女性重要活动场所中，女性担任着妻子、母亲、婆婆等不同角色，而清楚把握角色的权利和义务则是成功实现角色行为的前提。大多数农村妇女把自己定位在家庭内，虽然可以外出工作，但依然以处理家庭事务为前提。尤其是参与社会工作的乡村女干部，她们的责任，不再是单纯的家庭内妻子、母亲等角色，还要承担社会工作，这两种角色的期望和行为要求可能会引发一定的角色冲突。在这之中大部分妇女干部尽量在家庭与工作之间两者兼顾，她们无论是在时间还是精力上都要比别人投入得更多。通常她们把家里的事情放到晚上做，比如说洗衣服、搞卫生、准备晚饭，完成琐碎家务之后再去田里干农活，减轻家人的负担，等回到家里已是夜深；第二天天还没亮她们就已经起床，准备好一家人的早饭，再去田里干活，回来后还要照顾孩子上学，家里都安排妥当后再到村里去工作。也有少部分妇女干部因为没有处理好家庭与工作的关系，最后只能无奈地选择离开工作岗位或者放弃家庭。她们可能主要把精力花在了自己的工作上，虽然所做的工作得到了村里的支持与肯定，帮助她们获得很多荣誉，但她们在认真投入工作的时候却忽略了对家庭的照顾。事实上妇女干部在工作中要负责的事情很多很杂，从国家层面的“计划生育”再到“协调邻里矛盾”这样的小事，家务及农活只能靠自己的爱人或者父母，最忙的时候甚至连自己的孩子也没时间照顾，长此以往家庭矛盾积累到一定程度就会自动爆发，导致一些妇女干部因为家庭矛盾不得不在工作与家庭中做出艰难的抉择。妇女由于其社会角色的多重性，注定了要承担多方面的责任，而妇女干部加上其工作的特殊性，很多时候不得不通过不断压缩自己的时间去兼顾家庭与事业，可以说我国基层社会的稳定与和谐离不开妇女干部默默的奉献。

传统思想、社会压力以及个人能力等相关因素都在一定程度上影响着妇女群体参与地方治理的心态和行为。据统计，我们所访问的妇女干部中目前仍在职的有三位。退休或卸任的妇女干部中，八位因为年事已高主动提出退休；有四位因为家庭因素，其中三位认为妇女工作过多占据生活时间导致自家家庭矛盾激化而主动退休，一位因为儿子当选大队书记，为避免"儿子指挥妈"引来"触霉头"而主动退休；另外有两位因为村中事务增加，对于妇女主任文化水平要求上升，让位于更出色的年轻人；还有两位因为自身疾病辞职，一位听力下降，另一位冠心病；还有一位认为无法承担妇女主任的职责，以及计划生育工作推动不力而选择辞职；一位则因为家中劳动力不足而选择辞职……近几年来的实地口述访谈，我们深深体会到共和国成立以来乡村妇女在社会地位上发生了翻天覆地的变化，她们活跃在乡镇基层政权中，受到当地人民的尊重和上级部门的认可，多有如"五好妇代会""先进计划生育个人""先进工作者"等奖状。如今奖状虽已泛黄，但却证载着妇女干部点点滴滴的工作贡献。

此外，从女性干部实际参与基层政权组织工作的过程中来看，仍有不少阻碍因素，乡村中女性干部作用并没有得到充分发挥。本书对于阻碍乡村妇女参政的因素总结如下：第一，女性的天然生理特色一定程度上占用或者缩减参与社会工作的时间。乡村妇女干部要同时兼顾家庭责任和社会工作，生儿育女照顾家庭，个人精力大大分散，压缩了干事业的能力和创造力。第二，农村妇女受传统思想束缚，缺乏参政自觉性。农村男尊女卑的传统思想依旧存在，男性在村级政治中享有绝对支配权和控制权，而女性因其对家庭有较强的依附性而处于从属被动地位。一些农村妇女往往缺乏自信，在男性面前有自卑感，缺乏政治参与意识和竞争意识。第三，妇女自身主观因素的制约。由于受到农村经济发展水平限制，广大妇女文化素质普遍不如男性，文盲或者小学文化水平居多，这就影响了乡村妇女出来竞选妇女主任的热情和自信，致使她们参选热情不高。

在乡村，我们认为还是有几方面需要去做的。首先，加大对农村的经济与社会发展的投入，提高教育经费比重。大力开展农村妇女培训班，帮助增长她们的知识文化水平。其次，加强对年轻妇女干部的培养，做好新老干部衔接工作。为减少妇女干部青黄不接现象的发生，应该提早发现、培养文化程度和综合素质较强的女青年，慢慢引导她们参与一些村内辅助事务，帮助其建立社会归属感。资历深的女干部可以适当提携能力强的女青年，传授个人工作经验，放手发动新一代，帮助建立年青一代女性在村里的知名度和认可度。最后，落实规范基层选举程序，保障男女相应比例。可以采取立法或者行政手段，在选举过程中规范好比例，禁止拉帮结派，保证公平、公正、公开。也可以适当增加些鼓励农村妇女参与竞选的奖励措施，以鼓动其积极性。通过口述调查，我们对新中国农村妇女参与基层政权的程度、工作贡献以及影响参政的原因有了较为全面的了解。我国农村妇女获得参与基层政权的权利，是我国妇女参政史上的一个重大突破。

经过多次深入浙江等省市县口述访谈，放眼望去，我们深感一代又一代的妇女干部在历史洪流中上任、卸任，她们耐得住艰苦，守得住清贫，受得住荣誉，撑得起半边天。

三

口述访谈是一项与时间抢夺文化财富的竞赛，口述史提供的是人为本位的历史资源。首先，现代口述史的兴起，改变了史学研究的走向。口述史料是一种动态的变化之中的史料，是历史发展的一个过程性描述，与文献史料相比，是活着的人对所经历的人或事的一种口头诉说。文献资料不能再生，是已经形成的“死材料”，口述历史则是源头活水，可以成为其他史料的辅助证明。人证有其生命周期，会随着时间的推移而流失，如果我们不抢在流失之前将这些史料收集保存起来，那么我们需要探究的这段历史又失去了很多宝贵的史料，由此造成的就不仅仅是个人的遗憾，更是人类历史文化的一大缺失。再者，口述历史能为历史现象、历史事件和历史人物提供一个背景解读。历史与现实的隔阂使历史生活中的一些常识，后人往往要进行专业考证才能获得一个初步认识。但是如果经当事人的口述，会有恍然大悟之感，并可以更全面、完整地了解重大历史事件的细节。口述实录作为一种表现人的原生态的形式，强调通过再现叙述者的状态、语境、回忆方式和提供的生活细节来构筑一个人或者一段历史相对完整的情境。口述史是一种当代

第三编　两全其美

第四编　甘苦冷暖

第五编　改革年代

第一编　峥嵘岁月

1. 五福美琳：公私交杂，可怜母心

口述者：吴美琳

采写者：潘明杰

时　间：2016 年 4—8 月、2017 年 1—2 月

地　点：浙江省安吉县天子湖镇五福村松弄新村

吴美琳，女，1927 年生，天子湖镇五福村人，幼时读过私塾。1950 年成为女民兵，加入共青团。1951 年担任原南店农会副会长，1954 年担任原南北湖乡副乡长，1955 年加入中国共产党，1956 年被选举为妇女主任，1987 年因身体状况退休。1945 年嫁至南店郭家，因未生育，抱养一男婴，于 1955 年离婚。1955 年底嫁至姚家塘洪家，抱养一男一女。两任丈夫都曾在村中担任职务。

童年：家贫母慈，艰辛度日

1927 年，我出生在泗安，是家里最小的。最先有两个大哥，但是 6 岁的时候都死了，后来又有一哥一姐。父亲，不怎么管账（管事）的，他要抽鸦片烟，总是不在家里。母亲住在赵村，可是父亲却跑到泗安去，赵村离泗安有 12 里路。他在泗安卖柴火，说去卖柴火，他不回来。我晓得，那是他要去抽鸦片烟。可怜我母亲，因为父亲不在，要一个人抚养我们几个孩子。父亲跑到泗安去的时候，我还没出生，母亲没有办法，她要出去游乡，卖小货，还要帮人家烧饭，我妈是能干的。

后来，母亲实在过不下去，我哥哥被送去给别人家压子。这是农村中冲

喜的一种形式，往往因儿童夭折或不能生育的，可以抱养一个孩子冲喜，称为“压子”，以图在一段时间后怀孕。可能向小孩家里支付一笔费用，小孩在他家中生活，有劳动能力时也会辅助他家做些农活。后来，妈妈带着小孩去了泗安，我就是那时候（1927年）在泗安出生的。我生下来后，父亲又走了，去了长兴的官斗，所以还是我妈一个人带着小孩。我妈是可怜了一辈子，她又跑到官斗去找我父亲。她没有办法只能指望做一点小生意，靠着小买卖维持，卖花生、蚕豆、板栗，放在官斗的家门口卖。在官斗的时候，姐姐还很小，具体多大我也记不清了，她已经给了人家做童养媳了。我还没有10岁，但是也能跑动了，我就陪着我母亲去游乡，她拎着小糖筐，卖针、卖线。

我妈那时候会包一点粽子，做一点团子，还顺带着卖这些东西，但是自己是舍不得吃的。实在是饿了，就给我哥吃两个，因为我哥是要去上学的，我和妈妈两个就饿着肚子。我虽然饿着肚子，还要听我妈的话去我哥后面当马调子（监视）。他的学校在官斗，是东边，我们住在西边，家门口走出去不远就有一座桥。他要去学校就要过桥，桥底下就是河，河通着泗安走的。我妈就怕我哥掉到塘里（河里）去了，怕他下到河里玩水。就叫我在后面瞟着，就是不能让他下河，看到他进学校门里去了，我再回来。我和妈妈都是要饿着的，自己卖的东西是舍不得吃的。我就这样得了个饿胃，从小饿久了，落下了病，稍微饿一点我这个人就难受得很。

我10岁的时候，“跑日本人”（日本侵略者）。父亲胆子小，那时候说日本侵略军来了，他也回到了官斗和我妈一起，还有一大班子的江北人，全部跑到南店的靠近林家塘的杨小宛（地名）一带。

跑到林家塘，没地方住。刚好当地一个叫郭文林的人他父母也“跑日本人”，他们一家跑到扬子山找他们大姑娘（女儿）去了。那天晚上，我们就住在郭文林家，还有一大班子江北人都住在他那里。住下没多久，到了半夜，洪家老宛起火了，我们一开始不知道是起火，就有人说是日本侵略军打过来了，打到松坡弄来了。半夜里我们就又起来跑，等我们跑到湖塘山上的湖塘队那里之后，才知道是洪家老宛自己起火了。

我们就又转头回去，走到杨小宛。杨小宛有一个杨七爷。家境算是好的，在地方上能说话，以前就是叫老爷的。过杨家门口的时候，刚好杨七爷听到我父亲说话的声音，因为他们两个是一起抽鸦片烟的，听得出是我父亲的声音。他就喊我父亲，说："我这里还有空屋，你就在这里住着，在这歇。"父亲就领着我们在杨小宛落脚了，在杨七爷那里住了好两年。

待到太平一点了，父亲又跑出去了。我母亲还是要养活我们两个小的呀，她就拎着一个小糖筐，这里悠到那里，那里悠到这里，管他谁呢，认识不认识，就去问他要不要买东西。那是游乡，卖顶线箍、卖线、卖针，就是和讨饭差不多。我也是跟着我妈一起，我还记得一年正月里，我就和我妈一起四处跑，我记得还有安庆人看我们娘儿俩可怜的，把一点圆子给我们吃。

那时候可怜，活的像讨饭的一样，我也没得文化，12 岁读书头一年，读了三个月，我妈不让我读了。那时候可怜，我妈带我游乡，从广德到梅溪，叫我家家户户敲门，她卖针卖线，卖点糖棍、糖片子。第二年在松坡弄，在一个王先生底下又读了两个月私塾，我妈又不让我读了，我吵了要读也没办法。往年穷人不读书，那时候读书人少，14 岁那一年搬到施家村又跟一个洪先生读了两个月，我三年读了七个月书。没得吃、没得穿的，没得钱读什么书，穷人不读书，不像现在，男女都读书了。

我哥比我大 4 岁，我陪着妈游乡的时候，他大一点，就去帮人家放牛。几年后，我哥有十八九岁了，那时候乡里的伪乡长，余乐，他说我哥的田赋（不清楚具体含义，可能是人头税）到了，后来我妈凑了五斗米请了一个田赋。又几年，我那时已经嫁到林家塘的郭家了，乡里又说我哥壮丁到了，我妈急得没有办法，就带着我哥跑去泗安。就这样分开了。我在林家塘，我妈和我哥搬去泗安。我在南店就这样待到了解放。

婚姻生活不是一次也不止一面

我第一任丈夫，郭文林，1949 年解放后，去当村长了，到 1950 年才两个年头，他自己思想不牢固犯了错误。大木桥的那个大地主余乐，解放时他把小老婆带走了，大老婆在家，还有一个姑娘也在家里。解放后，村里的办公室就扎在余乐家里，郭是村长，一来二去就和这个姑娘起了联系，他是明着来的，判决书上都写了有的。他就被判了去教养，一起有三四个月。

因为他那时候当村长，有名气，口才还好，文化马马虎虎，做人也还好。村里的人又不知道他的这些错误，有的晓得，大部分不晓得。他被判去劳改，我们村里就想去保他出来，一百多人签名一起保他。刚好一个妇女干部，和我同名字，姓不同，她带着我去保（郭）。哪晓得这一百多人，还把他保错了。1950 年，土改工作组还在村里。工作组想，这个人影响大，作风不好，这样他的罪反而还加重了。到我再去探他的时候，他已经被铐起来了。他不服气了，心想没有多大错误，在那笼子里（监狱）哇啦哇啦地说。

劳改的时候我三天两天要去的，他长了龙疱疮（带状疱疹），要经常送换洗衣裳。那时他在安吉的笼子里，我往南走，从五当村过去到洋泥湾那边，从西亩到梅溪的河上有一座桥，那桥很窄，不到一米宽。我向来胆子小，我过那桥，没人扶着我是不敢的，什么时候不来人，我什么时候过不去。有一次，我差点送了衣裳就回不来了，那时天已经黑了，我走到洋泥湾那边，一直也没看到一个人。急得要死，我想着田埂也只有这么宽（大概三十公分），这桥也比那田埂宽吧。我就狠下心自己走，哪晓得走了两个格，我在桥上吓得直打战。往前走我也走不来，往后退也没法退，蹲也蹲不下去。那时候是真要人命，马上我就要站不稳掉河里了。人不该死总有救，从河里来了一个撑排的，我就在桥上喊："你这撑排的同志，你做做好事，你快上来把我牵过去，我不能动了，我不能走了。"好得那撑排的把排插了，跑上来把我牵过去了。

第一次没保下来，第二次又去保。正好抓到了那个方田六，他是个土匪，跑进了我们村子，是民兵在林家塘的老坟河边上把他抓住的。民兵里有个叫吉某寿的人，他头上没有毛，是个秃子，他这个人只会说怪话，正经话他不会说的。他那时说是他抓的，但实际上不是他，是那个翟小五抓的，但是翟胆子小，不敢承认。那这个(功）后来就算到吉某寿头上，他带了个彩。第一次保（郭）的时候他没盖章，到第二次我们又拉了一百多名。我去找吉某寿，给他下跪求情，结果呢，他盖了个章。就这样去保回来了，但还是被剥夺政治两年。他剥夺政治的那两年，我已经选上农会会长了。

17 岁嫁到南店的郭家，过了 10 年，我都没生，抱了一个孩子叫郭晓明。日子是这样过，但老奶奶想要亲生子，抱来的这个孩子她也爱，也把晓明当个宝，但总归不是亲生的。这样后来就散了，抱来的晓明也留给他们了，后来他们是想到了(得到了）亲生子。我离婚出来一个人烧小锅，烧了七个月。

后来跟了老洪，一直到他过世。1955年，他在南店当副村长，1956年搬到这边洪家老宛（现在叫松弄新村）来当会计，一直干到老。他比我小4岁，我原来在南店当农会会长，他当村长，有工作上的联系，本来就认识的。那时候他也可怜我，也不在乎生不生，过过生活就好了。当时母亲还想让我回泗安，我想那个抱来的孩子也是我的，不能走远了，就在这里还能看得见。想着这一点，就没回泗安。

洪家当时也是苦得要命，七八个住一起，姊妹太多了。本来他们是住洪家老宛，没有现在这么些人。我公公，也是可怜，早些年搬到了姚家塘茅棚。那边有一位是我先生称作姑的亲戚，是洪家的老姑娘，我公公的姊妹夫的，她住在姚家塘，她家里在当时比我公公要富有点。我公公就搬到茅棚，去给她种田。到1956年，洪家老宛开始搞大社，南湖、五当村、五福都是一个大队。因为搞大社，我公公就搬回到洪家老宛来。

1955年，我又抱了个小孩子，因为我自己不能生育，那小儿是十个月大抱来的。生母40岁，没有奶给他吃，连饭都没有。他家里本来两个姐姐、一个哥哥，那小儿生出来了，没东西给他吃，生母也没空照顾他，就把他放在洗脚盆里，可怜伤心哦！我娘屋(娘家）的嫂嫂去泗安的时候晓得这件事，我刚好不能生，她就帮我抱了我那小儿回来了。那一年组织通知来培养我入党，我那时候是农会会长。组织通知敖民国说要征求我的意见，他就问我：“你要求不要求入党?”我现在还记得，我说入党怎么会不要求呢，就是怕我不够条件，我现在还抱了个小孩子。

这之后，我们村的领导和乡的领导都照顾我，那个时候本来每天入夜都是要开会的。组织想着我抱个小孩不方便，照顾我几个月，允许我在夜里可以不去开会，不参加会还要培养我入党，我是很感激的。我那小儿一定要吃奶才能睡，你要是把迟了，就睡不着。身上也没有肉，用针都挑不起来肉。

就这样领导照顾了几个月，一直到1956年腊月里，那时候我已经搬到南湖了。乡里的领导丁民芳来我家说：“老吴哎，组织来通知，你过两天要去梅溪（原安吉县政府所在地）里头开会。这个小孩不要带去，一定不要带。”我一句话还没说，他硬是说了一大串。他到我家不是看到我小儿，就一直讲小孩不能带去，我想着这小孩我不带谁带。我想组织这么培养我，那开会我肯定要去，小孩只能放婆婆那边了。

我等婆婆回家就问她了。在外面我说起来是看着官不小，做的事情又多，但是在家里不行，在家里我就是媳妇，那老人家的话不听是不行的。我就问婆婆："妈，我要去县（当时安吉县政府仍在梅溪）里面开会哎。"婆婆一听，她就说那你把小孩带着。前面那乡领导还一直强调说我小孩不能带去，回到家里跟老人家请假，老人家又让我把小孩带着，我难不难办。那个时候我犟了下，回回家里面什么事都随着他们，那我入党是组织上看得起我，做人也要晓得回报，我想着这梅溪是一定要去一趟的。

1956年的时候家里还是可怜，在外面吃也麻烦，所以出去都要自己带米带菜，每一样都要带点。但我连套鞋（雨靴）也没带，一样都不敢带，我就在家里捡了个小袋，把牙刷子带着，洗脸的带着。等我把东西都整好，我就拿了个酒精炉子，躲着婆婆，从家里窜出去，一出门就是田埂，我就顺着那田埂跑。我那老婆婆撵（追）我，追了多少远的路。那时候年纪大了，她跑远了也吃不消，一直追到机埠那上头喊，就想把我叫回去嘛。后来村上几个老奶奶跑出来劝婆婆说："你这媳妇是不生哎，那要是生了，像我姑娘一年一个，我不也是帮她照顾着嘛。"这是婆婆后来和我说的，她们这样七劝八劝的总算把婆婆劝回去，不再撵我了。

我不在家，婆婆肯定是要帮我看着我的小儿，我之前说了我那小儿身上瘦得没有肉。白天呢，他要坐在摇窝子（摇篮）里摇。到了晚上夜里他要含着奶才肯睡，你一扯他就醒了。我不在，他不是没奶吃了吗，她又还有事情要做，她想了个法子，把那摇窝子用绳子拴着，等我小儿哭了她就把绳子扯一扯，就这样扯了一夜，第二天我小儿就不要吃奶了，从那以后也就把奶断了。

等我几天会开回来之后，组织又把我调去带南湖几个队的民工去开南岩沟（天子岗水库南面取水渠）。在腊月的时候，我们快没吃的了，又下大雪，进度就拖的慢了。带着民工在龙溪村驻扎，虽然我是个女人，是个女干部，但是村里面总是把我当男干部来派任务。那时候下雪，粮食一直是不够的，我们都是在食堂集体打点饭吃。村里分配粮食一人一天一斤米，也就是一天吃两顿稀饭。我想着我的小儿也没得奶吃，他在家里还要吃饭啊，可是我在食堂里打的那点稀饭又不够吃，不着（不行）啊。

我到了夜里总是急得睡不着。到早上起来，炊事员煮了半斤米的稀饭，我打了放在菜桶子里，就这样半斤米分两顿吃一天。还有那半斤米呢，又弄了一个小手巾，把半斤米包着，到了放工的时候我就好带回家给我的小儿吃。那时候在龙溪村哎，十几里路是有的，我还是要送回来。前一天夜里积了多深的雪，到了放工我就顺着工人走的小路走回去。从龙溪村回来给我的小儿、婆婆吃。

我一直没有生过，但是抱来的就和我亲生的一样。

工作：左右为难，要为无米炊

1950 年，我参加了妇女民兵，在民兵团的时候加入了共青团。那时，民兵就是在路上站岗，查通行证。1951 年，在南店村开农会，大家都看得起我，就把我选上了农会副会长。就这样我在南店当了 5 年副会长。1954 年的时候，在原南湖乡，我又选上了副乡长，但是不脱产，总管我是没有工资的，照样要跟家里头下田。末了（后来），上头的政策成立了高级社，我跟家里又搬到南湖，南北湖高级社，也就是我们这块儿地方。从 1954 年到 1958 年，我虽然搬家了，但还是在南湖乡的管理区。在管理区，我担任副大队长。因为到这里来的时候，干部已经选好了，高级社的架子已经搭好了。那时我没有工作职位了，但是以副乡长名义来的，他们就喊我吴乡长。

1955 年 7 月 1 日，我在南店入党，入党后候补期 1 年，然后 1956 年 7 月 1 日转正。这以后南湖高级社建立支部，我是支部委员，组织分配我当妇女主任，分管的工作是文教卫生。现在来看，不讲女的，我们整个南湖乡的男干部、老干部都没了。现在剩下的应该就我们几个了，我的年纪大些，工作时间 33 年，说好听点我也算是当了干部的，从 1950 年开始到我退休，没有脱节过。

1956 年，粮食在搞统购统销。有的社员那时候思想不通，想的是凭什么我家里的东西我还不能处理啦！所以有的犟的，干脆不理我们农会的，余粮不卖，公粮不缴。那时候我还是农会副会长，夜里就和他们一起打着灯笼火把（查访），做工作。有时候下到社里，跟社员、队长打交道，提拔社员，有一些社员之间有斗争，比如谁谁谁不同意那个人上去，我就是要处理这一些矛盾。

合作医疗是我分管卫生里面的，那时候是在南湖大队，我去找了三个赤脚医生，跟往年私塾先生一样嘛。我们也要上山挖草药，采完的草药要和西药搭配，因为西药不多呀，合作医疗又要给群众看病不要钱。那群众都想打针、用西药，认为西药简单些、快些，不像那草药还要煎，时间拖得久，嫌麻烦咯。但是草药一定也要抓哎，西药不够呀。你要是光想用西药，那对不起了，要把钱（缴费）。总有思想不通的百姓，思想不通的只能劝。那群众有的就骂我们搞鬼，谁搞鬼嘛？要求我们不管谁来看，都不要钱，我们南湖大队大，是三个村子并起来，这村里面哪搞的起嘛？但这是政策咯，我只能跟着赤脚医生他们一起上山，一起采草药。我那前面一户的潘兴国，也是我拉上去的，后来又去学习，算上他一起五个赤脚医生，我和他们一起去笔架山上挖草药。合作医疗不知道搞了几年，后来那几个医生又提升了，调走了。再往后，合作医疗干脆就不提了，就这样散了。

风雨：六十年代

那时候“大跃进”“三反”“五反”，这些事我都是经过的。别看我只是个妇女主任，1965 年“四清”工作组却把我当个走资派、当权派。他们整完党员、书记还不够，后来又是“揪辫子”，建立第二个支部，本来南湖大队有 11 个支部委员，到“四清”跑路（逃跑）后，只剩下了 5 个。

工作组其实不是正派。到 20 世纪 70 年代中期的时候，中央来个“实行文件”。工作组那时候是一个队里放一个组员，他们晓得这个文件都连夜跑了。“四清”的人说是要搞“反动组织”，实际上它就是专门搞党员、搞主要干部。他搞了跟过关一样。每个小队天天晚上夜里开会，把社员喊来，叫他说、叫你说党员、支部书记。他说他是正派咯，就要让我们批评其他人。

就有一次，五当村那个桑树，一棵一棵地分给社员了。先是（公社）集中收起来，之后分片分给社员，塘北片、塘头片，还有五当村下城片，一共三个片那时候是我们支部研究每个片都要派一个人去那估价，就这样我们支部的那不就分好了嘛。但那个工作组来了，就问我们，让我们党员说(桑树)多少钱一棵。那有的党员胆子小，他不敢说，说不晓得。我们那个塘北一个姓王的，我们那一片明明是派他去估价的，问到他头上，也说不晓得。那工作组就写着分桑树是支部书记搞的鬼。到后来问到我头上，他问我："吴美琳，你们这个支部分桑树给社员你晓不晓得?"我就那一次倒了大霉，我说我晓得，是我们支部委员会研究决定的。他听了就把桌子一拍，吼我："就是你晓得!"那我想了共产党员是要经风雨见世面的，那我说的就是实际(情况)，就是我们支部研究分三个片，派了代表去估、去分给社员的。那工作组的意思就是让我们都说不晓得，他要把这个罪全算到支部书记头上，要说都是支部书记一个人搞的鬼。工作组这样弄一个多月哎，在那个塘头一个小屋里，天天晚上开会。

那时候还有一个会杀猪的支部委员张国荣，工作组的人都住在他家里。他们问他，叫他说一年杀了多少猪。那年头也不是集中杀猪啊，今天张三叫你杀一头，明天李四叫你杀一头，那时养猪的人多得很，我估计他也不清楚。"四清"的人就问他："你晓得你一年杀了多少猪?"张不敢说，他说了怕自己交罪（犯错误）。那一年，整个大南湖，有多少住家，多少人喂猪呢，他就不敢说。"四清"的人就骂："你给我滚出去!"冬天外头还在下大雪，叫他滚外面去站着，张国荣没得办法，只能跑到小屋外面站着，跟倒霉的小孩一样。

在五福村有个姓王的，那几年他兼生产队队长，"四清"的人先问他队里有多少田，又说他队里有黑田。那时候社员白天干活，到了夜里又要开会。总有那些假积极分子这样说那样说，说他这大队长哪里不好了。姓王的也不敢和社员争辩，他不敢说了，他们把桌子一拍，让他也滚出去，屋外头多大雨多大雪。工作组就这样哎。

原本稻草割了放在田埂上，到后来是要种麦子还有用。结果工作组的那个吴张把稻草全拉到塘埂上摆着，后来又把稻草全扔塘里，他报上去却是按肥料算多少万担。在东山的时候刮"五风"，天天夜里还要去开会。各个队的队长、支部委员都去那边开会。全在乱说，说一天种多少麦子，种多少亩田。问下面小队的，更是乱报，数额多的吓人，肥料他们报几十万担。你想想他把稻草扔塘里去了，他去算肥料去报几十万担，黑良心。光报数额不行，有表彰，有批评。报完生产数额还要背红旗、白旗，那时候分工又把我调到施家村，只带两个大队，到了夜里我就和队长一起过去汇报，那队里人少，种的田肯定少，天天背白旗。那时候实事求是就不行。只有一回，那天我汇报说种 22 亩多田，就那一次背个大红旗回去了。那刮“五风”，就是乱说，整我们党员。我感觉到我没犯错误，我就实事求是说，人家要处理我那就处理吧。

工作组整完书记干部还不够，又把我们支部重建了，本来 11 个支部委员组成一个支部委员会，11 个人里头选一个支部书记。那工作组搞的时候，那些七了八了（乱七八糟）的小积极分子在那边胡扯，还就是把这些乱说的假积极分子给提上去了，他们都不正派，以前的那些干部委员是正派的。工作组那些人也说解放，他们那个解放是怎样？谁要是总说党员、说书记、说头头，那谁就先解放。你人老实的，不乱说、不敢说的就后解放。那书记是最可怜的，根本没得你说的。他们就这样乱来，把书记、干部都打倒了，他们又开始揪辫子，又给我们重建新支部。本来 11 个支部委员，打掉了 6 个，只落 5 个了，我也还在里面，下城夏常胜、五福陈真福也还在。还好的是原来的书记没开除，把他变成了大队长。

我一个玩得好的小姐妹，跟结拜姊妹一样，她喊我姐，我喊她妹。她那个时候特别可怜，我开会什么的也没钱，但还是有空买点东西带去给她吃。她到后来落了病，一天晚上在她家后面的水塘里淹掉了（溺死）。那有的社员跟工作组的人怎么说啊，说是我把她逼死了。还有的社员又说我把她怎么样了，又有的说我是当权派，看不起人。他们都只能在背后说，我那个时候已经被他们说成了“走资派”遭批斗，人家看了你倒下去也跟在后面乱说。我想着我又不是什么大干部，也没做亏心事，随你们说去。也有胆子大的社员还偷偷和我说话，其他人不敢当面和我说话了，说不好听就是跟书记、跟“走资派”告密。人要保自己，那是没办法的，还好我挺过来了，有些教师、党员吃不消的上吊的也有。

闹“五风”（共产风、浮夸风、强迫命令风、生产瞎指挥风、干部特殊化风）的时候还流行评好人好事，有的是真评好人好事，有的是乱说了。我们队里有个小孩和我小儿是一个年纪的，那时候才几岁啊。给他评好人好事怎么评，工作组的人问那小孩儿的老头（父亲）挑一担粪要挑到哪里去，大家都知道是挑去自家地里。结果“四清”说那小儿觉悟高，说那肥料不能挑到私人田里，要往公家田里送，实际上那小儿哪晓得这么说。那要搞真的咯，不能搞假的，大家都晓得、都清楚，没人说，有些当笑话看。还有些人简直过分，满嘴没有一句真话，工作组的人还能把他们当积极分子。

再之后中央的实行文件来了，工作组就连夜跑了。后来中央的实行文件是正派咯，工作组他们那时候批斗也好，揪辫子也好，都是错误的。工作组在的时候不管你再有理，只要他想整你，就好让人家说你、去斗你。他们尤其是整队里的头头，给你说成“走资派”、当权派，他们说他们要打倒“走资派”，然后不就好批斗你了吗。

解放以前是旧社会，喊老师叫先生，不管多少学生，二三十人都是一个老师。解放以后，到了新社会嘛。成立了贫下中农管理学校，一个贫管组，齐学成是组长。我是支部分管，因为我是妇女主任，分管学校。没得老师，没得板凳和桌子，都归我处理。

村里的文教工作也是我负责。改革开放初期，五当村下放了两个知识青年，塘北也有两个知识青年，都提上去当老师。那时候就一个小北山的公办教师叫窦建国，他是个老教师，给国家挑重担，也下放到民办来。这样塘北三四个老师，五当村、小北山五六个老师。

我帮办了三所学校，塘北、塘头、下城。前后 16 个民办教师都是我亲手提上来的，那都是民办教师，有没有转正我后来也不是很清楚了。他们也不是一年就选了 16 个，今年插两个，明年插两个。这十五六个老师里，除了那几个下放的知识青年，一般是各队的社员提上来的，后来闹“文化大革命”，有些上调了。再往后，有的调走去当书记；有的调去了信用社；也有的当兵去了。上上下下，也打下去三个，那三个呢不够级（资格），还有一个犯错误的，那个犯错误的就消除了（除名），他犯了大错误，最后被枪毙了，吃了“花生米”。文化人的事情，这个就不说了。现在基本上都退休了，年纪都大了。那时候全都是民办教师，没得公办，就一个公办，那是给国家挑重担调下来的。

1956 年，我当妇女主任，村里有个妇代会，一共 7 个人，我们村大嘛，还有五福村、南湖村、北湖村三个村并在一起，并成一个高级社。我们大队一共 7 个人组成一个妇代会，我是妇女主任，所以我可以说是个头儿了。7 个人到人家家里，家家户户，把人家夫妇名单，户主的姓名年龄，已经生了几个孩子，都把它记到一个簿子上。后来发洪水，我家的老房子倒了，（簿子）都淹掉了。

搞计划生育，那“疙瘩头”（思想不通的人）多，就要慢慢做工作，说服他，动员、教育。你要是说强制性的，其他（村）可能说有强迫的，但是我们不搞强迫的，就是说服动员。强制性的有一个在那个下房，下房生产队，时间长远了我搞忘了，姓什么我搞忘了。他在房屋里把门栓插着，把门堵牢，就是不让我们进去咯。搞计划生育不光是我们妇代会啊，那个时候公社里面有下来的专管员，计划生育专管员。他下到各村办然后知道了，他了解了情况，就对我有意见，说我们工作不上心。他就从乡里赶过来跟我们妇代会这些搞计划生育的（委员）联系，我们不行啊处理不了，妇代会 7 个人里头都是女人，也没哪个人说多少厉害的。专管员不一样了，他就是比较武力点，那也不能这样说，说他强制也不是闹得多狠。他也没抓人，他就是搬个梯子，翻进他家的院墙，进他家把门开开，就这一点，旁的怎样凶那倒也没有。摆我们妇代会那说不好听就是烦了，我们一般工作就是一趟（劝）了不行两趟，两趟不行三趟，就是这样劝，一定要把这个工作做到家。

那时候开会老是夜里开的，解放以来都是晚上夜里开会，夜里开会没工分，白天开会队里要记几工分的，半天 4 工分，一天 8 工分，夜里就没了。但是夜里也要上门说服动员，都是找近一点的，那个时候一般人看着我们去了也头痛，把门插了，躲起来了。这个工作做得怎么样，后来南湖大队生育率要达到千分之几才行，千分多少，我现在搞不清了。

还有的“疙瘩头”，像下城那个潘某某，他邻里那户生了两个姑娘还想要个儿子，我们去做工作，他就跳出来了，说是打抱不平咯。他是放电影的，也算是搞宣传的文职。他跳出来反对，我们几个妇代会的文化浅，说不好听点就会写几个名字，他和我们吵嘴，那怎么说得过他。去了好几次他都出来反对，我就说你是放电影的，也是搞宣传的，你怎么好和我们作对，你应该支持我们。就算是我们工作不对，做得不好，你也该在背后和我们说，怎么能这样跳出来，抵抗我们的工作，说不该搞计划生育。而且这个是党的政策，我们是正的，他是反的，怎么能说我们错呢。

还有一户人家是招亲的，我们之前去做工作的时候他女婿就不在。后来大概隔了一年，在小北山放电影，他女婿姓黄，看到我们了，要不是人多他就要打我，他是有意见，因为家里生了两个姑娘，老太太还想让他媳妇再生一个。我前面说了，那不是不行了嘛，所以他有意见的。一般在外面也不敢有人反对，有些是生育的对象，只能躲着我们，没人说跳出来这样冲我们，就是潘某某，还有招亲的女婿，这样抵抗我们的工作。当时我也不怕，我们妇代会这六七个人一大班子，都是说服动员，一次不行两次，也没说强迫怎么样，你要是怀了那也只能生下来，不行只能交了罚款。

有的不能生育的，我也帮着去问医生。五福村的陈某某结婚了两三年没生小孩，婆婆就和媳妇怄气、吵嘴。媳妇王某某气不过的，到黑了（夜里）拿那个裤带挂房梁上打算寻死，还好他男人瞧见了救下来。她婆婆连夜跑来找我。我听了之后吓一跳，赶紧撵过去给她这个事情做工作，就是劝她想开点嘛。因为我本身没有生过，我先给男的、再给她婆婆做工作，又劝王某某。这以后，我又把他们带到良朋，叫那妇产科的医生。我和金医生说王某某没有生过，你要帮帮忙做好事，动动脑筋让她生一个。他们家里为这个事，婆媳怄气了好久好久。毛病不在王某某身上，后来给陈某某检查了，医生给看好了。之后是生个姑娘，二胎生个儿子，现在她孙子都 13 岁了。陈某某后来跟我就和亲戚一样，王某某在那后来也跟她两个孩儿说："好的（多亏了）你这婆哎，不然就没有你们两个。"

还有一个是队里肖某某的老婆，她是跟了二房丈夫，一直都没生过。我说了我没生过，在 41 岁因为长瘤动手术，拿去了子宫，所以我没办法生了。了解肖某某家里的情况后，我也去帮着打听。后来听说四庄那边本来的一个地主，叫来凤林。那时候地主受管制，他要给人家看病，媳妇不同意他干，就和村里汇报，叫他跪扁担，这样他就不敢给人看病。我就想着我这一生不得生了，做了手术是十月出院，到第二年正月，我的刀口还是散的，我想我这辈子完蛋了，就想着要帮人家做做好事。我就去四庄求来，我把肖某某带着。先去求我一个嫂嫂，她又托她娘家的人把我们带到四庄，找来凤林。看我们到他家去找他看病吓死了，把门插了不让进去，说他媳妇反对，不让看。他人也挺好，到最后是没给我们看，但他给我们介绍一个刘老头，说早年和他关系好，他也会搞这种药。偷偷地写个条子，让肖某某老婆陈某某带着去章芝找刘老头，求他帮着挖草药。那后来陈某某连生两个姑娘。

都是穷人苦人，救急的放第一位。我那队里一个老的（老人），叫杨某某，四个孩，三个儿一个姑娘，他可怜，我当主任的时候要救急我就把他放在第一位。他四个孩加上老夫妻几个，到晚上夜里睡觉就盖稻草（用稻草当被褥），天天夜里盖稻草，因为他和我一个队，靠的又近。我一睡觉就想起他们一家，我们那时候又是夜里开会，我夜里就想起来他们，真是可怜哎。我就总是帮他拿救济，他人太老实了，憨憨的，又苦又可怜。我就想着他以后后人都不晓得他的名字，因为回回的救济都是我帮他去拿的，是我代章。我就想着帮他雕个私章（带名印章）。他不是没得被褥嘛，那时候要谷通票才能买棉花，我就去我分管的施家村找社员，问他们讨谷通票，一户人家只有半斤，我要了十来户人家，五斤多棉花。光是把棉花票给他也没得用，我先帮他攒着，他家里布票多，人多布票多。我就问他拿他的布票，去给他扯被褥里子。棉花还要到梅溪去弹，我也把（棉花）挑到梅溪去，刚好我自己还有一床丝绵巾子杂扒拉（新旧棉絮混杂的里子），说我就是帮他也带一床回来。挑到梅溪的20里路硬是走过去。等弹棉花的搞好了，我就又把他那一床新的，我的是新的旧的杂一起的再挑回来。但是他光有被褥里子也不行，没的被褥面子盖几天就要扯得稀烂了。那时候粮食紧张，刚好来个要饭的（乞丐），他背了一床小花绿白巾呢子的被褥面子，被褥面子全是小疙瘩，他问谁个要。我就问那个讨饭的，因为那时候开会发了点粮票，我想着帮他弹了棉花扯了里子，面子不搞也不行，我和那要饭的说：“不然我拿两斤粮票和你换过来。”要饭的高兴得很，我拿了那被褥面子，泡了两天几夜，头一天洗了一个遍，又重新用清水泡。一直洗到能看到花、能瞧到一些花样，我才把那个被褥面子也给他了。他不是不肯要嘛，我说我没的布票，我是用粮票帮你换过来的，你家布票多，我家里人的布不够穿，你给我支一点布票，他把了3尺布票给我，这样他才肯要。

我说好事我做的不多，坏事是不敢做的。解放以后，党培养我，不讲怎么样，也不说功劳，也没得苦劳，我这一生积点德，保佑家里人。

2．王场秀莲：村里的第一位女干部

口述者：郭秀莲

采写者：王　欢

时　间：2015年1月

地　点：山东省肥城市王庄镇王场村

郭秀莲，女，1930年生，王庄镇郭辛村人。1950—1952年，短期内负责郭辛村的宣传工作，1958—1962年任王场村妇女主任。家中有四个子女，三个在外地工作，一个在家务农。丈夫王玉代，曾任王场村支部书记，目前退休在家。王场村，位于山东省肥城市西南部，隶属于王庄镇，是王庄镇辖区内面积较小、人口较少的自然村，全村共有145户，442人。地处镇东部丘陵地区，四面环山，村内仅有一条道通向公路，交通极为不便。平原面积较小，山地为主，耕地面积1030亩。常年降水不均，村内既没有河流，又没有水库，农作物以耐旱作物为主，主要是玉米、小麦，辅以种植高粱、地瓜和花生等作物。少数人家种植桃和苹果，种植面积较小。自王氏在此定居以来，王场村一直是王庄镇下辖的村庄，虽地处王庄镇最东端，毗邻陆房镇，但一直以来都没有被划到其他地区，即使在肥城的行政区划发生巨大变化时也是如此。

生活处处有变化

我刚刚来到咱们村的时候，村里生活环境比较差。光从住房来说，家庭住房没有得到统一的规划，建设随意，哪儿有空地，哪儿就可以盖新房，村内的房子很不整齐。当时人口有几十户，每户几乎都是大家庭，主要是每个家庭中孩子比较多，至少有三四个孩子，甚至还要多，都住在拥挤的房子里。村内的房子有一部分是土块夯制而成，主要材料是水和泥，并在泥中加入麦糠或麦草之类的植物，然后再成块状垒砌，墙的两面上夹板，并用榔头等器具把泥土夯实。每垒砌一层都需要晾晒一段时间。当时人们建造房屋的水平和经济收入有限，只能住在这样的房子里。不过，相比之前的住房条件，这已经发生了很大的变化。

交通方面，原本村里只有几条长期行走形成的泥土路，通往其他村的也是土路，晴天时候还可以走，一旦到了下雨天，就没法走，根本没有可以通车的路，人们外出时需要翻越山头（这样距离近一些）。如果出远门的话，就要带着足够的煎饼和咸菜。新中国成立后，在区里的组织下，大家修了一条较为平坦的土路，但还是改变不了交通不便的现状。土地方面，1950 年根据《中华人民共和国土地改革法》，村里进行土地改革，每户家庭按人口都分到一些土地，并于第二年颁发了《土地房产所有证》。农作物方面，当时村里种植最多的是地瓜、高粱，还有部分的小麦、玉米。由于降水量时多时少，再加上村内缺水又没有河流，如果遇到旱季，农作物如地瓜等耐旱作物产量不高，像小麦之类的农作物有时颗粒无收。大部分时间每户家庭留下的粮食仅够自家生活的，人们吃得最多的就是地瓜片或者地瓜煎饼。

基层新气象

由于咱们村解放的时间比较早，村组织建设开始的也比较早。首先，更换了以前村里的管理人员，组成临时大队。据老人们讲，以前村里管事的基本上由村中有威望的人、辈分比较大或者年龄稍大的村民担任。而临时组成的大队都是由当时村里比较积极的年轻人以及区里任命的一两个人组成的，虽说有的是年轻人，但因为在此之前为村里作出过贡献，遇到事情时积极参与，村里的人很信服他们说的话，对于他们担任大队干部很是放心。这些人平时做事情就比较稳重，从不毛手毛脚，而且周围的邻居谁要是有困难，他们很乐意帮助邻里。咱们村这么封闭，找外人帮忙不容易，当时得亏有他们帮忙，来解决遇到的那些麻烦事。在他们的领导下，招募抗美援朝志愿者、进行土地改革等都有条理地进行，王场村村民的生活慢慢地步入了正轨。

1953 年《中华人民共和国选举法》颁布后，根据区里的要求，大队要进行换届，重新选举领导。当时法律明文规定妇女与男子拥有平等的选举权与被选举权，但摆在眼前的是村里的妇女不愿参政，哪怕只是单纯地行使一下选举权，她们也不想，当时附近几个村庄的情况都是这样。当时虽说中华人民共和国成立，人民翻身作主人，国家也倡导男女平等，但这样的思想在偏远的山村一时还不能被接受，而且大家都已经习惯了男人当官的场面。都觉得女人嘛，只要在家做家务、种地、看管好孩子就可以了。俗话说“多一事不如少一事”，那时候村里的妇女就是这么想的。都觉得“自己家的事情那么多，针线活多，还要照看孩子，都忙不过来，干吗还花心思去管理别人家的事情，每件事情又不是那么容易处理。而且，大字不识，怎么去读文件，怎么去带领大家学习？”

响应号召，参与政治

1958 年，王庄公社成立。公社成立之后，要对各村的部分领导岗位进行整合。而且国家有意识地在干部的性别比例上实行倾斜政策，来鼓励更多的妇女参与到建设新中国的队伍中去。国家通过立法保证妇女参政的权利，并且强调在工作过程中着重培养妇女干部。公社领导认真贯彻上级指示，发动村里的妇女同志走出家门来担任干部，以便开展村中妇女的工作。上级有意让妇女同志参政，村里的妇女受传统思想的禁锢，又不敢主动地公开竞选。面对这种情况，公社专门派人来到村里找这些人谈话，希望能打消她们的顾虑。我就在此次谈话的对象之中。

我今年已经86岁了，出生在王庄镇郭辛村一个普通家庭（郭辛村距离王场村有二三十里地）。家里有兄弟姐妹四人，我是家中的老二。性格外向，比较好强，个头在女孩子中算是高的了，再加上留着短发，别人说我没有个女孩子的样子。当时家庭情况不算好，爷爷奶奶身体不好，尤其是爷爷每天都要吃药。我的大爷（大伯）还有叔叔都不怎么管老人家，照顾爷爷奶奶的重任落到了爸妈的身上，家里还有我们几个孩子，什么忙也帮不了，整天就知道玩，到点就回家吃饭。在我印象中，爸妈每天辛苦劳作，为了我们几个孩子，为了爷爷奶奶，挺不容易的。在我20岁的时候，就开始参与村里的事情了，其实也不是一些大事情，无非就是帮助别人家处理矛盾纠纷，空闲时帮助干点农活啥的。再后来，大家都觉得我这个人这么好，与邻里相处得很好。正好又赶上村里要搞生产分队，几户人家需要选出一个生产组组长，于是我就顺理成章地成为我们家及附近几家组成的生产组的组长，管着几户人家，在农忙时组织这几家人一起收割粮食，在春耕时调配一下农具。并且，当时村里的宣传工作也是我负责的。我识字不多，看不懂文件说的是啥，说是宣传工作，其实就是要我在村里宣传一下上级领导的指示，当时最多就是在墙上贴些东西，或扯着嗓子喊一喊。22岁那年，经人介绍，我嫁给了现在的丈夫（王玉代，今年87岁，是一名退休干部、老党员，曾任王场村支部书记）。丈夫家是村里的一个大家族，可不是有权有势的大家族，而是人口比较多的家族，现在看看村里这些人，王姓的大部分都是我们这个家族慢慢分出去的。在此之前，我们可都是一个老祖宗。

艰难的家乡生活

肥城解放得早，1948年中旬就解放了。我们郭辛村以前的处境很危险。尤其是“日本鬼子”侵占这儿的时候，这附近就有“鬼子”驻扎，村民都害怕啊。1948年刚解放那会儿，我18岁。那个时候周围地方正在闹灾荒，不少人家缺粮断炊，生活无着落。当时村里接到上级的通知，要筹集粮款，村里便组织大家有钱的捐钱，有粮的捐粮。村里还专门成立了生产救灾委员会。当时家里人多，口粮本来就很少，但是爸妈还是拿出了一部分粮食捐了出去。有好多人家节衣缩食，响应当时县里的号召“节约菜金为群众买盐吃”。

到了1949年夏天，我们村也发生水灾了，暴雨下了六个多小时，把村里一些土坯房都给冲倒了，还淹了好多庄稼。那时候的天气一点儿都不正常，说不准什么时候就来个灾害。家里本来就穷，这下大雨又把庄稼地淹了，都收不到粮食了。那时候，每个家庭都有哭声，都愁坏了。当时就有几个不安分的家庭去村里闹，要求政府解决当前的困难。不过，没过几天县里就来人了，先走访房屋已经倒塌的家庭，给他们送去了一些东西，并给那些没有住处的村民安排了临时住的地方。再后来，运来了救济粮，村里先把粮食发给了有老人、小孩这样急需要粮食的家庭，剩下来的粮食就按当时的困难情况分了。这件事刚过去没多久，家里的生活还没恢复到灾前水平的时候，邻县又闹灾荒，从邻县来了一些灾民。（因为郭辛村的地理位置接近肥城的边缘，算是几个县交界处）这些灾民，确实挺可怜的，有的人两三天没吃东西了，走路都快不行了，能来到我们这里也已经很厉害了。他们这些人并不是都来这里，而是分散开的，大家都快饿疯了，只能找就近的村庄。这个时候，村里又组织大家捐粮。我们的粮食还是村里发的救济粮，本来就不够吃的，我们几个年轻人就商量着去挖野菜、摘树叶。当时野菜也不好挖，挖了一上午才挖到一点儿。树叶更不好弄了，较低的地方的树叶都被人摘走了，高的地方我们害怕。最后我们只能把挖到的野菜交到了村里。不知什么时候，听不到什么动静了，这些灾民就回家了。想想当时的日子真苦啊。

初次工作，负责宣传

1950年年中的时候，我们村开始分土地，这是当时最高兴的事情了。那时候我还没嫁到王场村呢。当时我家里有点土地，然后村里按人口又分了一些，加起来差不多有十亩地吧。到了第二年，村里又发了一个土地证明。收到证明的时候，真正感觉到这土地就是咱自己的了。刚分土地那会儿，家家户户都高兴坏了，听家里的大人说，有的人天不亮就下地干活了。还有人晚上就在地里睡觉，听说是害怕土地被人抢走了。那时候的人们很爱干农活，再看看现在，谁还那么早去干活啊，谁还那么使劲干活啊。有土地的都不种地了，都出去打工了。

在进行土地改革的时候，就听说邻国发生了战争（朝鲜战争）。当时村里人都议论会不会打到我们这儿来，家家户户都害怕啊，害怕刚刚安稳的生活再被打乱。我们村分完土地之后，就立刻召集干部们开会商量这件事情，说要宣传、动员村里的年轻人报名参军，村里各处都张贴着“抗美援朝，保家卫国”之类的标语。我对宣传这方面的工作很上心，于是就和村里的干部们去有年轻孩子的家中，然后分开动员。刚开始，有一部分人报名很积极，也有一些家庭很犹豫。于是，我们就开始劝说他们，说这可是光宗耀祖的大好事之类的话。在我们的动员下，越来越多的年轻人报名了。最后还是有几个人的爸妈不同意，说刚分了土地，他们家离不开劳力（“劳力”在这指男性）。离不开劳力是假，舍不得孩子是真。虽说他们家中都有好几个孩子，但毕竟都是自己的骨肉啊，都舍不得。我们当时就做他们爸妈的工作，挨家挨户地去，反反复复地跟他们讲，最后他们的爸妈含着泪送走了他们，老人们可能知道这一去也许就永远回不来了。不过后来又回来了，说是县里从三万多报名的人里面选了一千多人，让剩余的人都回家了。

后来，大队里说要学习别的村搞什么互助组。那时候我觉得自己的宣传工作干得挺好的，整天宣传这、宣传那。大队里觉得我干得不错，说要我团结一下自家周围的几个邻居，弄个互助生产组啥的。当时我觉得这个想法还可以，但是，大家都刚分了土地，自家还没热乎呢，自己还没正儿八经单独干活试试呢，就要搞这个。不过我还是答应下来了，于是就联合几个邻居搞了一个生产组。其实一开始人家都是不大愿意的，害怕土地再被收回去了，我跟他们说，咱们每家农具不多，合伙就可以干得活儿多，你忙不过来，我们都过来帮你，这样咱不就干的快了嘛，还省下一大把的时间。当时他们觉得也是这么回事，就应了下来。我领着他们一块干活，其实也没干多久，我还没见到努力的成果，也就是还没见到收成，就嫁到王场村来了。

婚姻及婚后的生活

22岁，也就是我工作的第二个年头。家里的亲戚们觉得我年龄也不小了，一个姑娘家不能老是一个人，就催促我爸妈赶紧给我找个婆家。当时有不少人来我家说媒。我这个人性格外向，说话做事跟个男孩子似的，习惯了无拘无束的生活，很不喜欢别人的管束。当时我一听说家里要给我找婆家，我很不乐意，觉得自己还小，距离那些生孩子、做针线活的妇女还远着呢，况且自己还想继续工作。但是，在家中父母及亲戚的再三说教下，想一想家里还有弟弟妹妹，我就答应了。后来还想着自己会找个什么样的男人。没想到找了现在这个丈夫，个头不高，还那么黑。其实还好吧，当时是不怎么样，现在还行吧。就在我答应之后，没过多久，家里就来了一个陌生人，后来才知道是丈夫家的亲戚。说是寻了一个还不错的人家，问问什么时候可以见面。后来，我们两个人就见面了，当时给彼此留的印象还不错，所以没过多长时间我们就结婚了。当时丈夫的家庭情况也是一般，比我家还要穷一些。家里兄妹3个，一起住在两间石头房中，很是拥挤。我结婚的时候要的彩礼不多，只要了一些小麦和花布，具体的数量，我已经记不清楚，反正是不多。爸妈原本打算多要一点粮食，考虑到家中还有一个弟弟，再过几年也到了结婚的年龄了。可当时一看男方家庭条件也不怎么好，我呢，又相中了这人，就在他们耳边一直说这人这好那好，就劝他们少要些彩礼。爸妈拗不过我，就放弃了原来的想法，象征性地要了点东西。我觉得我丈夫这人还是比较可靠的，觉得两个人在一起能够过日子就行了，哪还想其他的。结婚时，正赶上地里农活儿多，爸妈放下手头的活儿，拿出平时一直不舍得穿的新衣服，赶着驴车将我送到王场村，毕竟这可是我的终身大事。驴车是爸妈在村中借了好久，说了许多好话才借到的。

咱村里有一个传统，都说刚结婚的新媳妇应该住新的房子，有好的寓意。现在也是这样的啊，即使不盖新房，也要重新装修一下老房子。于是公公婆婆专门请村里的人翻修了房子，又在原来的基础上多盖了两间房。当时和公婆在一起生活，换了新房之后，家里变得宽敞多了。

那时候王场村的土地改革工作早已经结束，我每天都和公婆下地干活，没有感觉到有什么不合适的。当时咱村里有的妇女在家什么活儿也不干，还整天抱怨没有嫁到一个好人家。还讲着什么“女人不能下地”这样的老封建。我可没想那么多，既然国家分给咱土地，咱就得好好地耕种。女人咋了，女人也能干活，干起活儿来，一点都不输劳力。回到家后就收拾家务，忙得不可开交，尤其在结婚第二年有了孩子之后就更忙了。那时候，一大早就起来做饭，吃完早饭就要拿着锄头下地干活。一整天基本都在地里待着，除非有事才回家。别看我平时说话大大咧咧的，这地里的活儿做得可细致了。

当选小组长

我这个人是比较爱说的，跟谁都能说上几句。刚嫁过来时，因为家里需要做的事情比较多，除了往返于家和自家土地之间，白天很少有时间串门玩。和村里的人不熟悉，谁家姓什么，都不知道，甚至名字和人都对不上号。即使和邻居，也没说几句话。后来，一次比较偶然的机会，让我可以走出家门和别人交流，也让别人真正认识了我。当时，村里宣传要搞副业，就是说不要只是单纯地种粮食，要像其他地区种蔬菜、养蚕一样。以前我在家的时候，家里就种蔬菜，在这方面多少有点经验。现在称王庄镇以西的地方为“洼里”（意思是平原地区水多的地方），我们那儿一点都不缺水，不像现在咱们这个村这么缺水。那时候，基本上每个家庭都种些蔬菜，规模不大。咱村的人都认为“洼里”的人会种菜，一些想种菜给自家吃的，都来问我，我们那儿种菜有啥好方法。当时，我就把我知道的告诉了他们，为此，村里还特意宣传了一下，让他们以后有什么问题都来问我。我还顺便问了他们怎么做针线活，怎样喂猪，还有关于地里种地瓜、高粱应该注意的问题。这样一来二去，大家熟悉了，都了解各自是什么样的人了。跟村里的人熟悉之后，没事儿的时候就去别人家串串门，随便聊聊。

那时候，家里不是穷嘛，什么锄头、铁锨啊都缺。虽说每家都有各自的土地，都忙自己的，但是农具少啊，尤其是牛，还有大型的耙犁，等等。

有的人家有农具，但劳动力少；有的呢，人多农具少，几户人家里才能凑出这么一整套农具。当时县里举办了生产互助合作骨干培训班，全县参加骨干培训的有三千多人，都是村民代表。咱们村那时候还没这想法，而且这里这么偏，等通知到村里，会都开完了，所以咱们村没有代表去参加。后来区里的领导说互助组的好处，还给大家举了个例子，讲了县里某个互助组模范，说人家取得了什么样的成绩，丰收了多少粮食。并且还说互助组在管理上实行合理计工、按劳取酬、多劳多得的分配原则，加强了民主管理等。通过区里的宣传，村民对组织互助组感兴趣了，并且还很积极，都说要走互助合作道路。

当时村里的人都积极寻找要合伙的对象。我家那时住在村东头，不是现在这个地方，跟周围的几户人家组成了一个小组。让我丈夫当这互助组组长，他不想当，我当时想：你不当拉倒，我当。况且咱以前也干过，怎么说也有点经验啊，后来就是我当小组长了，领着几户邻居一起干活。当时我们四五家，就几把铁锨、锄头，还有一辆破地排车，就这点儿东西。而且这四五家能干活的就几个，孩子倒是不少。平时各忙各的，到了农忙的时候，我们就把农具聚集在一起，一起下地干活。平时一些小活儿，自己就干了，要不就去借点农具，当时我还想着小事能不麻烦人家就尽量不麻烦人家。一旦真正忙起来了，我们就一块干，都是邻居，没偷懒的，几家几十亩地，一点儿问题都没有，而且也没感觉到累。而且到了秋收的时候，我们这个小组的粮食产量比别的要多。缴上公粮以后，还剩许多。

第一位妇女干部

其实我早就想当村干部了，如果我没有外嫁的话，在娘家村肯定是村干部了。以我的脾气，即使当不上大队书记，至少也是个妇女主任吧。当官，从一开始来到咱村时就有这想法了，只是刚来到咱村，谁都不熟悉，就算我有这想法，也没人支持啊。在咱村生活了几年之后呢，村里的情况也了解得差不多了。况且村里就那么几十户，谁家是什么情况，我基本上知道了。但要说在真正工作之前，我还真没有把握。咱村有张家、李家、王家三个家族，张家人少，就那么几户人家，这个好开展工作。至于李家，他们人不少，都在咱村南头，平时没怎么联系，我想着可能不好开展工作。后来真去大队工作了，才发现这工作还真是不好做啊。李家的人可能想要被自己李姓的人领导吧，不想被我这外来人领导。

当时公社里的人找我，村里就传开了我要当村干部的消息。我丈夫在咱们村里的生产队，整天也没什么事情，就是喂喂牛，铡铡草。他知道了这事以后，也不说支持但也没说反对，就一直保持沉默。但我公婆的态度就不一样了，他们觉得家里活儿那么多，还有三个孩子要照顾。如果我真的去做这工作了，害怕家里忙不过来。其实他们是比较疼我的，害怕我累着了，害怕我在外边吃亏。其实我觉得吧，还是因为大家不习惯女人当官，毕竟附近几个村没有妇女当官的。咱这个村就是太偏僻了，什么好思想都传不进来，不好的倒是传得挺快的，而且影响还比较大。况且我还是个外乡人，又不是本村的，起初跟别人联系起来是有困难的。后来，在公社领导的反复劝说下，做我公婆的工作，他们终于答应了。再后来，时间并没有过太久，村里举行选举。在选举之前，村里的领导说要选妇女干部，为的是要打破传统的封建思想，要让妇女和男人一样平等。由于之前我要当村干部的消息传开了，再加上村里妇女的支持，我就被选举成为咱村第一位妇女干部。

工作上的事儿

1958 年底，刚当上干部那会儿，自己觉得还挺好，就（带）领着村里的妇女一起学习识字，因为自己都不识几个字嘛，我都是一边管理她们，一边自己也学习识字。当时国家开展扫盲运动，大队里也提出明确的要求要做到会写基本的字。当时，咱村里男人会写字的就不多，女的就更别提了。公社给的文件上说，妇女同志可是田间生产的主力，更是家务劳动的主力，她们有没有文化将对农业生产、做家务、养孩子产生极其重要的影响。这个我印象最深刻了，夸奖咱的事，可忘不了。根据公社领导的指示，我先说服了自家亲戚，还有平时几个关系不错的妇女。当时就给她们讲懂文化有多好，别的不说，如果你懂文化的话，上级指示咱怎么种地，咱能听懂啊，看懂文件啊，该咋种地、咋施肥，等咱们有了文化就都知道了。先让自家的人认识到懂文化的好处，然后让她们再跟我一起去其他人家做工作。当时，想让咱村的妇女学习写字是一大难事啊，就像一开始让妇女当官那么难似的。有的丈夫怕媳妇有文化了以后闹离婚，母亲怕女儿、儿媳妇上了学之后就不听话了，等等。不过有好多妇女想要学，我们就为她们的家人讲述学习知识的好处，为此还专门把他们召集起来开了个会。并且为了让他们放心，村里也组织男的去上课识字。当时教我们识字的是咱村里的一老头，听说还是清末的秀才。我们组织识字的时间都是在冬天，也就是地里没农活的时候，在一个大屋里，没生炉子，很冷。但是在大家看来，这都不算什么，学习的热情一点都没减。这种日子也就持续了几个月，等到了吃饭都困难的时候，也就没人去学习了。想想饭都吃不上了，还学习干嘛呢。不过，就这几个月的时间，也学会了不少字，这为我以后看文件可省了不少劲。

当妇女主任那会儿，可忙了，除了家里这一堆事，就是外面的事情。谁家有个鸡毛蒜皮的小事，都愿意找我，当时村里那么多当官的，偏偏找我。没办法，谁叫咱是妇女干部，就必须帮人家解决问题。谁家丢只鸡、丢条狗啊，都得让我帮忙找找，我哪能找得到啊，但是还不能不去做，就只能象征性地找找看。

1958 年有王庄公社的时候，咱村就是一个大的生产队，那时候都兴（意思是流行）吃“大锅饭”，咱村里也是。当时全村的人聚在一块儿吃饭，干活的时候一块去干。原来咱村里有个铃，我负责看时间，吃完饭没多会儿，就去打铃，一打铃大家就下地干活，大家一起耕地、施肥播种，秋收的时候一块儿收粮食。那时候生产队的小麦都要大量上缴，叫作“交公粮”，说是“支援国家建设”，上缴的数量每年都不一样，但总之交的多一些，分到社员们手中的少一些。当然，如果生产队一年粮食产量比较低，上级会救济一下，以很低的价格卖给社员们。咱村里吃“大锅饭”，都是平时家里吃的那些东西，什么窝窝头啊、地瓜面的煎饼啊，很少吃上白面馍馍，都舍不得吃，水饺更是吃不上。就那样的饭，当时吃着也高兴，大家都不用做饭，都吃的是一样的饭，也没什么可比较的。

那时候（“大跃进”时期），公社里来通知，说要大炼钢铁，还说要把家里凡是铁的东西都拿出来。咱村当时就没这么干，最主要的还是离着公社远，公社领导都不来咱这里，最多到北尚任就拉倒了。你看看当时咱可省下了不少东西，至少那些干活的家什（农具）都在，不耽误咱干活啊。再后来就是公社里开会，说了一些别的地方那粮食的产量，当时听了以后都吓坏了，心想咋这么厉害，还想着咱也得试试，看看产多少粮食。不过没多长时间，县里来通知说，让咱们实事求是，粮食产量该多少就多少，别谎报。就因为这，咱村里才没有饥饿发生。

平时，我们除了一块儿下地干活之外，还一起去山上种树。咱村附近的这几座山，原来光秃秃的，到处都是草，不像现在似的这么多树。到山上栽树是公社给的任务，男的女的都要去，老人留在家看孩子。树苗也是公社下发的，咱只负责去栽树。栽树需要水啊，就去山下井里挑水，一开始种树还可以，就在山腰附近。后来越来越高，挑水都费劲了。男的挑水累了，有的妇女就去挑水，也没说苦、没说累。那时候也有不少人偷懒，干活的时候就知道休息，干的活儿不多，到了吃饭的时候跑得最快。一开始，还不觉得有什么问题，心里还想着这些人会改的。没想到这些人不但没改变，还慢慢地影响了其他人，整得全村人越来越没有了积极性，只有我们几个村干部在那儿使劲干活。我的腰就是那时候疼起来的，一直到现在还没好。本来公社给咱村的任务量就不少，再加上有这么一些人不干活，到了年底的时候，连一座山头都还没栽完。

想着我们还有差不多两个山头需要栽种，于是我们几个村干部在过年之前开会商量了一下，计划到了开春的时候再组织大家栽树，没想到还没开春呢，地里就大旱了。往年都开始播种了，到了那年一点儿雨水都没有，就连村里的水井里也没多少水了。1959—1961 年，连续三年是真的困难啊，那个时候听说全国各地都在闹饥荒，粮食短缺。咱村处在这么偏僻的山区，就是靠天吃饭的，本来情况就不好，再加上当时的天气不好，受到的冲击也不小。在这三年的时间里，村内的粮食产量越来越少，公粮都交不起了。到后来干脆都种不起粮食了。

那时候，吃饭可是个大问题。刚开始村里还在组织“大锅饭”，只是饭菜量少了。慢慢地，公共食堂也开不下去了。然后大家又在等救济粮，等了两个多月也没等到。每个家庭本来就没有存粮，又好长时间吃不饱，有些村民就开始闹情绪了，尤其是那些平时不干活的人，每天都骂骂咧咧的，还嚷嚷着要砸公社。等村里实在没有粮食了，咱就去公社问了问情况，去了才知道公社里也没有余粮了，让村里想办法解决社员的吃饭问题，说白了就是自我解决。

当时村里确实也想办法去解决吃饭问题了，首先就要解决缺水的问题。我们几个村干部就商量着要打井，召集全村村民说这事的时候，有好多人不同意，说是大家都吃不饱，都没力气干活。之前我们就考虑这个问题了，觉得只有打出水来，大家才能吃上饭，所以就决定要干下去。先把这部分不同意的人说服了，当时我领着一个年轻的干部一块儿去的。一进家门，他们就冲我说生活有多苦，饭都吃不上了，还打井干嘛，都没力气了。我当时就说我们只有打出水来，我们就可以种庄稼了，就有粮食了，还向他们保证能打出水来。结果，我们动员全村的力量干活，也没打出水来，我的腰疼在那时候更严重了。后来，社员们都失望了，都自己寻找吃的，开始挖野菜，摘树叶，谁抢到就是谁的，村干部在那个时候都没用了，也管不了谁。什么地瓜、地瓜秧啊，那还算是好的，连杨树叶子都抢着吃。

后来，这最难的三年过去了，社员们有生病的，有饿瘦了的，但是没有饿死人，这是当时咱最高兴的事了。再后来我发现自己的腰疼越来越厉害，再加上当时又生孩子本来营养就跟不上，这下是真的不能干累的活儿了，我觉得这样会耽误工作，所以就跟公社里说明了情况，不做这工作了。这样算算，我当干部没多少年，算上在我老家的那几年，一共才四五年，时间也不算短，但终究自己心里还是有那么一点遗憾，没能继续干下去。如果我继续干下去的话，也得入党了，现在也是老党员了。

3. 魏庄凤兰：铅华落尽时更显担当

受访者：周凤兰

采写者：魏黎明

时　间：2016年2月17日

地　点：河南省永城市李寨镇魏庄村

周凤兰，女，生于1930年，李寨镇周庄村人，小学文化，丈夫魏启玉，有3男1女4个孩子。1956—1962年任魏庄村妇女主任，曾任村里幼儿园老师。永城市位于豫东平原，历史悠久，古有汉刘邦斩白蛇起义之处，近有淮海战役主战场。李寨镇位于永城西南，邻近安徽涡阳县，魏庄村位于镇治东北二里处，距离县城近40公里。魏庄现辖3个自然村，分别是魏庄、贺庄和小李庄。魏庄现有人口约1400人，全村人都姓魏，无他姓。村民以务农为主，不过现今大都出外务工，村里平时只剩下一些留守老人、妇女和儿童。地形为平原，黄土地，河流水系不多，灌溉以井水为主，农作物以小麦和大豆为主，间以玉米、红薯、棉花和西瓜等经济作物。

待字闺中不轻松

我叫周凤兰，1930年生人，娘家是咱庄西北30多里路的周庄村，家里7口人，兄弟姐妹5个，我是老三，上头有两个姐姐，下面有两个弟弟。我出生的那个时代特别封建，家里人根本不让你见陌生男人，更不要说像现在的女孩子那样可以随意出去或者到街上赶集，现代的情况是当年想都不敢想的。

当时有钱家的女孩，真是所谓的“大门不出，二门不迈”，不过穷人家的女孩没有那么尊贵，还是要出去干活的。我小的时候大人还叫裹脚，不愿意裹也得裹，不裹，大人要打的，说以后大脚的嫁不出去，整个脚都裹得血糊糊的，特别痛苦，不过到后来大家都不裹了，我的脚也就放开了，所以现在我并不是小脚，你看那些裹了脚的，后面的几个脚趾头都裹断了，踩在脚板下，真是三寸金莲，一走起路来像风摆杨柳一样。可是把脚裹成那样，你怎么出去，怎么像现在的孩子那样东游西逛，根本不可能，想想现在的闺女太幸福，不用遭那么大的罪了，真应该珍惜。

当时我家里不是地主，没有什么钱，一家人都得干活，女孩干不了重活，就下地割草，回来喂牛、喂羊。那个时候不像现在可以出去打工，一家人都守着那几亩地，不干活要挨饿的，为了种地就得喂牛，有牛才有干农活的牲口，所以姊妹们天天挎着篮子，下地割草，一天不知道要去多少趟，割了一篮子挎回来，再回去割，些（挺）累人。不过也有忙中偷闲的时候，如果这一大的活儿不是很多，就和村里的女孩们挎着篮子，在太阳底下晒暖，在坡地上还可以睡一觉。不过再想想，那个时候有那个时候的好，跟现在不一样了。冬天闲了，还会跟着大人学针线、纺棉花。那个时候一般的哪能买得起东西，都是自己做，这是妇女的职责，给孩子做棉衣、棉裤、棉鞋、虎头帽，孩子穿的基本都是自己做，比如做鞋，女孩的鞋还得做成花样，当时姊妹之间，都比赛谁的手巧，速度快，上手快，针脚细密，穿起来舒服，看起来惹人喜爱。

那个时候，条件特别差，哪有柏油路、水泥路之类，全都是土路，一走起来都是步土狼烟的（尘土飞扬之意）。也没条件像现在的年轻人天天洗澡，又是涂又是抹的，半年几个月不洗澡很正常。再说天天干活累得半死，哪有洗澡的劲，也没电，也没有电器，黑了，就点煤油灯。夏天热了，搬着橡床子(一种用宽布条在床架上攀的床）到外面，到有风的地方凉快。冬天冷了，在床上多铺一点草，就算铺底（褥子）了。衣服也是几年换一次新的，你不穿的衣服别人穿，传着穿，根本没有新衣服。

我到十来岁的时候，上了学，两个姐姐不愿意上，贪着玩，就错过了上学的时机，就让我上，一共上了六年。那时候已经是男女同校，教学设备特别简单，没有像现在那么复杂。桌子板凳，不是烂个窟窿，就是断条腿的，实在不行了，就找村里的木匠给修修补补，黑板都是用一种黑黢黢的东西给抹出来的，哪有买的黑板，使的粉笔有时候就是捡的白石灰硬块，其实那个时候上学不像现在小孩那么娇惯，活儿还是照样干，作业一般在学校完成，回家还是干活。

等到 19 岁，就说婆家，说到咱庄来了。当时俺庄有个男的，在魏庄做了倒插门，所以他就认识魏庄的人，就给俺家说媒，把我说到了现在这个家，当时哪有什么自由恋爱，都是大人当家，找个媒人给说媒，说个好的自然好，说得不好的就只能自认倒霉，都是嫁鸡随鸡，嫁狗随狗。当时很少有离婚的，谁要是离了婚，就觉得特别丢人，都没脸见人了，不像现在两口子过得不好，说离就离。

谁说女子不如男

嫁过来后，我有了四个孩子，前三个是儿子，老小是闺女。当时家里穷，一大家子都住在一起，每天起早贪黑地干活，既要照顾地里的活，又要照顾家里，洗衣服、做饭、伺候公婆、照顾丈夫，啥都得干。干完活，还得喂孩子，那时候哪有什么奶粉，都是嚼馍喂孩子，还不是白面馍，都是窝窝头。我们那个时候吃的东西，说给你听，你也不知道是什么，有些东西现在都没人吃了，也都见不着了，天天吃红薯，吃的都淌酸水，胃都吃不好了。但有啥办法，不吃就得饿着，就没力气干活。

嫁过来一年后，分家了。分了二头牛，二亩地，三间房子，几件家具，其他的什么也没有，都得从头干起。每天除了喂好孩子，就是干农活。地里种好庄稼，当时是没有化肥的，都是靠人的粪便、牛羊粪便来上地，为了让庄稼长得好，那时候家里年纪大的，还会出去拾粪。现在你都看不到这种情况了，每天一大清早，就挎着篮子，拿着镬头，出去拾粪，等到拾满了篮子再回来，然后丢到自家的粪池里，等以后泼到地里，能长地劲的。你也知道，咱这里主要就是大豆和小麦，小麦割了就种豆子，豆子割了就种小麦，轮着种，也有种西瓜的，一种起来都是四五亩，收成了，可以卖几个钱，家里的孩子也可以解解馋。还种棉花，种棉花也可以换几个钱，剩的棉花，可以弹弹，做几床被子，给小孩做点棉衣。还种玉米，玉米可以自己吃，玉米粒可以喂羊、喂鸡，玉米没成熟时候的叶子可以喂牛，鲜的吃了，干的留着，大冬天，没啥喂的，就拿干玉米叶子，掺上碎小麦秸秆，用水淘过后，喂牛。1952 年，就入了互助组，后来就入了合作社。1956 年，就是全部生产的东西都归公家，土地、牛、犁，等等，全入了公。再到后来，1958 年又入了公社。

巾帼扬眉舞红旗

我是从 1956 年就当了村里的妇女主任，一共当了 6 年。当时婆家叔叔当着村支书，选妇女主任的时候自然想到我了，再加上我是村里妇女中为数不多的识字的，所以就选我当了。

妇女主任的主要工作就是上边有什么指示我就往下传达，需要开会了就召集村里妇女在一块开会。其实当时也不是时时有任务，更多的还是在家庭里。当然了，既然当了，就觉得要把它做好，对得起这个职位，当时想得很简单。

比较具体的任务，比如领着妇女下地干活。当时实行公社，大家在一起，集体干活，大锅吃饭。每天一早一敲钟，大家就起来了，那口钟就在俺这门前，以前有棵老桑葚树，听老一辈的人说，有上百岁了，那口钟就挂在树上。我记得你们小时候还没撤，还在那放着，没人管，树下还有一口土井，这口井也有不少年的历史了，这一片的人都来这打水，后来井干枯了，慢慢地都给填上了，后来越来越浅，你们小时候还经常到这来玩，跳上跳下的。你现在来采访这些老古董的东西，咱村这种以前的记号已经慢慢消失了，除了我们这一辈的人还能记得，还能给你们讲讲，等我们这些人死了以后，就不会再有人知道这些老古董喽！

你看，又扯远了，接着刚才下地干活说，起床以后，先集合在一起，扛着家伙，一起就下地了，大家都喊着“社会主义好，社会主义好”“毛主席万岁”这些口号，到地里就干活，那时候是男女一起干活，清早起来先干个把小时的活儿，然后再吃饭，吃完饭，上午还得干，中午如果离地比较远的话，村里做好饭，还得送到地里去，我也得承担点这一部分活儿，也没啥吃的，就是啃点干馍，喝点水，就这样，下午接着干，干到挨黑（黄昏）再回来，大家还得叫着“社会主义好，社会主义好”“毛主席万岁”，这是规定，也习惯了。

其实那个时候，时间长了，大家都疲软了，干活的积极性也没有那么高，很多人都是在混时间罢了。不去又不行，不去就没有你的工分，没有工分就分不到生活用的东西和吃的东西，因为那个时候是集体化，自己家又没有粮食，没有多少私产，不挣工分，就没有指望，所以天天叫去就得去，不过去了，又吃不好，吃不饱的，哪有力气干活，再说了，又不是自家的地，有很多人都在地里熬时间，看着是在干活，可实际上不掏力气，不尽力，这也没办法，不是谁能改变的。

另外，就是教育开导那些不孝顺的、打公骂婆的、邻里关系不和睦的、搅家不贤的妇女，对她们进行说服教育。不过当时这种情况不太多，闹得众人都知道的更少。

其中有一件记得比较清楚，就是咱们庄某某家的媳妇虐待婆婆，自从进门她就和婆婆不对付。一是她脾气不好，跟婆婆性子不合；再是她婆婆也有不是，所以她就不愿意和婆婆住一起。那时还好说，因为婆婆当时身体还不错，还能自己照顾自己，不过到后来，她婆婆年纪逐渐大了，腿脚不方便，眼也不太好了，某某家的还是不愿意和婆婆住在一起，可她婆婆就这一个儿子，他夫妻两个不照顾谁照顾呢。

但是，儿子也是个不孝顺的货，又怕老婆，他烦他娘比他媳妇烦得还狠，所以她婆婆只有一个人住在庄后面的一座茅草屋里，儿子媳妇不过十天半个月给她送点米送点面，其他的一概不管，就是送东西也不亲自去，都是让自己的小孩去送。有时候她闺女也会时不时地来看看她，给她买点菜，买点老人能吃得动的零食送去，不过毕竟是女儿，也不能天天守着。后来有一次，某某两口子又叫小孩给奶奶去送盐，因为他两口子没过目，就让小孩稀里糊涂送过去了，谁知小孩拿错了，拿了某某家的包在一张纸里的白灰，老太太也没注意，黑灯瞎火做饭的时候，就当盐吃了，结果眼就瞎了。大家知道后，都很看不过去，支书就让我去过问一下这件事，顺便教育一下某某家的，要好好孝顺自己家的老人。去了之后，她还不承认，说自己对婆婆很好，可群众的眼睛是雪亮的，后来她也不得不承认自己的错误，支书也去找过她谈话，对她进行开导教育，我也经常去聊天，跟她讲这其中的道理。因为我在咱们庄辈分很高，再加上是妇女主任，所以她还是能听进去的，对自己的婆婆慢慢地好了，经常去看她，送吃的用的。不过她婆婆不愿意和他们住在一起，说只要他们知道孝顺，知道经常来看看自己就好，也没必要住在一起，等到自己老得腿脚不能动了，再挪一块住，后来某某两口子自己当了公公婆婆之后，才更加认识到自己的错误，觉得自己都不疼自己的婆婆，怎么能指望下一辈儿孙孝顺自己，这就是"老猫趴在屋脊上睡，儿孙一辈传一辈"。

还有就是要对村民的生活给予关照。记得有一次，恁奎大爷他爹没在家，去马桥给他姐夫帮工去了，巧的是恁奎大爷他大姐生病了，后晌的时候，我和恁奎大爷他娘拉呱（聊天），说到他爹不在家，英子（恁奎的姐姐）有点发热，当时我没在意。等到晚上了，我起来上茅房，看见恁奎大爷家还亮着油灯，我心里想他爹不在家，他娘又领那么多孩子，累了一天了，还不该吹了灯早点睡。我正想着，因为离的不远，我就听见里面有大人小孩的哭声，所以我就去看了看，我去敲门，恁奎大爷他娘还吓得要命，以为是歹人。后来我说是我，她才开门，我进去一看，恁奎娘儿几个正哭着呢，一问才知道，原来英子发热烧得厉害，脸都变颜色了，恁奎大爷他娘想去请先生（医生），可是还有另外三个孩子，还小，出去请先生又不放心。再说了先生离咱庄有十来里地的路，太远了，一个女人家又不敢去，所以难为得淌眼抹泪呢。我听了以后，觉着怪可怜的，我就说我今天得帮这个忙，原先她客气，说不好意思麻烦我，我说我既然是村干部，好歹算个官，帮这个忙是应该的，再说了就是不当这个官，邻里之间难道不该帮这个忙吗，所以就回家让恁老爷（受访人的丈夫）去请的先生。请来之后，看了，先生说怎么请那么晚，小孩子要是烧出来个什么毛病可怎么办，幸好没有太大问题。就这，闹腾一夜，两家子也都没睡成觉，不过总算她的孩子没啥事，也算值了，后来恁奎大爷他娘还千恩万谢的，我说没事，应该的。现在想起来，如果有同样的事，我还会那样做。

走错路线害死人

另外你问有没有其他记忆深刻的事，那就是 1958 年饿人的事。你刚才说你们课本上学的是 1959—1961 年三年困难时期，饿肚子，但咱们这是 1958 年开始饥饿。现在一说 1958 年，就是饥饿的意思，看见哪个小孩不珍惜粮食，就会说 1958 年的时候，想吃都吃不上，你现在还浪费。刚才你说三年困难时期，1958 年的时候，咱们这没有自然灾害，粮食收成还算正常，不过收的粮食都让上边来的人给拉走了，没人说，也没人敢问。所以，家里本来有粮食，就变成没粮食，没有粮食，家里有那么多人，肯定得饿。

等到上边来查粮食收成的时候，还得说粮食种的好，产得多，不能乱说。可实际上并没有粮食，怎么办呢，就想各种办法应付上头来的人。比如，在一个盛粮食的房子里，里面堆上麦糠，各种草，最外面才有一圈真正的粮食。光没有粮食倒还罢了，正好那个时候，咱们这一块，全民挖沟。你说你在杭州上学，河多，水多，可咱们这是河南，不比南方。那个时候就得挖沟，叫什么“幸福沟”，起的名字挺好听，从后来看，挖的沟倒还起了作用，比如发火的时候，就可以容水，不过灌溉上，作用不大。那些大小领导领着村里的劳动力，到处挖沟，近的离家有十来里路，远的有上百里路，都是走着，哪有什么自行车。到地方，天天挖沟，有人看着，挖的不好，不够量，偷懒耍滑了，就打你。干那么重的活，又吃不好，大锅吃饭，能有什么好东西，就是一个、半个的红薯，吃不好，还要干重活。1958 年，像什么吃老鼠、啃树皮都很正常。

就拿你们家说吧，当年你爷爷跟着队里到县北去挖沟，你奶奶一个人，领着你的姑妈们、两个姑奶奶、你的二爷（爷爷的弟弟）。1958 年，你曾祖母、曾祖父因饥饿去世。那个时候，你爷爷已经结婚了，你奶奶来到咱庄后，领（生）了你的姑妈们，因为吃不上饭，东西少，你的两个姑奶奶和一个姑妈就没活下来。你二爷看看情况不对，就离家出走了，因为他看守在家里也是饿死，不如出去闯闯，说不定还能活下来。

后来你爷爷奶奶、姑奶奶，东找西找，怎么都找不到，都过了一二十年了，你爷爷去洛阳治头疼病，无意中得知了你二爷的线索。原来，当年你二爷是跟邻村的一个年纪稍微大一点的人走的，当时你爷爷在洛阳碰到了邻村的那个人，就询问你二爷的下落，后来他提供了一点线索，你爷爷就按着这条线索，一点一点地找，终于找到了。找到后，才知道当年你二爷一路乞讨，来到洛阳，后来被一户人家招到自己家里做木工，因为你二爷跟你爷爷学会做木工，所以在外面就派上用场了，干了几年，他的那些伙计们，看你二爷年纪也不小了，就撺掇着给他说了门亲，那家人也相中你二爷了，看他长得还不错，为人老实，忠诚厚道，还有门手艺，就愿意了这门亲，不过条件是，要入赘她家。就这样，你二爷在人家做了倒插门，他们家的孩子都姓你二奶奶的姓，十来年前你二爷不是探亲回来过一次吗，我们才知道这里面的细情。

像这种事，在当时太普遍，没什么大惊小怪的，我当妇女主任的时候，还因此做过一件媒呢。那时候不是穷吗，进才家闺女多，六个闺女，因饥饿，还有四个闺女、一个儿子，在当时肯定一切紧着儿子吃穿，因为老小是儿子，好容易才盼来的，一定不能让儿子饿着了，所以就想着怎么不让自己的女儿白白丧命，因为他们家底子太薄了，所以只得把闺女早早嫁掉。当时邻村有一家，他是村里的队长，家里还是可以的，他们家有个儿子，有点偏瘫，脑子也不大正常，一直没说上媳妇，父母一心为了抱孙子，就想说个儿媳妇，可是说了很多家，别人都不愿意，当时就看准咱们庄的进才家，看进才家这么多闺女，他们家又那么穷，想着弄来一个当媳妇，所以就托我去说和说和，我去了以后，进才两口子愿意，可闺女不愿意，他老两口就一再劝，“虽然那家的孩子有点缺陷，可他们家殷实，你嫁过去之后，能留一条活命，总比你在家活活挨饿强，过了三年两年的，领个小子（生个男孩），说不定不像他爹，像你，不是有毛病的孩子，到那个时候你不就算熬出头了吗！”经过她爹娘好说歹劝闺女才愿意，可谁知道他闺女是个烈性子，临上轿的时候，怀里揣了一把剪子，想着一死了之。不过邻村娶媳妇的那家也不傻，料定那个闺女得出点什么事，所以她婆婆跟到娘家去迎亲了，虽然这在当时不合规矩，可都这个时候，哪里还讲得了这么多规矩，所以就跟去了，临上轿前，她婆婆就摸了摸她儿媳妇身上，果然摸出一把剪子，她也没声张，抬回家，成了亲，那闺女也就没寻死了，过罢年，果然就生了小子，也算我这媒没有白做，也不算害了一条人命。我跟你讲这些事，可能你都觉得不可思议，可在那个时候什么事都有可能发生。

回到刚才你说的那个妇女主任，我算是把新中国成立前后的这些事都经历过了。别管孬好，也算都过来了。像我是 1949 年嫁到咱魏庄，那个时候，每家都分到了土地，别管多少，一家子人勤勤恳恳种地，还是不至于能到饿人的份上的。可到后来政策就改变了，我记得是 1952 年入了互助组，有点像互帮互助的感觉，可以相互帮忙，交换一些东西，这样也有些好处，一家子完成不了的任务，大家一块，就能完成了。

不过到了后来，我记得是 1956 年吧，就把所有东西都缴公了，大家一起干活，一起吃饭，论工分，凭着工分，可以领一些吃的用的。那时候吃的那些东西说出来恐怕你都不知道是什么东西，就拿红薯来说吧，它从头到尾都被我们吃过，天天吃。红薯叶子，煮水喝，就连红薯秧、红薯梗也舍不得扔。吃的都是杂面，说起来杂面，现在人都是吃多了白面，还变着花样地吃杂面馒头，那个时候吃的杂面馒头都是涩的，都扎喉咙。等到了 1960 年以后，生活就慢慢地变得好过些了。

4．竹储桂枝：童养媳也当上村干部

口述者：陈桂枝、李丽英

采写者：薛湘竹

时　间：2016 年 3—8 月、2017 年 1—2 月

地　点：浙江省宁海县桃源街道竹口储村、桥头胡街道涨家溪村

陈桂枝，女，1932 年生，竹口储村人，文盲，农民。1943 年被同村人收为童养媳，1951 年结婚，育有 3 子。1956—1986 年担任村妇女主任，1958 年入党。

李丽英，女，1939 年生，竹口储村人，文盲，农民，与村妇女主任有较多接触。储村村子小，只有 290 多户人家（后来和隔壁村合并了变成 1000 多户），主要姓储，也就 250 多亩田，附近都是山地，没有什么大河，农民靠种地为生，主要是种水稻。

我是村里第一任妇女主任

我是童养媳，因为家里穷，12 岁就被卖到了同村的我公公家。我对自己以前那个“家”的印象已经很模糊了。只是朦朦胧胧地记得，我没有兄弟姐妹，家里就我一个女儿。母亲死得早，我也不知道是因为什么死的。父亲身体很差，是个“药罐子”，干不了什么活儿，所以根本养不活我，于是就把我卖给了一户“好人家”——也就是我公公家。公公虽然也是农民，但踏实肯干，靠着家里的几亩田发家致富，家庭条件在当时算是不错的了。公公读过一点书，婆婆也懂些治病救人的“土方法”，称得上是“文化人”。所以

不管从物质上还是精神上，公公家都是不错的，在当地也小有名望。

我刚被“卖掉”的时候，并不知道进了另一个人的家门到底意味着什么，对“童养媳”也没有概念。只知道公公一家人对我蛮好的，帮忙干干活儿、打打杂就行，还有就是到了“新家”之后，感觉到变化最大的就是自己终于不用再为下顿饭吃什么而发愁了。我害怕有一天被现在这个“家”再送回到以前那个只有一个病怏怏的爹和永远吃不上饱饭的家，所以别人吩咐我干的活儿，我都尽力干到最好。就这样，到了1951年，我19岁了，因为肯吃苦，人又长得“亮堂”，公公就把我收作了儿媳——当时如果主人家对童养媳不满意，会把她再卖给别人，不会留下当儿媳妇。

那时候的嫁娶哪管你愿不愿意、喜不喜欢，父母给你配的，你就是再不喜欢也得老老实实结婚，否则，就是大不孝。普通人家都这样，我又是童养媳，能嫁给青梅竹马的人，就已经是十分幸运的了。婚后我们感情一直很好。丈夫是公公唯一的儿子，一般人家有这样的“独苗”都会万分疼爱，但公公从小就对他严加管教。同龄小孩在外面“撒泼打滚”的时候，他都是被关在家里学习的。

后来土地改革，家里的土地都被重新分配了，家里被定为中农。家里的几亩良田换成了仅能勉强维持一家人口粮的几块“薄田”。家里的条件不再那么好了，加上他对于读书也不感兴趣，也就被从书房中“解放”了出来，跟我一起开始干活。

其实对于当上妇女主任这件事，我也是觉得莫名其妙的。那感觉就像是你一觉醒来，地里的庄稼就全部熟了，捡了个现成的。只不过严格来说，这更像是个“烫手山芋”，虽然大小是个官，但要管听起来就很麻烦的邻里纠纷什么的，加上那时候大家都忙着干自己的活儿以求温饱，基本没人有这闲心思去管别人的“家事”。但妇女主任这个位置不能空着啊，所以就搞了个民主投票。没有自愿报名当妇女主任的，大家一致投票选举出我来的，就由不得你不当了。

1956年，我成了村里第一任妇女主任。虽然我没上过学，但因为公公一家在当地算是蛮有声望的，我跟村子里的人也经常“打交道”；加上我们一家都是农民，政治清白；我又是“童养媳”的身份。村子里要招妇女主任，村民就想到了我，没有任何波折。

由于我是第一任妇女主任，完全没有“前人”的经验可以借鉴，而且那时候根本没有什么培训，都是自己学着当，不像现在在上任之前都会进行三年左右的培训。我那时候做什么都是听上头领导的安排，自己只要遵纪守法，按部就班就好。

我的主要工作就是调解邻里纠纷，带头领导村子里的妇女去田里干活、打扫公共卫生，等等。计划生育我没管过，我们村的计划生育主要是由下一任的妇女主任负责的。

要说在我当妇女主任的时候经历过什么重大的事情，那就是土地改革。土地改革以后，一方面发生改变的是村子里没有了穷富之分，大家都是要靠劳动吃饭的，不能再“坐享其成”了；另一方面，我们竹口储和隔壁的杨家村合并成为一个村子，而我就成了两个村子的妇女主任，管理的人愈发多了，管理的难度也增加了。但两个村子本来就是“一墙之隔”那种关系，两个村子里的人都相互认识，我也都熟悉，再加上我隔三岔五就挨家挨户地串个门什么的，过了一段日子，管理起来也就顺顺当当了。

我认为妇女主任这工作，是具体而细微的。管理的大多是杂事，接触的也基本是女同志。谁家夫妻吵架了，闹得要死要活的，我就要上门去给双方“调解调解”，给他们做做思想工作。要是我把俩夫妻的矛盾“化干戈为玉帛”了，那自然是皆大欢喜。不仅人家夫妻能好好过日子了，而且我能帮助他们跨过这个“坎”，心里当然也是开心的。不过，要是没处理好他们的矛盾，那我有时候就会变得“里外不是人”。特别是碰上一些女同志，气量比较小的、性格比较难缠的，你这次要是没帮她把家里的麻烦事处理好，那么下次你找她干活，比如说去打扫街道啊、去山上砍柴啊，她就不会给你好脸色看。有一次，我叫村里的一个女同志去打扫卫生，因为上次我去她家解决她的夫妻矛盾，没有得到让她满意的结果，觉得我在帮她丈夫说话，但因为当时还有其他亲戚朋友在，不好发作只能假意和好。这次遇到我叫她干点事了，她就冲我说：“你不是妇女主任嘛，能者多劳，你就帮我扫一下地呗，多大点事……”然后，又是免不了一次“思想教育”。

工作上碰到最多的困难就是类似这种了，毕竟接触的都是女同志，有个人背后说个闲话什么的是难免的，听到谁谁谁说我坏话了，我笑笑也就过去了，我要是什么事都往心里放，估计早就“郁郁而终”了。

老实说，当妇女主任给我带来最大的困难不是工作上的，而是它对我自己个人的生活造成了很大的影响。开始几年，当妇女主任完全是出于义务，没有半毛钱拿的，后来几年上头也就象征性的一年给我发个几百块补贴，并没有像其他地方一样多给我算工分，所以，根本不能指望这个职务改善什么生活条件。

妇女主任的事情多，以前没当妇女主任的时候我都是白天干活太阳下山也就回家好好休息了。当了妇女主任之后，我白天都忙着干会里的事，晚上回家往往饭都来不及烧，随便吃点早上煮的土豆或番薯，就急急忙忙地又去地里干活了。经常跟丈夫一起割稻割到夜里 11 点。当时女的干活一般记工分只能记到 5 分，但我能记到 6 分，因为我手脚麻利干得快。当时两个村子的女同志里也就我一个能得到这样的成绩，而我丈夫每次干活都是能得到 10 分的满分的。

想想我这辈子，在没嫁人之前卖力干活为的是不被人“退货”，生了孩子以后卖力干活就是为了自己的小孩了。虽然我这样的努力和辛苦工作，但我还是对不起我那三个可怜的儿子。大儿子储为正，1953 年 12 月生，二儿子储正贤，1955 年 12 月生，三儿子储为锋，1964 年 2 月生。我除了尽量去满足他们的温饱，其他的就无暇顾及了。

在没当妇女主任之前，我还有时间带带孩子。当了妇女主任之后，我连家里的家务都没时间做了，大多都是丈夫帮忙打理。而孩子就托付给公公婆婆，我俩都忙，根本没时间照顾孩子，全靠公公婆婆照顾。

丈夫是老实人，只会闷头干活，家里头的大事还是公公做决定。就拿我当妇女主任这件事来说，如果家里人不同意，我也是不会去当的，主要还是公公支持我去当，丈夫也听他爸的，正因为家里的支持我才能顺顺利利地当了 20 多年的妇女主任。

我谈起大儿子，就想掉眼泪。三个儿子里我最对不起的就是他，但他却是最争气的，也从来没有埋怨过我。我也不知道是哪辈子积起来的福气，生了这么争气又孝顺的儿子。虽然我基本没怎么管过他，不过他从小就听爷爷奶奶的话，他爷爷也还是认为读书才会有出息，一直在督促他好好学习从来没有懈怠过。

他脑子也灵光，在自己的努力和公公的严格管教下，考上了县城里最好的高中——宁海中学。那个时候农村里识字的人很少，农村里出了个“高中生”更是很稀奇的一件事，一家人自然很高兴。公公为了奖励他还特地给他买了一双在当时很时髦的凉鞋。我到现在都还记得，公公总是跟他念叨的一句话，“乖孙，要读好书才会有出息”。

他上高中以后依旧成绩优异，后来闹“文化大革命”，被选举为“红卫兵”代表，去北京见毛主席。这对于我们这样的普通家庭来说无疑是极大的光荣。虽然“北京之行”基本是免费的，但还是有一些需要花销的地方，家里没有什么钱，我本打算不让他去北京的，可是公公坚持让他去“见见世面”，也就让他去了北京。在他出发之前，我趁着家里没什么人的时候，跟他说：“家里的情况你也是知道的，去了外面省着点花，注意安全。”他听后，冲我点点头。

后来去北京，他把带去的钱都省下来了，没给自己买过一点东西，就花了几毛钱给弟弟买了把他们一直很想要的塑料水枪。他一直都很懂事，在读高中时，也总是会省下几张馒头票，到每星期放假的时候再换成馒头带回家里给弟弟吃。兄弟之间感情很好。

后来大儿子因为成绩好得到了被保送去上大学的机会，但考虑到家里的情况，他决定放弃这个机会而选择回村子里教书以补贴家用，也能更好地照顾家里和两个弟弟。那会儿，他爷爷年纪已经很大了，不管事了，我丈夫本身也是那种没什么主意的人，所以家里的事基本都是大儿子在管了。要是我们家里的条件好点，他肯定能更有出息，说到底还是我拖累了他，一直在忙自己的事，也不怎么管他，真的觉得很对不住他。

大儿子教书从 1975 年开始一直到 1980 年，他在村子里人缘很好，受村里人尊敬。1980 年换村长的时候他参加了选举，成为新一任的村长。他当上了村长，跟我商量的第一件事就是让我从妇女主任的位置上退下来，一是因为我年纪已经大了，这工作太辛苦；二是因为村长是管着妇女主任的，“儿子指挥妈”在农村里是要“触霉头”的。所以，过了几年我就“光荣下岗”了。

二儿子和三儿子都不喜欢读书，上完小学就没读书了，一开始都在家里务农。后来二儿子开始做点小生意（卖床上用品），逐渐发家致富。三儿子学了点修房子的手艺，做了一个“水泥匠”。

这辈子辛苦是辛苦，但那时的人有哪个是不辛苦的呢？我当了二十几年妇女主任，干了一辈子农活，晚年总算能有孝顺的子孙照料，也是无悔了。

（李丽英）陈桂枝工作的时候基本没人说她闲话的。她公公家在我们村也算是有声望的，丈夫也实在，儿子也孝顺。这样一个家庭美满的人当妇女主任来解决什么家庭纠纷啊还是很有说服力的，所以村子里的女人都听她的话。至于分配任务打扫卫生什么的，也没有什么公不公平，你哪天不舒服了我帮你多干点活，我哪天需要帮助了你还我个情，都是一个村子里的人不会计较那么多。所以我觉得陈桂枝工作的时候还算是轻松的，无非是村里的“闲事杂事”管得多点，不像后来管计划生育的妇女主任，那麻烦事就多了。

5. 群联香珠：当之无愧的女中英杰

口述者：洪香珠

采写者：黄杭磊

时　间：2017年1月22—23日

地　点：浙江省浦江县黄宅镇群联村

洪香珠，女，1935年生，群联村人，小学文化。丈夫黄祖羊，1931年生。育有1子3女。1950—1951年任群联生产大队土改代表及姐妹队副队长、女民兵队队长。20世纪五六十年代，担任群联大队副支书和妇女主任。1963年当选为义乌县人大代表。20世纪70年代，任黄宅镇工艺厂副厂长，后主要负责黄宅镇岳塘、日升、岳溪三个生产大队的计划生育工作，直至退休。曾获"全国计划生育先进个人"等荣誉。

小时候的生活

我生于1935年，以前是黄宅镇瑞狮塘人（现属黄宅镇智勇行政村），1951年嫁到桂花明堂。

桂花明堂当时比较穷，整个村毛估估也就一两百人，地主大概也就两户。瑞狮塘和桂花明堂那时候都是群联生产大队的，到黄宅都是三四里路的样子，位置差不多可以凑个三角。当时我们大队村子多，所以叫群联，包括瑞狮塘、楼宅、童村、何村、桐树岗、黄司、鲢鲐塘、葛宅、桂花明堂、日乾堂、惇裕堂、新小份、新大份、始美堂、周塘，这些都是一个生产大队的。前面几个村都是政府给划到我们大队来的，跟我们没啥血缘关系，后面的这些村（桂花明堂、日乾堂、惇裕堂、新小份、新大份、始美堂、周塘）其实很久以前都是同一个太公繁衍下来的。

我们桂花明堂、日乾堂、惇裕堂、始美堂和周塘以前是同一个村的，叫作二份村，宗谱里也是这么写的。二份村的始祖叫黄方泰，生了四个儿子，现在叫他们大太公、二太公、三太公、小太公。这里面大太公和小太公都留在桂花明堂，后代数量也不多。二太公除了留在桂花明堂的一支，还发展出了周塘这一支。像日乾堂、惇裕堂、始美堂这是三太公这一脉繁衍出来的，原先是他后代建的厅堂的名字，后来就当作他们的村名了。至于新大份、新小份这两个村，跟我们的血缘关系又稍微远了一点，新大份是从大份村移居过来的，新小份是从小份村移居过来的，大份、小份加上二份村其实又是三个亲兄弟。后来村庄归属又改了，现在的群联（行政村）包括桂花明堂、日乾堂、惇裕堂、新小份、新大份、始美堂、周塘、潘都（上潘都）、葛宅，而瑞狮塘、楼宅、童村、何村、桐树岗、黄司这几个村又组了个智勇（行政村）。

最开始的时候可能还不叫生产大队，叫同一个农会的。后来才开始叫生产大队，不过具体也搞不清，都习惯叫大队，现在好像又叫行政村。以前不仅村落归属跟现在不一样，田地归属也很不一样，改来改去改了很多次，所以哪些田地以前是我们村的，我们村有多少田地，都搞不清楚了。

我小时候没怎么读过书，基本上就是待在家里，稍微长大点，大概十岁不到就去自家田里割草、放牛。家里 4 口人，一个房子，我爸是驼背的，但是会种田，记得小时候他除了在自家田里干活，还给村里其他人家种田。因为我们家就两亩左右田地，自家的产出不够，就需要给人家打工再补贴家用，我也要跟在他后面去割草、放牛。那时候就是日子苦点，书也没得读。但是说起来也还算走运，我们村没怎么受过战争的破坏。我姐姐嫁到了黄宅镇夜渔市舅舅家，就是镇上那个夜渔市，离家大概三四里路，等于说她是嫁给表哥的。他们村就受过日本人的苦。姐姐因为长得好看被日本人抓去（1943 年），然后她又逃出来，逃到田里，用淤泥把全身涂满，但日本人还是发现了，就朝她开枪，但幸运的是她最终还是逃掉了。我舅舅也很惨，他是被日本人用竹枪打死的。他们吃苦头的时候，我还小，好像十岁不到。但这些事情主要发生在黄宅镇那一带，我们村没什么日本人来过。后来解放的时候，也没怎么打过仗。我印象中好像也没什么部队来过。咱们桂花明堂听说倒是来过部队，都驻扎在晒谷场上。以前国民党的兵来的时候，大家都怕的，他们住要住在村里厅堂里，而且还要你们每家每户提供柴火、大米、稻谷之类的。1949 年大军（指解放军）来的时候大家都喜欢的，住也不住你们屋里头，就在晒谷场上搭帐篷，而且那些大军小伙子都特别勤劳，看你拎着东西很主动就会帮你提，还会到田里帮村里人干活。

姐妹队与土改代表

1950 年，我在瑞狮塘那边参加了姐妹队，也就是女民兵队，那时候是副队长。姐妹队里都是年轻人，人数也没什么限制，一般都是贫下中农参加的，像我们大队的话，多的时候二十来个人，少的时候十五六个人。姐妹队是由上面派来的土改工作队组织起来的，我记得当时咱们那个工作队的负责人是个福建的小伙子。平时姐妹队主要是属于农会下面的。后来第二年嫁到这来，我又当上了队长。那个时候娶媳妇不用抬轿了，所以新娘子都是我们姐妹队去接的，现在是自顾自地娶新娘子，但那个时候都是村里派我们姐妹队去接过来的。

1951 年，我 17 虚岁，父母要给我找个好人家，当时有人说我老伴不错，勤劳能干，父母也主要看中他这点，所以定下了这门亲事，把我许配给了他。老伴比我大 4 岁。那时候都是父母说了算的，不像现在都是自由恋爱的。我就从瑞狮塘嫁到这里来了，瑞狮塘就是往石宅那个方向走，走个两三里路就到了，就在楼宅村边上。因为那时候都算一个生产大队的，所以后来咱们村很多人都葬在楼宅那一块地方。记得那时候结婚，就是两家通过媒人定好日子，就直接结婚，没有订婚什么的。结婚的时候，是村里的姐妹队去瑞狮塘把我接到桂花明堂来的。她们去接的时候，最前面几个人就敲锣打鼓，然后是扭秧歌唱歌的，我就跟着走在她们后面，这个时候已经不用轿子抬了。那个时候也没有像现在的嫁妆，就是人嫁过来就好了。

我当姐妹队副队长和队长的时候也去别的村庄接过新娘。有一回从桂花明堂去黄宅镇三郑村接人，走了五六里路，到了那边还要跟那边的姐妹队成员对歌，唱的都是关于解放的歌，比如《解放区的天》之类的。三郑村那边有些地主人家的女儿唱得真好，什么都会，我们是唱不过她们的。她们还会唱“一二三四五六七，我们唱歌要休息”，唱完这个她们就不唱了，我们得接上去，然后我们就唱不来这种，只能老老实实一首一首唱，所以唱不过她们。她们地主人家嘛，唱歌厉害的，会的歌也很多。

姐妹队除了接新娘子，还负责一些大队里的治安工作。平时主要还是负责治安，所以平时就得去站岗，晚上还要去大队里各个村子巡逻。那个时候村里有男民兵队，我老伴是副队长，也有女民兵队，还有儿童队，儿童队现在你们又叫少先队了。我们巡逻就跟男民兵队轮流，男的晚上都睡在村里敬义堂那个厅里。姐妹队平时的活动室就在敬义堂的二楼，没事儿的时候，就各自回家干活，有事了就集中在厅里二楼开会。其实也没有比男的轻松，他们怎么样，我们也怎么样，反正都是当男的用。晚上去各个村巡逻的时候其实也是害怕的，不过人多又好一点，巡逻主要就是为了防火防盗。其他的关于文体方面的事情也是我们负责的，像文艺演出、做早操之类的，就是姐妹队来动员的。

我嫁过来以后头一年就工作了，就是做做农村里的一些工作，就是像耕田这样的工作。我还在咱们桂花明堂读了一年左右的书，记得我读了当时教材的第六册，然后直接跳过第七册，读第八册了，第八册读完就不读了。那个时候县里要扫盲，我原先不认字，所以就去参加了大队里的冬学所（1950年12月）。那个时候各个大队都有办冬学，主要就是教你识字，偶尔也有一些算术的东西。教冬学的就是群联小学的老师，一个叫洪以在，还有一个忘了叫啥，只记得是黄宅镇前陈村人，他们村离咱这得有八里多路。这个小学是解放后政府在咱们大队兴办起来的，1999年的时候撤掉了，现在改成老年活动中心了。

我还没嫁过来的时候就开始土改了，土改好像是1950年下半年开始的。那个时候我们还是中农，好像不是特别受到重视，成分不是特别好，但是因为我当姐妹队队长时工作做得好，比较认真负责，嫁过来以后做农活也是一把好手，所以就推荐我当了土改代表，不然是轮不到的。

我当土改代表的时候，要负责带领村里的妇女，主要就是表演节目，唱歌啊，扭秧歌啊，这些个事情，为土改动员什么的。这个（土改代表）做的事其实和姐妹队队长没什么区别。记得当时我们村里表演了那个《白毛女》，是在敬义堂演的戏，他们几个演员演得可好了。这出戏好像是海塘村的洪以在指导的，他是教书先生，有文化。我们这出戏大家都说好，还去好几个村子演出过。

然后就是有关土改的什么通知、开了什么会议，我们得一个个村子去通知。那个时候还没有广播，就是我们土改代表拿着喇叭去通知，像村里那个黄祖感也是土改代表，他是贫下中农，好像还是我们村第一任村支书，具体也忘了。我们每天晚上都得出去宣传。

生产大队副支书和妇女主任

土改以后不久，大队里成立了支部，然后我就入党了，具体哪个年份我记不清了，大概是姐妹队队长卸任以后就去申请了。当时入党都是什么工作组下来，然后看你们村有哪些人工作做得比较好，就来叫你们入党，也记不清有没有写申请书，反正比现在容易多了，但是也得你工作先进。入党以后，我就当了十几年的副支书，哪一年当上的实在想不起来了，反正土改以后。我是在大队里成立支部以后，当了副支书，然后是在1970年左右离开村里，去镇里的工艺厂当副厂长。我当副支书大概就是在这么个时间段，一共当了十几年。其实当时我们生产大队讨论出来的副支书是黄世新，但是乡里说我工作好，批给我了，现在的话肯定不行的，那个时候就批给了我，支书的话是黄有成。后来好像村里就一个支书，没有副的，所以我好像没有接班的人。

当副支书的时候，负责的都是些零零散散的事，重点就是带领妇女参与各种活动。1955年，钞票改革的时候，我们妇女就参加了，我带领她们站到台上去宣传钞票改革。大体上改万元为1元，实行了现在的人民币单位。钞票改革的时候，就是开大会，在黄宅小祠堂开会，那个小祠堂本来我们也有份的，现在属于六联村了。在那个地方开大会的时候，我们就爬到台上去宣传，宣传了以后，大家都把钞票换掉了。为什么换钞票也记不清了，好像在那之前是没有硬币的，那次改革就是把硬币用起来，这个还真是模糊了。

当副支书的时候，除了负责妇女工作，他们男的开大会，我也得先去掌握情况，就是对今天开什么会议重点是什么事情做一些介绍，我讲完以后，就是支书讲话，让黄有成讲两句。我做的就是类似于主持的工作。

后来的妇女主任也主要负责带领妇女活动。妇女主任那个时候是一个村一个的。我当上妇女主任也是在土改结束以后，大概是在1956年以后我又当副支书，又当妇女主任，反正生产大队里妇女这块儿的事情都归我负责，有时候还得去镇上帮忙。

大致在1956年大办农业的时候，生产大队里有了插秧机，数量是不多的。镇上把各个大队的干部集合起来，包括妇女干部，大家去村庄里头宣传使用插秧机。其实这个插秧机不太好的，种田的人不是很喜欢用，效果不好，还不如手插秧插得好，主要机器也还不够先进。所以宣传了半天，也没什么人用。

我还负责大队里的农活。像1958年大炼钢铁的时候，村里很多人出去洗沙、打铁。洗沙的话就是去上宅村附近的浦阳江边去洗的，沙子里洗着洗着留下来黑色的东西就是铁，然后把这些拿到炼钢炉里练。炼钢炉是在三角塘村的，黄宅公社各个村庄的人都到那里去炼钢铁。那时候炼钢铁用的都是土办法，都是用木炭烧的，炼钢炉是用耐火砖砌成的，不像现在都是用电啊什么的。所以就有的人负责挑担子、挑木炭，有的人负责拉风箱。

因为村里差不多的人都去外面炼钢铁了。村里耕田、养猪的活就由我们留下来的人来做了，于是我就没去外面，留着在村里带领妇女劳动。男的也有留在村里的，但是主要留着的是妇女，所以就由我负责。耕田的活就是这个时候学会的，犁耕耙活我都会的。村里的黄惠民那时候年轻不会铧田，都是我教他的。那时候耕田要比试。县里选了我们一批人去金华比试。我们到了田里，每个人分到一垄地，然后比赛谁耕得快。比试以后，我被评上了标兵，哪一年我忘了。这个标兵一定要通过耕田比试获得的，我们县当时评上了两个，一个男的是郑宅人，一个女的就是我。评上以后我们就去省里开会了。我那个时候也算是突出的，耕田什么的都会，后来又被评上过浙江省劳动模范，到杭州去开会过。这些新耕犁标兵什么的都是我还在村里的时候拿的，要在农村劳动的妇女才能参加评比的。

大办钢铁的时候，生产大队还搞了个集体养猪场，在新小份那边，所以新小份的很多人家就暂时搬到我们村里来住，住在桂花明堂。最开始桂花明堂指的是咱们敬义堂南台门外面一圈房子围起来的空地，叫作明堂。这块空地上铺的全是青石板，听说是从潘宅镇（现浦阳镇浦南街道）塘角村买过来的。明堂里种了很大的两棵桂花树，一棵金桂，一棵银桂，那棵金桂有两人合抱那么粗，所以又叫桂花明堂了。那两棵桂花树开花的时候，连黄宅市那边都能闻到香味。再后来，桂花明堂就成了我们村的称呼，本来我们叫二份村的。新小份的人住到桂花明堂那些房子以后，整天烧饭的那些烟就熏到桂花树了，熏着熏着就把两棵桂花树快熏死了，但还是零零散散会开点花。但是当时留在村里的三个人，因为看到桂花树快死了，村里也没什么人，就把它们砍了，三户人家平分当柴火了。实在是太可惜了，那时候没有公家财产这种概念，现在的话怎么可能允许。现在我们村名都变得名不副实了。

还有就是去山里砍柴，一年 24 趟，每趟 25 里路。那块山叫小岩山，在靠近义乌的戚宅那边，是我们村太公（指桂花明堂、周塘、始美堂、日乾堂、惇裕堂几个村的共同始祖方泰公，清朝康熙年间人）买下来的。小岩山之外，附近的馒头山、烧灶山都是太公买下来的。以前山上山下的田地都是我们的，住在那边的人每年还要运粮食到我们村来交租。土改以后，那些田地都划归那边的人家了，但是山还是我们的。所以我们就要去那里砍柴，每次带队都走这么远的路去砍柴。然后去山里种树的时候，我们一班女的就住到那里去。

还有比如负责带领妇女搞节约啊什么的。我们那个时候也去参加了什么节约会议。当时响应毛主席的号召，领导问台下参会的人什么最好吃，有的人说鱼好吃，有的人说肉好吃，我们群联村的就说饿肚子最好吃，真是这样的。毛主席那个时候，叫我们要节约。我们就在烧饭的时候，把放米的盘（音译，一种双耳陶罐）放到灶台边上，烧一次饭吃多少抓几把量好，然后一把一把抓进去，你家几口人一餐多少米，都算好，下次还是抓这么多米，不能多抓，饭烧多了吃不掉，那就浪费了。当时主要就是提倡节约，不能铺张浪费，不过这个也是看人的，也不是人人都会这么节约的。

当时我在村里工作都是没工资的，而是记工分的。1954 年、1955 年搞互助组的时候就是记工分了。记得我是8分。有的男人只有9分，我有8分，最高分是10分，整个大队的妇女里面我最高，还有一个是7.5分，我们大队其他妇女一般都是五六分。因为我在村里做的事情比较多，像带领耕田、种田这种都干了，所以工分多。我和我老头儿都有工作，做的事情比较多，所以我们家工分算多的。这个工分其实就是折扣，几分就是1块钱打几折，干了一天8分的话相当于就8毛钱，是这样一回事。

后来就是到了三年困难时期，大概1959年以后了。那时候，我家因为我和我老头儿都有工作，所以虽然苦点，但还是有东西吃的。那时候一日三餐都是萝卜饭，主要还是萝卜，饭很少。像有的人家就比较可怜，唉，尤其是那些家里没什么劳动力的，或者工分不多的，大队分的那点米不够，就只能用植物根茎叶和上米糠，磨成粉，熬成羹一样的东西，吃下去充饥。吃完以后有的人就会便秘。说来也奇怪，那些年大家也都下地干活的，但收成不太多，还得饿肚子。好在村里人都熬过来了，真是艰难。

县人大代表

1963年，我还当选了义乌县人大代表，参加了义乌县的人大会议。我们那个时候跟义乌合并了，撤销了县，改叫浦江地区。所以，我去当的是义乌县的人大代表。我家儿子生下来才两个月，就去义乌开会了。当时选上的就我一个女的，没人跟我竞争，镇里主要还是看我工作成绩比较好，所以我当上也比较轻松。

大致就是在当上义乌县人民代表那段时间，县里要搞十个女英（杰），这十个女英（杰）里面，有“新耕犁标兵”，有“种田标兵”，有养猪的标兵，然后我也算一个。十个女英都是农业方面的技术能手，那时候大家都没怎么听过广播，我们去县里发言，他们就集中去厅堂里听广播，比较新鲜。我本来叫作香珠，为了配合这个十个女英活动，他们后来叫我改名字，改成群英，但是私底下还是叫原来的名字。过了几年，群英这个名字也不用了，用回原来的名字。

公社女委员

后来，县里、公社成立了革命委员会，我被推荐当了委员。虽然县里分成两派，但我们公社没有分裂。当时村支书是黄某某，是他跟我说我被公社选入革命委员会的，他们都没有被选进去。因为革委会必须要有一位妇女，所以公社就叫我去了。

这个公社的革委会委员主要还是挂名，就是有时候要去参加革委会的会议，不然我主要是负责一些妇女工作，还有一些文艺演出的事情。“文化大革命”期间我负责文艺演出的时候，主要就是演一些《红灯记》《沙家浜》之类的戏，还有好几个别的戏，其他的名字我叫不上来了。那时候主要是在新小份搭个台子演戏。村里的黄世林演李玉和，黄荷芬演李奶奶，她家当时被算作地主的，要挨批的。但是她演得真的很好，所以我们就得向上头请示，让她来演，后来批下来了。我们大队当时有个文宣队，要到各地去演这些戏。我们大队算演得好的。除了演戏，我还负责组织人员教老人背“党的纪律”，就是党章。我们把他们教好，他们去台上背。另外，我和柳燕还上去讲过相声。总的来说，当时我做的就是这么些事情。

工艺厂副厂长

大概是 1970 年左右，我就卸任了副支书，去了镇里的工艺厂当副厂长。这个工艺厂在离我们村不远的长芝地，所以下班都是回家的。工艺厂主要是做扇子，打那种麦秆扇。也做其他的，比如门帘啊、盒子啊，各种各样的麦秆手工艺品。我是在样品组里的，要生产哪种样品都是我们先打出来的，然后下面再做出来。样品组的好处就是可以到处旅游，我在工艺厂干了好多年，也旅游了好多地方。因为要挑样品，所以南京、余姚、宁波、慈溪这些地方都去过，去参加展览会，然后看到哪个样品好，就带回来让群众去做出来。我们的样品也会带过去给他们看。我们做的东西都是用来外贸的，卖给外国人。外国人来挑选的时候都是去好的地方，像南京、宁波啊这些城市，我们这种地方不会来的，所以我们就得自己跑过去。当时工艺厂里的工人主要就是大队里的妇女，大家被挑到工厂里去做麦秆扇。那个时候的妇女都会打扇子，很好很能干。当然在工艺厂的时候，我除了负责做扇子，也要带队去村里宣传，告诉他们怎么做扇子。这些事情主要在大办钢铁之后，去镇上搞计划生育之前，我记得去的时候，工资有24块钱，后来去镇上搞计划生育工资涨到了30多块钱。

计划生育工作负责人

我在工艺厂的时候，他们看我工作好，后来就把我征用到镇上去了。我去镇里主要是搞计划生育。具体哪个年份我也翻不出来了。搞计划生育的时候，镇上组织了一帮人去，但是其他人没几年就回来了，我算待得长的，一直待到退休，退休的时候是镇里送我回来的。全县农村出来的负责计划生育的就我一个，其他都是单位里的。

改革开放之前搞计划生育是分区的，我负责三个大队，日升、岳塘、岳溪，如果算上渠南渠北那一片的话，其实不止三个。我到一个村就跟这个村的驻村干部一起去动员。工艺厂那个时候还好，不用走夜路，但是搞计划生育那时候要走夜路，那时候，一般晚上也要到公社里去的，然后工作完再回家。我们搞计划生育都是十几点外出的，因为他们要候人，候人的话太早又不能去，白天只能去动员去了解情况，做思想工作，候人都得晚上去，最早晚上10点钟去。等到候到人可能就凌晨两三点或者三四点，其他人可以睡在镇上，但是我要带小孩的，所以必须得回家，那个时候带孙子了。所以只能一个人从黄宅市走夜路回家，没有同路的人，也没人送回家，很害怕的，从黄宅公社到家里得走三里多路。一个人晚上回来的时候，路边都不敢看，我很怕的，看到“豆荚笆”（音译）一个一个立在那里都害怕。“豆荚笆”就是几根细竹子、细木条绑在一起，立在田里，然后豆荚藤可以绕着长上去。差不多每天都是这样深夜出深夜回，那个时候真是相当困难的，但没办法还得去工作然后半夜回家，我现在想想都后怕。

1986 年我评上了全国计划生育先进个人。喏，这块奖章和那个奖状就是那时候得来的。浙江省里的电视都来采访过，说我做得好，工作周到。然后电视拍我怎么做工作，怎么做动员。

搞计划生育为什么会评上我呢，全浦江县那个时候农村就我一个。主要原因是我仔细、慎重、会动员。我动员得比较多。我的工作就是动员了再动员，讲了再讲，一般也不会暴躁，都是比较温和的，一次不行两次，两次不行三次，总之做到通过为止。公社里的书记也说我做得好。那个时候搞计划生育，做多少计划生育有奖励的，所以他喜欢跟到我这个班里，因为我做得比较好，奖励会多一点，所以他也能得到多的奖励。

我算上在工艺厂和搞计划生育的时间，在公社里一共待了 21 年。但是我不算正式的，算临时招聘的那种，所以现在的一些享受是没有的，奖金没有的，只有一个工龄，工龄的补助有一个月 290 块钱左右。主要我自己文化也不高，不然的话，也跟别人一样户口转成居民了。

总的算起来，我前前后后一共做了 40 多年的妇女工作。从当土改代表负责带动妇女搞演出开始，到后来去镇上搞计划生育为止的。我这 40 多年工作下来，还是拿了比较多的奖励的，像大镰刀、毛巾、笠帽、收割机等，奖状也是很多的，可惜很多弄丢了。我现在一个月可以拿 500 块钱，类似于退休工资。

退休以后，我还负责过村里的迎会（一种融戏剧、杂技、音乐、舞蹈、雕刻于一体的汉族传统民俗文化活动）。这个我们搞得蛮不错的，很多地方都去演出过，像金华、上海、海宁等等。迎会的化妆啊，服装啊，选人啊，其他东西的准备，都是我一手负责的。迎会一开始只有潘都村有一桌，我们村是后来钱筹集起来搞了个会桌，也是特色了。

家庭支持

丈夫从来也不阻止我出去工作，是比较支持的。我白天也不在家里，要到镇里的，就相当于要在那边工作。小孩子都是婆婆带的，她跟我们共食到去世。开始，公公也是我们赡养的，从我嫁过来到生第一个孩子，六年里面公公婆婆都是跟我们的。等我女儿小瑶出生后，公公说去大伯家里，所以就剩婆婆由我们赡养。婆婆很热心，我对她也不错，有时候就在门口给她抓虱子。有个卖豆腐的看到了，就说你这个媳妇对婆婆好的。我也给我婆婆做鞋，照顾得比较好。因为是我工作养家糊口，所以家里一些活就由婆婆帮忙干，都不会有意见的，婆婆去世的时候，我和丈夫就陪在边上，活了 92 岁。

小孩子读书的时候，也多是婆婆照顾的，颖芳是初中，美姚是小学，根兴是高中，小垚也是高中。他们小学都是在村里读的。儿子的字写得不错，也去参加过飞行员选拔，后来选到金华去，在部队里待了几年。儿子的高中是在七里那边的一个高中读的，小垚的高中是在黄宅大祠堂这边读的。那个时候高中好像都是推荐的，不是考的，我也不太清楚了。儿子从部队回来以后，去常熟办服装厂，现在生活也蛮好的。

6. 秀峰眼花：俯首育地的劳动模范

口述者：曾眼花
采写者：游　杰
时　间：2016 年 2 月、2017 年 1 月
地　点：福建省平和县秀峰乡内坑村

曾眼花，女，1937 年生，平和县崎岭乡人，无上学经历。1955 年结婚，同年参加工作，1956 年加入中国共产党。历任妇女社长、村团书记、村副书记、调解主任、妇联主任，获得各级劳动模范奖、三八红旗手、省社会主义物质精神建设积极分子等荣誉。1996 年退休。

家世

秀峰乡位于平和县西北部，闽粤两省三县交界处，西北毗永定县，北接芦溪，东与九峰、崎岭、长乐、广东大埔衔接，是个资源丰富的山区乡镇。我来这边工作，主要就是在秀峰乡内坑村。

1937 年，我出生在崎岭乡。当时都是没有什么身份证的，一旦要出远门就必须提前去村里面打证明，表明你的身份，你要去哪里，干什么。我记得那叫路条，没有这种路条的话，在路上很容易被盘问，后果很不好，有点印象就是那时候路上不是很太平，带个路条也会有各种人在路上盘问你情况。

我家境一般，普通农民。有五兄妹，我排第二，有一个大哥，两个小妹，最小的是一个弟弟，现在身体都很好。我奶奶 98 岁去世的，加上闰月

就是 100 岁。父亲和母亲也都是 90 多岁高龄才去世的，而母亲也因为非常长寿，头上有长角，这边话叫作老龙发角，曾经就有很多好事的人因为这事来家里看热闹。因为太多人来参观，我母亲很不乐意，将头上的那个角使劲搓掉，她说这样被人家看，就和那牛一样。而我自己是先结婚后工作的，我丈夫之前已经有两任妻子，但先后都离家出走，因此名义上我有 3 个婆婆（注：受访人明确提到婆婆，是因为前两任妻子离家出走后，两位前妻的母亲后来也生活在一起。本地风俗习惯，也可称为婆婆），而我在结婚后的第三天也离家开始了工作。

现在想想，小时候没有什么特别的事情让我印象深刻的。土改的时候，都是家里人去办的，那些天很多人在家进进出出，自己清楚的并不多，但是家里后来得到了一些新田。再到后来到秀峰工作了，倒是经常接触到土改的一些事情，从一些文件和我的亲眼所见所知，就秀峰来说土改是很平和的。秀峰这个地方没有大地主，大家又都是客家人，时至今日这边的人还是很有人情味，后来分土地的时候也没听说有特别尖锐的冲突事件。1954 年的时候，我仍然在家乡，当时行政区划还叫区公所，我们这里都叫六区，那时候的秀峰就是一个村而已（属于十区），哪有现在这样有资格叫乡的。当时秀峰的情况一直都不热闹，不发达，到现在都因为交通的原因只是一个建制很小的乡，那时候就更落后了，只有一个集市是最热闹的地方。这边的人主要是种小麦、水稻，当时没有什么化肥，都是烧草来当化肥，把人家坏房子、土房子给拆了拿来肥田的，肥水都是拿羊毛（录音当中老人家确实说的是羊毛）去烧来调制的，每个人都有分配任务要完成多少的调制化肥的量，就是上山去熬灰，找火炭土。

我后来也带队去田里检查，检查每亩田需要的上缴量，上缴国家是非常重要的事情。平时大家都没有娱乐节目，就算那些国家规定的节日，到我们这个小村落也没有特别的假期，我们大部分都是生产队，生产队每天都有活儿，我们当干部的也没得闲，有时候刮台风下大雨还要安排去抢着收割粮食，这个也许就算娱乐节目了！平时到晚上吃完饭我还要给自己的组员评分，那些表现不好的会相应减少给的餐量，还要扣分。我不管扣谁的分，罚谁少吃饭，没有谁不服气的。一个劳动力要去生产队干活，每天就是给工分 10 分。

工作伊始的回忆

1953年，我入团了。实际上自己没有读过书，没有上过正规学校，1955年我在家乡结完婚后，一开始是在家乡工作，可是没过多久我就被调到秀峰这边了，并在1956年（19岁）时加入了中国共产党。现在我已经是秀峰乡最老的党员了，到现在刚好有60年党龄了。说起入党的事，我记得当时入党还是政治指标，并不是现在这样，然而程序还是很严格的。我到秀峰来时，就我一个妇女干部，而且我还是外乡人（虽然离家乡不远）。刚来的时候我只是团员，当时村里有什么事布置下来了，我就挺积极的，于是很快被选上中国共产党党员。入党是民主投票的，候选人直接在会议上宣读，然后村民投票表决，我是全票通过的。村会议上通过以后，然后慢慢往上级汇报，当时连纸质的正式公告都没有，就是在会上宣布一下罢了。后来我们要去县城开会，要连夜赶路，很大一部分路程都是走路过去的。有时候手电没电了，就只能拿着小火把，脚上穿着棕木屐那样的鞋子，然后拿着拐杖，为了让其他人知道我们是否安全，我们就在路上做一些标记，比如说我们指定一个一个路口，谁先到了就要拿一个绿色的树枝放在指定的位置，这样我们就知道其他参加会议的人的行踪了，就是有点翻山越岭去开会的意思。

1955年，刚到秀峰的时候，我就是妇女社长了（类似于生产队负责人，这个职位是从崎岭工作没多久就担任了，一直到秀峰）。20世纪50年代后期开始我陆续去福州开过三次大会，此后又做了秀峰的妇女主席(在采访中，老人家偶尔也称为妇女主任，明确说就是村副书记)，每年必定获得“三八红旗手”的称号，此外还有每年基本上都有的大大小小的劳动模范奖。

任职期间去过最远的地方是福州，一共去了3次，都是去领奖的。五六十年代秀峰这里的干部，我应该算比较有见识的了，第一次、第二次去是因为获得了省级劳模称号，而去领奖，第三次是三八红旗手和福建省妇女联合会颁发的社会主义物质精神文明建设积极分子（表彰开发山区，建设林场），此外还有各种奖，年年我都有评奖，奖状是一大堆的。以前在家是贴满了一整面墙，但是后来家里清理，就慢慢地被拿掉了。1955年开始，也担任了两届青年团书记。1956 年，我就是以这个身份去福州开会的。此后我还担任过调解主任。在我的任内（主要是村副书记任内），村里面已经换了 5 个书记，我一直都没有动。我这所谓的干部，其实很虚，现在回想起来，就是因为我年轻时比较活泼的性格，让我有机会在这条路上走下去。我们妇女平时也都是和男的一起去干农活的，这个没有任何照顾。当时的个人生活其实就是上班的时候在村部，晚上就要回家，因为自己的孩子还小，中午在村部吃个饭，就必须回到家喂小孩，一趟来回的路程就是七八公里，有时候一天比较忙，需要来回三趟，家里老人如果有事还得耽搁一会儿。

异乡姑娘的奋斗

改组秀峰的生产互助组，便是我踏入这个圈子的开始。当时的农村生产机构是一步步变化的，互助组、初级社、高级社、人民公社，都是一步一步来的，刚开始就是普通的互助组，几户人家联合起来做一个，就是种田而已，我们这里没有什么经济作物，一直以来都是去田里务农，再后来就是要求更大规模的合并生产了，这些都有牌子的。当时我来到秀峰村以后，发现这里的互助组制度还没建立完成，因为互助组在 1954 年的时候，我家乡已经开始动员了，但是秀峰这边到 1955 年，还是有很多户人家停留在个人劳动。互助组的话各家的田是要合并的，当时我初来乍到，主要是当时的泰山伯（时任村书记）组织把每家每户的田收起来，我就是在旁协助，没过多久我被村里的领导指定到说服大家进入各种互助组的动员当中去，要一直动员，要去鼓动群众进行活动。我也没有读过什么书，所做的事情都是在村里会议讨论后，我作为妇女的代表，要去每家每户宣读这些会议上的决定。我们这里没有出现全妇女组成的互助组，互助组还是自报的原则，你愿意和哪户组就和哪户组，几户人家联合起来，主要就是合得来，在一起干活也会效率高一点。此外，我记得当时的村喇叭就装在溪对面，当时的好田也就是在溪这边，我会在早上开始干活后，宣读一些当天的要求，在后来的学习中，也懂得了在这个时候应该通过村喇叭说些鼓励大家的话，到傍晚，有时候也是我宣布一天的农活结束。

那时候人们的思想非常跟不上，脑子非常死，常常不知道集体活动的原则，没有什么组织性。我们在动员互助组的组合时非常困难。记得有段时间，我必须每天都去一些村民的家里做工作，为了取得好的效果，村里面的领导，让我要起表率作用，我也没什么特长，想来想去就每天白天在生产队多干点活，他们都结束了，我也要多待一会儿。到了闲暇时候便去这些不太愿意加入互助组的村民那里做思想工作，其实就是好话说尽、了解一下家境，顺带帮些家务罢了，也没什么。那些政策他们不能全部理解啊，说得多了还会说坏话赶我，甚至脾气不好的要动手，因为我是从外乡来的，所以那时候也没办法说什么。

作为女性干部在和村民打交道时，我觉得就是必须要用两倍的努力去做事情，但是大家都没有觉悟。印象比较深的还是互助组那一段时间，因为田地经过土改都是私人的，一家一户的，现在互助组要把田收回来了，有些人田多，有些人田少，但是不管怎样，都要收上来。然后分粮食的时候，都是发一样的粮食，这样那些曾经田多的人就不干了，好像是每户都发 30 斤还是 50 斤的粮食嘛，他们肯定有点意见，分配不均是最大的矛盾，想要让他们进互助组，然后是初级社、高级社，到了高级社这边大家的反应又比较大，那时候和解放初期非常像，各种大会组织动员，有时候光有热情不行，还必须有点技巧，后来我的说话思路很清晰，和这种工作有关系。

我是在工作中慢慢学会识字的，主要是村里开会，看文件，慢慢积累知识，但并没有接受过系统学习。工作之初，村里的领导很重视我，考虑到我的文化知识，安排我去九峰实习了 6 个月，就是在这 6 个月，我把九峰每一个村都跑了一遍，哪里我都住过，甚至一些公家的建筑活动，我也去帮忙，这个实习就是实地考察调研参加一些活动，白天有时候还要到他们的生产队进行生产，晚上到他们的会议室里学习，人数不多，内容主要是基本的识字，给我们宣传一些党的政策，然后就是和九峰的干部们进行交流，除此之外没有什么了。

到了 1957 年，为了进一步加强干部的文化，我印象里的主要就是上夜校。当时的情况就是附近的中小学的老师，必须轮班到秀峰村集市来给我们上课。那时候一到晚上就黑灯瞎火的，一条村路全是泥巴，每天晚上从我们这个生产队到村上集市是非常不方便的，就是沿着这个小溪往下走，打着火把来回。如果遇到下雨天，路都非常难走，但是也没人说不去了。当天上完课，我们就在集市过夜，条件很差往往是晚上睡不好，第二天不管天气怎么样，就要早点结伴回到村上，我们虽然要去上夜校，但是白天的时候，我们该干什么就干什么。其实对于我的文化水平来说，当时在夜校的收获，印象不深，对那些老师说的倒是记得挺牢，但是让我们去写一些完整的文章，那时我还不太行，还是自己后来慢慢努力，在看文件和平时积累时比较舒服。夜校的经历也不长，估计持续了半年多，到 1958 年春节前后就停了下来。

不畏艰险建新绿

作为妇女干部要平时多积极干一点事，让大家服你。我记得天气转凉以后，这里也会下霜，我作为干部，我就晚上去田边管田，因为挺冷的，自己还要烧草纸取暖，一直到天亮。比较深刻和大的事情应该就是建设林场和建设水库了。我们后来做得比较不同的事情就是集体上山去建设林场，村里说了这是国家安排下来的事情，妇女也应该积极参与，而且因为村里还有农活的原因，这种建设林场的活，后来基本上是以妇女为主力完成的。

作为村里唯一的妇女干部，这件事主要便是我负责了，一开始也很生疏，后来九峰有派人过来，教一些基本的常识。记得很清楚，我最后带着村里 60 多个妇女去建设国有林场的（村里是有男人跟着的，但是据说跟着去的也没几个），主要就是种松树，我们是走路去，带着装着衣服的包袱，拿着锅盆，各种开路用的锄头、钢锹等基本工具，咸菜干是必备品。其中有大任务的时候，必须准备好几个月的基本物资，因为任务没完成，我们是不能回来的，都是吃住在山上，住的地方倒是先前会派些人来草草搭些草棚，一般也是住在山下流水边。前后我们建设了 2 个国有林场和若干个乡镇林场。后来的任务就是成立妇女队，去建造长乐乡的国有水库，那时我们和男的一起干活，但是劳动强度和危险程度没有我们建设林场这么高。

这个建设林场的活，都是国家扶持的林场。当时我们组织去开山建林场，这边的妇女很多都哭了，不少妇女一开始是不太愿意的，但是后来没有人闹，也都上山了。我们也会接到村里要求的小任务，到村附近去种一些树，基本上能一天来回，无非就是村里要准备好炊事员和各种后勤，中午煮好饭什么的带上山去给我们吃，那时没有开水，只有喝泉水，遇到下雨就披着茅草雨衣上，下雨天也没有休息，住的地方就是非常简易的草寮茅屋，刮台风下大雨基本上就完蛋。遇到大任务，像分配给我们的天马林场的任务，一待就是两个多月，那就必须要带着米袋上去了，晚上住在山上，用木头围起营地，也用草搭，到后来直接就是树种到哪里就睡到哪里，有一些树苗我们要种，还有种子是让我们去撒的，然后夯培一些红土，整个林场任务完成后，回头一看自己种过的树，都是几百亩几百亩地种，整个过程就没有哪个妇女没哭，一路都是哭到底，一路上我都要安慰这个安抚那个。

那时候在山上非常危险，又是妇女居多，经常会遇到不太好解决的事情，比如早上睡起来一些妇女的脸上就被虫子的液体弄到，导致皮肤溃烂，这都比较棘手，后来都带着一些简单的药品。此外山上的蛇非常多，去过的林场就是天马林场的蛇最多了，什么品种都有，后来大家胆子稍微大了一点，竟然会以发现蛇为乐事，一发现蛇窝或者蛇群，妇女们都要过去看看是怎么回事。一开始，这些妇女遇到蛇都非常惊慌，我胆子一直都大，对这个蛇没什么特别的感觉。到了晚上，都是早早就要睡觉了，我就一个人睡在靠近门口搭个地方随便躺着，她们就怕晚上来点什么，还是坏人什么的，就非常害怕，往往就是睡在里面，因为这个事情她们后来也慢慢尊敬我了，我也会刻意晚点睡，等大家都睡得差不多了，我才入眠。有时候晚上睡觉睡着睡着，有些妇女会害怕蛇在搭的草棚上面，哭的不行，就会出来和我说说话，后来大家都知道了不要故意去打蛇，蛇一般就不会来咬人，但是一打蛇反而还会引来更多的蛇，所以她们和我说会话，等到蛇走了，她们就继续进去睡觉。我们村没有出现被蛇咬的，其他村有听说过这种情况，那时候为了防备自己带的人不被蛇咬到，每次都要我来做思想工作并且做点事来让她们安心，到最后连她们去溪边洗衣服，我都要跟着去，我的衣服就不用我洗了，她们说帮我拿去洗。于是我就在溪边看着周围的情况，她们就安心地洗衣服，每次得确保人数到齐才回来，毕竟都是村里的人，要是你人交到手上了，弄没了一个，回到村里和谁都不好交代！

有次因为大任务，长期不能回村，我把自己的小儿子（当时就是 5 岁）也带上山了，我吃什么，儿子也吃什么，我住在哪里，儿子也住着。大家闲暇时候，都会过来帮我看孩子。平时也互相帮助，一趟任务完成回来修整几天，又要再去新的林区工作。天马、坝头（这个林场，老人家带着本村里妇女去完成了 300 多亩林场的建设）、弯墩背林场的初期建设都有我们的贡献。

后来我们还陆续被组织起来去建长乐水库，从 1963 年开始到 20 世纪 70 年代，附近的乡镇轮番接受调配过去。这一次，我也是带着村里的这些妇女去的，修建水库有一定的危险性，所以这次水库任务男人也有要一起去的。妇女和男的做的活都差不多，拿着锄头板车什么的，妇女也是下去干活，并不是妇女只负责煮饭，当时很提倡男女平等。当时妇女每次完成任务都有县里的来拍照，可惜我不在意这些东西，照片基本上都没留下来。

那些碎散的年华

1957 年以后，当时县里经常会派工作队来指导、考察干部，对于表现出色的是会有所奖励的，这些工作队会常驻在村里，基本上就是一年一换，来了很多批。如果是外来干部下乡的话，应该是 20 世纪 60 年代的时候，有知青下乡，是从县城下派来，有一个男的，后来他在这里娶妻生子，“文化大革命”后期才回县城，就住在我家这上头。50 年代末来我们这边的干部，我印象里只有一个就是步青她母亲，名义上是来支援农村的，后来一直都在这里了，小儿子就是在这边出生的。

对于我当干部这件事，周围人的一些反应和家里人的看法一开始是比较不好的，家里不是很支持我，母亲也反对我，婆婆也不乐意，动静闹得比较大。当时家里 5 个老人家，没人能够照顾了，到最后都跪下来求我不要去工作，因为我丈夫娶过两任老婆，都走了，所以婆家很害怕我也离家出走不再回来。孩子在家我也没时间管，有时候丈夫管，但是他也要下田劳动的，所以大部分时间孩子都给家里老人带了。但即便如此，家里老人对我的情感还是挺好的，没有因为我抛头露脸而嫌弃我，家里气氛一直都可以，我去城里开会，我东西都要好好分好，买回来放着，5个老人去分，过年的新衣服也一定是每个老人一套，都是自己慢慢弄出来的。

20世纪50年代末60年代初的困难时期，要是吃不饱，我们就拿大一点的锅来煮饭，米不够，我们就水放多一点，我们每一个人都能吃上。老人家也不是整天闲着，有的要负责去捡柴，有的要做饭，有的带小孩，有的摘菜去集市卖。后来我知道这是鉴于我干部的身份，我隔壁的邻居说了，你在家的时候，老人们还挺安静，非常乖，你一走，他们就各种说话。我的女儿和儿子后来都成才了。也因为自己后来的干部经历，使得自己在家里也很有地位。但是这种地位没有为自己在工作之余谋得一些特权和好处，像我们家平时吃饭都要照顾到老人的，后来家里也没多少东西，往往需要我在闲暇时候，在家修修补补，做些针线活，或者腌制一些从山上摘下来的野梨拿去村中心的集市去卖，自己也经常在村集市待到晚上11点多才回家，路是非常不好的。实际上，从1956年开始组织就一直要把我调去城市，但是因为家里的原因，母亲亲自上门去和领导说一定不要把我调走，后来我母亲老是说她就这么一个孙子，如果以后把我调走，我又找了男人，那我孙子不就没妈妈了？我母亲说了，你在秀峰随便怎么样都行，你要是调去其他地方，我死都不同意，你跪下来也不同意。后来去县城开会，每次临走前，我母亲都要跑去和泰山伯说，你必须跟着我去带着我回来，所以后来我始终留在了秀峰。

土改就是1952年，之前说了那些差不多了。那时候叫作扫盲，所有不识字的人都要参加，早上要早起先读书，再去田里干农活，中午吃完饭不能休息了，还得读一小时的书。那时候政策说不允许有乞丐出现，但是我们这边乞丐是非常多的，我们就分配一些工作给他们，让他们生活规范起来，这样生产队才有理由分粮食给他们吃。对于这些乞丐的安置工作，也是比较棘手的，一段时间我的压力挺大，因为部分乞丐来路不明，口齿不清，基本上没思想，村民不愿意接受他们。我曾经安排过乞丐在家里，后来还是作罢，在村会议上，也是赞同逐步同化，帮忙建个土房给他们，让他们能有稳定的地方。小的时候在家乡是听说过土匪的，但是我工作以后就没有这类事情了。我们这里地理太偏僻了，一直没有部队进驻过，而且当时大背景对地主的政策是非常高压的，对地主的处理非常严厉，所以一直没出什么大事。只有“破四旧”，不让请神送神了，神明的像都要没收，但秀峰从来没有出现过邪教和一些非法组织。

人民公社开始那几年大家都饿，都吃不饱，进入公社这个事，大家看不到公社的好处，那时候思想发动非常频繁，好说歹说，非常困难，分配工作给他们，种田收获了，我还要组织村民把这些收获的挑上去九峰上缴公家。当时就是每个人一天分配 2 两饭，你不参加公社劳动连这 2 两的稀饭都没得吃。

我们生产队都是把牛集中在一起，找几个人在管的，离开生产队，你什么都干不了，连牛粪都要上交给集体当肥料的。我们口号就是说，大家做得好一些，平时多干我们也有机会多得，只有这些田地有收获，我们才有的吃，其实都是这么说的，进了公社，大家也就没什么大意见。这秀峰就这么一亩三分地，也没有什么外来的因素影响，大家祖辈世世代代生活在一起的，很多矛盾发生以后都能比较好地解决。但是 1960 年是最辛苦，饥荒最重的，干部也没有特权。对于这点，我是深有感触的，当时自己也非常困窘，家里能吃的都给家里的老人家了，我有时候一天都没吃上饭，还要和村民打交道做工作。当时我是副书记。

但是当时我们这边没有出现动荡，虽然饿，但是大家没有太多主意，心思还是淳朴的，那段时间我去做工作只剩下安抚性的一些口头承诺了，内心没有了往日的那种感觉，当时自己都不知道接下去会怎样，我只能去对村民一遍又一遍地说政策就是这样，我们也没办法之类的话。泰山伯有时候软话硬话换着来，他说完了，我还得把这些话再去说一遍，嘴巴都没停，其实自己有时候都撑不住了，肚子饿啊！到了上田工作，村民也冷冰冰的，我也还是要一个个去打招呼，被骂了还要充笑脸。有一次晚上开大会，我们当干部的被批评得非常多，村民普遍要求干部多做事，我当时也是气愤，在会上指名道姓说了几个平时不努力干活的村民，指出他们白天那么懒惰，今天怎么没去上田之类的话，气氛一度很紧张，会议很不愉快，会后我也冷静了，泰山伯也让我想出个解决办法，我那晚也是睡不好，肚子饿！然后心里还想事情，到了第二天很早我就去那几户村民家里，赔笑脸，好言安抚他们去上田，还是被骂，当时也看开了，被骂就被骂，这有什么的。我们下面群众没有敢怎么样，当时谁的思想比较歪，泰山伯在晚上开大会的时候就会当众批评，然而过后还要去做思想工作。当时非常严，风气非常端正。

1955 年来到这里，秀峰是非常落后的，都是土房、坏房，秀峰都是姓游的，就是这片区，生活水平很低的，饭都没得吃，物价还非常贵，2 分钱才能在九峰吃到面。那时候我和泰山伯会组织村民把一些上山砍的好木头，加工一下拿去九峰卖，有些卖了 5 分，村民连饭都不舍得吃一口，我们就马上又走路饿回来，赚到的钱全都拿回村里来。我们村的这条村路啊，在 50 年代都是用镰刀慢慢割出来的，路也才慢慢变得大条了，就是晚上 11 点我还敢去走。所以，对于我们来说，20 世纪 60 年代是比 50 年代要好的。其实 1960 年是最艰苦的，无论哪一年都没有 1960 年那年艰苦。在当时毛主席的徽章和毛主席语录书是每个人都有的，我们这边比较穷，书是比较珍贵的，很多人都很小心地保护起来，但是徽章大家都是别在胸前。我到后来的一项常规工作，就是到村里去讲解各种语录，这是义务没有报酬的，给这些村民讲完语录，我一般都饿得不行，到了晚上我们回来后，泰山伯知道我家里情况不好，于是就让我去他家里煮点地瓜汤来喝。到后来我自己的理论知识也好了不少。

内心的独白与退休

我就是因为碰上那个时代的需要才当上干部的，自己意识里没有太多的个人想法。对于我担任干部这个事，我一直想得不多，但我觉得自己心底隐约是有类似志向的，我的性格就是那种很活泼的类型，在一群人里面，我总是能够吸引大家的注意，后来组织派人来考察，而我当时内心并没有太多的想法，他们来了就说了些要求，我就鼓足干劲地去做，没有想其他的事情。

如果当时没有机会成为干部，我是不会想过自己要从事哪个行业的，我应该就是平凡地过日子了。我当时真的想不到什么，什么事下来了，我就去做了，后来他们就推荐我去当了妇女主席。因为之前的资历，也有记者来采访我，但是自己不知道是哪个部门的记者，最近一次是乡主任带来的，说是特地来采访我的，大概 2012 年，也是来问我的一些历史，采访了 2 天。后来我最小的弟弟来告诉我，说知道我的事情，我很奇怪为什么他知道，他说是在电视上看到我的事迹。

现在退休的生活很简单，天天在家待着，有时候在村里转转走走，就这样。每个月会补贴我几百块钱，其实就是意思意思，表示一下没有忘记我们这些老人，每年乡里领导过年什么的节日都要来我这边坐坐，聊聊天。

退休以后，乡里开会也要派人来接我去，我一直都不愿意去了，有时候还要哄着我去。前几天我们这里开党员会，乡长就说你现在就是全乡第一资格！现在秀峰乡的每个与我同辈的人我都认识，但是那些年轻的走在路上就不认识了。我去村集市，那里和我同辈的人，拉着我的手，就说当时我干的时候是干得真好。

1996 年我要退休的时候，村里并不让我走，还是借着家里老人丧事才让我回去的。后来我要卸任了，村民要求让我女儿来一个接任，他们说我的教育比较好，我女儿那时候要嫁人了，于是我不同意，后来又说就叫我儿子去，当时考虑到我儿子读书的事情，也没同意。村里的说了，群众来选举，如果选上了，就要来，后来投票了，拿着投票箱每家每户去拿票，拿了 3000 多票，是第二名，最后还是让我儿子去了，后来当了村副书记。

但是，我儿子心思就不在这上面，脾气太直了，任满以后，就跑出去做面包了，一开始在武汉，后来到西安，再到银川。后来我去帮忙，我在银川待了三年，替他的面包厂煮煮饭帮点小忙什么的，那边实在太冷，房间 3 个暖气都很冷，很不适应，就回来了，这三年都是自己去，在厦门机场买票，到那边儿子就接我了，这也得亏我识字。我去年早些时候去县城医院住了半个月，脊柱骨出了问题，花了几万元，当时我打回电话，第二天乡里的领导就跑来关心，医生告诉我不能跑，不能经常干活，有空要坐着，要是还不注意的话，以后会越来越驼背。

妇女干部做了大半辈子，一闲下来我觉得少了很多乐趣，但是现在的生活也过着很安心。

7. 胡庄采莲：杖朝老人的荣辱甘苦

口述者：李采莲、曹玉英

采写者：胡黎娜

时　间：2016年2月、4月、8月

地　点：浙江省磐安县安文镇、仁川镇胡庄村

李采莲，女，1937年生，磐安县冷水镇大溪村人，小学三年级文化。1955年左右，嫁入胡庄村，丈夫为农民，育有3子2女。约1956年、1957年，任村妇女主任，2001年退休。现居安文镇。

曹玉英，女，1951年生，胡庄人，农民，文盲。

衣食无着，识字竟成青云梯

（李采莲）我是冷水镇大溪村人，今年我们老两口儿都80岁了。想想时间过得真的是很快，小时候生活过的地方，如今也是发达很多。大溪，离镇上也不远的，在冷水的东南部，走路只要20分钟左右。后面靠山，前面有条大河流过，村是不大的，当时也就两三百口人，现在多一些。以前大家都是农民，一起干活。小时候，家里也没什么钱，生活也苦，有时饭都吃不饱，家里还有兄弟，每个人差不多就两三分地。

我的文化水平不高，只读了小学三年级就没读了。我们当时生活条件差，没有钱，又刚好碰上抗日战争，日本人都打到过磐安来的，能吃饱就算不错了。很多男孩都没读书，像我这样的女孩儿能读书就更不容易了，好多人家都没得读嘞。所以，那时候，在农村里认识几个字就感觉很厉害，也让

我感觉读书很重要。

结婚之后，我生了 5 个孩子，2 个女儿，3 个儿子，小儿子是 1970 年出生的，每个孩子之间有两三岁的差距。那时候养孩子难啊，自己都不一定能吃饱，不过我一直就这么认为：不管家里多没钱，我也要供他们上学，从小学到大学，只要他们自己愿意去上学，我都会让他们读，除非他们自己考不上，那我也没办法了。我的孩子都上过高中的，那时候，上过高中就已经很厉害啦。

说到当干部，公社的时期，我先是在冷水当大队长，当了几年，因为我是大溪人嘛，大溪是冷水的，妇女主任是嫁到胡庄之后才当的。那会儿，实际上我也没有想到要去当，因为我认识几个字，妇女干部总要找个识字的不是？他们找我，我也就当了。当时觉得当个干部也是好事，我也乐意。那时还很早，大概 1956 年、1957 年的样子，一直当到 2001 年，算算是当了四十多年啊！

说实话，妇女主任真的不好当，经常干的都是些吃力不讨好的活。但是，没办法啊，就算很难，可我有 5 个孩子要养，还要供他们读书。那时候当妇女主任，没有工资，就给我们算工分的。我们晚上去开会，就给 6 个工分，白天去干活自己也可以得到工分，这样我的工分也多一点。在这样的情况下，就算我后来不太想当妇女主任了，因为这个工作有的时候真的是不好做，但是家里需要钱啊，当时也不能说给钱，一般来说，都是年底了把工分加起来，除去粮食需要的工分数，剩下的工分就换成钱，钱是每个生产小队出的，加上当时也没有更适合的人选，其实也是没有人愿意出来当妇女主任，我就一直当了这么多年。

就算这样，孩子们上学也很艰苦。都是自己走路去上学，小学的时候，学校在镇上，还不算远，也就十来里路。不过到了高中，那就远啦，学校在安文，有将近 60 里路呢！要走好几个小时，每个星期就只能吃梅干菜或者其他腌菜。那时候他们都是一个星期回家一次，回家那天中午就放学了，不然路那么远，回家天都要黑了。放学回来，他们还要放牛、砍柴，连做作业的时间都没有。有时孩子向我要钱，希望给她买一个发夹，我也拿不出钱来买。不过等到孩子已经长大了，读书读得差不多了，我是真的不想当了，因为这个妇女主任真的不好做，就算后来有工资了，我也不想当了，家里也不差钱，我也就想让自己轻松一点。老实说，我性格比较硬，实际上是不太适合当妇女主任的。

工作多杂，计划生育是难事

四十多年来，国家政策经常会调整，我的工作内容就跟着不一样。可以说，妇女主任什么都干，哪里需要就到哪里，很杂的。在某些特殊时期，我的任务现在看起来都会觉得有些奇怪。五六十年代，生活很苦，改革开放以后好一点。80 年代，人民公社取消了，搞了家庭联产承包责任制，大家慢慢富裕起来，也是差不多在那个时候，国家决定要严格控制人口了，因为人真的太多了，所以我的主要工作就变成抓计划生育了，这就是重点。

"大跃进"和人民公社的时候，大家都是一起干活的，都在同一个地方。我的主要工作就是早上起来，叫妇女一起出去干活，告诉她们今天要做什么，晚上回来的时候就和村干部一起开会。那时候，有很多工程都是大家一起干的，人不够就从各个村抽调，像修建水坝啊，比方说新渥那些地方我们都去过的，有三十几里路呢，我们村都有人去的。有的时候活比较苦，很多人都不愿意去，干部就要带头去。我还带着村民东南西北地跑去种树，泊公、滚涛这些地方都去过的，也有 40 里路左右。这些地方很远啊，但那个时候，上面的人让我们去干我们也就去了。有的时候还会碰到下雪天，天真的是很冷啊，那时候连解放鞋都没有，有些老人家的胡子，因为天气冷，都结冰了，摸上去都是硬邦邦的！真的，那几年，山上的野货都被吃完了。

那几年，还搞了"反右派""大办钢铁""并大公社"。当时，冷水、双峰、仁川合并成了一个大公社。吃饭也是搞"食堂化"，女人之中就出几个人来烧饭、烙饼、做玉米羹，这样，早上就吃羹，中午那些劳动力回来，就拿着个盒子啊什么的，排着长长的队，等着我们给他们打饭，有的时候给他们烙饼吃。我就是管食堂的，带着村里的妇女烧烧饭，吃饭的时候组织一下。

人民公社时期，生产小队晚上经常要开会的，专门就讲农业的事。因为都是记工分的，晚上开会也算工分，然后决定明天应该做什么（农活之类的）。经常开到半夜，有时还会开到天亮，如果到乡镇里去开会，晚上还要赶回来。那个时候男女的底分（干了一天活可以得到的最低工分）是不一样的，因为男女的体力有差别嘛。底分是大家坐在一起评出来的。一般来说评的时间在每年的 12 月或者春天。如果你干活不错，做工好，你的底分就高；如果你干活会偷懒或者做工差一点，底分就低一些，但不是每个人每天都按照底分计算的，有的时候你那天多干了一点，你的工分就比底分要高一点。男女最高工分也不一样，男的最高有 10 个工分，但是女的最高就只有 6 个工分，都说男的干活比较好嘛。

到了年底，把工分算起来，如果工分在村民分走自己的粮食之后还有的多，剩下就给他们发钱，有时 10 个工分 3 毛钱，有时 5 毛钱，这个就要看每个生产小队的总收成了，收成好的小队可能 10 个工分能换 5 毛钱，收成不好的就只有 3 毛钱了，有些只有 1 毛钱、2 毛钱的。

老实说，人民公社时期，大家工作的积极性并不高。当时是按劳分配的，干的多工分就多，分的也多，干的少的工分就少，分到的也少。但是，像那些家里人口比较多，但是劳动力又比较少的家庭，大队会抽出一部分（粮食）来帮助他们，所以有一些人就会觉得自己拼命干活都是在帮别人做。这样一来，有些人干活就不认真了。当时的想法是说“共同富裕”，现在大家都说“合苦”，合在一起大家苦嘛。那时候不让人出去赚钱，不然就说是走资本主义。再像种田地，技术好的和技术差的，那种出来的东西相差得多啊，公社激发不出积极性，总收成就变少了。

不过有一件特别有意思的事情，大家很积极。一个冬天的晚上，正赶上那几天下雪，村里到处堆满了雪，月光照下来，整个村子都亮闪闪的。也不知道为什么，那天晚上村里叫村民去挑一些柴来，放到指定地方，然后和那个记账的说一下，大概是算工分。一开始，大家挑的比较慢，那个记账的就在旁边歇着，得意地看着他们挑，但是慢慢地，挑久了，大伙身上都热乎起来了，就越挑越起劲，而那个记账的却因为大冬天的还是下雪天，站久了，在一边发抖得厉害，一直叫他们停下来，但他们那时候根本就不听他的！到最后的时候，那个记账的人都已经冻得缩成一团了。这时候，就轮到他们得意了。这事，在后来就变成了大伙说的笑话了。

除了这些，我还做过很多杂事。比方说，过年时节，大家要一起搞卫生，然后我们就需要到各家各户去检查：家里的水缸啊、灶台啊、桌子啊、椅子啊、地啊这些是不是都擦干净了，谁搞得好就给谁贴一张红纸，中等的就给贴一张绿纸，差的就给他们贴一张白纸。还有时候，如果村里有些什么运动，街道边上的那些草啊什么的都要去拔掉。谁去拔？我去拔，老百姓也去拔，比如村里的玉英，我要是跟她说："玉英，把你们家门口的草给拔了。"她就会自己去拔草了。这样布置下去让他们做以后，我们再一个小队、一个小队地检查过去。不过这些都是白干的啊，没有工资，不像书记、主任他们，干的许多活都有工分补贴，连每个小队长一年下来都有，但妇女主任干的有些活就没有。

以前村里迷信的人也多，我的任务就是发现有人去庙里拜佛，或者做什么其他迷信的事时，叫他们不要去。严格的时候，像村里的那个庙，都有围墙把它围起来，佛像上也被盖了东西遮起来。当时"破四旧"真的非常严格，比如说，如果你家的大衣橱上有个佛像什么的，都要你挖掉，还有你家柜子上的雕花如果是八仙过海什么的话，都是要拿去毁掉的，更不用说在家里供奉什么菩萨了。不过我这个人是这样的，这一辈子也从来不会拜佛，念经也念不来，我是这么觉得，真的要信佛，那也要有心，不去害别人，不去算计别人，我觉得这样就够了。

到了七八十年代，特别是80年代，人民公社那个时候也取消了，村里已经实行家庭联产承包责任制，农业上的事，我就不用管了。刚好那时国家在大搞计划生育，其实国家老早就说过要搞计划生育了，我刚当上妇女主任那会儿，就开始说要控制人口，搞计划生育，要在村里宣传宣传（新编《磐安县志》记载，1955年，根据中央《关于控制人口问题的指示》，开始在机关干部、单位职工中宣传计划生育。1963年，根据中共中央、国务院《关于认真提倡计划生育的指示》，区、社宣传计划生育，并对干部、职工提出节育要求），不过那个时候就只是宣传而已，不执行的，人口还是没怎么控制住。到了后来，人口增长太快，人真的越来越多（新编《磐安县志》载，除去三年困难时期，人口自然增长率为-1.20%、8.51%、6.29%之外，自1955—1979年，人口自然增长率均保持在10%以上，1955—1973年，绝大部分年份的人口自然增长率保持在20%以上，有些年份甚至接近30%），国家感觉到人口不控制是不行了，计划生育就不得不执行了，所以我的工作重心就放在了这个上面。

当时，计划生育政策变过好几次。起初是允许生三个小孩的，后来慢慢地变成只能生两个（1980年9月，中共中央、国务院提出计划生育是我国的一项基本国策，提倡一对夫妇只生一个孩子，控制二胎，避免三胎），如果前两胎都是女儿的话，就允许再生一个，再以后的就变成只能生一个小孩了。在农村的话，如果第一胎是儿子，就不允许再生了，如果第一胎是女儿的话就可以再生一个孩子（1984年11月20日，县政府制定《关于二胎生育政策的暂行规定》，夫妻双方均系农民，其粮户关系都在农村，现只一个女孩，确有困难者，经过审批可以照顾再生一胎）。因为和城市里的那些发工资的人是不一样的，在农村大家是要靠体力劳动来吃饭的，男女呢，又是有差别的。如果家里只有女儿，她又干不了很多活，那么爹妈是不一定能够负担得起的，所以允许你再生一个，不过如果你第二个还是生不出男孩，那也就没办法了。当时超生是要罚款的。以前罚的还算少的，生下以后那个孩子是没有自由地的，口粮也要等到14岁以后才发。以前生产队时期是有自由地的，自由地由大队（一般指一个村）分给小队（一般来说，一个大队分成好几个小组，就是小队，胡庄大队最早10个小队，后变为11个小队），小队再按照人口分到各家各户，这些地和平常干活的地不一样，平常大家一起劳动的叫“粮食地”，这些田地由生产队所有，自由地则可以任由自己种什么，比如种菜，但是到了1957年、1958年之后自由地就消失了，直到1961年“60条政策”下达后，农民才重新拥有自由地。

唉，为了做计划生育这个工作，我被村里的一些人埋怨过，有些人可能到现在还记着哩。所以，讲实话，妇女主任这个职位真的是不好当啊！那个时候计划生育，就需要有人去动员，叫他们少生，但是有些人是没有办法说通啊！每次知道有人有了（身孕）要（超）生时，我就跑到他家里去劝说，不要生了，生下来对国家无利，对社会无益，对自己也没好处。对国家来说，它需要口粮和其他一些东西（养育孩子），会加重负担；对自己而言，多生一个就要多养一个，就不能保证能够供他上学，要少生，保证质量，多生几个就不能供他们上大学了。

我每次都跟他们这么说，今天没有说通，就明天去说，明天没有说通，后天接着说，直到说通为止。然后呢，有些思想比较好的，过去的也就过去了，但是有些说不通的，人家就记你一辈子啊！有些呢，她还想生我们不让她生，还有些呢，还没有儿子，这时候我们还不让她生，他们就更加恼火了。胡庄还算好的，像“小弟”老婆（头胎是男孩，但神志不是很清楚；二胎是女儿）、“金元”老婆、“林冲”老婆，按政策来说，已经生了两个孩子，不能再生了，但是照顾了一下，允许他们再生一个。还好，他们再生下来的都是儿子，所以，他们几个对我还是好的。不过，现在的人啊，越来越懒了，你让她生都不愿意生了，养小孩太贵。

动员以后，那些被我动员成功的，我就要帮他们干活。为什么呢？那些思想做通的人，到医院去把胎打掉或者做了结扎手术之后，身体都比较虚弱，家务没人做，因为男人都出去干活了，我就要到她们家里帮她们挑挑水、砍砍柴、做做饭，搞一下卫生，照顾一下她们。对那些妇女呢，就给她们补贴工分和钱，当作是补偿。那些没有说通的，不肯去结扎的，有些就躲到外面去（生）。有些人我们不知道他们在哪儿，也就找不到他们，但是一旦有消息，乡镇干部都是要去把他们叫回来的，妇女主任也要去，虽然大部分都不愿去。谁愿意去呢？这么远，像乌某某，生儿子的时候就躲到了江西，还有的人躲到了福建去。不过即使是在那些地方，他们也都是在山里，干些比如砍柴、卖柴、烧炭的活来赚钱。而且被叫到的人肯定要以为是妇女主任通风报信的，到时候还会挨骂。从计划生育开始到 1970 年、1980 年为止，开会什么的大部分工作一直都由妇女主任负责，后来村书记干部、乡镇干部之类的才管起一些事来。

在当时缴社会扶养费都是看村民家庭情况的，你家里有钱，那就多缴点，你要是家里困难的，那就少缴点，那要是家里实在没钱的，那也就算了，自己都没钱用了哪里来的钱缴嘛。为什么缴的钱会不同呢？因为在当时计划生育政策上也没有说明具体缴多少，只是说明必须缴。

你看，当时的计划生育真的是一件很严肃的事情，即使你愿意缴社会扶养费，也不行。那时候，上面对镇里一共可以生几个是有规定的，如果哪个镇里多生了，那么那个镇的领导在开会时都是要被点名批评的，而且还要被扣工资。而村里的干部在这方面，就抓得比较紧了。

褒贬不一，时人自有公道话

（曹玉英）我比她小十来岁，因为计划生育的关系，我跟她接触比较多，我超生了嘛，所以对她这个人比较熟悉。要我说啊，她这个妇女主任做事情是积极的，上面领导说什么，她都很积极地去做。这些放在平常的开会、干活上来说，那肯定是好的，但她在计划生育这个事情上也很积极，那真是得罪不少人的。

真的，因为工作关系她和村里不少人闹过矛盾，甚至被人公开骂过，那一次我也在场。村里的则山老婆已经有了三个儿女——两个儿子、一个女儿，但是她还想再生。她（李采莲）知道之后就一次又一次地跑到她家去，叫她去结扎，后来因为妇女主任老是去说，她就去结扎了。我记得有一次还是在爱香家里，则山见到她就开始骂："你再劝啊，你劝我不要生，你的官就能当大了啊，你尽管当你的大官。"骂得可起劲了。不过现在不骂了，因为则山老婆和银法是姐弟关系，而妇女主任把女儿嫁给了银法，这样一来，他们就是亲戚了，再吵起来，也就不好意思了。

其实，她的积极，我也领受过。1981 年，我刚生完四胎阳军不久，带着他去离家 20 里远的方山的姑姑家玩，玩过之后，我本来是要回家的，大带（背婴带，母亲在外出或者干活之时，用它将孩子背在身上，既省力又安全）都拿出来三次了，但是姑姑拼命地叫我在她家过夜，那我就想着过一夜就过一夜好了。结果第二天大早上起来，本来之前他们都说好要雇人摘玉米的，早饭还没烧，而且一大早就在外面叽里咕噜说了很多，我就在想这些人怎么这么奇怪，有这么多话好讲的。出去一看，发现姑丈回家了，问他怎么又回来了，不是前天才回来过的吗？他跟我说太累了，回来歇两天。其实啊，当时他就已经知道我家里的东西都被搬空了，是我家那位要他回来先劝住我不要回去。当时我还不知道家里的情况。后来，他们就试探性地问我，如果家里东西真的都被搬走了怎么办，要不要去赎回来？后来，东拼西凑，缴了 210 块钱，我才把东西要回来。

这个事情，我本来也不想怨她。在去姑姑家的前一天晚上，我知道妇女主任是去镇里面开过会的，讲的就是计划生育这个事，也估摸着这几天镇里面就会有人找上门来，毕竟孩子都生了，怀孕的时候还能躲在家里不让人知道，但出生以后肯定瞒不住的。第二天，也就是去姑姑家的那天，在路上还碰到过她，她还跟我打了招呼，问我去哪儿，但居然一点都没跟我说过今天乡政府要来我家的事，她开了会不可能不知道的，真能熬啊！真的，在这一件事上，虽然说这是妇女主任的职责，但是稍微通知一下也不妨碍她做事啊！

不过话说回来，这个事我也不知道她当时到底是怎么想的，可能是忘记了，因为她以前对我还是好的。大概在 1978 年，我和丈夫吵架，我只是稍微让他看一下孩子，他就让孩子受伤了，而且还怪我，我就认为反正孩子生多了也没办法带，一气之下，就跑去把肚子里的孩子打掉了。但是打掉之后我就一直没什么精神，一天到晚都躺在自家门前的椅子上，妇女主任来来回回看见我这样，有一天终于忍不住问我："玉英，你怎么了？你这整天躺在这里到底是怎么回事？"我就有点半开玩笑地跟她说："我要死了，但是怎么一直都死不掉。"她急了，连忙问我到底怎么回事，我就说自从放环之后就一直这样了，于是她就跟我说："你再这样下去，肯定不行的，起来，我明天陪你去医院，要是真不行，你就把环去取出来。"第二天，她就陪我去了医院，医生给我开了药，说先吃 10 天药，要是还是没好，我就帮你把环取出来。后来据医生说要是陪我去的不是妇女主任那还好说，我第二天就可以帮你取环，但是妇女主任来了，我就不能这么做了（新编《磐安县志》载，1978 年 10 月，就已经提倡每对夫妇只生一个孩子）。不过我也不能怪她啊，毕竟她的出发点总是为我好，而且当时她还是妇女主任，能做到那样已经很不容易了。在看过医生不久，我又怀孕了，1979 年生下了一个男孩。

反正我就这么说，就她的人（品）来说，还是可以的，这个我是真的可以这么说，不仅她帮过我，而且她儿子书读出来，都是他自己打拼出来的，她都没有帮过儿子走过关系什么的。作为妇女主任，虽然在我那个事上，真的是有点怨她，但她之前也帮过我不是。搬东西那个事情，反正我知道无论怎样，我都是要缴费的，她也没有责任说一定要提醒我，像其他事情的话，有时候她就会变通一下，像村里面有几个只有女儿的，她就睁只眼闭只眼，也有点照顾，这些我猜她是知道的，不过也没说，这也算好了。

但是，妇女主任这个职位，向来都是吃力不讨好啊。像老一辈的人，大多数都喜欢多生几个孩子，结果有个人冒出来叫你不要多生，知道谁有了(孩子)，就拼命地上门来，哪个人会喜欢。村民总是这么想的：多生几个孩子又不吃她家大米，又不需要她养，她干吗就是这么拼命地不让人生？村里能有几个人喜欢？上面说什么她都很积极去做，上面的领导对她的确也是满意的。我是觉得，有些人说得有点过了。那有的时候她工作就是这样，谁也没办法。你可以去打听看看，那个时候哪个村里面的妇女主任讨好了，几乎一个都没有！所以说啊，妇女主任可以说是最难当的了。

蓦然回首，往事如昨上心头

（李采莲）以前当妇女主任是不容易的。不像现在，妇女主任有工资，书记有工资，村委会也有工资，我们那个时候根本就没有的，只记工分。不过有点不公平，他们（书记）的工分比较多，平常的时候开会或者干点其他什么的，可能只花了半天的时间，但是都是算他们干了一天，然后补偿他们工分的，而像妇女干部干了半天就只能算半天工分。妇女干部没有权啊！不过平常开会的时候还是会尊重我们的意见。工作奖励也不是奖钱的。如果你表现好，就给你一张奖状。不过现在我的奖状都在老家，找不到了。平常去镇里开会好像也没有补贴，只有到县里去开会，才给报销交通费，伙食费不报销，只是给一点补贴，但是去参加人民代表大会，交通费和伙食费就都可以报销。如果开“万人大会”的话，就补贴给你两毛或者三毛，然后集体做饭吃。每次去县里开会，我们都自带铺盖的，因为路太远，当天晚上回不来，就住在别人家里，辛苦是真的有点辛苦的。开完会有的时候有纪念品发，我还发到过一双解放鞋呢！那时候还挺高兴的。不过现在不一样了啊，妇女主任都已经有工资了，而且很多钱也都可以报销。我们虽然现在也有钱发，每年好像 400 块的样子，但我们不是国家的工作人员，所以这钱也不是国家出的，听说是由红十字会赞助的，不是很清楚。

实际上，当了这么多年的妇女主任，我也真的当够了，不想当了。在我快要退休的时候，有人曾经对我说："再当两年好了，接下来就有工资发了。"我就跟他说："我不稀罕了。不当了，我想做几年'好人'了，免得被人家烦。我要是不当这个妇女主任，人家肯定都说我是个好人！以前人家劝我'再当两年吧，再当两年吧'我也就当了，现在我是真的不想当了。"以前，妇女干部真的是很不容易的一个职位啊！那些得罪人的事情都要妇女干部来做，计划生育这个工作真的不容易啊！我知道很多事情做得都是要得罪人的，但是真的是没办法啊，上面的人那么说了，政策又有规定，我就只能去做。要是放在现在，妇女主任的工作就比较少，也比较轻松了，还有工资发。现在，她们基本只管计划生育这个事，而且计划生育的思想工作比以前要好做很多，因为现在这批人从小就一直听到少生优生的话，路边也都是这种宣传标语，所以思想上就比以前的人想得开，也说得通一点。这几年，更加好做了，让你多生一个你都不愿意生了，二胎政策放开了，生的人都不多的，现在的人都更加懂得享受了啊。

从妇女干部退下来之后，没多久，我就离开了胡庄，住到了现在的地方，开车大约有一个小时，这里比较清静。如果我再住在那里，可能会有人找上门来跟我吵架什么的，而且住在这里，儿女也能照顾得到我一点，这整个房子都是儿子买的，不过一楼租出去了，这么大个房子，我们老两口也用不完啊。孙女从小就是我带大的，所以都喜欢蹲我这里，有的时候让她回家，都不愿意，假期什么的，也都在这里陪我。现在我也很少会回去了，也不太会有人能够想得到我，除非是要选书记或者主任，他们（候选人）会来接我回去，投票嘛。有的时候我就会跟他们开玩笑："我是就今天最威风了，又请我吃饭，又接我回去的。"

8．雄溪崇香：要对得起大家的信任

口述者：郑崇香

采访者：张　慧

时　间：2016年1月26日、1月31日

地　点：浙江省温州市瓯海区雄溪村

郑崇香，女，1944年生，雄溪村人，中专文化程度。1961年结婚，丈夫为温州永强人，公务员，已过世[①]。育有3子2女。1958年任雄溪村妇女主任兼宣传委员，1970年前后离任。离任后，以国家干部家属的身份被安排到当地工厂工作，现已退休。

旧时生活，妇女干部的上任

1944年，我出生在雄溪村，现在叫雄溪街道了。雄溪和邻近的瞿溪、郭溪被叫作“三溪”，但是我们跟瞿溪挨得比较近，雄溪在瞿溪的南面，距离瞿溪大概要走一两个小时的路程。雄溪三面都是山，山比田多，有两条主要的河流，一条是雄溪河，一条是藤桥河。从我家向前走过了藤桥河再走一段路，就到瞿溪了。雄溪山多小路多，弯来弯去的，只有一条主要的大路通到外面。在20世纪五六十年代的时候，雄溪的人口没有像现在这么多，整个雄溪村就是一个大队，二十来户的人家，每户人家当作五个人来算，也就

① 郑崇香老人丈夫的姓名不详。郑崇香老人的丈夫已逝世多年，在访谈过程中郑崇香老人也未透露她丈夫的姓名。在当地，刻意向逝者的亲人提及逝者，是禁忌。

一百多人。大家平时都是白天出去干活，晚上也没有什么娱乐活动，所以雄溪的晚上还是比较安静舒服的。

家里只有我一个女儿，这个情况在村里还是比较少见的，当时家里通常都有两三个子女的。我家里的经济情况也算不上好，记得在上学之前常常要上山拾柴火，又要去田里给家里人帮忙，在家里还要帮我妈做做家务活，平时根本也没有去外面玩耍的工夫。到了八岁的时候，家里人就把我送到村里的小学念书，村子里没有初中，是去瞿溪读的初中。

那时候大家的条件都不好，穿得很简单，冬天的时候哪里有什么棉毛衫棉毛裤，有一件绒线衫就算很好了。有时候没有绒线衫，有一件自己做的棉夹衫，就是棉衣，跟现在的风雪衣（类似现在的棉服）一样。以前穿衣很简朴的，一条薄裤都是一穿就是一个星期的，礼拜天的时候洗一下。大家都差不多，就只穿件薄裤。住在我家前面的那户人家，我每次看到他家小孩的裤子都是破的。在办食堂以前，大家能自己编草鞋，然后挑到丽岙那里卖换点钱。有一年冬天，她的母亲叫她进屋去编草鞋，她说等一下再编吧，冷兮冷（表示很冷）啊，先晒一会儿太阳再编吧。她妈妈一生气，直接就把屋里的草鞋给扔到前面的院子里，嘴里说着“你干脆给我死出去！”以前的温度比现在低，我们经常冻得手脚都裂开。

我初中没读多久，就没继续读下去。虽然初中没有毕业，但能认得几个字，就先在村里教幼儿园的小孩子。在幼儿园干了一段时间后，我在家里人的建议下，大概在1956年的时候到温州市里的师范学校读幼师。我们班里读书的，大多年龄在十六七岁，我算是年龄比较小的了。我一共读了八九年的书了。幼师读完后，我就开始在大队里当妇女主任了。

我是1958年的时候开始当妇女主任的，大概当了十来年吧。20世纪50年代，我们村里的干部大多都是农工分子，男的也有，女的也有。村里女人有当妇女主任的，在大队里也有管宣传的，管生产的，党部里也有妇女干部。当干部的，有些时候女的比男的还多。因为妇女也要劳动的，男的都去烧炭、修车路啊，妇女就去修水库、种田啊。

五六十年代的雄溪一共有18个生产队，其中包括农科所、秧苗培育场等，虽然都是管农业，但是各个生产队管的内容是不一样的，有的管理种子培育，有的管种菜，有的管种菜籽，还有就是思想先进的青年组织在一起的青年队。这18个生产队组成一个大队。整个大队共9个委员，有宣传委员，调解委员，等等。那时候有哪户人家吵架打架的，都是要找调解委员的，这是他的工作。除了这些委员还有党支部书记、生产队长、生产主任等，18个生产队每个生产队有一个正队长和一个副队长，这两个队长都是男性，那时没有女的当队长的。我在大队里说是妇女主任，其实主要是做宣传工作的，差不多就是个宣传委员。

要说我是怎么当上妇女干部的，还得从大队里开团员代表大会说起。我在读书的时候，就成为一名团员。1958年大队里要开团员代表大会，有个代表来叫我去开会。在去开会的路上，那个代表问我想不想当干部，还跟我说这个职位主要的任务就是负责跑腿、开会，只要勤劳肯干、腿脚灵活，能做好宣传工作就可以。那时候大队里选干部的程序很简单。20世纪五六十年代大家读书都不多，别说我们这个小小的村子，就是在县里，有些干部的文化水平也不高。国家希望提高干部的知识水平，就由国家出钱让干部到文化补习学校去读书，有的读一年，有的读两年，也有让他们去夜校学习。

60年代大队里挑选干部通常优先考虑团员，只要做事情积极有责任心的、思想先进的，大队就会考虑推选你当干部。当时当干部比较轻松稳定，虽然白天都是要在外面跑跑腿但不用去田地里干活，我就答应下来了。之后回家跟家里人说要去当大队里的妇女干部，家里人倒是都没有什么意见，还算比较支持的。因为那个时候大家基本都在外面跑。后来食堂散了就打工分，我一年出去跑跑也能积累下来几百工分。

那时候干部选举也很民主的，要在大队里召开选举大会。选举大会没有规定多久召开一次，都是一届一届的，主要是看自己想不想当这个干部，不过通常干部都是要当一年的。一般都是哪个干部想退下来，大队里会派一个干部跟他谈一谈，问他还想不想当这个干部，如果不想继续担任，大队里就再选一个来。这些情况会上报到大队里，大队就把群众聚到一起，镇里会派支部书记、委员过来，村里的干部也会过来。在选举大会上，干部会向大家宣布谁不想当这个干部了，现在要选一个人上来，然后问大家的意思，自己推荐自己去担任，最后干部会向群众通报谁当并且从现在开始就是干部，问大家同意不同意。那时候人们都很配合的，基本都没有反对意见的。因为当时没有多少人愿意去当干部的，只要是团员，能识字，脑子灵活，腿脚利索就会推荐你去当，毕竟当干部也需要出去跑腿的。接下来就是由支部书记他们批准，上报到支部里，这样就算当选了。

公社食堂，回忆艰苦岁月

1958 年，村里正在搞人民公社办大食堂。一个村只有三个大食堂，上村、中村、下村各一个大食堂。后来因为政策变了，1959 年大食堂解散了改办小食堂，一个生产队有一个小食堂。后来小食堂办了没多久，大概在 1960 年、1961 年的时候也就散了。

刚开始办食堂，大家都很勤快，一大早就出去干活，到吃饭的时间了就去食堂里，先去领饭牌子，凭着饭牌子去打饭。食堂里有时候也会挂饭牌子，最少也挂了十来个。如果发现有人早上不去干活，中午去吃饭的时候，这个人的饭牌就会被撤下来没收。饭牌子就是一户人家的饭量，早上多少饭中午多少饭都是有规定的，凭这个口粮证去食堂盛饭。如果有一天家里有客人来，也不能去食堂要求多打点饭，只能是主人家少吃一点，要不就是先向食堂借一点米饭，以后在饭两上慢慢扣。因为饭牌子是食堂统一发的，按照各户人家的口粮计算的，一户人家定下来是多少斤米就是多少斤米。

那时的户口本都在大队里，大队通过户口本来统计各户人家的口粮，有人去世就减去一个人的粮食，有人出生就加一个人的粮食。如果有人不出去干活，被驻村的干部发现了，那他中午就要挨饿了。中午去食堂吃饭的时候，驻村干部会跟他说今天因为你早上没有去地里干活，要没收你的饭牌子。然后你跟那个同志讲清楚具体原因，如果讲得通，他就把饭牌子还给你；如果讲不通，那么就只能全家挨饿。

60 年代除了用饭牌子，也有用饭票的。这个也是食堂里发的，但主要是给一些临时流动人员的。有些人手里有饭票还剩了点米，谁家里不够吃但有些小钱就会卖给他，让他去换点吃的。不过后来大家也能用饭票吃饭，食堂有时候是把几天的饭票都发给大家，今天盛一斤，或一斤二两，都可以，用完为止。比如说一个人只有 30 斤的饭，你今天打两斤米饭，就给你收走两斤面值的饭票，直到你把这30斤的饭都吃完了，就只能自力更生。

刚开始办食堂的那两年雄溪粮食还是有的，周围是山，有山地，除了去种田还可以去山上挖番薯。大家一起把挖到的番薯都放到食堂里，有些番薯吃不完还被晒成番薯干存在那里。那时候去食堂打饭觉得一家人不够吃，还可以跟食堂里的人说说要求多打一些番薯带回家，他们也会多给你一些。后来大家的干劲就过去了，干活也就慢慢地懒下来了。不管你有没有干活，你在田里站一天也行，都是出勤不出力的。番薯地里锄头敲两下，番薯藤挖一挖，饿的时候拿只生的番薯啃几口，回去的时候随便挖几个番薯带回去就算出去工作了一天。男人主要是去开矿、修路、修水库，泥土挖一挖，沙子扒两下，河水搅搅浑也算是出去劳动了一天。那时候每天过得还是比较安稳的，就是每天都要出去的，下雨天也要出去的。只要人出去就行，干没干出成果没关系的。后来集体种庄稼的收成没有那么好，稻谷收的少了，番薯收的也少了，一些番薯晒成干都不知道哪里去了，有些人能吃饱，有些人就吃不饱了。大家都很羡慕在食堂里工作的人，觉得他们肯定都不会挨饿了。

1960年、1961年那两年，大家的日子过得最苦了。大队里生产的粮食少了，食堂里分到的食物也少了，一些人把挖到的小番薯或是没有结果的番薯藤拿回家偷偷吃。刚开始的时候村里的孩子被分配去摘豌豆，一些机灵的孩子就把剥好的豌豆粒塞到口袋里，全身上下所有的口袋都塞得满满的，然后用一条围裙系上，耍点小伎俩弄点东西回家吃；老实的孩子就空手回家没东西吃。有一段时间连白萝卜粥都没有，我们吃得最多的就是豌豆粥。我都会问我爹今天吃什么，我爹说吃豌豆粥。

那个时候是人民公社，什么东西都是共有的，家里也不能养鸡养猪，如果被发现了，就会被说成是投机倒把。大家都没有办法自己找到吃的。也会有胆子大的人想在家里偷偷地煮点东西。当时我家后面有一户人家在家里煮小番薯仔，结果被民兵发现了。他们一过来就把整个锅连同番薯仔一起带走了，这户人家什么吃的都没了，还被批评说是资本主义思想。这些民兵是大队里挑出来的，一直在山头上巡逻的，民兵发现谁家的烟囱冒烟，就会赶紧跑过来检查。有几户人家被这样弄一下，大家也都不敢在家里煮东西了。再饿也只能硬扛着，最多在家里啃几口生番薯仔或者番薯藤，就没有别的吃的了。

那段时间大家差不多都没有吃饱过，有的时候就在田边摘点野草、跟粥拌一拌吃。大家去食堂打粥，里面的人端起碗喝一点，再给下一个人喝一点，每个人喝一点，到门口的时候碗里就喝空了。我们那时候连一粒米饭掉在地上，都觉得可惜。拿着饭桶去食堂打粥回来，家里人吃到最后都是用勺子刮了又刮，连一点米汤都不放过。当时住在我家隔壁的两兄弟，经常在争吵该轮到谁来刮饭桶，有时候还会因为这个打起来。住在我家前面的那户人家里有个小孩子叫金松。金松很调皮，去食堂打了一碗粥，端到手上就只管自己喝，喝得只剩一点了就倒点水搅一搅，端给他爷爷。爷爷眼睛不好看不见，金松跟他爷爷说：爷爷啊，今天食堂粥薄兮薄啊，米都没有几粒的。那个时候大概就只有食堂里工作的人才能吃得饱饱的。

以前大家没有什么手艺，也没有其他的粮食，就固定的那几粒米（指粮食少）。那时候连山上的柴火都不让人砍，就怕把柴火拿来卖。我和几个在生产队里工作的同事有时候会被分配去守山口，那是砍柴的人都要走的路，我们就在那里把守，怕有人把山上的柴砍了拿去卖。那段时间大家生活都不怎么好，本来就种一点吃一点，食堂搞一下也没弄好。我们雄溪这边情况还是比有些地方好一点，我们在山边有地方能多种点番薯吃吃，挖点小番薯仔啃一啃。

忆苦思甜，落实政策、号召

食堂还没有散的时候，我每天的主要活动就是出去跑跑腿做宣传或者去大队里开会，工作蛮有意思的。那时候大家都是跟着党的指示走，上面也有很多政策要向群众传达，所以大队里经常会有很多大会的。有些大会是白天开的，有些是晚上开的，基本上白天大家都要忙着去干活的，很多大会选在晚上开。开会的地方一般都是在佛殿（与寺庙不同，里面有戏台，是一个村集合的主要场所）里，开会的时候一般书记或者其他干部就会站在戏台上向大家宣布。大会基本上都是干部，每个生产队的队长，队里的每个组的组长，还有团员和党员参加的，每个组选出来的通信员都是要去的，群众有时候也会去，但是人数不多。群众能参加的最多的就是社员大会，那时候每个人都是社员，没有人不是社员的，所以大家都能参加。

除了社员大会，其他大会基本都是有身份的人去的。那时大会有很多的，比如说动员大会。我们这里稻谷分两季节，农历六月成熟一次，农历十月成熟一次。六月的稻谷大部分是要上缴当成税收。动员大会主要就是告诉群众要割稻子了。书记会在大会上说从什么时候开始收割，稻谷要晒干，多少稻谷要上缴，叫大家要努力干活不要偷懒。动员大会经常开的，书记在戏台上宣布哪个生产队表现好，割稻子割得多，割了多少，人到得齐，应该表扬；哪个生产队落后，要抓抓紧，人到得都不齐，人平时都去哪里了！那些表现不好的生产队，队长是要受批评的。下面的人听到队长受批评心里也不好受，大家总想得到表扬的。

有时我要去镇里甚至市里开会，会上宣布上级的生产指令。一个生产队有多少任务，冬季稻田收割，要种多少亩豌豆，多少亩蚕豆，多少亩菜籽，都是上级分配下来的。我也要跟大家传达上级的生产指令。有一次去温州市里开会，那个会开了 10 天，那天晚上 9 点多会才结束。晚上还得要坐轮船回来，回到村里凌晨 3 点多了。那时候有规定大会上通过的生产任务是不能隔夜的，会议上的政策也是不能隔夜，必须马上传达给群众的。我就敲锣，把大家都叫醒，起床去开会，大家也都很积极配合的。那时候大家很听话的，让干什么就干什么。

那时候也有招兵，大队里是要召开大会跟群众说的。书记会在戏台上跟大家说，要招兵了，年龄是 18—23 岁，要当多久，兵源要几个，公社的兵源是几个，关于招兵的具体情况都要跟大家公布的。接下来几天，大队里会安排检查，把整个大队里所有的符合年龄的男性召集过去，做检查，看谁适合去当兵。那些检验合格的人，大队里的干部会去这些人的家里，跟那户人家说，你家的儿子的年龄适合，身体检查也合格，可以去当兵了。以前去当兵也是很辛苦的。但对于那些被挑选合格、能够当兵的人来说是很光荣的，他家也会被当成是光荣家庭。对于这些家庭，大队里过年的时候会送一点东西。有的大队富一点，有的大队穷一点，送的东西都不一样。有人当兵的家庭一年的工分也会稍微给打得高一点。那时去当兵，一年下来，大概有六七百、七八百的工分吧。最后当兵的人员选定后，也要开宣布大会，干部在台上跟大家大声宣布，公社需要几个兵源，哪些人家的儿子要去当兵，这些都要跟群众公布的。

那时候我就主要跑去开大会，上面有任务和指示，我就跑腿跟大家说一声，空闲的时候就跟别人讲一会儿。没有大会的时候，我们端着喇叭自己也能讲出一套一套来。上面要有什么任务派下来，比如要插秧，要种小麦，这些事情我只要传达给大家，不用我去带头，早上大家自己会去做自己的。按照季节，有时候一段时间就插秧，或者一段时间种番薯。村里妇女白天出去劳动，如果谁家女人没有到田里去干活，如果是个老娘客(中年的家庭妇女)没去干活我就找一个老娘客去她家里跟她说说让她出来干活。晚上没有开大会，我就带着妇女打着灯笼去前山弄火泥草（指把干枯的草皮烧成灰有利于来年庄稼的种植，类似于草木灰)。有时候空闲的话，就跟大家一起把山上的稻草拿来烧，烧得旺旺的来取暖，那个时候大家相信把稻草烧旺烧暖能把天也变得暖，就怕地里的稻苗和秧苗被冻坏了。那个时候乱指挥的，我们跑来跑去也不觉得苦，反而觉得蛮有趣的。我现在想起来那个时候也觉得挺有意思的！

理想远大，汇报与事实的差距

食堂散了后，大家都是靠工分吃饭的。工分就类似于工资，工资累计就是工分。我们那时候打工分都是大队里的记账员打的。谁今天没有出来干活，谁今天去串亲戚了，账本都有记录的，这些人就没有工分。记账员每天都要打工分，当时男的劳力最高的是 10 分，其他的男人差一点就打七八分。比如一个人插秧收割什么活都能干他的工分就高，有些活不会干工分就少一点。妇女是算半个劳力，最多只有五六分的，小孩子可能就只有两三分。那时候干部的工分也跟大家差不多，就是有奖励比如说分些粮票、布票。工分的分数都是评等级评出来，跟评选三好学生一样。有的生产队表现好，就有七八户人家是有打 10 分的；有的生产队表现不好，可能就只有三四家打了

10 分。那时候多劳多得的，只要出去努力干，打的工分就能高一点。大队里晒好的稻谷根据工分分给大家。

1961 年，我结婚，当时食堂已经散了，那段时间大家都饿怕了，有什么吃的就拼命抢着吃。我老伴儿是永强人，他是国家干部公务员。我虽说是嫁给他，但他一直住在我家里这三间二层房，孩子还是跟着他姓的。那时候我结婚，大队里批了 30 斤米给我，他的粮食要比我多一点，批了 50 斤米。我们摆了 10 桌、11 桌酒席吧，每桌差不多 10 人。我们把这 80 斤的米都煮了还不够大家吃。那时候大家都没有用饭勺打饭，直接拿着饭碗去打的，你打一碗我打一碗，到最后这饭都不够吃。那时候大家都是有一顿没一顿的，有些自己一个人都能吃一斤多米，那个时候的人都很会吃的。我听说那时候曹岱村有个叫金某某的人，一个人就能吃两斤半的糯米。那时候真的是有多少吃多少，曹埭村有个人去市里吃撑了，回来要赶轮船的时候跑太快，肚子胀起来就撑死了。

食堂散了以后，我的工作还是跑腿、开会、做统计汇报。当时我在大队里跟着徐大伯做统计，抄抄表格。统计完之后，还要汇报的。那时候有很多事情要汇报。当时统计和汇报的内容很多但都是农业的。一个生产队的稻谷收成多少，有多少要征税，小麦的收成有多少，菜籽收成多少，等等，都是要用数字统计的，每个星期统计一次。汇报工作则是支部里的干部先在一起研究统一。我统计完生产队的情况后，把所有的表格都集中到大队里总的统计员那里，他统计完所有的数据后，就上报到镇里。生产收成的情况，我要先汇报给村里的支部委员，然后支部委员跟镇里的干部研究，同意通过的就通过，不同意就不同意，然后把结果向群众公布。

当时汇报是一个生产队一个生产队汇报的。我在的这个生产队汇报说亩产 1800 斤，旁边的人听到了我们说亩产 1800 斤，就跟他旁边的人说“我们是青年队，我们的亩产一定要比他们多，比他们少会被人笑话的”，就说亩产是 2800 斤。旁边的人听到 2800 斤，就再多说一点，结果越说越多。当时说的比别人少，会被人笑的。汇报上去，其实镇里的干部是不相信的。为什么可以这么说呢，因为我们的思想是远大的，这个目标将来会实现的。

上报完生产情况后，是要向群众公布的，也要召开大会。镇里和村里会派干部到场，向大家宣布哪个生产队干得好，收成有多少，哪个生产队落后要努力。大会上也会给群众做很多的思想工作。那个时候老是汇报，成绩没有做出来，说亩产几千斤。上面的人虽然不相信，但都说这是宏伟指标，心里想法是好的，想达到这样的指标，将来产量也要达到这样的指标，现在没有实现，将来会实现的。然后一级一级汇报，汇报到省委里，说全省平均亩产 6000 斤，温州市的亩产还是落后的，只有两三千斤。有时候上面会派干部过来评估产值，大家就把两亩田的稻谷搬到一亩田里。当干部看到有些田没有稻谷，就会跟他说这些田已经收割了，其实稻谷都集中放到那一亩田里了。

六月（指夏天）是跑腿跑得最多的时候了，因为经常要准备抗台。那时候抗台工作都是大队里的干部书记一起弄的，分配好大家的任务。主要工作跟现在也差不多，先叫那些住在危险房里的人搬出来，告诉他们台风要来了。然后挨家挨户地跑，告诉他们台风马上要来，让他们记得把家里的东西收好，把门窗关好，并且嘱咐他们台风要来的那几天不要出去乱跑。

我当妇女主任的时候，经常就是开会，三八妇女节的时候就让我们去组织活动。镇里三八妇女节搞得很热闹的。那是在食堂散了以后，办食堂的时候天天出去干活，吃都吃不饱，哪里有力气哦。“三八”那天，村里的三个妇女主任带队把妇女领到镇里去，当时镇里有妇女办公室，我们就是在那里组织活动的。活动、比赛都是安排在中学的操场里，年轻的妇女参加，年老的妇女就在一旁看热闹，基本没有男人过来。一个大队一个大队进行比赛。活动有很多的，拔河、赛跑，很多比赛的。实在没什么本事，踢毽子踢两下也行。镇里也会派一位干部当代表过去参加。我当时基本不参加活动，这个大队跑跑，那个大队跑跑，我们把队伍带过去，要看着她们的，哪个大队比赢我们都是要统计的，哪个人比赢也都是要统计的，大队比赛比输了是会被大家笑话的，大家都是要争光荣的。我们过去还要安排中午的伙食，下午的点心。哪个大队赢了，镇里会有奖励，发奖状，发被子、鞋子。当时我们雄溪比赛比赢了，别的大队就说雄溪是山里人比其他地方的人有力气。雄溪人不同意，说我们住山边你们住山下，你们桥上人、瞿溪人的力气也不比我们小。瞿溪人比赛比赢了，就被说瞿溪人很多都是从山里面搬出的，力气比谁都大，谁能比过她们。

回忆往昔，干部生涯的落幕

1963年，我19岁，第一个孩子出生了。我一共有五个孩子，三个女儿两个儿子，是在1963年到1973年间出生的。在这段时间里，大队里的事情慢慢地我也管得少了。

记得是我第三、第四个孩子出生后要开始搞计划生育了。大队里开会说要开始搞计划生育，镇里有个叫吴香莲的妇女主任，跑来说让我去宣传计划生育，我不肯。我都有三个小孩了还跑去弄计划生育。有一天我因为工作去大队里了，吴香莲不知道那地方是我家，就跑来宣传计划生育。我妈说得很有趣的，说计划生育是要紧的，但是哪能弄得这么匀称，让每户人家都有一个女儿一个儿子。你想让我家女儿计划生育，你先把我医好吧，现在医疗很有办法的，我就一个女儿，如果能让我再生一个儿子就让我女儿不要生了，她生了三个孩子了，已经生多了，这是不行的。

吴香莲回去就在大队里跟大伙说，去宣传计划生育的时候，碰到有个老太太最好笑。她不说计划生育好，也不说计划生育不好，叫我们先想办法把她医好能让她生一个儿子，她说“现在医疗有很多办法的，不会生的也能生，我要是有一个儿子一个女儿，计划生育不是说可以生两个，我就只有一个女儿，还有一个份额呢。我要是生了儿子，你们以后就不要再生了，生多也是不好的。那我不会生，总得让我女儿多生一个吧”。她讲得很滑稽的，我在旁边听得憋着笑，她不知道那个人是我妈。我那时候只有二十二三岁的样子，我妈那个时候，她应该也才四十多岁，五十岁还没到。

计划生育刚开始的时候，抓得还不紧，只管嘴上说说。一般都是大队里的妇女主任跑到各个人家里，有的人家里已经生了好几个了，妇女主任就会跟那家的女人说现在要实行计划生育政策了，你已经生多了，就不要再生了。有些人家里只有一个孩子，就跟那家的女人说要搞计划生育了，最多只能生两个了。那时候政策抓得不紧，只管嘴上说说的，很多还是超生了。慢慢地才抓得紧起来，后来也有弄节育，很多妇女干部就是那个时候节育的。大概在1965年、1966年那个时候计划生育已经开始实行节育了，以前是不管的，以前都是说多生光荣。1970 年以后，计划生育就开始严格起来了，生三个就要开始实行节育了。主要是缴社会扶养费，高的三四万、四五万都有。

妇女主任这个职务我大概当了十来年吧，具体什么时候退下来记不清了。十来年后，年轻一辈就上来，我们这一辈老了也就退下来了。1973 年我生完孩子，基本上就不管大队里的事情了。后来因为是干部的家属，就被安排到了工厂里工作。那个时候当妇女主任都是没有实际收入的，其实就是你这个组有多少人就给你带队，那个组有多少人就给他带队。我当了这些年的妇女主任，感觉也还是比较轻松的，主要是家里人的支持，上面的人也认可，大家也配合我的工作，所以领导分配给我的任务办起来还是比较顺利，没有遇到什么麻烦的事情。

我觉得当干部，就要对得起大家的信任，扎实肯干，尽力去帮助大家。只要我们有责任心，肯跑肯干就能把这个干部当好。虽然我现在已经不当干部了，年纪也大了，但是偶尔想起那个时候的事情来，还是觉得很有意义的。因为我是党员，现在村里开会还会把我叫过去，有时候聊起以前的事情来，还是觉得蛮有意思的。

第二编　心诚志坚

9．石阜花红：小村里三代人的接力

口述者：姚红花、寿雪花、方静

采写者：方常仙

时　间：2017年1—2月

地　点：浙江省桐庐县江南镇石阜村

姚红花，女，1934年生，石阜村人，文盲。1951年结婚，育有2女。1955年入党。1956—1983年，担任村妇女主任。被选为县人大代表等，获先进工作者等。

寿雪花，女，1952年生，石阜村人，小学文化。1975年在本村结婚，育有1子1女。1971—1974年，为村出纳。20岁后曾参加民兵训练。1969—1985年，为村赤脚医生。1985—2006年，担任村妇女主任，期间也在造纸厂工作。现在赋闲在家，偶尔帮女儿打理小店。

方静，女，1964年生，石阜村人，高中文化。1988年在本村结婚，育有1子1女。曾当过裁缝，后在皮革厂工作。2007年至今，为村妇女主任。

转折：解放与土改

（姚红花）我出生在石阜村，小时候家里穷。也是命苦啊，爹娘养不活我们，我10岁左右就被送到村里的一户地主人家做童养媳，至少有一口饱饭吃。地主家的伙食也不像现在那么好，他们吃剩的，分给我们吃。我呢，就在他们家干些杂活，各种各样的活儿都是要干的。

解放了，翻身了，我也告别了“童养媳”的命运。1950年，新的婚姻法规下来了，我就没有嫁给原来那个地主家的儿子。1951年，我嫁人了。当时结婚也是凑拢来的，有人说媒，然后就在一起了。老头子是农民，我嫁过来的时候，就父母和他3个人，住在破破烂烂的茅草屋里。后来他当过农机专管员，退休后还有一点补贴，生活也还好过。

原来农民不太有田地，也没有房子，睡的是稻草铺，生活很艰苦。只有地主人家、“四类分子”有房子住。土改后，分到了田地，大家一碗水端平，你这么点田，我也这么点田。没有房屋的分房屋，大队里分房子了，有一套房子分给了8户人家。当时，雇农很可怜，没有妻子，也没有儿子、女儿，一点奔头也没有。现在，我们这里的一个雇农在敬老院生活，清清爽爽，挺好的。享福了，都要感谢毛主席和中国共产党。

上任：岁月与回忆

我曾是团支部书记，1955年入党，参加过县里的人大代表会议和党代表会议。去桐庐县城开会的时候，我将一两岁的女儿放在背篓里，带去照顾。当时也没条件坐车，都是走路去的，30多里路，差不多要走半天，还要蹚过一条小溪。到了县政府，我们开会的地方，放眼望去都是稻草堆。会上就是宣讲毛主席的思想和一些文件。因为离家远，当天是回不去了，我们就歇在县政府那边了。党代表的生活待遇挺好的，开会以后还有点东西分。那个时候物质生活并不富足，有点东西分，大家心里都是甜蜜蜜的。

1956年，我开始当妇女主任，一直到1983年，当了近三十年。同我一样任期长的妇女主任是很少见的，一般村子里有犯错误的，就换了，我一直没被换过。工作中，我什么都是按照党的政策来做。村支书觉得我能力好，做事积极，就提拔我。妇女主任靠的是选举，从村里到镇里再到县里，一级一级提上去。但是我没什么文化的，所以提不上去。支部书记对我说，做工作干劲足一点。到了50多岁，我就跟着支部书记那套班子一起退下来了。

办人民公社那会儿，我们吃的都是大食堂的饭菜。一个面盆里放咸菜、什锦菜，大家围坐在一个食堂里吃，吃得还是很开心的。饭菜虽然没有现在好，但是那个年代每顿有的吃已经很好了。大家都一样，生活比较简单，思想也比较单纯，没有什么顾虑，所以感觉还是很幸福的。

运动：心酸与体悟

1960 年开始，村里搞卫生，三天一小扫，七天一大扫，妇女主任主要管卫生运动。为了打倒“地富反坏右”，我们去喊：“某人某人，你到哪里去扫地。”他们听到了很恨我，因为那是极丢面子的事。现在有些人表面上看不出来，其实心里还在怨我，挖苦说：“红花，你当时不是挺积极的嘛，现在多少工资一个月啊?”那时候总叫人家全名的，阿奶、婶婶这些称呼都不用的。所以，我们都是在高音喇叭里喊，“某人某人，你来哪里”，“某人某人，你去干嘛”。当然，我们也用高音喇叭做宣传，宣传一些好人好事什么的。

到了“文化大革命”，村里的阜成庙还有其他一些庙里的菩萨都被毁坏了，阜城庙里的明王像也被毁掉了，因为要“破四旧”嘛。后来恢复了这些菩萨、佛像等。当时运动搞得是很激烈，要是不积极，怕是要被整得很惨。不过当时的“四类分子”现在倒是活得挺好的，一是家里条件好，二嘛，这些人都是有些文化的。

“文化大革命”后期，还没有分田到户的时候，知识青年被下放到农村。这些知青在大队住了四五年，后来就被抽回去了。他们被放下来锻炼，吃吃苦，体会农民的艰辛。下放下来时，大队里安排他们到几个条件比较好的人家居住，有些人不喜欢住这家的话，还可以换到另一家去住。尽量保证他们居住的地方清爽干净。知识青年是由大队管的，我们就是带他们去田里干活。

一开始，他们不会干田里的活，就会受到欺负，村民会骂一些难听的话，有些村民觉得他们无法无天，所以才会被下放到农村里来锻炼。他们中也有怕苦怕累的，干活干得累了，就去喝酒了。不过他们人还是好的，有些知识青年还是很记情的，好比说有一对从我们村走出去的知识青年，今年元旦的时候来村里看望结对的人家，送点红包，表表心意。我们这里的四个知青都还不错。嫁在这里的也有一个，后来带着她老公回杭州，现在据说是在银行里工作。她良心还好的，有些知青撇下儿子、女儿就回城市去了。有的在城市又嫁了或是娶了。有些去认亲，不认的也有，有些认了，或者是给点钱也就打发回来了。

五六十年代的时候，每户人家都有五六个孩子。70 年代，我 40 岁的时候，计划生育政策开始实行了，按规定是必须结扎的，但是大家一下子接受不了从“光荣妈妈”的时代来到多生是错的时代。动员过程中，我不仅得不到村民的理解，还要挨骂，心里很是委屈，回家以后把眼泪擦擦，擦好以后又要去做工作。计划生育都是要拖的。我就好好劝她们呀，一趟又一趟地去动员。在动员人家的同时，也要保证自己不多生。我没有结扎，但是也没有继续生。村里有一户人家，有五个小孩，女的思想还是很通的，觉得不能一直生下去，到老了还要生，我就把她带去结扎了。她丈夫思想却很保守，要她一直生下去。当时，我总是要跑来跑去，跑的生脚疮，膝盖也有病，但是没有办法啊。

后续：荣誉与待遇

我当妇女主任的时候奖状很多，在老屋里。后来老屋里着火，全被烧掉了。有一些奖品，比如说枕头、脸盆、毛巾、棉毛衫裤什么的，别的东西没有的。奖品不多的，奖状倒是有。得到了“先进工作者”等荣誉。我当时没有文化，所以没有被提上去，一辈子就做做吃吃的。我当妇女主任，对儿女影响也还好，反正都是按照党的政策做的，也不去违反的，我大女儿也是党员。现在村里也还在给我们发党章册子什么的，我们也还在学习。

去年开始，退休支部书记等能享受待遇，有补贴，但是妇女主任没有，说妇女主任的晚年补贴政策没有解决，在幼儿园待过的、赤脚医生什么的都有了。不过去年有人帮我们把名字报上去了，县里也就发钱了。去年年底我拿到了300元钱。

幼时：读书与干活

（寿雪花）五六十年代，村里大概100多户人家，不到200户，有五六百亩田。以农业生产为主，一般田里都会种双季稻和麦子。

我家里有7口人，我是老大，有1个弟弟，3个妹子。小时候住在木房子里，大概有30多个平方米。受到国家扫盲政策的影响，村里开始要求孩子去读书。8岁，也就是1959年，我开始上学。1960年，注音识字运动开始了，其实就是发展扫盲的成果。那时，我在村里的小学里读书，小学是公办的，房子是从地主人家没收来的。同一个班里，同学的年龄参差不齐，大的甚至比我大4岁。当时每家每户差不多都有四五个或是五六个孩子，大家都带着弟弟妹妹去读书的。一般读半日书，下半日就要去拾毛了。拾毛就是身上背着桶，去收集头发丝、猪毛等，然后放到种子下面当肥料用。拾毛的话，有两三分工分可以赚，大人去拾不合算，所以要小孩去拾。当时没有肥料，所以种田的时候先把毛放下去，然后把一捧稻种下去。等毛烂了以后，这稻子就长得比其他的壮一些了。除了拾毛以外，还要去割猪草、剪马兰头什么的。

读书时，我带着弟弟妹妹去的，但是小孩子太小不懂事，在课堂上总还是会哭的，然后就不读书了。大概读了六年，读五年留一年。当时要带弟弟妹妹，加上家里条件不允许，就没有再读下去。当时能读初中的人很少，只有几个。我读的小学是六年制的，跟现在差不多，就是第六年相当于是为了考初中过渡的一年。现在我看孙女在读一年级就很吃力了，每天要记日记，每篇要100字左右。就她现在的水平来说，大部分字都还不认得，却要做这些作业。我们当时很省力的，玩玩就过了。学校里下课了还能踢踢毽子，毽子是用鸡毛跟铜板做成的。还有跳绳、玩铁环、跳格子等游戏。当时就两本书，一本是数学，一本是语文。图画课到三年级的时候才出现。到四年级上珠算课，珠算的话全部是用算盘打的。现在不用算盘了，都用计算器了。但是，用了计算器以后，现在人的口算能力变弱了。

现在的读书人，是一门心思读书，所以人要聪明一些，因为比较专注。我小时候还要干活，要割猪草、拾毛什么的，各种各样的活儿都要做的。当时是没有作业的，也没空去做，学校里的作业完成就算不错了。学校里作业做好，回家就没有作业了。当时每一天上课的内容是不同的：比如说第一节是语文，第二节是数学，第三节又是语文。到下午比方说又是语文或者说又是数学什么的，要不就是图画、唱歌……下午不是不要上课，而是大多数人都要回家干活，所以向老师请假回家。只有少数人还在上课。当时也还要考试的，我考试不是很好。还记得上学的第一课，学“好好读书，天天向上”这几个字，毛主席语录都熟记在心里。

医生：为村里服务

1969 年，18 岁，我开始当村里的赤脚医生。一直到 1985 年，国家接手打预防针的工作，我才退下来了。赤脚医生就是村子里的经过初步培训能看一些小毛小病的医生，要打预防针、采草药。防预针是小孩子被安排在学校里打的，名单发下来，然后按照名单给小孩子打针。不同的草药对应不同的毛病。每隔一段时间，我就要到山上去把草药采来，晒干，捣碎，配好，备用。其实，所有的草都是草药啊，就是我们不懂什么草能治什么病。我在医院里实习和培训，当时要做大便化验、验血。半夜三更，差不多是 9 点后，要到人家家中，去验血和收集大便，大便放在洋火盒子里。医院之所以这么做，主要是上面的指示，进行防疫，要扫瘟疫，像“大脚风”什么的。

后来不当赤脚医生了，有些人还是会找到我，要我给他们的孩子打针。我不收费，他们就送几个鸡蛋，感谢我。想着没有别的事情，我就答应给别人家打针，别人也记情的。“一个人做点好事并不难”，毛主席说过了，“难的是一辈子做好事”。我现在也是这样，能做的好事就做，吃不消就算了。

出纳：当时的保管员

从 20 岁到 24 岁，我在队里当了几年出纳。出纳是村里每个队里的经济保管员，与村会计不同。出纳主管村里各项收支，然后每个月将每个村民以及集体的账单交给会计，由会计统计，并每年公布一次。会计主要计算队里人员每天做工分情况，以及汇总其他产品收支情况。当时我还没结婚，还没当妇女主任，这个职位是大家选出来的。工资是按工分算的，一年 200 工分，没什么花头的。我的主要职责是记录队里的收支情况，支出的主要是付出去买肥料、挑石灰，早的时候还要买药水什么的。收入的话就是挑了粮食，卖了毛纸。

村里主要收入来源于卖毛纸赚的钱。毛纸就是草纸啊，现在用机器制作，当时是手工的，要买石灰腌。稻草腌好，再踩碎了扭，就变成了毛纸。当时我们都捞过毛纸的。捞毛纸有笠租金的，要我管的。笠租金是一种集体向私人租借工具所出的租金。"笠"指的是长方形的由篾丝编成的，由杉木镶边的捞毛纸的工具，约有 1 公尺长，8 寸宽，颜色是漆黑色的。笠租金一般由队里的出纳管理。

那时，一户人家能赚多少工分是说不好的，人口多的人家工分比较多，人口少的就少一点。小孩子的话工分少，大人多一点，男的有 12 工分，女人只有六七工分。年终结算起来，六七工分相当于二三角钱，男人的话就是五六角钱，做一天就只有这么点。有些差的队就只有二三角钱，但是好的生产队会有一块多。因为有些队里的人去做小工的话，有很多现钱。有些队里没有来头，没有人去做小工的话，就没有多少钱，只有一点卖粮食和毛纸的钱。

但是，当时二三角钱可以买很多东西。一块钱可以买 3 斤米。对于男人而言，二三角钱可以买几包烟，洋火、油盐酱醋什么的。调料、洋火什么的几分钱就够了，肥皂很紧张。什么东西都要票，票是按人头算的。买洋火要洋火票，买肥皂要肥皂票，买糖要糖票，买盐也要盐票。但是酱油好像是不用票的。因为大家好像不怎么吃酱油的。食油的话就越加紧张了，当时不太有油吃的，整个队里种种油菜，分一点点食油，分到六七斤就可以吃上一年了。

有时生产队里也会去估一只猪来，杀好大家分分，也要钱的。当时，猪也不大的，六七十斤重就相当于一只标准猪了。不像现在，有一二百斤。队里分猪肉的时候，大家都喜欢肥肉，因为没有油吃，分到肥肉的人家就可以吃到猪油了。到后来，我女儿生了，就买点肥肉来炖长豆荚干。每年每个人有半斤棉花，用不完的，布票只有一丈五，一个人只能做一套衣服。每个人的票，都是一样的。

民兵：护村民平安

我在 20 岁出头的时候，当了民兵。村里每年举行民兵训练，一个大队有几个年轻人。我去训练的时候是 12 月，已经下雪了。民兵的工作就是治安工作。一旦有什么事情，民兵就要站岗站哨什么的。因为说蒋介石不死心，要反攻大陆。我们要站在山上，侦察有没有从飞机上落下来的物件和外来人员。总而言之，民兵就是农村里的治安人员。

结婚：突破旧“牢笼”

我原本是石阜村的人。领对象回家，父母不同意，不过国家提倡自由恋爱了，虽然父母不同意，后来我们还是在一起了。1975 年，24 岁，我和他登记结婚。我是这么想的：国家同意就行了。当时和他在一起，压力也是有的，但是对上眼了，就一直跟着他了呗。不过那时候大家普遍穷困，结婚的时候没有彩礼，也不办酒，去杭州玩了一趟，就算是结婚了。他的身世也是挺可怜的，我嫁过来的时候只有他娘俩，兄弟都分家了。结婚后，我们住在麻园的破木头房子里，也就是因为条件差，爹娘不肯我嫁过来。

为什么会对上眼，我也不太清楚，只知道我们是干活被分配到一起，不像现在上学、上网什么的，谈个恋爱都能谈到外地去。当时一天不出去干活就要被扣工分的。我俩在队里一起干活，当时在一起干活的也有很多人，看上他可能是缘分，也可能是日久生情。结婚的时候，糖也没得买，无论什么东西都需要票，即使有钱也是买不到的。我们叫一些小孩去买，糖是一分钱一颗，每个人每年只能买两角钱的糖，买来有 20 颗糖，然后分给小孩子吃。不能买多，都是限额的。到杭州旅游结婚是因为简单，主要还是因为爹娘不同意我们在一起，所以旅游结婚会好一点。

我对待婆婆挺孝顺的，因为这个家里还被评上“五好家庭”，到县里参加表彰大会，想起来还是挺欣慰的。

转折：分田到户好

1983 年分田到户后，我家一个人就分到了 8 分田，一共 24 分田。田里种稻子，地田种桑树，淤泥田养鱼。也种些青菜萝卜什么的。分田到户的第一年，我家在田里种了稻子。第二年，很不幸，我婆婆去世了。但是，当年的稻子成熟了，长得不错，比集体经济的时候收成好上很多。第二次分到 4 分田，但是当时女儿去打工了，儿子去当兵了，我自己还在造纸厂工作，所以就不太管田里的活了。

任期：忙碌与收获

1985 年，我当了妇女主任。当时因为上过小学，有点文化，村里干部换届的时候，提名的名单上把我放了上去，然后经过无记名投票，就被选为妇女主任了。当时已经全面实施计划生育政策，要统计人口与生育情况，让他们填表格。现在好像是跟以前唱对台戏一样的，现在做好事，当时做难人。

我做妇女主任的时候马马虎虎，没有获得什么荣誉，也不怎么开会。开会的话，有时候要评“五好家庭”，是守法爱国、勤俭持家、敬业进取、卫生环境、和睦孝顺这些。评为“五好家庭”的人家要出席会议或者到公社去。我们开会不太去，一般开会的话，上面文件读一下，有什么事情的话就说一下。等到我们这一届，运动就少了很多，一般多是上面下发文件的。

卫生这一块不像现在这样，我们要大扫除，洒药水什么的。只要上面开会说要搞卫生了，大家就开始搞卫生。一般天热的时候搞卫生的频率高一些。夏天的时候家里楼上楼下都要洒药水，大概是为了除“四害”吧。

那时候，我去造纸厂工作和妇女主任的工作是搭在一起的。别人家结扎后，要妇女主任天天去看，一直要看到一礼拜左右拆线拆好，才算完成。造纸厂的工作是三班制的，我要是轮到日班，就夜晚去；轮到夜班，就白天去看。直到一礼拜以后，孕妇拆线拆好。那段时间，忙也没有办法，不过小孩大了，也懂事，知道帮我了。

有些时候两个孩子会帮我发些打针的票子，或者是通知什么的。如果明天要打针，今天就必须发好票子，我没空的话，孩子会帮忙去发；但如果是可以缓几天的，我就自己去发。轮到我上中班，要晚上 12 点回来，孩子们放学了，就帮忙采桑叶，晚上喂蚕；轮到零点班，他们得一大早起来采桑叶，蚕喂好了再去上学。桑叶要清晨露水还没有蒸发掉的时候摘。两个小孩在珠山上初中的时候，我在造纸厂干活。上日班的话，孩子们到造纸厂和我一起吃饭，我饭都给他们蒸好了，他们来吃就好。当时只有几户人家养蚕，大队里就我和另外一户人家。养蚕是不计数量的，一般是养一方，我总是养不到一方的，大概就 0.7 方或者 0.8 方的样子。一方就相当于好几篾垫。白色的蚕结茧后，一摘下来就好去卖了，卖到城隍庙收蚕茧的地方。卖得不多，也就几百块钱左右。

丈夫心疼我，不让我做这个妇女主任了，太忙了。我说随他吧，就这样，反正这个职务我也不是自己去讨来的。我是 2006 年退下来的，第一是因为外孙女生了，没那么多精力了，第二就是要给新的人让位。现在信息更新这么快嘛，年轻人干得好一点咯。

家族：书香门第

（方静）石阜村，位于桐庐县的东大门，与320国道相邻，杭千高速穿境而过。2012年，村区域面积6.5平方公里，下辖石阜、石丰、石联、石合、石伍5个自然村。有24个村民小组,1200多户，近4000人。人均收入近1.5万元。主要收入来源于耕作，素有"耕阜石阜"的美称。

我家住在石阜村村子的中央，和另外一户人家平分一幢房子。房子有两层楼高，楼下共3间房，中间的大堂是公共用地。在自家楼下有个灶台，家里烧饭，然后捧到大堂里吃饭。我家楼上楼下加在一起，大概有60平方米，在六七十年代算是不错的。家里有8口人，到了读初中的时候，奶奶去世了，家里只剩下7口人了。我有一个阿哥，一个阿姐，两个弟弟。那时家里的小孩年岁相差不多，每个相差一二岁的样子。现在我阿哥58岁，阿姐56岁，我54岁，大弟53岁（现在不在了），小弟52岁。

爹娘是知识分子，重视读书。那时候我们都读过书，阿哥和阿姐是初中水平，我读到高中，我一个弟弟小学毕业，另一个弟弟高中毕业，到电视台工作后，自己边挣钱边读夜大，现在很有出息了。虽然我们读书很好，当时书费也挺少的，只要六七块钱，但是家庭条件一般，上学的孩子又多，都凑在一块儿上学了，负担就重了，所以我们读到初中或高中就读不下去了。

1970年，我开始读小学，是原来的石阜小学。学校用的是土改后地主人家的房子，有三层楼高，木质结构的，房子很好。三四年级的时候，政府对学校进行改造，建了一排一层楼高的房子。小学通常读5年半，再加上一个学期，相当于小学升初中的过渡期。于是初中招生就从春季改成秋季了。1976年，我去前山村上初中。那里，初中跟高中是建在一起的。功课没有什么变化，都是语文、数学、物理、化学、英语。跟现在的初中、高中不太一样，初中只要读两年，高中读三年。

当时我去读书，书费都会先欠着。上学时候用的钢笔，也是我假期里打工买来的。我们老师是民办的，公办的少。他们会到村里记工分，还有额外的补贴。男老师做一天有10个工分，女老师少一点，只有7、8个工分。等到期末考试，老师就来讨要书费了，但是家里拿不出钱，我觉得很难过，只好不去读了。也是因为这样，我高中没有读完，读了两年就退了。很多人都是像我这样辍学的。

因为我父母是老师，兄弟姐妹也读过书，所以比较重视教育。我们从小教孩子识字，孩子成绩都很好，小学考试基本都是满分的。侄女、侄子读书也都很好，我们还被村里誉为“书香门第”呢。现在我女儿大学毕业，已经在工作了，一个儿子还在读大学。

婚前：努力打拼

1980 年，读完高中，我在大队里赚工分。1983 年以后分田了，我就到外面去做小工。改革开放后，大概 1984 年到 1985 年，我成了大姑娘，便一个人去上海学裁缝。学了裁缝去做活儿，村里也做，杭州的服装厂也做。有时赶上村里某户人家买布，我就应邀去他家做衣裳，要做一天左右，将他们一家人的衣服都做好。工资的话，大概有五六块钱，相当于现在的一百多块钱。1989 年到 1991 年，市面上开始出现现成的衣服，我们这些裁缝就淘汰了。我也就不做了。因为大家觉得还是买的衣裳便宜。

结婚：自由恋爱

我和丈夫是一个生产队里的。加上两家走得比较近，两人是青梅竹马，久而久之就好上了。当时，很多小伙子和小姑娘一起玩，经常去村里广场上看看电影，然后就恋爱了。放电影这个习俗，差不多是 70 年代开始的。电影是县里送下乡的，一个村、一个村轮过来。白天是不放的，只有晚上放。放的都是战争片，比如《智取威虎山》《渡江侦察记》什么的。

1988 年 1 月，我结婚了。次年 8 月，我生了女儿。丈夫家里条件不太好，有两兄弟，一个妹子，还有奶奶。我出嫁的时候，他哥已经分家了。当时我们住在木屋里，有40平方米，共两间房。屋子名为六言堂，后来改造成六贤堂，是古村落保护单位。房子很大，是土改的时候分的，住着十几户人家。有成分好的分到这里，也有成分不好的改了成分，让出部分屋子给别人住，自己也住在这里的。

上任：困难重重

不做裁缝了，我就到皮革厂谋生了。后来，村里书记相信我，叫我去当妇女主任。上一届妇女主任任月凤因为没什么文化，吃不消当，就退下来了。以往做妇女工作是不需要文化的，只要叫叫弄弄就行；现在所有信息都要用到电子设备来处理，工作量大，准确度高，速度快，没有文化是操作不了的。比如做台账（每月统计表），也就是月账。这需要记录整个村育龄妇女的情况，50岁以下生过一胎的，还有生育能力的妇女都要登记在册。石阜有五个联，我把所有联的情况汇总后，统一用电脑把它们整理好，交到江南镇镇政府。

一开始让我当妇女主任，我是不肯的，因为月凤没有整理好名册，也没有留下村里每个妇女的名字和联系方式。而我也认不全那些小辈，只认得年纪大一些的人，所以做工作很有难度。当时阿婶也出了点事情，我一门心思只想赚钱，所以就没有工夫去想其他事。村干部有春来了三次，而且小英也来劝我，说别人因为相信我才来找我当妇女主任，我不能一点面子也不给。但我也有我的苦衷，起初都以工作忙回绝。小英知晓我的难处后，说村里会协助我的。他们几次三番来访，我最终还是答应了。

2007年，我正式接任妇女主任。一开始也没有头绪，后来只好一户人家一户人家地问，终于把五六十个适龄妇女的电话号码问来了。我想着，要是没有信息的话，就不知道谁怀孕、生孩子了，也不知道谁要放环了、谁要结扎了，等于是两眼一抹黑，所以头等大事就是要将村里妇女的信息完善。

直到有几日弄下来了，我掌握了点诀窍，也就熟门熟路了。现在就很省力了。信息每年都要更新，我也每年都要去问她们的情况：哪几个要结婚，哪几个生孩子，等等。现在镇里打电话来问：你们村里谁几岁了？谁登记(结婚）了？……起初，我是弄不清的，但是现在无论他们什么时候打来，问我什么，我都知道了，也汇报得出了。

计生：二胎风波

以前，村里但凡有点事，都要妇女主任出面解决的。在农村，若第一胎生的是女娃，那么，五年以后可以再生个娃。

现在政策变了，妇女不用结扎了。我们的工作也简单多了。等村民登记结婚后，我们把他们的电话要来，再统一归档到镇里。每年，我们会问她们是否怀孕。如果没有怀孕，我就让她们下次联系我；如果她说想要怀孕了，那我就让她拿一份表格，去妇保医院做两免检查。做好后，要是确认怀孕了，我就提醒她们做准生证。生下小孩了，我就去看望她们，记下孩子的出生年月，并送鸡子、糖给她们。经费到镇里报销，不过现在都改成送礼品了。以前，孕妇生完孩子，除了用避孕套，半年后还要结扎；现在不用结扎，一个月后，我们送去避孕套就好。

刚开始，计划生育还是很紧的，直到2016年才全面放开来。到2012年，可以不用结扎了。就像小初他们，一方是居民，不能生二胎。但是他跟我说还是想生的。我就跟他说："你先别急，计划生育已经像松紧带一样放点开来了，以后你们肯定是能再生一个的。但是文件还没有到手，我不能作担保。只要上面文件一到，我立马就跟你说，到时候你再生也不迟。现在文件还没下来，生了是要缴社会抚养费的，而且一缴就要10万！你们再耐心等等。"

第二年，二胎政策的文件就下来了，我刚开完会，家里也没有去，就立刻跑去跟他（小初）说了这件喜事。之后他见人就说："我当时跟方静说要生第二个，她说政策一到就跟我说……幸亏当时听她的。"他老婆生了一个儿子，真是为他们高兴。像计划生育这种事，我见多了，就熟门熟路了，一旦政策放点开来，就有越扩越大的趋势。有些人听到风声，就以为可以生了。但我们知道口头上说是不作数的，一定要见到文件才行。

可是说来奇怪，以前大家争着嚷着要生，现在政策上允许生了，反倒没有多少人想生（二胎）。即便第一胎是女儿的也是这样。我们石阜村就石伍村生了一个，其他村都没有生。我觉得二胎政策制定下来，就是鼓励她们生的意思，但是她们都不要生。那我说偶尔怀孕了就生吧，但是她们也不想。所以我就随她们去了。这样下去，我估计国家得奖励生育，不然老龄化就会严重了。我们桐庐已经是老龄化了。

2016 年，国家让我们统计一些数据，是关于二胎政策的。还让我们去调查她们不想生二胎的原因。有些是生活条件不允许，所以不肯再生一个。因为现在生一个儿子，就需要考虑他成家立业以后，帮他买房子的事情。如果生了第二胎，还是个男孩的话，就要买两套房子了，那压力就大了。而且就算再生一胎，是个女孩，有些人家也不肯，怕交不起学费。但是他们这些原因都不肯直接说出来，偏要拐个弯，说是自己不想生。我估计他们大概是爱面子吧。但是他们不把真正的原因说出来的话，国家就不知道问题出在哪里。而且我觉得，他们只要肯把心里话跟我们说，我们反映上去，那么国家就会帮助他们，在孩子读书方面没准会有点优惠政策，这样不就减轻家庭负担了吗。所以我让他们实话实说，告诉他们政策会依着民意变的。有几个村民还是蛮实在的，说："我们要是再生个儿子，还要劳心劳力，给他操办婚礼，买套房子，实在是吃不消啊。"

卫生：革故鼎新

就垃圾分类这一块来说，我们村里算是做得好的。以前这一块不行，上上次检查是桐庐县倒数的。但是最近一次检查的结果还不错。卫生这一块，农村人普遍不重视。人们乱扔东西，我会劝他们扔在桶里，他们反问："不是有扫地的人吗？"我说："虽然扫地的人是有的，但是你们乱扔的话，扫地的人也很辛苦。他们每天天还没亮就来扫地，大太阳底下也扫，有时候下雨天的也扫，很不容易的。你们扔在桶里了，扫地的人就省力些了。”我上次去荻浦村的时候，那里村民自觉程度高，工作做得比我们要好。

现在计生、卫生合并了，都由妇女主任管。从2014年开始，可堆肥垃圾分类工作在桐庐县全面铺开。也是这个时候，我们村里开始分可堆肥垃圾和不可堆肥垃圾。每家每户门前配有两只桶，一只是黄颜色的，一个是蓝颜色的。可堆肥垃圾就放在蓝色的桶中，不可堆肥垃圾就放在黄色的桶中。桶上标着可投入的垃圾。餐巾纸是要扔在黄色桶中的，但是桶上没有写明，纸跟塑料袋也是一并放在黄色桶中的。会烂的蔬菜叶子、厨房剩下的东西放在蓝色桶中。有些人家要是没有桶的话，就报到我这里，我给他们补发。

我们妇女主任每周检查一次卫生，劝村民做好垃圾分类工作。但是我去检查的时候，并不是每户人家都做得很好。不是说他们接受能力差，而是他们嫌麻烦，因为扔在一个桶里省事。但是也有些人，年纪轻轻的，素质跟不上，几次三番都分错。我就忍不住去说她了。我讲了她一次，第二次就分好了。我认为垃圾分类是要靠大家共同努力的，光靠我一个人是不行的。而且只要坚持分类，分着分着，自然而然地就成了习惯。我家灶头前放着两个桶，都用尼龙袋套着，一个是可以积肥的，另一个放其他垃圾。现在嘛，家里人已经习惯了，习惯以后，不用考虑就可以扔，一般都不会分错。

村里把垃圾分好后，就派人开着拖拉机来装。不过不一定能看到，因为他们很早就起来装垃圾了。他们把可堆肥垃圾放在大桶里，把不可堆肥垃圾倒在车的另一个凹槽里。看到有人家没有分好的话，他们也会帮忙分一下的。然后他们先去石伍村的庆山垃圾中转站，把可堆肥垃圾放到一台机器里，转化成农家肥；把不可堆肥垃圾运到县城垃圾焚烧厂，火化处理。

其实，可堆肥垃圾分类工作在2012年就开始了，但是我们村原先没有条件买机器，所以一直拖着没做分类工作。后来镇里给每个村配置机器，我们才开始实施这项工作。这算是流动性很强的工作，很难完全做好。即使今天他们分好了，过几天又会有人乱分了。毕竟我们还没有习惯。只是希望长久下去，它能成为村民的一种习惯，也希望村里人的素质能提高。

献血：奉献爱心

每年一月份，村里会组织献血。我每次都去献，这是积德的事儿。但是因为做了肠镜，这几年不能去了。献完血以后，这些血都会被运到附近医院去。每次来献血的人都蛮多的，大冷天的，排着几百号人。男女的数量差不多，大家都很积极。不过这几年，就我们村里来说，女的献血比较多。所以我说村里还是女的思想好。理论上讲，55 周岁以下都可以献血，不过因为体格好坏，三四十岁献血的居多。大家献完血以后，我们会送一些小礼品。也会叫他们要好好休息，养养身子。大家来这儿，其实也不是为了礼品，说到底，还是献爱心嘛。

10．洪良姣光：大家觉得好才是真好

口述者：洪姣（貂）光

采写者：李　霞

时　间：2016年2月、2017年2月

地　点：浙江省东阳市城东街道东锋洪良村

洪姣（貂）光，女，1938年生，洪良村人，农民，小学毕业，未入党。1975—1995年，任村妇女主任。1959年结婚，丈夫洪金海，是上门女婿，育有2子。现居杭州。

唯一的“明珠”

1938年，我出生在洪良村。现在东阳划分成了6个街道，洪良村隶属于城东街道之下。但以前可不是这样的，洪良，那时还叫洪良墩，隔壁的兴东、湖店等都是李宅的一部分。我们村是个小村子，大家都是同根同源的，都姓洪，上面扯几代，都是亲戚，统共也不过四五十户、四五百人。那时候大家都还是种地的，有些人家会种点甘蔗，植点桑树，那也就有零嘴了。我们与李宅隔得远，具体多远我也说不上来，那边管我们这片的村子都叫“五公里”。后来，我们附近那个大点的村子塘西热闹起来了，大伙儿有事就喜欢上那里，李宅也不怎么去了。现在城乡要规划起来了，街道听上去也现代化很多。

起初外公给我取名“洪貂光”。我外公读过几句书，识几个字，我觉得吧，貂是一种很珍贵的动物。老人家给起这个名，一定也是把我看得很珍贵。的确是这样，我是家里最受宠的一个。到了上学的年纪，父母就把我的名字改成了“姣光”。大概他们觉得一个女孩子取个动物的名字，还是个不怎么温顺的动物的名字，终究是不太好。“姣”和“貂”在方言里的发音是一样的。当然，女孩子嘛，我也更乐意被叫“姣”这种秀秀气气的名字，看着也好看。

我是家里唯一的女孩子，并且是唯一的孩子。按照现在的说法，应该算是独生女啦。在那个年代，说起来还是重男轻女的，大家都觉得只有儿子才是香火的延续，又讲求什么多子多孙才有福气。所以就因为我是一个女独苗儿，妈妈生了我以后，没少被别的人冷嘲热讽。但是嘲笑终究也只是口头上的，风一吹就没了，被别人说一句闲话，身上也不会掉块肉。比起同辈的那些吃不饱穿不暖，还经常忍受着病痛死神威胁的姐妹们，我还是要幸运很多的。至少在小的时候，家里但凡还有一口饭吃，就绝不会让我饿肚子。更幸运的是，我还因此获得了受教育的机会，1954 年我在镇上的塘西中心小学顺利毕了业。这在我们村子并不算富裕的家庭里，也是少有的。

“娶”了个丈夫

独生女总是要娇贵一些。像我爸妈，就不舍得我出嫁。一方面也确实是为了传承我家的血脉。丈夫是同村“嫁”过来的。在传统的观念里，正统的还是男婚女嫁，“嫁”过来的男人就会被人戏谑地称为“上门女婿”。即便我和丈夫本来就是同村同姓，可还是免不了会被其他人有所叨念。

有件事情现在说起来我都还是觉得委屈。20 世纪 50 年代的时候，当年我和我丈夫还在处对象，没结婚的时候。一次他从我家做客回去，经过村里一个张木匠的房子。以前的老房子总在东西两侧开两头小门，过往的行人都可以穿过小门经由别人家的走廊，也算是抄个近路。走廊以南是院子和正门，以北是木头搭建的厢房，住着同一族的未分家的兄弟。那天我丈夫就是抄了张木匠家的房子做近路。他正跨过第一道门，就发觉张木匠躺在竹椅上在院子里纳凉。他看见我丈夫迎面走来，大老远就开始打趣，大声地说：

"哎呀，金海啊，你一个大男人跑去嫁老婆，羞不羞啊！"我丈夫听见，难过极了。他也找不出一句话来辩驳，噎得一个字都说不出，只好涨红了脸，低着头转身就走。直到后来他也没和我提起这件事。还是村里人闲谈的时候被我听见。其实我也懂，一家之主一家之主，说的总是男主人。别的小伙子都是"娶"媳妇，只有你是"嫁"的，多奇怪。我也知道张木匠没有恶意，心直口快爱开玩笑而已。可是我还是后怕。如果当时丈夫就被这些言语吓跑了，不肯和我结婚了怎么办？我不敢想。我特别感谢他能顶着那么大的压力"没羞没臊"，最后也没放弃我。我不怪那些说这种话的人，那个时代就是这样，大家都是这么认为的，我们没有办法。可能你们现在就很难理解，可是我们那个时候就是这样的。

其实不仅仅是我们那个时候大家有这种想法，我当了妇女主任当了这么多年，重男轻女这种观念还是根深蒂固，没怎么改变的。

可能是因为我是本地的女儿，比村里那些嫁过来的媳妇多了点优势，所以大家都很信任我。我大儿子 16 岁时，我当上了村妇女主任。算算，那是 41 年前啦。这妇女主任一当，就是一二十年。妇女主任这个位置，其实说容易也容易，但是很多苦楚都是别人看不出来不知道的。别人只会觉得当个妇女主任而已嘛，大不了就是动动嘴皮子，和村子里的姑嫂能拉拉家长里短就可以了，也不需要有什么建树业绩。再难你能难过当村长、当书记的？别人看我们都是很威风的，但是是苦是甜都是只有自己才知道的。

无儿子"无后"

虽然我当时做的工作除了抓抓计划生育，也没其他的。但是由于当时政策才颁布了一两年，大家的思想都还停留在以前，觉得要多生，儿子生得多，劳动力就多，干的活也多，以后老了也有人养，有人送终。人多力量大嘛。结果上面领导突然就说，不准生了，一个最多了。可是那个时候很多人家里都是已经生了三个五个了。就说我自己，也已经有了两个儿子。你又不能把多出来的小孩子扔掉。后来又说已经生了孩子的那些，到一定的年龄就不让生了，要去镇上的卫生所强制节育。已经生出来的那几个不管了，但是以后就不许再生了。可是哪有每个人都这么配合的？大家心里还是不情愿的呀。有些人看到隔壁邻居生了五个，自己才生了两个，家里的人数就比别人少了，人又总是什么都要比比的，人少了好像心里就没有底气没有安全感了，所以他总是还想再生的；还有些人生了好几个全是女孩子，但是他就是想要个儿子，怎么办？只能继续生啊，想尽办法不惜一切代价也总想生个儿子出来。在我们隔壁镇的一个叫石桥头的村子里，我就知道有过这样的事情。

我还记得那是一个冬天的夜里。因为天气特别冷，所以我们一家都早早地睡了。到了晚上七八点钟的时候，我突然听到门外传来了一阵急促的敲门声，披上衣服开门一看，原来是石桥头村的赤脚医生庆国。其实我和庆国并不是很熟，可以勉勉强强算个远房亲戚。对于他的深夜来访，我还是很诧异的，连忙问他出了什么事了。他犹豫了一下，神色闪烁地问我："你们这边晚上会查夜吗？"说着他探了探头，谨慎地观察了一下四周，我这才发现他身后还跟着一个女子。大概是他的妻子吧，挺着高高隆起的肚子，我估摸着至少有八九个月了。我赶忙侧身让了让，把他们迎进屋，说"不查不查"。我知道有些村子里查计划生育查得紧，半夜还有干部摇着手电筒一家一家走访排查。我也听说庆国家里已经生了三个女儿了。这两口思想传统得很，总觉得要生个儿子才能传承庆国的手艺，继续在村里当个土医生，一辈子安稳无虞。我更知道，计划生育有它的道理。家家户户都养着那么多小孩，不出政策他们只会继续生，越生越穷，越生越苦。我自己就是抓计划生育的，我怎么会不懂？可是懂是一回事，规则放到人身上，做起来又是另一回事。别说我和庆国还有点交情，就是完完全全的陌生人，我也不可能忍心把一个挺着大肚子的孕妇关在寒冬的门外。

把他们放进屋里以后，我给他们倒了杯热水，问他们："接下来打算怎么办？"显然，这么大的孩子再说打掉也太危险了。我也劝不了他们拿主意，毕竟他们还是石桥头的村民，不归我管，我只能站在亲朋好友的角度，问他们打算怎么办。庆国红了眼，咬着牙说："生！一定要生下来。"随后又面露难色，犹疑地问我："阿姐，我家那位能不能在你这里借住几天，我们村里，实在是风声太紧。"我这才知道，原来他老婆已经快要生了。一边是他哀求的神色，一边又是大腹便便的孕妇，我只有允诺下来。果然，没过几天，庆国老婆就生了一个大胖小子。孩子呱呱坠地那天，庆国整个人都像卸下了重担，松了一大口气，不住地对我说谢谢。现在他儿子20多岁了，可工作赚钱了，在村里给庆国两口子盖了一幢大房子。现在他们也算是享福了。不过他儿子倒是没有如他所愿继承他的手艺。现在开玩笑时还会说起当年的事情。

酸甜都自知

计划生育工作，男的讲起话来不方便；女的又觉得不好意思，怕得罪人。我脸皮厚，就多去几次，没办法啊，上面逼得紧，这些工作你不能不做。怀孕前没说好的，你有了孩子肚子都挺着了再去讲，更招人讨厌。

有时想想也真的是很委屈。又没有工资，又不给工分，也没有什么福利，有时自己家里孩子在哭，地都来不及种，还要跑到别人家里去给人骂。私底下经常都会嘲笑自己的：想不开，找罪受。但转念想想，大家既然选了我当妇女主任，就是对我的一种肯定、期待，就要把这件事情做好。晚上自己躲被窝里哭过，第二天早上又充满干劲了。还好，村里的人都是很好的，也比较能理解我的工作，大部分都还是很配合的。

有一对夫妻，老婆是江西那边娶进来的。小孩子已经生了两个了，也到了节育的年龄了，但夫妻两个都不肯去节育。那我们就要去做工作了呀。第一天晚上去的，夫妻俩说太忙了，现在太迟了，就不去了。我只好回去了。第二天上午就去了，结果敲门敲半天，家里没人。邻居说他们去地里干农活了。我又跑到田里去找，没找到人。第三天再去，又说他们回老婆的娘家探亲去了。连续去了三天没有结果。我这个人吧，也有点倔。一般碰到这种情况很多人就想，算了，本来就是讨骂的事情了，去了三次也算尽到责任了，古人不是都说，事不过三。然后就不会再管了。但是，我就不是这样的。那个时候就想，好，你躲着我是吧，那还非要把你找着了。又过了一星期，听别人说他们回来了。于是第二天一早，五点半左右吧，我就在他们家门口等着了。我也没叫门，怕吵醒他们，就在门口站着。等了半个小时左右，这家的女主人正好出门，看到我在门口站着，先是吓了一跳，后来也是觉得怪不好意思的，又马上把我叫进屋，搬来凳子给我坐。老婆的态度很好，可是老公说的话就不怎么好听了。我就看到那个老公从里屋出来，看到我就小声嘀咕了一句："要你这么积极，节育了，医院还给你回扣啊。"声音不大，但是就是那种刚好能让我听到听清楚的音量。我脸"刷"地一下就白了，但是又不好发作。我硬生生地忍下来，挤了一个很勉强的笑给那个男主人，没说话。说真的，那个时候我眼泪都在打转了。我也会问自己啊，"要你这么的积极干嘛"。

但是那个女主人还是好的。她就马上斜了她老公一眼，让他不要讲了。我一看，觉得这个女的还是可以沟通动员的。于是我就让她也坐下来，给她讲我小时候的事情。我给她说："你看我是家里的独生女。以前别人家里生了七个八个，都吃不饱的，全家一起饿肚子。我们家人少，我们就能吃饱，而且还把日子过得很好。你看现在我们家的生活也不比那些生了一堆孩子的家庭差，甚至少了很多分家的矛盾。我们家气氛都很好的，很少吵架。可见生多生少都没有关系的，生得少有时候反而过得更好。"总之就是讲我小时候的事情给她听，现身说法讲优生优育少生少育的好处。我看她态度有点松动了，又马上给她分析年纪大了生孩子的风险和对身体的害处，还给她保证节育对身体不会有什么坏处的。最后她笑盈盈送我出门的时候，我就知道有戏了。第二天晚上，她和她老公就来我家说，他们已经去节育了。两个人都很开心，她丈夫还给我道歉。

说真的，这个工作辛苦是辛苦，但是有时候有些成就感是其他地方、其他工作找不到的。村里人都很相信你，有困难有问题都来找你，有喜悦有开心事也第一个想到你，这种被需要被惦记的感觉是多少钱都换不来的。只有你用心去给大家做事，以心换心，才会得到大家真正的尊重和认可。就像大家从一开始对计划生育的排斥到后来慢慢接受，甚至主动配合去节育，不惭愧地说，我在这个过程里感觉到了自己工作的成果和意义。我们也是一样的。一开始的时候这个工作做起来也是很生涩的，只会墨守成规，刻板生硬地执行上面的命令。但是经历很多人和事之后，我们在做工作的时候也会多很多的人情味。法律还是要为人服务的。不仅仅是计划生育，其他所有工作都是一样的，都是要相互理解体谅才能更好地进行下去。

像我们村里有一户人家。他们家里男人身体不好，一年三百六十五天两百天都要躺在床上的那种。还有一个儿子，智力上发育可能不是太好，说话说的晚，走路也走不太稳，都快4岁了，还只会叫爸爸妈妈。但是他们家女人还是很厉害的，也没有要改嫁的意思的，每天都去田里和男人一样干活，干的活有时候比男的还要多。晚上回家还要照顾儿子和男人，从来都不抱怨。村里人都很佩服她。她这种情况，本来按照道理是不能再生了，再生就要罚钱了。但是考虑到她家里特殊的情况，我们几个村干部商量一下，然后让我去跟她讲。我和她说，我们不是去鼓舞她再生超生，主意还是要她自己拿。但是如果她想再生的话，我们这边是可以通融的。我说了这话以后，这家女人表面上没有什么反应，淡淡道了谢。但是现在每年过年她都会领着她两个儿子来我家拜年。她大儿子在小儿子出生不久就慢慢好起来了，现在就和正常人差不多。她总觉得这是我们的功劳，虽然她不会特别煽情地讲谢谢什么的，但是我还是能感觉到她对我们的谢意的。当然，我们都知道，我们根本就没帮到什么。

当然，作为一名普通的村干部，能看到村民的生活和和美美、幸福快乐，是我最高兴的事情了。就说五六年前吧，秀梅家的小儿媳妇就生了三胞胎。想当年，秀梅家的小儿子还是我看着长大的。这个小孩子皮得狠，秀梅老公又不太管事，总是跑出去喝酒，一喝喝个烂醉，好几天都不回家。秀梅一边要带孩子，一边还要管着地里的庄稼。有时候忙起来恨不得把自己劈成好几瓣。作为妇女主任，有时候听听这样的抱怨也是我们工作范围内的事情。有一年庄稼收成特别好，家家户户都很忙，可是秀梅的老公还是不着家。她小孩子又天天野出去让她担心，时不时就要出去找一下，可是地里的庄稼又来不及收，快要烂掉了。那几天，她烦得白头发都长了几根。后来我知道这个情况，我把他儿子接到我自己家来，把他和我孩子搁一起，让我妈妈帮忙看着。我自己又去问了几家人手多的村民，组织大家一起去帮忙干活，几天就把秀梅家的庄稼收掉了。后来我也去找了几次秀梅的老公谈话，可惜效果不是太好。

不过终于，秀梅也算是熬出来了。几个孩子都陆续成了家，最小的这个更是争气，一下子就生了仨。她喜滋滋地请我们去吃酒。三个小宝宝都长得胖乎乎的，一脸娇憨可爱。设宴那天，秀梅算是累坏了。一会儿跑厨房，一会儿抱抱这个小子，一会儿又给那个小子换尿不湿，一会儿还要哄他们睡觉。但是忙碌归忙碌，秀梅汗津津的脸上全是笑容，别提有多开心了。她小儿子吃饭的时候还和我玩笑说：“姣光婶，我也不是故意不配合你工作的，我也是一不小心，三个就一起出来了。”饭桌上的人都会心地笑了，我和他讲：“我退休啦，不管这个了，我现在希望的就是我们全村人都生活得幸福美满，日子越过越好，我们村子也发展得越来越好。我巴不得所有人都子孙满堂，四世、五世同堂。”

荣辱皆看淡

现在回想起以前的事情，总觉得有很多方面我还是做得不够好的。确实，在妇女主任这个位置上，我应该代表的是全村的女性，可实际上我在村子里发挥的作用并不是很大。一方面是自己能力有限，另一方面确实各个岗位都有各个岗位要干的事情，各司其职，各安其分。要去“抢”村长的活干，我也确实干不来。所以你要问我，我为这个村子做了多大的贡献，这个我真说不出来。你要去问大家，大家觉得我做的好了，那才是真的做的好了。但我也觉得，在我任职妇女主任这段时间里，我是尽心尽力地在履行这个义务的。我尽我最大的努力做到我能力范围内的最好了，这一点我是问心无愧的。1978年，我还代表我们村去参加了东阳的妇女代表大会呢。

其实除去妇女主任这种所谓的头衔，我就是一个普通的村民。我之前也说了，那个时候担任这种干部是没有什么福利的，大队里不会给你发钱，也不会额外算给你工分。这些就是义务劳动。因为大家选择了你，所以你就应该站出来为大家服务。如果非要说报酬的话，可能村民的信任和感谢就是最好的报酬了。你看我干了这么些年，现在儿子们都在外地工作啦，就我们老两口待在老房子里，还有很多阿婶阿婆愿意来和我唠个磕，讲两句体己话。以前看着出生的小后生们偶尔也会给我们带点水果牛奶，我就觉得自己这个工作做得值。

这个村是大家的，所有人都要为了村里的建设而努力，贡献自己的一份力量。并不是说只有村长、书记、妇女主任的努力才算努力。要记得每一个人为村里做的每一件事情。三四十年前，物质那样匮乏的年代，大家也愿意为村子的建设出力。以前有那种外派的任务，就是让人去隔壁镇子、去市里修路、修水库，全是劳累繁重的苦力活。但是，每当村子里要选人出去，大家谁也不退缩，都争着去，这大大减轻了干部的工作负担。现在也是这样，村后祠堂边的那座庙里，两侧的墙壁上密密麻麻刻满了名字。那些都是给村里搞建设捐过钱的人，无论多少。

以前我们村子很小，老屋子挨着老屋子，路很窄，地也少，周围全是荒地和小山丘。人老（去世）了后，就零零散散地埋在村子周围的小山丘上。后来随着人口慢慢地变多了，村子也慢慢地扩张了，土地就不够用了。村里就说要把那些坟移了，把那些山丘刨成田地。当时刚听到村里这个决定的时候，我就觉得这简直和愚公移山一样。虽然那些山丘很矮、很小，可是数量多啊。那时候挖土机、拖拉机又不普及，只能靠人力一担土一担土地挑出去，得挑多久啊。何况中国人对风水向来看重，那些山丘上埋的不少是村民的祖坟。说迁就要迁走，会有人肯吗？当时村里是划了村东的几户人家，让我去做思想工作，动员一下。我揣着惴惴不安的心就去了。谁知道，当说明来意以后，村民们也很友善，并没有想象中的拿着扫把将我赶出去的场景发生。等到和他们解释完来龙去脉，都纷纷表示愿意配合工作。动员进行得很顺利，顺利得出乎意料。没几个月，村子周围的山丘基本被铲平了，开垦成土地，又分配到各家各户。这项我本以为棘手的工作的顺利展开，还是要归功于村民的配合和理解。再有，你看我们村后面那个大水塘，以前还要大咧。水塘大了，种地的地方就小了。也是大家伙一起，一铲土一铲土地填了一部分的水地，开垦了农田。

所以我说，要数为村子做了多少贡献，实在是很少。我能做的，也就是抓抓计划生育，把上面的指令传达给大家，有活要干的时候来喊喊人罢了。现在，村子里又在造养老院，我两个儿子也各自在杭州成家立业了。村里、家里都没什么值得我操心的了。我也就守着这老房子，做做手工，安享晚年啦。说真的，很高兴我是从出生起就是这个村子的女儿，成为这些可亲可爱的村民中的一员，能为大家做些事。那些作为一个平凡普通的妇女主任为大家为村子工作的日子成了我最珍贵最美好的回忆。

11. 丁岙梅英：想为农村建设出份力

口述者：黄梅英

采写者：叶随风

时　间：2017年1月21日

地　点：浙江省玉环县楚门镇丁岙村

黄梅英，女，1940年生，玉环县清港镇垟根村人，文盲，农民。1963年嫁到丁岙村，1968—1991年担任丁岙村上岸路妇女主任。丈夫叶学保，1958—1981年担任上岸路村支部书记，育有1子1女，现长孙也已成家，四世同堂。垟根村在清港镇东部，徐垟路顶头，南靠楚门东西村，西连扫帚山村，北接樟岙村，是个三面环山的小村庄。以前是很穷的，现在靠在山上种植文旦树，已经是楚门文旦的重点生产基地了。出产的文旦销售到全国各地，渐渐地带动了全村的经济发展。

我的童年和青少年

1940年，我出生于垟根村。出生的时候，家里上面有6个兄弟姐妹，我是老小。不过当时穷啊，因为穷，生活就苦了。全家人整年、整年地劳动，就为了能够吃上饭。那时我为家里做的工作，就是在田里种水稻，去山上种番薯，早上去山上放羊，让羊自己在那里吃草，下午把羊牵回来，再拉着牛继续去山上养着。一有空闲，就要去路边、山上、田里拔些杂草，来喂猪吃。当时养牛是为了耕田，养羊和养猪呢，是为了能卖小羊崽和小猪崽，去换钱。其实一切，都是为了生计。

因为技术问题和田地肥力问题，田里的收成总是不怎么好的。再说我们也只有那 2 分田，这个全村每户都是差不多的。所以，那时候的主食是番薯丝不是稻米，有些年份番薯的收成不好，就得问村里的富农借番薯，等到来年有了收成，再将稻谷按之前规定好的量还给他。从我开始干活到嫁出去之前，整天干的都是这些活。所以，在那时候家里也没有现在所说的“最小的孩子会格外地受到父母和兄长的厚待”，大家有一份力就要出一份力，去干活养家。

在我 8 岁的时候，我父亲就因病去世了，家里的农活都落到母亲还有哥哥姐姐们的身上。大家都知道的，家里没有一个成年的有担当的男人是多么辛苦啊，很多事情都不好办。当年哥哥姐姐都没上过学，因为这样，懂事了以后，我就开始帮家里干农活了。那时是解放战争时期，打完仗后一批人下去一批人上来。但这边是小地方，受难的是镇上大一些的地方，所以村子没有波及多少。

我们村是个偏僻小村，经济又落后，到共和国成立以后，对学校这些东西也不是很重视，政府的资金本来就不宽裕，还得放到恢复政府机关工作和经济上去，所以学校这些教育机构的建设也就落下来了。这样一来二去，我也就错过了当时上学的年纪。而且啊，不仅是垟根村，整个楚门镇都是很穷的，即使父亲还健在，也只是生活不会那么苦，但也不会有什么大的改善，更别谈得上去读书了。当时村子附近和我差不多的小孩就没多少能去上学的，大家基本上都是在家里帮忙干活，能吃饱饭就满足了，根本没想过还有机会去上学念书。

不久村子里开始搞农村合作社。家家户户把自己家的田和山上的地都交到村子里，我家也不例外。然后，村子里规定我们家人去种哪块地。但是我觉得，这些怎么分配啊、怎么经营啊都是政府和村子里的事，我只要规规矩矩地种好自己的田，能够为家里出一份力，也就满足了。当时的想法真的是很简单啊，家里人一起在田里种地，一起吃上饭就很好了。有时候，甚至会因为粮食不够吃，妈妈和我还有其他姐姐的饭都是要少吃的，要多留给家里的男性，因为他们干活时的力气更大，能干更多的活。当时，我们就是这么分配食物的。那时哪想得到，现在能够住在这么三四层高的大房子里，现在这一代比起当时还真是幸福。那些拿石头砌起来的老房子也都推掉了，时间真是过得飞快啊。

1958 年，兴起了“大跃进”运动，在这边，我更有印象的是大炼钢。我是没有去的，但是二哥代表我家过去了，是 1958 年 10 月，县里、镇里下规定，每户人家都得派出一名代表到永嘉去突击炼钢。材料和工具这些是政府提供的。二哥到了永嘉后，一住就是 3 个月，直到 12 月底才回家。听二哥讲，到那边后政府就帮他们安排好了住的地方，每个人都有不同的分工，有人负责煮大锅饭，有人负责担白炭，有人负责炼钢，有人负责洗地，各干各的。当时他们那批人，从镇上过去的大概有五六十个人，从其他的农村过来，大家一起吃饭，一起炼钢，又住在一起。3 个月相处下来，大家都成了朋友。炼钢时，热火朝天，干劲很足，很有那种一定能把事情做好的感觉和冲动。可是 3 个月后，二哥就回到了家里。之后镇上也没有通知过大家去集体炼钢的事了，好像这个事就不存在了一样。

说到三年困难时期啊，这边是沿海的地区，每年夏天都会打台风，而且主要的灾害就是台风，不像北方那边有时候长时间的干旱，又有发大水。但是，想起那三年的台风，我是印象深刻，也不知是怎么回事，总之是特别大，来的次数也特别频繁。所以，那三年一到夏天，在春天辛辛苦苦播下的种子，就被不断刮来的台风带来的大量雨水给淹掉了，收成特别不好，可以说是几乎没有。本来就苦的日子，因为缺少了种田带来的收成变得更苦。那时也只能向村里曾经是富农的人家里借粮，后来实在没办法了，还是靠镇里的救济渡过了难关。

大概是 1961 年吧，来了个特大台风，现在我还记得清清楚楚。那绝对是我活到现在，少见的大台风之一，到现在都忘不了。晚上在家里睡觉的时候，听着大风吹打，门外响起的呜呜声，就很让我害怕的。第二天出门，发现整个农地已经被水漫上去了，地上都是水，湿漉漉的。当年的农活，不用说又是白干了，村子里的树也有一些倒了，甚至大片、大片茅草厂都被刮倒了。这茅草厂啊，就是在屋子的上面盖着许多木柴和稻草，在床上铺的不是毛毯而是蓑衣，床下也用稻草铺着，以前农村的屋子可没有像现在一样的砖瓦铺上去的，穷人家就只能住茅草厂里了。在老辈的方言中，茅草厂和房屋是绝对不能混为一谈的，茅草厂是住房，但是大家口中的房屋，就是要用砖瓦搭建起来的，一丁点儿也不能说错。这些厂子在以前很少被台风刮倒过，但是这次却倒的这么多，让我晓得这次台风的厉害了。那时候哥哥们叫我别单独出门，怕有危险。那两天，我便一直待在家里，看哥哥们进进出出，忙活着。

我的夫家

1963 年，我嫁到了夫家——丁岙村上岸路叶家。丁岙村在楚门镇东部，东邻彭宅村，南靠筠岗，西与塘垟村交界，北到马山村。当时上岸路村里主要是分为叶姓和邢姓，再就是其他几户小姓人口了，到了现在也是这样，我们叶姓的分布在村子的后半部分，邢姓的人家分布在村子的前半部分。说起来，上岸路也是一个很小的村子，到现在即使有外地人搬进来住，也不过 30 多户人家，一共 200 来人。这些外地人住的房子，是本村人把闲置的房间出租的。他们大都是来镇上打工，在厂里上班的。也有些就在村子里办的厂里上班，直接在村里租了房子，也是省事。村子现在也就那么些人，可以想象早时候，更是没多少人，大概也就是七八十人。

村子的范围也很小，当时政府也没有把我们村规划为一个行政村。所以，最早的时候，我们这边属于南边的筠岗村。到了 1962 年，又划到了西边的塘垟村。1967 年时，最终归属于现在的丁岙村，再也没变过了。为什么要这样不断地改动呢？一开始，上岸路和塘垟村都划到筠岗村，后来政府觉得这样一个村可能有点大了，在管理上比较不方便，就在 1962 年把这两个地方划了出来，单独设立了一片行政村。但是，到了 1967 年，政府又发现，塘垟村里的村民大多是渔民，是经常出海捕鱼的，而上岸路的村民大多是农民，以种地为主。这两个村的经济成分完全不一样，所以在村务上会产生很多问题，就又把上岸路划归到了同样是种地农民比较多的丁岙村。这样解决了问题，直到现在没有再变动过。村子里的事主要是以公社为主。公社设在塘垟村，或者是丁岙村。之前的农村合作社也是这样的，总之我们村子啊，总是依附着其他村子。

我丈夫姓叶，当时我和他的婚事，是靠媒婆说来的。过去，结婚都是靠说媒的，大城市里可能有自由恋爱，但在农村，大家都要忙着种田养家，哪有这么多时间出去谈情情爱爱的事。当时媒婆受他家之托，来一家一家地说亲，长兄如父，哥哥同意了这门婚事，我也就嫁过去了。

我们两个村子距离十七八里，当时从娘家里走出来，花了大约两小时，到了夫家。两家都是穷人家，当时他能给我的嫁妆，也就是一张床和一套被子。他是党员，有一定文化，是当时村里的村支书。从1958年到1981年，他一共当了20多年的村支书，为村里干过不少实事。比如，在吃食堂饭的时候，他就联合村干部在村里建了一个面厂，请了一个马山村的人当做面师傅，还雇了村里的人来当小工。做出来的面，拿去卖到粮管所供应点，再去换稻米，拿回村子里。后来，还和村干部一起建了一个五金厂，为村子里的人提供了工作。1981年，他在竞选村支书时落选了，就没再在村里任职。跟我商量后，他去镇上的工厂打工，为家里赚钱，都是挺不容易的。1990年，因病去世了。

我不是党员，连学校都没去过，字也不识一个，不会写入党申请书。当初想想，也是挺后悔的，不过现在年纪大了，也就看得比较开了，毕竟当时也是时代和家庭的问题，即使自己想读书，家里没有钱也没有条件读书，只能忙于务农来养活家里人，错过了很多机会。

在60年代，上岸路分成2个生产小队，丁香本村里有4个生产小队。当时大家是靠挣工分来算收入的，一天的劳动量总共是10分，但一般很少有人能挣到10分。大体上，男的能挣七八个工分，女的是四五个工分。当时，我算是一个积极分子，上工的时候都敢下功夫，因为我觉得自己能多花一份力气，就能为家里人多带来一份收入，让家人过得更好一点。这种想法啊，很小的时候就在我的脑子里了，这辈子是抛不开了。你看我现在，趁着自己手脚还都灵活的时候，每天帮家里洗洗衣服、做做饭，这不再过两天要过年了，看着哪天有空给家里洗一洗，现在农田是不用种了，我这么老也种不动，但能帮家里干一点家务活，让他们轻松点，也是好的，我就是天生闲不下来啊。

讲回工分的事情。那时我差不多能挣6个工分。比起男的，自然比不过，这肯定是正常的，虽然我们干的同样的工作，但男人的力气总归是比女人要来的大的，他们出的力肯定是比我们女人多的，那么挣的工分比我们多，这是天经地义的事了。当年上工的时候，虽然村子小人口少，但也有开工迟到的，或者是做工偷懒的，出工不出力。这些我都是看在眼里，是打心眼里看不起这种人的。如果一个人不能够自己养活自己，甚至有时候他还要养活一家人，而是靠偷懒来混日子的话，他的生活怎么会有前途呢?!

幸好当时的队长是个读过书的，又是精明、正直的人，对于那些偷工减料的人，总会记下来，扣工分，而且对于那些长期偷懒的人，每个月分到的饭票肯定是比别人少的，那他们能吃到的也就少。对于这些人，我们这里俗称“挂饭堂”，也就是说他们只能站在食堂里看看，却不能坐下来吃饭，这就叫挂着。人民公社开始不久的时候，我们吃的都是食堂饭。吃了没几年，大概是 1958 年末到 1963 年的光景吧，开始的时间，因为那时候是去永嘉突击炼钢的时间，我二哥出发时村子里还没有开始吃食堂饭，他回来的时候，村子里就办起来了。而吃食堂饭的日子结束的时间，是我刚嫁到丁岙村那一年，我记得是比较深刻的，因为村子里本来就不富裕，靠的是丁岙村和隔壁塘垟村送过来的粮食，因为根据粮票来算粮食吃饭，所提供的米量都是超过各自在家中所用，那一年，各村之间的粮食都已经入不敷出了，村民中相继出现了饿肚子的情况。之后大家都是各回各家，吃自己的饭了。

干部生涯

嫁到上岸路几年后，由于丈夫的关系和在生产小队里敢于下苦力的表现，我被村里人认可了。在 1968 年，我被推举为村妇女主任。当时真的很乱，镇上乱，村里乱。幸好我们村当时没有分成两派，公社里也没有人去组织起来搞批斗，村里也没有学校和庙宇，相对来说比较安宁一点。村里每户都是老老实实守本分的农民，那些个红卫兵来到村里，宣传着“破四旧”，砸掉了家家户户的牌位，又烧掉了其他的古书，这个真的是很可惜，也没有很大的动乱。

那时候虽然闹“革命”，但是农活还是落不下，都要样样干的，毕竟饭还是要吃饱的，人还是要活下去的。我们村里啊，虽然没有两派，没有批斗，但其他形式还是要跟着上面的村子走的。比如，剪短发啊、戴军帽啊，每天都要背毛主席语录，早上读，中午读，晚上读，自己一个人在家要背要读，大家打招呼的时候也要念一遍，吃食堂饭前也要念一遍。

其他地方，如沙门镇啊、坎门镇啊等，也有很多人来我们这边闹"革命"，这些外乡人过来一般住在本地村民的家里，我们家里当时就有人住着，白天出去，晚上回来。我们村干部就通知村民不要独自一个人出村外，要不就是村里组织出去一趟办事情，一个人太危险了，一般那些村民也都听我们的话，所以我们村子里也相对比较安全，没出什么大事情。当时家庭生产也受到了冲击，以前村里大多有养猪的副业，可是当时谁敢大白天拉着几头猪崽上街呢。于是我们只能在半夜的时候，偷偷拉着板车，载着小猪崽，走上一夜的路，赶到温岭，等着它白天开张了，再卖给那里的食品公司。开头三年，是特别地乱，这些事情也都发生在这几年，后几年就相对好一点了。再后来，我开始担任妇女主任了。

开始担任妇女主任的前几年，没什么事情可干，最多也就是帮帮我丈夫和村里的干部去帮村民们了解村外的形势，安抚他们不要慌张，还有就是宣传上面的政策，不过很多实际的政策，我们是没有做的，所以要讲到详细的具体的事情，实在是没有事情好讲的。

80 年代初的时候，"计划生育"政策就从中央下达到地方了。不过早在 60 年代，县里就开始提倡少生了，只是当时还没有那么严格，没有从中央发下来的文件。所以，这政府的事情，我真的感觉是一个接着一个来的。担任妇女主任期间，我就是负责"计划生育"这块工作。

刚开始，这项政策讲的是家里只能生一个孩子，不管男女。在这项政策出来之前，我已经生了一个儿子和一个女儿了，我和丈夫一商量，说这以后我们也就不生了。第二天，我又去找几个和我相熟的姐妹，我也和她们讨论了一下这个事情。估计她们自己心里肯定也是有小九九的。和她们讨论好后，就约定过两天一起去镇里做结扎手术。当时镇上有人来给全村人做"计划生育"政策的宣传，讲了这个政策对家庭、对国家有什么什么样的好处。但是，他又没有让我们写大字在墙上，也没有拉横幅，只是把全村妇女叫出去开了会，所以很多人并不重视这个政策。

有几个姐妹家里的情况，也是跟我差不多的，是比较讲得通的，也乐意跟我一起去镇上做结扎。有几个是扭扭捏捏不答应我，推脱那几天有事啊，等等。我当时心里就咯噔一下，就猜她们可能会违反国家政策偷生超生的，这已经是后面几年的事情了。

我和几个姐妹选了个日子去镇上医院做了结扎手术。当时那个接待人员特别热情，夸我们觉悟高，为国家作贡献，我们几个人听了心里也是甜蜜蜜的。因为我自己首先是一个妇女主任，是一个干部，当时村里人都比较相信村干部的话，所以我去做这个结扎手术，一是要响应国家的政策，二呢能够给村里这些妇女做一个表率的作用。

这项政策开始的那几年，超生偷生是十分严重的。一是大家的观念还都很落后，总想着多生几个以后就能多几个孩子来帮忙种地。二是当时大家都想要儿子，一个家庭生了女儿后，当然还想再要一个儿子，而国家政策又不允许，不生的话家里矛盾又闹得很大，妇女忍气吞声，只能偷偷摸摸地生。所以，一开始的时候，能够做到遵守政策、不超生偷生的人是很少的。

但是偷生被抓到了是要缴社会抚养费的。缴钱的规矩不是定死的，要看哪家穷，哪家富，有钱的自然要多缴，穷人家自然要少缴。当时我作为妇女主任，碰上的有很多很多，现在也有大多是记不清，只能挑一些有印象的讲。

前村有一户邢姓人家为了这个生孩子的事情，还吵得很厉害，邻居就找村干部来调解这个事情。当时那个妇女已经怀孕了，算是超生的了，家里人一方面想多生个儿子，另一方面又心疼缴钱交的数额，为了生不生，已经闹得不可开交了。那个妇女还要回娘家，我们村干部也拉不住她，劝也劝不动，只能把这个事情上报给镇里。镇里派了人来，跟他们家里人好说歹说了一个下午，家里人才肯缴钱了。

还有一户也是邢姓的人家（男方姓邢）也是一个超生户。当时已经有了一个儿子了，还想再生，那肯定是不允许的。后来有村里的干部把这个超生户报到了镇上，镇上就派人来处理这个事情。她知道后马上避到丁岙娘家。镇里的人赶到她娘家，愣是没找到。后来才知道，为了逃避这个追的人，她先在娘家住了一晚，后来又跑到邻居家住，就这样一天换一个人家住。当时邻里关系都比较要好，而且大家都是同一个情况的人（都是要超生偷生的），自然就瞒着不去揭发了。镇上来的人找不到她人，也没有办法，就只能回去了。后来她就把这个儿子给生了下来。我们村经过她这一闹，对于她这点，大家都是不想再去报到镇上去了。其实，还有一点，她和我的关系也是挺好的，我是主管这个的，既然我当时没报，村里其他人也就不想再管这个事情了。总之，我倒是挺同情她们的，毕竟自己也是一个妇女。她们卡在政府和夫家之间，里外不是人，又牺牲了太多。

过了几年，政府又下了新政策，对“计划生育”政策放宽，可以生二胎了。但是，头胎必须是女孩。当听到这个消息时，我就向政府竖大拇指，这是为老百姓作打算。也为前几年为了多生个儿子而缴款的妇女感到可惜，如果她们能多等上几年，那该多好。自从新政策出了后，村里这个超生偷生的就少了很多。相对来说，事故也就很少发生，我这个作为监督她们的妇女主任，自然是感到很欣慰，也感到轻松了不少。

到 80 年代，虽然土地政策变了，但村务还是照常没变的。我依然管着计划生育和妇女大会的事情，偶尔帮帮丈夫做一些工作上的事。计划生育这边闹出的事情虽然是有的，但是没以前多了。因为现在这一批妇女啊，已经换了一批人了，她们的条件比我们好上一点，是读过一点书的人了，跟她们宣传这个计划生育政策，就显得比较容易听进去，那我也轻松一些啦。

除了专门管理“计划生育”政策的实行外，我还负责村里妇女的一些活动。比如每年三八妇女节的时候，镇上总会搞一些活动，然后派一个代表来叫我们村选出几个妇女去参加活动。我会在村民中发通知，号召村里人去参加这个活动，到了那天再由我带她们去镇上。或者有时候镇上不办活动，而只是派了一个代表下来传达一些思想工作，那时候我还要带着两三个妇女，一起去丁岙村里开妇女大会。因为我自己是不识字的，那么当时代表讲的东西，我只能用自己的脑子去死命记，到时候再回村子里传达给大家，靠这样的方式，我大部分其实还是能不落下的。

除外，自己村子里一般每年还要开一两次的妇女大会，来讲一些事情。这些事情，总归还是离不开农业生产。还有就是告诫妇女，要维持家庭和睦。村子里的其他工作，比如鼓励农业生产，统销统购，防火防盗，征兵，村里差不多也就这几件大事情，但大多是轮不到妇女主任来作主，只能从旁协助。

就拿防火防盗来说吧，就是防止村子附近的山上着火，防止有小偷进来。关于防火，我们大多是在村民之间宣传，在墙上贴上大字报，或者在村民开会的时候提上两句。真正着火的话，也只能帮着拨打消防电话。除此之外，当时村干部会将村里一些爱闹事的人紧紧看住，还会组织人在夜里巡逻，提防有外面的人进来。这些事情都很累，很费神，我们村没搞多久就放下了。

征兵的事，我们是要配合着丁岙村里的，首先要做的是统计村里的人口信息并且记下来，然后到了每年的11月，村干部要带着18岁到21岁的青年去丁岙村与那里的干部会合，再由丁岙村的村干部统一组织带青年到楚门镇上去验兵。我们村子小，一次能够去验兵的人也就两三个人。

虽然我是这么多村干部中唯一的女性，妇女主任，但是我没读过书，连自己的名字也不会写，又不是党员，干部开会讨论事情的时候，总归觉得自己和他们不一样。在讨论村子里事情的时候，也很少提出自己的看法，就是跟着他们做就行了。再说，我丈夫不就是村书记嘛，他的建议就是我的建议。所以啊，当年我在村子里，就是负责妇女这方面的事情，关于村务大多是丈夫他们负责。

在担任妇女主任的空闲时间里，我还是要种田的，所有干部都一样。当时做干部，拿的钱也不多。除了种田，有时我会去村子里其他妇女家走访探望，联络感情，顺道问问她们家里有没有什么困难，看看我们村子里能不能帮助她们的，我的妇女主任，差不多干的就是这些了。

不过呢，当时村里有个精明能干的干部，叫叶开美，就住在我家的后面。他在80年代接任了我丈夫的村支书职务，他不仅在空闲时间种田，还跑去做生意。他那时做的是买卖票子的生意，他去另一个村，具体名字我也忘记了。那里据说粮票很多，以二三角一张的价格去收粮票，收来后把这些票又以五六角钱的价格卖出去。用这样的方法，在80年代晚期时候差不多攒了六千多块钱，盖起了一个二层楼的砖瓦房。这样做生意也是迫于生计，要知道，做干部的赚的钱少，那时一年的工资也就四五百块钱。虽然80年代前期和晚期去外面做工的工资完全不一样了，但是我们这些村干部，还是拿着没多少变化的钱。要想家里富起来，就必须要另谋生计。

80年代，改革开放实行了，国家的包干到户、包产到户政策也下到了村里。原来的土地集体化变成了按家庭成员属性来分配土地，大家都变成了单干户，这时候我种田的劲就更大了。因为我种得多，挣得也多。接下来十几年，变了很多。首先是我们村里那些以前外出打工的年轻人回来了，他们开始在村子里办厂，建起了我们村的第一批工厂。我儿子在后来90年代末也办起了铜棒生产厂，刚开始做的时候，是把自己家里的一楼给腾出来，把设备和原料都堆在那里，招聘了四五个小工，自己既做工人又做老板，其实那时啊，就是个小作坊。过了几年，生意越做越好了，在2005年、2006年这两年时候，儿子在家里旁边的空地盖起了一座比较大的新厂，那时候雇佣的人已经有20多人了，直到现在，也是这样。不仅如此，村里人住的房子也都变了，从最早的茅草厂到用石头和砖盖起来的房子，再到现在用水泥造房子，房子建得是越来越高了。村子里的轿车也变得多了。总之啊，大家的生活条件都变好了。

当我老了

1991年，我从妇女主任职位上退下来了。当时丈夫去世了，他一直担任了二十多年的村支书，在他去世后不久，我就没有担任妇女主任了。总共算起来，我和丈夫都当了二十多年的村干部。当了这么多年，自己也已经上了年纪，我本来能在村子的事务上帮着丈夫点，可是他又那么早就没有干了，那时候我也就不想干了，我在村里本来也就除了管管妇女的事，或者是帮着丈夫去跟村里人做思想工作，所以当时我就想退下来算了。儿子当时也娶了媳妇，退下来后可以帮家里做更多的家务活。但是，当时上岸路里还没有合适的妇女来接任我的妇女主任职务，村民和干部也认可我的工作，希望我能够在这个职务上继续干下去，这样一留又是一个十年。直到1991年，丁岙村那里派了一个妇女来接任我的工作，我才退下去。

话说起来，我们当了这么多年干部，实际上也没得什么太多的好处。招工、招干、招学什么的，我们全都没享受到，毕竟我们没有正式纳入编制。除了最近几年开始有了退休金，每个月都能享受到村里五百元的补贴，也没什么其他东西了，毕竟我们当时想得更多的是为农村建设出份力，为国家出份力。

退下来后，我依旧是在种种田，帮儿媳妇干干家务。有一年，我上山摘柿子的时候，不小心踩空了，从山上摔下来摔伤了腰，从那以后，家里人觉得我做不动了，就不要我再去田里和山上劳动了。但是我经常还是挑着自己家种的蔬菜，去路边卖钱，补贴家用，说到底，我还是闲不下来啊。

现在呢，村里的事我已经不管不问了。儿媳妇现在当了村里的妇女干部，我也没去管她干得怎么样，毕竟人一旦上了年纪了，也懒得去想太多的事了。

丁香村那里，去年开始建设文化礼堂，有大红的“文化礼堂”四个大字，有了承办活动的屋子，但是里面还是空空荡荡的，但路是一步一步走的，怎么说都是有了可观的发展。还有呢，在上岸路这边，几年来建起了大大小小四五个工厂，都是自己村里人当老板，雇外地人来干活。至于村里以前用来种稻的田，大家也不靠种田来讨生活了，所以这些地都拿来给村民们建起了一栋栋新房子。我们家门前的路，本来是条坑坑洼洼的黄泥路，多亏了镇政府的统一建设，才修成了一条水泥路。但是，有一点不好，我们村子背靠的那条河，在我年轻的时候很干净，村民们都喜欢在那里洗衣服，小孩也经常游泳，就这几年，这水是变得越来越脏了，别说是下水玩了，就是洗衣服了，也是没几个村民会去了。然而我不得不承认，整个村子的经济，比起我们穷苦的以前，已经是突飞猛进了，虽然不是家家户户的孩子都能考上大学，但他们起码已经能够上学，有书读了。前两年在村子的空地上，也建起了一个老年活动中心并引进了大量的健身器材，倒是办得挺好。老人们晚上吃完饭了出来散步，到那里去看看戏剧，搓搓麻将。总之，我们村的建设，虽然走得缓慢，但也是一步一步向前走啦。

12．东村木香：不能骂人不能摆架子

口述者：冯木香、陈双凤

采写者：张佩垚

时　间：2017 年 1 月 20 日、21 日

地　点：安徽省东至县尧渡镇东村村毛山组、蔬菜新村

冯木香，女，1943 年 1 月生，三村毛山组人，高小文化。1967 年 5 月至 1996 年 12 月，担任村赤脚医生；1970 年 3 月至 1979 年 11 月，担任三村村妇女主任。1962 年，从三村的杨山村嫁至约两里外的三村毛山组。丈夫曾担任村里的会计和小学教师，1998 年退休。婚后多年无子，后从丈夫妹妹家过继一子。

陈双凤，女，1944 年 11 月生，三村石子坑人，没上过学，略识几个字。1962 年，从尧渡镇良田乡井边村嫁至三村石坑组，农民，丈夫曾是村会计。年轻时也曾被选为积极分子，后因家人阻拦而未当上妇女干部。

儿时记忆，干活识字

（冯木香）1943 年 1 月，我出生于东至县良田乡杨山村。我们农村人都是讲老历（即农历）生日，所以按农村的习惯就是 1942 年的腊月十四。我还在母亲肚子里的时候，父亲就去世了，母亲说父亲是八月十五去世的，而我是腊月十四出生的。父亲去世后，家里就剩下母亲、哥哥和一个哑巴姐姐。母亲很可怜，带着我们兄妹三人过生活。一个没有父亲的家庭，可想而

知，日子过得是非常辛苦的。小时候家里太困难了，就我妈妈一个人干活，根本养不起我们兄妹三个。于是在我6岁的时候，家里就把我送到婆家去了，也就是在东至县城里，给别人当童养媳。那个时候因为我年纪小，也没做什么事，平日就趿拉个拖鞋，去捡捡柴什么的。直到1949年解放了，实行土地改革，村里按人口分田地，我外公和母亲才把我接回家，在家里看牛、做事。

我还记得那一年(1949年6—9月）发大水，险险(差点的意思）淹死了，也就是命大，才回得来。1953年的时候，我哥哥18岁，在杨山茶号里做事，有个老师跟哥哥同年的，在我家搭饭（搭伙吃饭)。他是国家分配过来在这里教书的，我家里人就顺便把我放到杨山小学里读书，念四年级。于是我就一边看牛，一边跟着老师后面识了几个字。那个时候的小学里大概就三四十个学生，学校就是一个老屋，现在已经倒了。后来因为要帮家里做事，慢慢地就没有再念书了。到1958年，公社里反“五风”，大办教育，要求大家读书认字，在黄泥乡设立的罗亭小学招收了第一批学生。那时候不念书不行，于是我就在那里读了五年级和六年级。不过因为我不是跟班上的，也就是政策要求，所以在学校里也没怎么学习，就是跟在老师后面瞎裹裹（混日子的意思)。

村庄概况，大山子民

我们这个村庄坐落在县城的南边大概8公里的地方，它只是一个小组，跟其他六个组一起，归属于三村大队。它原先是属于良田乡的，后来良田乡变成良田村了，我们三村大队也就改成东村，直接划到尧渡镇了。说起我们良田，这些年名称也是变来变去的。它1952年建乡，1958年划入尧渡人民公社;1961年又从尧渡公社划出，成立良田公社;1969年与靠近县城的樟树、徐村公社及尧渡镇合并，建立东方红公社;1972年恢复良田公社，1983年改为良田乡，下面有7个村委会，51个村民小组，64个自然村和1个自然镇，大约有六七千人。良田良田，多么好听的名字呢。但事实上它靠着山，田也不多。这里的人就只能种种田为生，有的人家还有茶山和林山。

这些村落都是依山而立，村子里的人们，世世代代都是大山的子民。村里有几个大姓，杨家山、祝家山的冯氏、毛家山的陈氏、南坞的王氏、汪家村的汪氏、亭子的余氏，以及石子坑的张氏。村子里山多田少，山路颠簸，蜿蜒曲折，狭窄难行，交通不便。出门全靠双腿，翻山越岭都是常事。虽然村里如此闭塞，但对于我们这些老一辈来说，都已经习惯了。山里的日子虽然清贫、艰苦了些，但是以前村庄里还是非常热闹的，家家户户人丁兴旺。然而，现在你也看到了，这村子里都没什么人了，地也没人种了，大家都出去打工了。也就剩我们这几个老年人还在村里了。

青春年华，嫁为人妇

18 岁时，认识了我丈夫陈家德。他家在良田乡三村毛山组，距离我们村大约二里路，也算是非常近的，就相互认识了。我们年轻的时候一起挑过篮、干过活，那个时候还喜欢唱啊跳啊，算是自由恋爱吧。1962 年，我 20 岁就嫁给了他。一九六几年的时候太可怜了，连吃的东西都没有，大多时候都是用粟米掺着饭吃。那个时候条件苦，结婚也简单得很，我们家没要东西，也没要礼金，聘礼嘛，就一套衣服、一个火桶，简单得要命。我自己家里也比较困难，带过来的(嫁妆) 也没多少东西，就是一个火桶、子孙桶(即马桶)、瓮桶。家里烧了两桌饭，权当酒席。

其实当时一般人结婚的状况比我们要好，我们是条件苦，没办法，所以办得非常简单。他们家的情况是这样的：我公公原籍是在安庆市望江县，以前是做理发的，当年为了躲日本鬼子，挑个箩筐就举家迁过来了。他家里的人员也比较简单，有公公婆婆和一个哥哥、妹妹。我的公公婆婆性格非常好，都是很慈祥的人。我丈夫的哥哥，很早就被过继到俄井村了，后来在那里当了一个理发师。我丈夫以前是跟着村里一起在南北岭炼钢铁的，后来当了三村大队的会计。同时做做文书方面的工作，比如给结婚的夫妻登个记、给新生儿上上户口什么的。后来还在三村小学里当了几年老师。

学当医生，治病救人

1967 年 5 月，三村大队的卫生室要招赤脚医生，上头规定每个生产队每个组都要有一个医生。那个时候村里人经常生病不好过（不舒服的意思）啊，都是非常可怜的，就我家里人也是常生病。我是怎么学医的呢？事实上女人想当医生也不容易，我是自己主动要求去的。过去不识字的人多，识点字也是有好处的，想学赤脚医生也不难，药品上面都有说明。我既然是识点字，也要对大家负责任。我记得那个时候这事归互助组管，冯国栋当支书，他说要培养一个人，给村里当医生。那个时候，也没什么男人愿意学医，因为男人都要帮家里做事的。女人让她念书吧，又怕有了文化心思不定，以后会跟别人跑了。而且当时跟我年纪差不多的妇女都养孩子了（生育），胆小害怕，我自己没生小孩，没有孩子拖累，又是本村的人。再加上我丈夫也是一直给村里做会计，所以综合考虑之下，就选我去当医生了。

我是最早的一批赤脚医生，属于半农半医的形式。那个时候国家政策也好，还给你培训。俗话说"拳不离手，曲不离口"，只要有耐心，好好搞，没什么学不成的，我也是边学边干。一开始我是在尧渡区医院接受培训，并临床实习了半年。我在尧渡医院里的师父，现在都已经去世了。1970 年的时候，我又参加了县政府在党校举办的医疗卫生培训班，在那里学习了 3 个月。培训完回来后就边学边干。村里有人发冷发热高烧，我根据说明书，给人打针治病。治好了几个病人后，我的胆量就变大了。刚在卫生室当医生的时候，村里、组里花钱买药。当时的药也很便宜，就几分钱，以前人家发冷发烧，打一两针就好了。

那个时候三村大队下面有七个组：石子坑、南坞、祝家山、汪村、杨家山、毛家山、亭子。这几个地方都比较分散，给人看病都要到处跑。当医生的时候，我白天在生产队种地，晚上回家在灯下做鞋。有时候半夜了还有人敲门喊你去看病，你就得起床背着药箱去别人家看病、给人接生。那个时候还没有大马路，都是走非常狭窄的土路、石头路，有时候还要翻山越岭。以前生孩子都是自己生，我只要过去帮忙接生一下就好了，都是很顺利的。不像现在医疗条件好了，人命都贵一些。那时候在我手上出生的孩子大概也有好几十个吧。

说起来我那个时候当医生，感觉就像是无名英雄一样，没有工资，只是村里给工分，然后拿着工分去兑换粮食。不像现在，那个时候的药非常便宜，给人家打针拿药，也要不了几个钱。过生活都是靠工分，没工分就没粮食。过去没有电，都是点煤油灯。白天大家集体到田里做事，要是下雨就不做事。比如说今天生产队要挖山，割稻子，你干活厉害工分就拿得多，弱一点工分就少一点。所以说会做（会干活）的人家日子就好一点，不会做的就可怜些。那个时候当医生哪会讲究（计较）什么钱呢，不像现在人斤斤计较。我记得我当医生的时候，有个望江佬到这里来买树（偷树，当时外面的人想要树木都是进山里来，帮忙摘茶叶），从山头上摔下来了，受了伤流了好多血，当时是我帮他包扎、治疗的。那时候大家都可怜，相互同情，也没收他什么钱。那时也没诊所，有病人上门找你，你还要去他家给他打针，一天跑几回，按时间打。现在有吊针就非常方便啰，用那皮管子，不像我们那个时候还要举着注射器。

我们学的是西医，也就治治小病。像有的人难产大出血，需要急救，我们只好把人抬到县城。那个年代伤亡率也是很大的，有的抬出去（急救）的时候，因为路不通，最后来不及，小孩是保住了，大人却救不回来了。还有小孩子农药中毒，有个几岁的小孩，家里的奶奶不识字没知识，把农药瓶放到桌子底下，小孩跑那里玩耍，就中毒死掉了。七几年的时候，又有一批年轻人来学医了，有三个人，然后村里又多了几个赤脚医生，我是一直做医生做到 1996 年才退休。

我丈夫也当了几十年的会计。1958 年的时候他在南北岭炼钢铁，1959 年又去俄井那里做会计，后来三个村合并成一个，他就在中心大队当会计。后来村子拆开了，他又留在三村，而且还到村里的三村小学当过老师。当会计时还有工资，一个月拿 20 块钱。不过家里一年也花不了多少钱，主要就是拿工分，拿了工分去兑粮食。一天要是做八分的话，大概就有三分钱的粮食。我嫁过来的时候，毛山大概有 48—50 口人，我们的生产队队长也是个妇女干部。那时男女分开劳动，一个村里一个妇女干部、积极分子。大家劳动做工分也有妇女队长带头，做多少工分就能领多少粮食。

想想我年轻的时候，都不知道是怎么过来的。一开始学医的时候，家里也是不支持的，是我自己坚持要求去，想拿工分，当然做的时候也很刻苦。家里人为什么不支持呢？因为怕女人有了文化，就要改嫁，跟别人跑了。但是我做了医生之后，公公婆婆还是默许了，家里的事情也都是他们帮忙照应的。那时候我跑东跑西给别人看病，回来吃饭的时候，都是婆婆看着火。我婆婆也是个特别好的人，我嫁过来这么多年，没跟婆婆吵过架、争过嘴。因此我们家里还获得了“五好家庭”的荣誉，当时还发了奖状。不过时间太久了，奖状都发霉了，也因为那些东西留着没什么用，所以现在也找不到了。

虽然我和我丈夫成婚多年都没有生孩子，我的公公婆婆都没有怎么责怪我。1972 年的时候，我们家添了一位新成员，我和我丈夫收养了我的外甥，也就是我丈夫妹妹的儿子。因为我小姑子离婚改嫁了，又看到我们夫妻俩没有自己的亲生孩子，所以我们就收养了我外甥。我外甥是 1965 年出世的，他到我家来的时候是 7 岁。他到我们家的时候也比较懂事了，也不用我操太多心。后来我们把他送到学校念了几年书，也念到了初中。

群众配合，干部生涯

我是在当赤脚医生的过程中，担任了村里的妇女干部。那个时候，国家规定每个村都要有一个妇女干部。村里人的文化程度都不怎么高，特别是女人，但很多事情都是形势逼迫的，当干部也是一样。我那个时候性情好，一直以来都十分尊重老人、同情老人，尤其是八九十岁的老人是最可怜的。我婆婆 93 岁去世，在此之前都是我一手护理、好好照料她的。我性格好，所以这十里八乡的都知道我冯木香的性格，我是最尊重老人的。而且我跟平辈之间关系处得也挺好，路上见面都还打招呼。再加上妇女干部的职责，包括搞计划生育、结扎这些事，其实都是做医生附带的。又治病又当干部，两个结合起来，我情况了解得多一点，工作做得也就更全面一点。

我做医生的时候就到处跑，哪家有什么动态、思想，平时也都反映反映，做做工作。再加上我自己也没有生孩子，少了很多拖累，出去东跑西跑的，也不用担心家里。1970 年村里投票选代表当妇女干部的时候，整个三村，七个组，七八百口人，满 18 岁以上的人，就有选举的权利，可以投票，我得的票最多，大概有三四百的样子吧。因为别人都相信我，所以我才能当这个妇女干部。村干部两三年一届，连选连任，我大概当了三届的样子。

我当妇女干部的时候，也没做多少事，主要是满足当时每个村都要有个妇女干部的要求。在互助组里我是劳动模范，平时也多关心老人，尊老爱幼。做妇女工作的时候，我一般就是做做调解的工作，有的家庭关系不好的做做工作。过去政策一直都是讲要照顾、关心老人，但是做到不做到就不好讲了。而且过去女人地位都特别特别低，可怜的骇人。我上一辈的女人都是裹小脚，跟粽子一样的点点小脚，也不识字。过去男人又粗暴的多，经常喝酒了就打女人。那时候哪里把女人当人啊。我们亭子队上，有个女人怕男人怕得很，她家男人一喝醉了酒就对她压制得厉害，我就去她家劝她呗。过去女人地位太低了，也没人对男人苛责什么，没办法，所以只能做做女人的工作，劝她们要忍、要让。还有家庭婆媳关系处不好的，我们也会上门去劝劝。也亏了我在做医生的时候，就比较了解情况，做做她们的（思想）工作。

担任妇女主任以后，有时候要去良田乡政府开会。开会的时间也不固定，一般都是上面有什么政策下来了就去开个会，得个通知，比如像办接生员学习班啊什么的（以前有接生婆，人少的时候也不需要学习班）。然后开完会我们就到各个村去联系、通知，把上面的指示下达到各个村、各个组。

我当妇女干部的时候，计划生育比较严一点，所以我主要做的也是计划生育方面的工作。政策上讲只许生两胎，不准多生，支书就要到下面的小组、队里通知。登记结扎情况的事主要是大队支书处理，我跟支书一道，了解村里有多少妇女，该结扎的有多少。我们就负责摸底村子里计划生育的情况，宣传结扎。然后向上面汇报村里的情况：哪些妇女几大（多大）年龄，怀孕了没，生了几个孩子，是第几胎，以及需要结扎的情况，哪些是该生的，哪些是不该生的，多少人到了年龄需要结扎。把调查结果上报之后，医院就派人组成小分队，到乡下来组织结扎。一般都是集中到三村大队，那时候还是归良田乡管。有一年要结扎十几个人，尧渡区医院就派人配合下乡结扎。上面派人到大队住宿，联系通知需要结扎的家庭，让她们自己来结扎。而有的人则是在县城和其他地方结扎。20 世纪 90 年代以后该结扎的都是去医院，那时候我们就不管这些了。

村的名称这些年也改革了不少。我小时候是喊互助组的，当干部的时候就喊村啊、队啊，比如三村大队，东村村。那时候上面有通知下来，我们就到茶号集合，把村子里的人都集中到这里来开会，上面开大会，回来开小会。找村子里地方（屋子）最大的人家，开会讲事情。计划生育刚开展的时候，经常要开会，把某某人要结扎的事情记下来，然后去联系她们结扎。当然，也有的人不肯结扎，不肯结扎怎么办呢，上面政策有要求的啊，那没办法哎，我只有跟着支书一家家地跑，做思想工作。劝她们说，你们这是养了第几胎啊，上面政策讲了不能再生了，要你去队里结扎。也有超生的，就会带她们到医院引产。

其实大家都不愿意去，但政策是那样的，没办法，不愿意去的只有做工作，慢慢跟她讲道理呗。就像祝家山有个女人，四十多岁还怀孕了，要引产，但是她家里人不同意。家里不同意怎么办？那也不行啊，政策就是这样。不管男女，生两胎就不许生了。那个时候其实我们也保下了几个。过去重男轻女的思想严重，有的女人没生儿子，被婆家瞧不起，被丈夫骂，没办法，只有继续生，一直生，就是想生个儿子。石坑组有个男的，结了好几次婚。第一个老婆生的是女儿，第二个老婆生的是儿子，离婚了之后把小孩都带走了。后来第三个老婆怀孕了，被打掉了，后来他这个老婆七八年都没有怀孕，最终又离婚了。事实上他身边一个孩子都没有。

其实像这种事，完全就是事在人为的，关键是要看地方上的干部怎么样。有的村干部比较好，那村里人就幸运了。像花园乡金榨那个老支书，当年就是睁只眼闭只眼，保下了不少小孩子，上面如果有人通知下来要结扎，他们就暗暗地递消息给那户人家，让他们躲一躲。有一户人家就是前几胎都是女儿，不甘心继续躲着生，最后真的生了个儿子。他们村里人到现在都还尊敬那位老支书，嘴上一直都夸他好心肠。所以讲这些事情具体执行啊还是看下面的小干部。

当干部的时候，我的主要工作就是统计人数，哪家人怀孕了，哪一年出世的人有多少，是哪几个，然后把这些情况上报。我在工作上遇到的困难就是计划生育方面，有的人思想不通，怎么讲怎么劝也讲不通。政策下达了，你想不通也没办法，我们只有耐心去做工作。现在过去了几十年，我都忘得差不多了。

以前干部真正的作用就是生产队上做事勤劳一些，对女的要求就是勤俭持家、劳动模范。我主要是做妇女工作，因为有的事情，女人之间讲话好讲一点，毕竟妇女也顶半边天嘛。可以这么说，就算没文化，只要你会做事，做事很（厉害）的人就能当干部。还没搞计划生育的时候，妇女干部就是在炼钢炼铁中都要起带头作用。以前在生产队里做事做得很不错，表现突出的女人，被称为“铁姑娘”，是团员干部、积极分子，起先锋作用。但是铁姑娘有的结婚了，或者是改嫁了，就走了。

一开始主要的事情还是生产队长在做，生产队长是男的，经常开队长会，通知什么的也由他们负责联系。后来有了妇女队长，大家去生产队劳动，割稻、种田，由妇女队长带头评功。比如说今天我们集体割稻子，你强一些，得几分，厉害一点的就能得标准工十分工，然后拿去兑粮食。标准工是最高的，一般七八分、五六分不等。然后等着一年一度的会计结算，看你家有多少劳动力，一年做了多少工，能分多少粮食。我们三村七个队，每队都有妇女队长。我是大队干部，需要开会的时候就跑着去通知每个小队的队长。下通知是不管天黑不黑，也不分下不下雨。比如说今天八号，九号、十号要开会，村里干部下通知，找人送（消息）给各个小队队长，队长再下来开会。那时候就得连夜翻山越岭地去通知。不像现在有手机这么方便。那时候是政策需要，每个生产队都要配一个队长、会计、妇女等干部。名义上，你是村里的干部，但讲起作用吧，不能讲没作用，但也不能讲起了好大作用。到后来村里有了年轻血液的加入，那些文化程度高的年轻人来了，我们老了也就自然退下来了。

卸任在家，生活现状

我外甥（收养的儿子）和媳妇 2001 年就到县城做事了。现在也有 50 多岁了，给我养了两个孙子，都在内蒙古打工，还有个四五岁的曾孙子。他们都在县城，就我们两个老人在山里。还是共产党的政策好啊，我们年纪大了，现在也做不了事，我要感谢共产党。从 2014 年开始，每个月有当妇女干部的 130 块钱，和当赤脚医生的 300 块钱。我们夫妻两个人都没入党。有的人想入党，当积极分子，那得各方面在群众面前都要积极，愿意参加党的组织。但不管是不是党员，还是要做事、工作都踏实。有的是虚伪的，也不踏实，名义上讲是党员，事实上对群众也不关心。党员要起先锋带头的作用。

学医生、当干部对我而言也是机会，只要你思想好、态度好，有那个意愿就能抓住机会。我也就是受群众的委托、大家的支持，就这么做起来的，事实上能力也一般。以前生病发烧长东西，都是弄草药。当了医生之后，自己有时候也认得一点草药单方。过去条件太苦了，褂子无二件、裤子无二条，我们都是穿大腰裤。去乡下给人看病，吃的饭也是半边饭，半边野菜、薯拌饭。夜里都是点灯火做鞋，白天做工分，那些有孩子的人还要可怜些。

想想当干部也是人生中很难得的一段经历，回顾我自己一生的经历，到罗亭念书也是个机会。几十年的经历也不知道怎么过来的，现在想想还是觉得幸福。过去的老人家，女人都是小脚，像气管炎、支气管、哮喘之类的病人，死亡率高。我现在年纪大了，也呼吸道感染，经常呼吸不畅。以前条件差，一不注意人就那么去了。现在条件好了，还有了医疗保险。村里变化也大得很，60 岁以下的，不是去县城做事，就是去外面打工了。现在村里留下来的都是老人，没人种田了，田里都种树。现在路上也铺了石头子，出去有车子也方便了。比起过去可怜的日子，现在的人享福多了。

总结一下我的干部生涯，我主要觉得当干部不能骂人、不能摆架子，能做的事情要尽量做，能帮忙的尽量帮。我活了这么久，村里跟我同时做事的人，有些比我小的都已经去世了。我觉得自己工作的时候很有耐心，也很配合村里其他干部，没跟人生过气，不带着生硬的态度做事，跟村里人配合得都很好。我当干部也没做什么大事，吃苦也就是在于没路，有时候还要爬山越岭。当干部也不累，主要就是指挥，事情还是要群众自己去做。总而言之，我还是很自豪人生中有这么一段当干部的经历。

（陈双凤）木香大我两岁，她人很谦虚，也很热心，很会说话，以前当赤脚医生的时候也经常几个村地跑，忙的跑不开的时候，我们就去她家找她（看病），她还会热心地留我们吃饭。当初当医生的时候啊，就是她丈夫拖后腿，本来说是在大队里弄个床铺休息，看病也方便。但是她丈夫不同意，拼命地给她拉回家，还去杨山（冯医生娘家）找她舅老爷（冯医生哥哥），给他妹妹骂回家了。就是怕女人有文化，又在外面跟别人跑了。后来吵啊闹啊，村里又弄田地到户，然后又有年轻点的人做赤脚医生，她就渐渐地不怎么做赤脚医生了。

13. 铁浜月芳：一生守护的温情家园

口述者：杨月芳

采写者：邹建伟

时　间：2017年1月

地　点：浙江省湖州市南浔区铁家浜村

杨月芳，女，1947年生，南浔区文桥村人。小学四年级文化水平。幼年丧母，有1姐1弟。1967年，嫁至铁家浜村（1998年铁家浜与其他三村合并为灯塔村），育有1子。1972年，担任村妇女主任，2009年退任。1988年入党。退休后在村口经营小商店，以缝纫皮制品为副业。

生于清贫百姓家

我叫杨月芳，1947年1月30日，生在文桥村。文桥村是个小村落，现在也是一样。村子在一条小河的西侧，当时大概有二三十户人家，都是农民，主要以种田为生。我从小家境贫寒，住在一间农村比较常见的白墙黑瓦的低矮的小平房里，房内的地面全是坑坑洼洼的泥地。每逢冬天，屋子里冷得不得了，由于没有厚实的被褥，床下面只能够垫一些秸秆，用来驱寒。

9岁那年，母亲生了一场大病，我记得很清楚，她咳了很多血。父亲请了很多当地土郎中，可越医越糟糕，病情更加严重了。听邻居的大婶说，隔壁余丰村有个人叫沈半仙，他身上是有菩萨的，只要让他问问菩萨该怎么办的话，什么病都看得好。我父亲找过去，又是给红包，又是给大米、蔬菜的。看他像是发癫痫了一样，作一通法。没过几天，我母亲还是走了。之后家里就剩下父亲拖着我们三个小孩，父亲是个粗人，家务活哪是他做的来的。姐姐比我大 5 岁，在父亲外出务农时都由她来照顾我和弟弟两个人，弟弟那年才 7 岁。苦了我阿姐，一样样学起来打点家中活，连书也没有读，一辈子是个文盲。

有几年收成不好，家里几乎揭不开锅。加上母亲看病花掉那么多钞票，苦的时候是一天吃两餐甚至是一餐，而且大米饭是吃不着的，就是一些很稀很薄的粥。下饭的菜是自己家里腌的咸菜，或者就倒点酱油拌一拌。肉，除了偶尔有几年过年的时候见到过，其他时候是想也不会想到。就算是过年的时候的肉，那也是不能吃的，好比是一个装点门面的东西。每当客人来就端出来，而且客人也懂这个规矩，也不会吃这个肉的（因为大家普遍贫穷，就基本上有一种共识，为了让亲戚家中的肉能够端一个春节，来做客也是不会去吃肉，只吃蔬菜）。所以，等这一批客人一走就把肉端进去，等下一批客人来再端出来。

穿的话，我记不得啥时候才有专门给我做的新衣。可能是嫌弃母亲又生了一个女儿吧，从我出生，家里很少关心我，衣服都是我姐穿不着的旧衣服。倒是弟弟，母亲在世的时候每年都会给他做一件新衣裳。那个时候的冬天，可冷着哩，我就穿着一件单布衫外面裹了一件破掉的棉袄，冷风从破洞里吹进来，那可真叫一个冷。还有当时可都是烂泥路，坑坑洼洼的，我的鞋经常被踢掉鞋头，脚趾也被踢出血来。苦啊，我现在回想起来，也不是说抱怨父母亲偏心，只能说当时大家都穷，家里的条件是真的供养不起我们几个小孩。有时候我自己开开玩笑说，还好当时我没有被家里卖掉。

在 8 岁到 12 岁的时候，我是读过书的，很多同龄女孩基本上是没有这个机会的。在当时看来，女孩子家就是要嫁个好人家，找个好丈夫，然后生个好儿子就行了。其实，当时家里是没有多余的钱让我去读书的，弟弟 6 岁去上学，纯粹是为了照顾弟弟，才安排我和他一起去读书，所以等到弟弟四年级了，懂点事了，我也就不读了。

读书的地方是在当时被打倒后充公的杨贵文家里。那房子呀不得了，有一扇很大的木门，门槛很高，小时候的我得花点工夫跨进去。里面屋子很多，读书的地方在进大门后的最右侧，那房子里还有一个祠堂，造的还是相当好的。具体细节如何，时间长久了，我也形容不清楚，和现在南浔古镇里的屋子的样子差不多。那时候呀，只有在地主家里才有条件设立家塾和教书先生。杨贵文是文桥村最大的地主，当时占有全村大部分土地，大概有一百亩土地是归他的。中华人民共和国成立后，打土豪分田地，他是村里第一个被打倒的对象。收到上面的号令之后，把珍贵的东西充公，随后把杨贵文抓牢关起来，据说后来没多久他就死了。之后呢，他家里的学堂就成了全村孩子读书的地方。后来，好像80年代的时候，乡里动用不少人力把他家给拆了，材料去用来建设三长学校了。

当时读书啊，课程主要是语文、算术，另外还设有画画、手工等课程。杨先生一直是在这里教书的，懂得很多，再加上我们都还小，所以他什么都会教，在当时我们看来算是样样精通。我只读到四年级，之后就和姐姐一样在家干活了。

1959年，我13虚岁，照现在的话来说就是三年困难时期的头一年。说实话，我还真没有感受到后来说的那么严重的自然灾害。灾害倒是有的，那一年水很大，下了次持续很长时间的暴雨，好像是台风引起的，家旁边的河漫了出来，一直漫到家门口。田里面的庄稼都浸泡在了整田的水里，当时我见父亲想死的心都有了。家里这间不牢靠的小平房也到处漏水，想起来那段时间啊真的是辛酸。村里出动了许多人想办法去田里排水，可这水怎么能够排得完啊，天上雨还是下个不停。还好雨来得快，去得也快，下了两天就停了。田里面庄稼被冲得一塌糊涂，里面还拌着泥水和其他什么地方冲过来的小石子，就算是有些庄稼还可以种活，那也不剩多少了。可是没办法呀，日子还是得过的。好在咱们这儿呢，一年是有两季水稻的，5月份到7月初是早稻，这次大水是8月份发的，晚稻是毁了，但靠着村里的早稻收成，大伙还是可以勒紧裤腰带过过日子的。你知道吗，其实早稻是丰收的，虽然听说江北（江苏长江以北及皖北地区，当地老辈几乎都用这个词，并非贬称）那边大旱，可我们这边不一样啊，杭、嘉、湖地区历来是风调雨顺的宝地啊。

1960年，确实咱们这个地方的灾害是多了不少，大水和干旱交替着来，收成减少了大概三分之一。本来每亩早稻500斤，晚稻700斤的，那年总共只有 800 斤的收成。其实吧，这样还是可以过日子的，可是到了 1961 年，情况就不一样了。那年家家户户穷的不得了，田埂的野菜也挖得干干净净，反正比前两年生活艰难了很多。

出现这种状况主要是当时两件事情造成的。1959 年开始，村里开始吃“大锅饭”，就把杨某某家作为公家食堂。家家户户生产的粮食上缴村里，然后统一烧饭、吃饭。这吃“大锅饭”呀，那几个大块头就拼命了吃，吃得越多就越赚，那时候甚至流行起一句口号“敞开肚皮吃饱饭，鼓足干劲搞生产”。敞开肚子吃的时候，哪还想得到会年成不好、粮食不够的呢！

还有一件事情，我得必须批评一下那时的村干部。可能是为了夸大业绩，就高报产量。明明那个时候一亩地一年最多 1200 斤的收成，偏要说有 1800 斤。你说国家哪有空来实际抽查呢？既然有 1800 斤的高产，那就多上缴一点粮食。所以原本上头收 200 斤谷，可那时就收 400 斤。那你说真的剩下我们吃的，是不是越来越少了。

1967 年，19 岁，我嫁到铁家浜。之前，我是不认识他的。这门婚事也是父亲一手操办的。因为我丈夫家是军人世家，他父亲和爷爷都当过兵的，参加过抗日战争。虽说当时打仗打完了，政府还是派人来村里抓壮丁的，村里的男人都躲在家里不敢出来。他俩是前后自愿去参加的，也算是条好汉。那个时候，江苏完全沦陷，准备攻打浙江的时候，铁家浜因为与江苏交界，首先受到攻打。就是咱们村子东面的东港（这条河流是从南浔到乌镇，寻常河道暂未查到官方名称，这个名字是铁家浜村里人的叫法）对岸南桁头那里，听我公公说那里是日本人的一个部队，部队那里有架设炮台以防护河道和部队安全，还有过几次往村的方向射击，村里中弹而死的人不少，家家户户躲在家里不敢出来。后来，他俩还被调配往江苏去打仗。我丈夫的爷爷就是在一起武装冲突中中弹牺牲的。我公公也参加过抗日战争的，虽然只打了两年，不过也算是当了一回抗日英雄了。可是之后国民党就完全不行了，我还记得公公开过一个玩笑，说他 1948 年的时候，这买个菜得用箩筐去背钱。1949 年中华人民共和国成立了，他去参加了解放军，1950 年去参加了抗美援朝，当时我丈夫刚刚 4 岁。不过，他命真大，没把性命留在战场上。抗美援朝胜利后，他回到村里，村里迎接的队伍浩大，光荣的不得了。虽说他只是无名小兵吧，但在村子里也算是个英雄了。不过他回来后倒是没有当什么，觉得累了、乏了。不过在村里小河拓宽、改造公家食堂等事情，还有后来村里造庙、筑路等事情上出过力，还拿出过自己的一些积蓄，所以他在村里一直都很受尊敬。

我父亲认为这样的家庭实在、踏实，并且和我公公有点交情就把我许配给他儿子。那个年代哪有现在这样自由恋爱的说法啊，不都是父母说什么就是什么嘛。

结婚那时候的情景，我到现在还记得很清楚。当时结婚都用木船作为交通工具，船体不大，前面有一个师傅划桨。父亲给的嫁妆是一床被子、一张凳子，还有一些水壶啊，脸盆、洗脚盆、大木箱子以及夜壶。出嫁前，父亲用被子裹住凳子让我坐在上面，帮我脱下鞋子，背我到船上。他用准备好的两根笔直的蚕花竹（实际上这种结婚时用的竹子在刚开始叫“船花竹”，因为娶亲都用船，后来由于大家都养蚕，吴语方言中“船”一词与“蚕”同音，所以久而久之大家都把这种毛竹称呼为“蚕花竹”。蚕花竹是用修长且好看的毛竹做成，在中央捆上染好红色的蚕丝，意为养蚕养得好，同时有节节高升的意思。另外，结婚时所用的“蚕花竹”为两只，一只在女方，一只在男方，有成双成对的意思。在浙江湖州、苏州的常熟、吴江等地区有此风俗）撑着船体用力一推，把船推出去。出嫁时的船是不能船桨去推的，因为桨上带有泥巴，是不祥之物。等船渐渐到达河中央，有一个摆渡的师傅会礼节性地收取一个红包和一些糖果，这像是一道关卡一样，这里一过就像是离开了家，已经是嫁出去的人了。当时我是很舍不得父亲的，可女儿长大了都是要嫁人的。

船划了大约十里水路，伴着敲锣打鼓声就来到了铁家浜。快到浜口的时候，我这边开始放两只炮竹，随后夫家那边也应两只炮竹。然后我这边又放两只，夫家又应两只。等到划到河岸口时，船夫用力把船的绳栓往上甩，岸上早已有一个叫花子在那边等了。按照风俗，叫花子把船的绳栓扯上来，然后系在河边的树干上，之后叫花子就会来讨红包，红包大概 5 毛钱。就这样，我被公公背进了屋子，帮我穿上鞋子，这就算是嫁到了这个家了。这一生中，我这段婚姻算是美满的，丈夫对我蛮好。唉，不过啊，在五年前，他离世了，接下去的日子还是得一个人走。

当选主任

铁家浜离娘家文桥村大概5里路吧，不远。村东河的对岸就是吴江的桃源，再沿着河流一直往南大概10里路就是桐乡乌镇。这里和文桥一样，地面很低，适合种植水稻，另外大家都喜欢在农闲的时候种种桑树，养养蚕。我嫁过来的时候，感觉铁家浜比文桥村要大一些，村的中央是一条小河，把整个村子分割为“河南”和“河北”，大概有100户人家，有500人左右，田地约有400亩。由于村子比较大，所有中央下达的指令在咱们村都能够迅速反应并且实施出来。

当妇女主任是1972年的事情了。那年我24岁，儿子已满1岁。说实话，嫁到铁家浜也刚满5年，年纪也不大。之所以推荐我去当这个妇女主任，主要还是因为军人之家，家风优良，社会主义思想浓厚。因为公公和丈夫对村里的建设作出过贡献，再加上我做工手脚比较利索，做啥事情都效率很高，很多妇女劳动的效率和速度都比不上我，我还被人戏说成男人婆。由于这些原因，就被前任村书记邹根发推荐到村委会去了。他是老党员了，不管在村干部圈子里还是村里老百姓里，声望比较高，与我公公关系也比较好。

起先我是拒绝的，毕竟这当妇女干部也是回稀奇事情。虽说我之前，金凤花是妇女主任，大概是1964年开始的，她当了没几年，到1970年左右就不当了，好像是得了重病，之后这个位置就一直空缺着。但毕竟女人要当点干部在当时还算是“西洋镜”，在中华人民共和国成立以前，哪轮得到我们来做主，不把我们关在家里带带孩子，就算开明了。而且，我儿子刚出生一年，正是需要照顾，这个时候去做这些事情难免有点不适合。可是，最终支持我去的还是公公，他就觉得孩子有婆婆可以带，女青年应当去做点有意义的事情，所以我硬着头皮去了。1972年这年全国都还在闹“革命”，村子里还是受到点影响的，之前还是要竞选的，但是那几年都是直接书记指派谁当就可以上任了。有老党员的推荐，自然就很快得到书记杨发明的指派，这一年我就当上了妇女主任。当时我觉得还是蛮光荣的，能为村民做点事，尽自己的努力为妇女争取点权利，是我非常乐意做的事情。

入党

和很多村里的干部不一样，他们是先入党的，而我一个半文盲，没啥文化，作为见识不广的家庭妇女在之前是没有机会入党的。我入党的机会是做了十多年的妇女主任之后才有的。那年1988年，是在我做计划生育之后的事情了。因为我在计划生育这件事情上做得比较出色，所以书记就推荐我入党。我当了这么几年的妇女主任了，对咱们党的政策也深感赞同，也感觉到咱们国家改革开放之后取得的伟大成就，早就想要成为中国共产党的一分子。自从书记希望我入党之后，我是激动得很啊。当时入党没有像现在那么麻烦，只需要交一份入党申请书。还记得我当时写这份申请书可是下了苦功夫的，我是半文盲，小学四年级水平，还是请教我丈夫，不会写的字就问他，忙活了两天两夜才用我最端正的字写好。我的介绍人是我在工作期间认识的一位老干部，他叫邹顺龙。之后经过一些简单的考察程序之后，于1988年7月份正式入党，那时候别提多激动了，连续好几天晚上睡不着，一直想着这个事儿。我在党员这件事情上比较上心的，凡是党里有点事情我都是很积极，交党费我都是第一个交的。党里要去开会，那天我总是会天还没亮就起来，走好几里路，到现在的茧站那里去开会，每逢下雨天啊，泥路上就特别难走，可我一直是第一个到的。女党员那个时候真心不多，除了我和其他村的几个妇女主任之外，很少有了，所以我很珍惜这份机会，女性能够争取当家作主的权利真的是不容易的事情啊。

领头做工分

从1972年开始到2005年退休，我在妇女干部这个岗位上度过了大半生，对它充满了感情。当然，走这条路必定不会是平坦的，现在想想那时候真的是苦啊，真是一把辛酸泪。

刚当上妇女主任的那几年，1972—1975年，在田里做工分是一会儿也不能歇的。当时，铁家浜村分成两个小队，一个叫铁东，就是村东面十几户人家，一个叫铁西，我在铁西小队。带好村里的妇女一起做工分，是我最主要的工作。当时，妇女可以做到最高是8个工分，男人最高的工分是11分。这工分呀，是慢慢升级的。比如说你刚刚成年，你就只有2到3分，随着技术慢慢增长，干活利索，受到表扬，然后就会把工分提高，标准主要是年龄资历和劳动技术。当然，我当妇女干部也是8个工分。农忙期间呢，主要是种田、割稻。有时候兼做开垦荒地，平整土地和挑河淤泥。实际上，我们与男人做的事情基本上是一致的，除了一些实在过重的体力活外，都要做，可最多只有8个工分，很多妇女都抱怨过这件事情。

你晓得吗？那个时候种田插秧的条件是真的差，和现在哪是能比的，而且工作量大，老实点的真的从早上忙活到晚上不停歇。一天下来，腿上往往粘了好几只蚂蟥，上面布满了一道道疤痕。有的时候为了赶进度，上头来计划任务了，就算有点身子不舒服还是会被赶去做工分，有病得忍着，为了集体，一切都得忍。当然，起早贪黑是常事，我常常带着几个妇女赶进度做工分，所以晚上七八点还在田地里面干活。那时候，天一黑，伸手不见五指，啥都看不见，不像现在晚上总是会有点光的。那怎么办呢？所以当时有想出过一些土办法来的。我们劈下一些竹子，然后截取一段，往里面倒一点洋油，在口子处插上一根棉线，用一块差不多大小的钢板垫在口子处。顺着棉线可以一点点地往里面烧油。这就好比一盏燃烧得较为长久的竹灯，使用的时候就插在地上，这样能看得清楚一点。当然，这夜晚一旦有光，各种飞虫臭虫不停地往这边靠拢，那时候我年纪也不大的，见这些恶心的虫子还是有点怕的，可是能有什么办法呢？不管如何还是要做的，苦和累只能咽在嘴里，哭也得晚上被子里偷偷地流流泪。毕竟我是带头人，这些消极的情绪是万万要不得的，我要给她们一点榜样作用的。

还有一点，那时候不像现在科学技术这么发达，撒点农药就可以灭掉一大批虫子。没有农药，可是虫灾还是不小的，特别是那些蝗虫，还有一些飞虫，它们对庄稼的危害甚至超过了一些天灾。为了灭这些虫，村里那时候想过很多办法，可大多是没效果的。小时候曾经听爷爷说过一种办法，然后我就介绍到村里去了，大伙儿感觉可以行得通就让我带着几个人进行试验。这些法子也算是老祖宗们在长久的时间里摸索出来的经验，有时候啊这些办法倒是良方。咱们这边村子里副业除了养点蚕之外呢，还有不少人家是酿酒的，把酿酒的酒坛子放在田中央，里面倒点水，然后在快满的时候浇上一批菜油。在缸口处绑上几个照明用的，用我前面提到的小竹灯也可以。一到晚上，各种虫子看见光亮就往酒坛子处聚拢，不少害虫扑腾几下就被粘在菜油里面无法脱身。这种方法通过推广，得到了大家的认可，效果嘛不能说能做到像现在的农药一样，但至少还是有一定效果的。这就叫作祖宗的智慧，现在很多高科技的方法倒不如这些土办法来得实在。那时候，大家对我的变通能力与组织能力表示高度认可，还得到了书记的表扬，那可真风光嘞！

要知道啊，1973 年、1974 年的时候，科学技术除了除虫不行之外，肥料技术也不行，村里总共这么几亩地，还一年种两季，加上涝灾不断，土地的肥力严重不足，产量连年下降。于是，村子里面号召大家牺牲小我，实行“家土还田”。这个政策，现在想想也真的心酸，甚至是好笑。以前家家户户都是泥地坪，这些泥地因为没有种过田，加上人生活过，是有一定肥力的，所以就在家里选一块地方，用铲子把泥一铲一铲地挖出来。记得我家里面最深的时候挖过半个八仙桌的高度。当时，我也负责监督和帮助大家挖自个人家里面的土，然后填到庄稼地里面去，那时的人几乎没有多少怨言的。“文化大革命”期间，大家的思想觉悟是很高的，学习毛主席语录，做好人好事不留名，凡是为集体出力的事情是一定会去做的。所以，我在执行这项工作时没有遇到过村民的反对。现在想想啊，这个政策也只是没有办法的办法了。

“双抢誓师大会”和“农民师傅”

从 1972 年到 1977 年的那段时间里，我还负责过两件事情。因为我常常带领着妇女同胞做工，所以是村里的妇女代表。在每年早稻要收割、晚稻要准备播种的时候举行的“双抢誓师大会”（抢着时间收割早稻，抢着时间播下晚稻）上代表妇女同志进行类似于宣誓一样的事情，就是上台喊几个口号，可就是恰恰这样的大会，往往是很有效果的。因为在当时，这种双抢大会是聚集了几乎所有村民，在比较大的道场上举办的。那个时候就在你家东边一点点，就有一个戏台子，有时候会在这里做做戏的。到了双抢大会的时候就用来开动员大会。在大会上我就单单做这样宣誓和发言的事情，而像村长、书记这些人要进行奖赏和批评，大部分时候是指出种植早稻时候的问题。由于是在敏感时期，这个大会慢慢演变成批斗大会，凡是有投机倒把的人，必然会在上头被人喊名字，然后被人抓上去批斗。

另外，我还负责过一段时间的挑选“农民师傅”的工作。当时，村与村之间常常进行农业种植技术的交流活动。每年都会选择一到两个种田有经验、产量高的农民代表去其他村交流，它是一个具有很高荣誉的称号。我记得很清楚，有一次还发生过意外。挑选“农民师傅”的标准可严的嘞，毕竟这代表的是村里面的颜面。当时铁家浜就有一个名额到练市进行种田技术的交流，可在人选上闹出了不愉快的事情。邹新国是铁家浜村里有名的老农民，几乎年年被评为“农民师傅”，在每年评选的时候，根本没有悬念，可是这次有人不服了。当时有个人叫邹永新，三十多岁，种田也是有两把刷子的，他就提出这种荣誉应当是大家都有机会的，而不是一直一个人霸占，可邹新国就觉得，自己第一有经验，第二有资历，理应还是他的。一天他俩碰面就起了口角。在这件事情的处理上，我觉得这技术到底是要一代传一代的，年纪轻若是能够学到真本事，那是再好不过的。所以那段时间我是给邹新国老同志做了不少思想工作的，天天往他家里赶，最后他也拗不过我，就答应了把这个称号让给了邹永新。其实当时村里不少人认为我做得没有道理，说我不选最有资历的人代表咱们村，而是选择一个小辈。可我觉得我做得没错，这老一辈不也是从小辈慢慢学习成长过来的嘛。

始终站在女同胞的一边

我毕竟是个女的，作为妇女主任，很多事情是管不着的，也没有必要去插手。我主要还是得解决好妇女同胞们的分内事。虽说已是解放后了，妇女也作为一大劳动力进入到生产生活之中，可是我们仍旧是一大弱势群体，常常会遭到伤害。

1977 年、1978 年吧，我就处理过一起家庭纷争。事情的起因还是从大家的疑问中开始的，那个妇女叫林仙花，她手上、臂膀还有脸上常常有一些瘀青，有人问她总是支支吾吾，说是自己摔的。当时觉得不大对劲，我就去问她，不过也是问不出什么东西来。有一次，我听她邻居家的人说总能够听到她和丈夫吵架的声音，特别是在晚上的时候听得很清楚的。这我就觉得不妙了，好像是受到家暴了。我三番五次找她，给她做思想工作。她却跟我说，她认了且忍了，孩子都大了，不想惹事，维系好家庭算了。你说说，这个哪行？家暴这种事情是最要不得的，不单单使她身心受到严重创伤，而且让她的孩子活在一个不安宁的家庭氛围里面。于是，我就找上门去了。

她丈夫长得高高大大的他以前是俗称“铁家浜十壮”的械斗团伙中的一个，脾气暴得很。五几年的时候，常常会发生村与村之间打架械斗的事情的。我一说起家暴这件事情，他就板着脸，说是没有的事情，一直拒绝承认。等到我再去他家说这件事情，他也就要轰我出去，说是他家的事情没必要一个外人去掺和。我虽说是个外人吧，可我这妇女主任还是得去管的。当时去他家劝了好多次，不见实际成效，就让林仙花回娘家或者干脆住我家几天，起先她也是不愿意的，后来我硬要这么做她也没办法。这个办法主要是让她丈夫体验一下没有媳妇照顾的感觉，这样才能让他渐渐明白媳妇是需要疼爱和爱护的，而不是用来打骂的。后来我还把这件事情上报到公社里的妇联去，给了林仙花不少的帮助。大概是僵持得较久，她丈夫也不愿家丑外扬的缘故吧，就跟我说以后不会再欺负她了。我警告他，这种家暴的事情如果闹的重了的话，报到法院，叫警察抓起来判个几年的也不是不可能的。后来，通过林仙花得知，家暴确实是少了一些的，只不过对她的态度还是很冷淡。我说情感这事情急不得，得慢慢来，能够不离就不离，毕竟还是一个家庭，但若是他过分了，还是打你的话你找到我，我再给你想办法。

1980 年的样子，大队里准备筹款建服装厂，是集体共有的乡镇企业。当时家家户户好像是出了大概 10 块钱来造的，年底出钱的人家就分红。这个服装厂主要是做成人衣服、裤子，还有童装的。加上我们这里本来就产丝，因此这个厂效益还是不错的。厂里做工的主要是村里面的针线活比较好的妇女。

起先，做这个工作是算工分的，后来大概1982年的样子吧，就给工资了，工资很少，大概15块钱一个月最多了，但是做的活倒是也很多的，每天忙死忙活地从早上6点多做到傍晚5点多，吃饭还得自己家里带。后来到1986年的时候，工资还是没有涨多少，好像是20块吧，这就使得很多妇女同志抱怨得很。

于是就有人向我反映这个事情，我觉得吧，这的确是一个问题，毕竟这个时候不少人都出去自己做生意了，赚了不少钱，就算是到一些私人企业里面去工作，也不只这个工资水平吧。可是所有事情凡是扯到钱就很难办了，上面拨这么点钱，你若想再多一点，事情就麻烦了。但是既然这个事情大家都反映了，也不能不管的，我就向大队里反映。当时负责这个厂的干部就跟我说，厂里的效益这几年不大好，涨工资的事情一时半会儿是办不成的。我说这哪行啊，你这么点工资，大家都没啥干劲，这厂自然会越办越差了。

这件事情啊，当时我很是苦恼，一时半会儿还真办不成。我三番五次去找负责人，后来他就直接避而不谈，总是称有事，然后我就只能去找书记了。书记其实也不大会管这个事情，就说知道了，然后也毫无动静。这前前后后忙活了大半个月，最后因为我三番五次地去讲，再加上很多妇女同胞反映，工资终于涨了，大概涨到25块钱一个月吧。这已经是很好了，25块钱的话，一年就多了70块钱，这70块钱补贴家用可以改善很多生活了。虽然说我做这个事情也拖了很久，忙活了很久，但是最后能够成功算是很好的事情了，咱们妇女同胞之间就应该互帮互助，尤其是我这个妇女主任。涨了工资，包括我在内，大家都美滋滋的。

防治黄疸肝炎

唉，记得在1980年的时候，在整个村子，甚至是一个大队（包括祝塘村）都像是发瘟疫一样，几乎家家户户都发了肝炎。这种肝炎传染性极强，打个比方说，你上午刚和一个有黄疸肝炎的人一块儿吃吃饭，晚上就会感觉到身体不适。这种传染病啊，一旦染上，全身皮肤会发黄，所以叫黄疸肝炎。实际上，村里时常有这些传染病的，比如说在当时，就有过全国范围的血吸虫病，也叫大肚子病。但终究好控制，可这次大范围传染病，传染性强，范围又广，一下子全村人都懵了。

可那时候的医疗条件差呀，哪有办法一下子治得好这么多人，而且得了这病又是肝疼，又是发烧的，田里的活也没法去做了。有些年轻力壮的小伙子以为自己身体强壮得很，得了病还依旧起早贪黑地干农活，结果病情加重。记得有一个小伙子，发高烧到了 41 度，还好马上被送到了当地的卫生院进行隔离治疗，不然这命怕是没了。

在比较小的时候，我得过黄疸肝炎。得过一次之后，它就不会再有了，再加上我是妇女主任，应当在这次传染病时出点力，特别是对于妇女、孩子传染病的防治上我有这个责任。我就负责起了家家户户进行传染病预防与基本知识普及工作，常常去发放一些宣传资料；另外，对染病的女性与儿童给予关照。还记得大疫期间，有一户人家刚满 2 岁的小孩子就染上这病了，发了高烧，而且还在半夜里。当时孩子他爸找到我，已经是半夜 1 点多了，可这病得马上治呀，我就带着孩子和他爸摸着黑走了好几里路到三长的一个我认识的医生那里去。可在半路上忽然下起大雨来，路上的泥路还常常会让人陷下去，走起来吃力极了。最主要的是孩子本来就得了重病，这一淋雨可怎么办。当时我急得连东南西北都不识得了。好在已经离医生家不远了，在紧急治疗后孩子的命算是保住了。那天一个晚上都没睡，第二天做工都累得没力气，但是我觉得蛮骄傲的，这回算是尽了自己最大的努力救了一条生命。这件事之后我被评为好人好事模范，心里挺开心的。

因为有自愈的例子，一些村民怕被医院隔离，而不去医院看病，等待自愈，这就加大了相互传染的风险。乡里找来了不少专门治传染病的医生，到各个村之间流动就诊。我常带着这些医生进行家家户户的盘查，帮助医生寻找染病的村民，然后让他们进行隔离治疗。

这其中最让人心酸的，就是做思想工作。可能是出于当时特有的敏感性吧，大家听到“隔离”一词都像是要被关监牢一样，很多年长一点的就很抵触，然后非要说自己没有得病，还要骂我多管闲事，等到三番五次劝他去治疗时又闭门谢客。往往在这种时候我就特别难受，有时候被说得难听了之后晚上偷偷在被子里哭。有时候想想也是，既然做了这样的事情，就得有被误解的准备。在那段时间里，我仍旧一如既往地进行普及防治知识和给病人做思想工作，没睡过几回好觉。但是村子里平常经常能够看到的老人家有些再也没见过了，心里很不是滋味。这场传染病在 1981 年就逐渐退去，在 1985 年又发生过一次大规模黄疸肝炎，但是有了前例之后也没有造成多大破坏了。

计划生育烦恼多

计划生育这个政策啊，下达到村里要大家执行的时候大致是 1980 年以后了。这项工作也是我当妇女主任过程中最重要的事件，也是最揪心的。好像是 1982 年，上头下达了一个具体的文件给我，是关于如何执行这个计划生育的文件。说老实话，起初我对这项政策是有疑虑的，毕竟从毛主席时代的“光荣妈妈”观念一下子转变到生得越少越光荣是很难的，而且在执行上有很大的难度。但是之后想想，党的政策是经过长时间斟酌的，从好几次人多粮食少而引发的饥荒中可以看出来，这计划生育是必须得做的，而且我也得严格去做。

为了这个工作，上头安排我开过很多次的培训和会议。我还记得开会的地点就在当时的乡政府，也就是现在三长莱站这边。三长乡包括 7 个大队，余丰、中塘、文桥、新丰、息塘、灯塔、东风（铁家浜与祝塘村），开会的人也就是 7 个大队的妇女主任，召集开会的人是乡里计划生育部长杨雅芬。这种培训常常是教我们如何进行计划生育的思想宣传工作，以及如何进行计划生育工作（结扎与放环手术）和如何处理偷生问题，等等。

这项政策出来之后，在大队里像是掀开了油锅一样，人人都在谈论这件事情。讲的内容无非是表示对这个政策的不解。那段时间我走在村里的路上和我打招呼的人都变少了，看我的眼神都怪怪的。我去适龄夫妻家中讲计划生育的事情的时候，会受到责问和批评，大多不愿意的原因要么是要生个儿子，要么身体不好没法进行手术，愿意做绝育手术的人很少。可是，这工作还是得做，他们再不愿意也是没有办法的。这中间最苦的还是要没日没夜地去给他们做思想工作。今天不行就明天，明天不行就后天，反正与我见了面就要去劝导。那一段时间，那些开导对象见了我像是见了鬼一样，躲着我。

在做这项工作的时候，遇到过不少烦心事情，有些人思想工作比较好做的，可是也有不少人却很难来配合，所以要三番五次地去劝。到现在为止，有三起矛盾我至今还是记得很清楚的。

第一起是在 1981 年左右吧，发生在村里有个叫阿某勇的身上，现在都 2017 年了，可他见了我还是没个好脸色的，也再也没有和我说过一句话。当时的事情是这样的，他和他媳妇之前生过一个儿子和一个女儿，但是儿子走丢了，或许被人贩子卖掉了。阿某勇一直想要男孩，可他媳妇在之后几年都没有怀上，一直让他很苦恼。可就在最近又怀上了一个孩子，但是很不巧，刚好计划生育刚刚落实下来，按照规定，他此前也生过男孩，所以这个胎是必须要去打掉的。当时他见了我就发脾气，每当我要带他媳妇去做手术的时候，他就出来把我大骂一顿，骂得很难听，一时半会儿我还没有办法拿他怎么办。后来我听说，他们还是把孩子生下来了，生了个女儿。这是我遇到的最大的困难，是我没有开导好。可是生下来了，又不能塞回去咯，所以我要他们缴五六百块钱。当时这条件，缴了这么多钱，简直就是要了他们的命啊，就是这件事情之后，我与他算是结了仇。

这第二起，还记得是在 1983 年的时候，村里的“大块头”某某芬不愿意做结扎手术，三天三夜不出门，就待在家里说身体不舒服。可她就算躲得再厉害，她这个年纪，家里也有了两个小孩了，手术是躲不掉的，我如果没督促她去做，上头领导肯定也会想办法赶她去做的，我也要被骂一顿。所以，那几天一有空，我就守在她家门口的道场上一见她面就要她去做手术。我虽然催得紧，可也是为她好啊，要知道当时中央有多么重视这件事情，她不做是完全没好处的。她丈夫见了我像是见了冤家对头，上来就骂，有几次还差点动粗，她家里的老太太还往我身上泼过肥皂水。当时啊，心里委屈极了，还想过不干了，我凭什么要被这么对待。不过我还是坚持下来了，经过我三番五次的理论和训导，某某芬也逐渐接受了这件事情，终于在第四天下楼，让我带她去做手术，我当时看她的眼都肿了。最烦的是有些人嘴上是答应你去做的，而每当约好几个妇女去乡里医院做手术的时候，她们往往就不在家，或者称病或者称啥事情耽搁了没法来，就这样一拖再拖，请人拉都拉不动。

第三起呢，搞了蛮久的，大概在1986年左右吧。大队里有个叫方某的，他的对象是外地的，好像是湖南那边的。他结婚的时候也是有点岁数了，好在结婚后生了个儿子，也算是老来得子吧，可是没过多久媳妇又怀上了一个。他很迷信家中一男一女则会家门兴旺的传言，既然老婆又怀上了，那就生出来，是个女孩的话最好，如果是男孩也不错。我当时就去协调这件事情，告诉他老婆绝对不能再生了，必须得去打掉，这国家政策我们必须得做的你说是不是。刚开始的时候，方某满口答应我。可是后来我听说他媳妇准备要回一趟娘家，然后去生小孩。我这一想，这得赶紧阻止。这计划生育这一段时间有不少案例都是躲到其他偏远的地方去生。我就迅速把这件事情上报到村里，村里又迅速上报到乡里的计划生育工作组。就在她走的第二天，就派人去车站找，果然就找到了，然后把她带了回来。后来听他媳妇说，她本来是想流掉好了，反正家里有一个儿子了，但是丈夫死活不肯，就叫她去娘家那边生出来，说那边放得松。其实，那些年呀，全国各地都是这样的，这计划生育下达下来，咱们都必须严格执行的。经过乡里计划生育组的努力和我的劝阻，终于在半个月后，她接受了堕胎手术，这事总算是完了。可我之后凡是碰到方某啊，就是没个好脸色，还总是百般为难我，有时候说话还特别难听。但是我这些年来，遇到这样的事情也多了，不少人也与我结了怨，我也只是个政策的执行者，无权去改变什么的。

还有一件事是我自家发生的，好像是1991年左右吧，我儿媳妇也生了，是个男孩，家里都喜洋洋的。可是没过多久，被医院里检查出来，这孩子心脏出了点问题，可能没法活过两年，我一下子难受得高血压一阵阵发出来，有时候想到这有可能就是我的报应。儿子跟我说要么再生一个，我坚决不同意！一来，当时国家医学发展也算是比较好了，并不一定治不好，最主要的是当时计划生育政策是不允许的，第一胎是儿子就不能生了，何况我是做这一方面工作的，万一生了怎么向父老乡亲交代。在这件事情上我异常地坚决，绝对不能生了，叫儿子好好治疗。兴许是急了吧，儿子与我关系变得很差，常常吵架。一连串的不幸，几乎让我崩溃，儿子的不理解让母子关系也坏到了极点，那段时间真的是不好过啊。唉，我做计划生育的工作肯定是要一视同仁的。两年后，孙子走了，再加上这几年其实这个政策有点松动了，所以我儿子就可以再生一个了，家里总算是熬过来了。

退休

我是在2009年退休的，算下来一共在这个职位上做了37年，从我是一个小年轻变成了一个老太婆。当时退休主要还是因为年纪大了，管不动那么多事情了，而且也应当培育一些新的妇女干部了，所以我就不做了。

做妇女主任，我最对不起的就是丈夫和儿子了。因为事情多，时常是不在家里的，不像其他妇女一样在家里能够时常照顾到他们。儿子小时候一直待在婆婆身边，甚至没和我一个被窝睡过几次，喂奶时常因为事情耽搁而搞得毫无规律的。每次想到其他的孩子能够得到足够的母爱，而我的儿子却受影响，所以他一直不是和我很亲，真对不起他。我算是做好了妇女主任，但作为母亲来说是失败的。

在这个岗位上，我受到过表扬，也得过很多奖项，本来是都还在的，最近忙着过年呢，前段时间丢掉了不少，都找不到了，类似于先进工作证、优秀妇女干部，还有好人好事这些奖都不少嘞。但我其实也没怎么在乎这些东西，毕竟这好不好不是说几个奖就能证明了的，真正的答案是在大家心里面的。

很感谢党能够给我这样的一个机会从事这项事业，真的很佩服这项制度的制定者给女性这个群体以平等机会。

14. 里湖香菊：以党员身份荣光一生

口述者：汪香菊

采写者：王　晨

时　间：2016 年 7 月、2017 年 1 月

地　点：浙江省宁波市海曙区章水镇里梅村

汪香菊，女，1949 年生，里梅村人，上过一年小学。1967 年结婚，抱养 1 子，育有 1 子，1973—1988 年担任里湖村妇女主任，1976 年加入中国共产党。现退休在家务农。

男尊女卑早当家

1949 年，我出生在章水杖锡乡里湖村。2002 年鄞县撤县建区，2003 年鄞州区撤销杖锡乡建制，并到章水镇，2004 年里湖村和梅树孔村合并成里梅村。杖锡四明山有多远？距离宁波市区起码 70 公里吧。刚刚解放时，山区没有开荒，人口不到一百人、不足三十户，基本上没有水稻田等耕地，也没有马路等交通线，更没有农贸市场和集市的存在。村子里主要以王、毛、吴、赵等十姓为主，听祖辈常说，我家上几代是在清朝的时候从台州黄岩迁徙过来的，山区人民一般都盛行"逃荒"风，哪里有粮食就往哪里走，我出生的时候四明山经过战乱依旧很荒芜，主要以玉米、番薯乃至野菜为食，里湖村整个村的耕地加起来不到 10 亩，而我家只有几分地而已。

在姐妹中，我排行老七，上有 3 个姐姐和 3 个哥哥，之后弟弟妹妹接连出生，亲兄弟姐妹合起来共有 15 个，其中 3 个因为生病和饥荒而不幸夭折。

我曾经听父母亲讲起，婴儿刚出生的时候，家里的老人都不愿意去抱，常念叨着“见血是肮脏的，运气会不好”，所以爷爷奶奶就只远远瞅了我几眼，外加上重男轻女的封建思想，我作为女儿得到的待遇并没有很好。

小时候我从来没有向大人要过钱，他们要养活这么一大帮孩子，生活本来就很困难，况且父亲身体常年不好，卧病在床，家里的劳动就压在了母亲和兄弟姐妹身上。应该说，没有文化是我这一生最遗憾的事情了，父母亲并不是没有把我送去学校，我也读过一年的书，但在第二年春天学校放“茶假”时（当时学堂以茶事来安排假日，茶季一到，就放假，让学生回家帮助采茶制茶），我就没有去上过学了。现在我也忘记了当时为什么不去上学，大概是因为还有一大群弟弟妹妹要照顾，带带孩子，同时采摘茶叶，干农活，分担母亲的劳动负担。那时这些都是理所当然的，我也从来没有向父母亲抗争过不上学的事。

我 7 岁就能上山砍柴、背柴了。捡知了壳，是我赚零用钱的渠道，当时并不知道知了壳是药材，只知道能去回收站换钱，就很高兴。茶叶是我家很重要的收入，有一句老话：“四季靠一春”，春天采茶摘茶，兄弟姐妹整天都随母亲混在茶叶地里；手脚不勤快被母亲看到了，她就会踢一脚表示不满和警告。从小学放的“茶假”开始，我也慢慢走上了采茶的道路，那时的我单纯地以为不读书并不是一件大事，更从未想过茶叶这项农活占了我大半辈子的时间。

家周围都是些弯弯曲曲的小溪，翻开石头还能捉到小螃蟹，作为女孩子，我自然免不了每天去小溪里和母亲一起洗衣服。我对洗衣服的印象之所以很深刻，那是因为母亲洗衣服有个传统的做法：男女衣服分开来洗，分别放在两个桶里。在母亲的思想观念中，男尊女卑，夫为天，男女衣物绝对不能放在一个桶里洗，否则会遭到婆婆的训斥；不光母亲如此，我观察到周围的阿姨辈也是如此洗衣服的。

基本上从小我就跟着母亲一起干活，和母亲的联系比较多，所以我至今很深刻地记得母亲在 38 岁的大好年华时去世了，而父亲具体几岁去世的我已经记不得了。现在我只剩下一大帮兄弟姐妹，大哥现在也有 83 岁了。我和兄弟姐妹的关系都很好，办酒吃席的话，后代加起来能坐 13 桌。虽然说不上很有钱，但能看到彼此身体健康，对我这个年纪的人来说已然是最大的安慰了。

停经之灾幸当任

我从未想到一个没有文化的人可以担任里湖村的妇女主任，而且一当就当了15年，年年都指派我，这可能就是人生的运气吧。1967年，我18岁就嫁人，婚姻由父母做主，夫家就距离1公里，都是一个村子里面的人，这个年纪嫁人是理所当然的，可以减轻父母亲的家庭负担。按理说，第二年就应该生小孩了，但是我的肚子一直都没有反应，在我二十几岁的时候甚至开始了连续六七个月长时期的停经，这是绝对很不正常的事情。我必须去看当地的土医生，每个月都必须在特定的日子喝中药，喝药我一点都不怕苦，苦的是去看土医生的路，当时根本没有交通路线，有的只是羊肠小道，旁边都是杂草荆棘，还真应了"其实地上本没有路，走的人多了，也便成了路"的课本话。我们杖锡一直有着"宁波西藏"之称，海拔高七八百米，我身体很虚，看医生都是丈夫背着走山路，上岭下岭，一路颠簸，我能痊愈最要感谢的就是我丈夫，他没有嫌弃我，我很幸运能遇到这样子的人。

说起担任妇女主任的机遇，我自己也觉得不可思议，这真的得感谢我年轻时期的这场停经病。当地像我二十几岁年纪的妇女，孩子最起码有两个，上有老下有小，忙活家庭的生计；而我因为停经自然生不出孩子，没有小孩子的负担，杖锡公社的书记便指派我当妇女主任，并且获得上级认可。我的年龄是二十几岁，适合担任妇女主任，没有小孩子生养，因此可以省下好多时间和精力来操心公社和生产队的公事。我从小个子偏瘦，外表看起来也很可靠，书记指派我、培养我，我觉得很光荣，所以就同意了，同时丈夫是里湖村生产队的记账员，专门记录工分。我觉得，能为公社和生产队做事出力是一件很光荣的事情，我和丈夫都在各自的岗位上兢兢业业，这是家庭的荣誉。

更令我光荣的一件事情是，1976年我加入了中国共产党。可能我这个人运气一直都很好吧，虽然我只读了一年书，但我却是共青团员，什么时候为什么能加入想不起来了。当时我28岁，因为共青团员要超龄了，公社书记和生产队队长便叫我入党。我们那个年代入党每个月要交5分的党费，之后变成了 1 毛，而且有文化的人不多，平常都操心惯了生计，还是会有顾虑的。虽然党费只是一笔很小额的数目，但是那时的心态，宁愿藏着 5 分，也不愿交出 5 分，自己的钱总是藏着好。可是，书记和队长都出面了，我这个人做人还是很识相的，那就入党了。

常有人问我，入党有什么好处？这话我没法回答他们，我是一个基本上算是文盲的人，能有幸入党，这是我这一辈子最光荣的身份了。现在说出去我是老共产党员，大家的态度和眼光就会不一样，我感受到了他人的尊重和敬佩。在男尊女卑的旧社会风气里，能培养出一个女共产党员，并且走出家庭，显然是很幸运的。所以，我这个人年纪轻轻就生了一场将近六七年的停经毛病，吃了不少苦头，但是妇女主任和共产党员的机遇却降临到我身上，这可谓是福祸相依啊。现在日子好过点了，党费在农村里自由性很大，5 元、10 元都随意，我一般一年就交 5 元，多的人多交点，少的人少交点，大家都看情况给。整个里梅村也发展到有三十来个共产党员了，这在我们四明山这么偏远贫困的地区是很不容易的，我很骄傲自己也是其中的一分子。

靠山吃山讨生活

我做了 15 年的妇女主任工作，从一个大姑娘到中年妇女，从 1973 年工作到 1988 年离任，15 年的光阴说快也快，说慢也慢。每天都要到生产队定点报道，带领里湖村的妇女到山里种番薯和玉米，或者采茶叶、背毛竹，这些都是妇女的劳动与收入。我虽然作为妇女主任，但和普通的妇女没有任何区别，都是 7 点钟去山里干活背毛竹，或者摘茶叶，11 点钟回来烧饭，12 点多又要出门干活；路远的话，一个白天都不着家，早上出门就带着饭盒子，中午直接坐在山头上吃饭、休息。因为交通线不发达，直到 70 年代末才有公路通车，没有农贸市场和集市的存在，“靠山吃山”就是我们山里人家的生存信仰。

我带领一大帮妇女，三支毛竹捆成一扎，每个妇女肩上背着一扎毛竹走去十几里的外头卖钱，来回便是一天。毛竹的价钱是 5 分一斤，挣来的钱上交给生产队，生产队队长监督着工作情况算工分，像这种高强度的劳动，一天可以挣上6角钱(当时6角钱还是很值钱的，每斤米的价格是一角三分八，带鱼是两角八分，盐是一角四分)。

我们背着毛竹好不容易走出了山，走到皎口水库这边就会买几斤带鱼回家，给家里人尝尝鲜气，要不然一年四季基本上就只能吃吃玉米糊、番薯和笋，客人来了也只能泡泡笋汤。毛竹笋一般是一年淡季一年旺季，不论大小年，我都会带领着妇女们扛着锄头去毛竹山挖笋。咸笋拿出去卖钱，也是生产队的一项重要收入。不管是背毛竹，还是扛锄头，肩上的担子总是沉甸甸的，年轻时候吃得消苦力，现在年纪大了一身腰酸背痛。

现在的人可能不太会看笋冒尖的痕迹，我们那时候眼睛可亮了，方法可准了。首先，要根据母竹的生长情况来判定结笋的方向。年长的母竹，笋结在竹鞭的母枝上和母竹的前方；年幼的母竹，笋结在竹鞭的分鞭上，一般在母竹的后方。对于判定无笋的竹鞭，千万不要白费力气去损坏竹鞭。挖笋时我们通常选择枝繁叶茂、竹叶浓绿且带有少量黄叶的竹子作为找笋对象，竹株最下一盘竹枝伸展方向与竹鞭走向大致平行，沿这个方向来观察地面，但凡看见地表有土块微微隆起、松动、开裂的地方，用脚轻踩有松软感，这便是有笋的征兆了。如果问我为什么会有如此方法，我也说不上来，就是常跑山头的经验吧。我带领着姐妹们，上山挖笋，下山煮笋，日子也不清闲，算是为生产队贡献了一大份力量，从来不亚于男劳动力。公路修通后，再也不需要背着篓筐翻山越岭去卖咸笋了，卡车直接能开进来，给我们省下了不少体力，生活条件也比以前封闭时期的自给自足提高了不少。

作为女劳动力之一，玉米糊真的是吃了大半辈子。我还记着晚上和丈夫一起手磨玉米糊的时光，这也是我们现在身体还硬朗的原因吧。我的一小姐妹曾经和我讲过，山外面的世界就经常吓小孩子，如果你不听话，就把你送到杖锡乡里面去吃玉米糊，认为吃玉米糊是生活条件最差时候的粮食，连米都吃不起，然后小孩子就怕了，变得听话些了。幸好还有国家补助的供应粮，这是公社干部才有的待遇，国家粮票发下来，一个月有28斤的米。比如说一个月要吃50斤米，自己种起来只有40斤，那么就还有10斤的供应粮，这是国家的方案，我至今都感谢国家没有忘记我们山里面人家的生计。除了供应粮，每年都会发购货卡，每户人家每年都能分到一斤带鱼和一斤白糖，盐和酱油的话可以到生产队里去买。由于盐和酱油基本上都是有限量的，平常也没有什么其他的菜，吃得最多的就是咸笋，所以我们这一辈高血压很常见，外加上背毛竹的后遗症就是颈椎病，年轻时期身体搞坏了，现在老了就常常腰酸背痛变成药罐子了。

生产队里男女工分是有区别的，男的最高劳动力一天可以有 10 个工分，而妇女就算付出相同的劳动强度，最多也只有 6 个工分。一角一个工分，男的劳动力最高一天有 1 元收入，而女的最高一天只有 6 角钱。到现在里梅村还是这样子的情况，男的做小工可以 200 元一天，而女的只有 100 元一天。我虽然作为妇女主任，但也没有做到为姐妹们争取平等的工钱，带头造反是肯定要受到批评的。同时，我是干部，就需要听从上头安排和指挥，公社书记规定的报酬工薪从来没有异议，一来我胆子小，二来我没文化，所以书记说什么我就信什么。

上面来通知了，我就要去杖锡乡开会，偶尔到宁波市党校，或者到章水镇政府。我这个人是比较烦出山去开会的，由于没有修公路，只能靠走路走出山，背着铺盖行李走上个一天，出了山才可以搭到车。来回的路程很辛苦，磨出了不少水泡，我这双脚都可以同男人比较谁的更粗糙了。因为我是妇女主任，所以平常开会的日子也算工分，我不用去劳作也依旧能记上工分，这应该是我最大的福利了，在做工的劳动强度上可以宽裕些。良心来讲，我挣的工分也比同期干活劳作的姐妹要多一点。但我作为妇女主任除了这点好处之外，从未为自己谋过私利，我问心无愧。

奔来跑去逝青春

回想起干部经历，我也没有做过特殊的贡献。计划生育是常规工作，还有协调关系、开会汇报、卫生检查等工作，除了承担妇女生产队带头作用外，上面这些事情都是我分内之事。15 年来，我早就习惯了奔来跑去。

计划生育是我的工作重点。在我们贫困山区的村子里，传统思想自然是多子多福，孩子多既可以养老又可以充当家庭劳动力，所以我的工作难度也是蛮大的，人情和工作经常互相冲突。找超生的大肚子孕妇，先是给她们做思想工作，传达国家的政策和可能造成的后果。农村的妇女没什么文化，嘴巴却很刻薄，我也经常被攻击说，“你自己生不出孩子，还不让我们生”。我是村干部，不能和她们计较，依旧耐着性子说道理，鼓动她们去流产来遵守计划生育的政策。其实，我内心是很难过的，年轻时候的停经这可能是命数，在当时的医疗条件下也根本查不出什么原因，只能找当地土医生配配中药调养身体。我一度以为我生不出孩子了，一个女人最大的痛苦就是没有孩子，机缘巧合的是抱来了我外甥当作儿子养，所谓“抱子得子”，30 岁又生出了唯一的儿子。我还是很幸运的，有了两个儿子，一个是领养的，一个是亲生的，两个我都视如己出。之后我再也没有生过孩子了，所以听到同村的妇女们酸溜溜的话，心里不免有点失落和难过。同龄的姐妹基本上 20 岁出头就有了孩子，而我直到 30 岁才有小孩，十年的差距自然免不了被人说闲话，特别是我做计划生育这块工作时，这些往往成为众多人的攻击对象。

我本来应该可以拿独生子女的奖励，有 300 元，那是一笔不小的数目，但因为两个儿子，虽然一个是领养来的外甥，我也没有向公社里讨要这笔钱。在我工作期间，计划生育的政策变动了两次，第一次是一户家庭可以生两个小孩但不能超过两个，而第二次是两个小孩子的间隔年龄差必须达到 48 个月以上。我自己有个表亲戚，没有达到规定的 48 个月就又怀孕了，她个子头小，和我一起工作的时候经常穿着宽松老大的衣服，我没有发现这个情况。直到 8 个月了，有人向我反映情况，我才知道这一情况，好说歹说还是不听，最后超生了一个儿子，被罚了 300 工分，也就是 30 元。这是我工作的疏忽，我自己内心是有点愧疚的，在亲戚人情和国家政策立场上，我坚决维护和贯彻执行国家的计划生育政策，不打任何马虎眼和人情牌。这是我工作的原则。

每一个人都有情绪，一对夫妻自然避免不了争吵，而我作为妇女主任就必须在劝架这方面发挥作用。一对夫妻吵架争执不下，无非就是些生活琐事，计较几分几角的家庭开支，嘴上经常挂着的一句话就是，“我找干部去”。一般我来协调家庭纠纷的方法，就是两头劝，夫妻双方都各退一步，互相体谅。我是比较随和并且很好说话的人，如果书记和生产队队长来了，那影响更加不好，可能就直接扣工分了，所以尽量大事化小、小事化了。大家都没啥文化见识，吵闹的其实根本就是些鸡毛蒜皮的事情，如果继续吵架下去就会影响生产队的工作，那就会影响工分，工分会影响到钱，所以劝架一般都很好劝，讲到钱面上，就不再是道理的问题了，矛盾就消散了。

我在任的15年中，整个杖锡乡还是存在一定的离婚情况的，但是我自豪的是，里湖村没有离婚的人。对于山里的汉子，能讨到老婆着实不易，大部分是邻里结婚，还有部分是来自四川、贵州、云南等地方的姑娘，大家都对婚姻很重视。媳妇既能生儿育女，又能充当女性劳动力，还能稳定一个家庭，离婚不仅失掉了面子，而且生活也会陷入相当孤独的境地。虽然里湖村没有离婚的人，这不能完全归功于妇女主任的协调工作，但依旧是我工作的成绩，还受到了上级的表扬和肯定，我也引以为豪，每年汇报情况的例会我都能挺直了腰杆坐在发言席上，着实长了我们村的面子。

我记得整个里湖村只有一个电话，上传下达就靠着这个老电话。开会的话会提前电话通知我，我要走上10里路，正常情况下一个小时左右就可以走到了，有时候心急火燎的话五十分钟就到了。开会的内容主要是贯彻上头的指示和政策，计划生育怎么执行，摘茶叶的指示，怎么摘茶叶，对茶叶的质量要求，总之什么指示做什么工作，我在这方面一向是严肃认真的，毫不马虎。有几次开会汇报工作的时候，大家就一起哭，唱着一首歌，歌词大概是“想起往日苦，两眼泪汪汪”，那场景我现在都不能忘，不是那种撕心裂肺的嚎哭，而是大家都心知肚明无奈的啜泣。四明山的日子真的很苦，处于山区，交通不便，教育也不发达，干部工资也经常没有个稳定的着落，村民只能靠双手自己劳动，最多自给自足，根本不能致富，村干部心里着急却无计可施，有一种被抛弃在大山深处的沮丧感。我作为村干部自然心知肚明村里的实际情况，但只能领导着村民一起谋生一起劳动，就日日盼着国家政策的照顾和垂怜。

我们这一大帮人从未想过要走出来，从未想过要离开四明山去讨生活，这是一个奇怪的现象，也说不清我为什么会没有这个想法。读书少，文化程度不高，我不敢想象山外头的世界，生活图的就是一份安心，山区虽然没有什么收入，日子却能一天天翻页得很是安稳。到了儿子这一辈，都通通走出了四明山，去谋生了，如今里梅村已经不到80个人了。

村里很重视搞清洁卫生的工作。每一个礼拜都要检查一次，道路上不能有垃圾，家里要整理得清爽干净。过去如此，现在也如此，卫生是每一个月检查一次，道路两旁还竖立了垃圾桶，前不久里梅村委会里面还挂着“卫生村”的奖状，我看了心里乐呵呵的。检查卫生的工作量也是蛮大的，我在任的时候里湖村有148户人家，每户家庭都是七八个人的大家庭，而且我们村落因为处在山区地势，分散得很。不要以为现在条件好了，摩托车、电动车甚至汽车都可以在道路上看到，我那时候连自行车都没有普及，只能靠着两条腿去挨家挨户走人家查卫生。走路走多了，我也胖不起来，基本上维持在一百斤以内。

公社演化变生活

在吃集体饭的时候，公社里职位最高的就是书记，书记下面是队长，队长之后是组长，同时还有武装部部长和妇女主任等职务。里湖村当兵招兵和工农兵大学生的事情是武装部部长管理的，工农兵大学生是有名额限制的，能被选上那是一件很光荣的事情，可以说地位就不一样了。工农兵大学生被送去外面的五金厂或者钢铁厂学习深造，那人生可就不再是像我们这样子守着一辈子的山了。我作为妇女主任主要管理妇女工作，并且每年都要向上头的妇代会汇报工作进展和成绩。

集体化时期，整个杖锡乡一共有两个生产队，茶树岙村和里湖村各有一个。里湖村大队里特设了一个畜牧场，专门养猪、羊、鸡、鸭等，也算是一笔收入，逢年过节社员一起分点肉，肉的话是五元一斤，相比较米的价格是一角三分八一斤，吃肉是很奢侈的一件事情。畜牧场的猪生小猪了，可以允许社员抱到家里自己去养，养大了邻里互相分着肉吃，一起磨刀、烧水、杀猪，那种热闹场面现在已经不常见了。

后来实行清工分运动，大家逐渐从生产队和集体公社中解放出来，变成分散到户、承包到户。吃个人饭，山头承包到个人，生活好坏就要看个人造化了，勤劳积极的人精打细算，卖笋、卖毛竹、卖秧苗，还养猪、羊等，日子过得不会差到哪里去；吊儿郎当的人自然要清贫些，甚至贫困得揭不开锅，要靠村委会照顾。我一直很相信党和国家的政策，相信他们不会放弃我们四明山的村子，后来果然盼到了70年代末的公路通车。第一次听到大卡车的发动机声音，大家都争先恐后地到村头去张望，有人兴奋地说："来了，来了。"也有人问："这么大的车子是吃什么的？"自然有人回答："吃油呗。"大家互相都笑成了一片，交通线的打通让我们直接和外界有了联系，不光是见识增长，还有买卖来往，更有出去求学和谋生。近些年盘山公路也修建得越来越顺畅，普及了不少地方，公交车村村通，给我们的生活带来了极大的便利，从原先要翻山越岭走上个一天，到现在坐一个半小时的公交车直达出山，我作为曾经的村干部始终对党和政府怀抱感恩之情。

"破四旧""立四新"时期，在各个家庭到处抄书，诸如看相、八卦、佛经，等等，一概是不被允许的，要拿去烧掉。也影响到我们山坳坳里面来。我这个人比较老实，通通毫无保留地交出，甚至家谱也被烧掉了，现在回想起来还是蛮心痛的，毕竟是一个家族传承繁荣的信仰啊。其他影响好像在我们村里并不明显，那十年除了经济发展不起来以外，其他依然相安无恙。许是深山保佑下的结果吧，山区地区因为交通不便、经济落后，总是处于与世隔离的半滞后状态，这种冲击也就没这么明显。我的脑袋里没有多大印象。

卸任清贫守寂寞

我连任了15年里湖村的妇女主任，目睹着一个村庄人口的兴衰变化和经济生活条件的发展。到了我快40岁的时候，有了更加年轻的人选，她比我有文化，竞选条件比我好。我也就让位了，我没有文化，能当15年村干部，已经是很大的荣誉了，我也衷心希望下面接手的人可以把村庄发展得越来越好。15年的工作让我经常忙于干部工作和家庭琐事之间，常常不能兼顾我自己的家庭，还要抽出时间去协调别人的家庭，这牺牲应该是蛮大的。我的两个儿子还算争气，有职高的毕业证书，现在发展得也算不错，能靠自己的力量在外面买房子。

在妇女主任工作期间，我前十年基本上没有拿到过工资，就过年发个热水瓶等小件物品，到了后几年才有了每月 9 元的收入补贴。当时整个鄞县村干部都享受工资待遇的，我心里认为是上头的领导克扣了，但农村里妇女地位低，潜在的男尊女卑思想使我不敢据理力争，幸好有良心的是之后几年工资终于恢复了正常。年轻时候的我认为妇女主任是个出力不讨好的活儿，没有人拍马屁，还要每天在工作时像盯梢一样催促一起干活的妇女，看谁手脚慢了或者偷懒了提醒下，这不免常常遭到同行人的呛声，我也着实咽了不少苦水到肚子里。搞计划生育也要被骂，作为村干部自然要有这份心理承受能力，不仅不能和村里人计较，还要和每一个人都交好，协调各类矛盾，长年累月下来精神疲惫自然免不了。现在年纪大了，我反而很怀念那 15 年光阴，那是党和国家给一个没有文化的妇女一个机遇和培养机会。

不做干部后我的生活显然轻松了很多，劳动强度也随自己任意调配了。但我这个人性格一直都是比较好强积极的，所以我还是会上山背毛竹，种花木如红枫、青枫和樱花等，还养养猪、羊，能在过年过节增添份热闹和喜庆。近些年快要到 70 岁了，身体还算硬朗，但是颈椎病和高血压总是常伴的，我也干不了背毛竹的体力活了，只能找小工背毛竹，赚点小钱。其余的收入就只有一千左右的养老保险了，虽然不算什么大钱，但足够支撑我和丈夫的生活，只要身体没出什么问题，山里面也是用不了多少钱的。至于妇女主任的退休津贴补助，我是没有享受过的，我心里认为，如果有的话，那么村委会肯定是不会亏待我的，我的日子没有补贴也是可以过得下去的。

自从交通线打通并且公路修建得越来越宽敞，儿子也总叫我和丈夫出去随他们一起生活。每当这时候我总是很高兴，偶尔坐公交车出来照顾下孙子孙女，但住不了多长时间还是想回四明山里面的家。四明山偏远贫困，但一年四季都很凉爽，现在也常常成了旅游胜地，像樱花节赏花、李家坑漂流等。我从小到老将近七十载光阴，已经完全习惯了这种简单宁静的生活，让我出去外面也适应不了。家里的房子还是丈夫娶我前砖烧起来、土堆砌起来的旧房子，偶尔会掉下白蚁来，从新婚到养老，我怎么舍得离开。白天看看儿子买来的电视，或者看看别人打麻将，一看就是一下午，晚上吃了饭就去路边上散散步，关心下毛竹或者花木生长的情况，日子也就这么一天天挨过去了。体力好的时候，碰上笋的旺季，我会扛着锄头上山去挖笋，尽管腰酸背痛，但是总想着能给外面的儿子带去点东西，心里还是热乎的。

每次上山的时候，我的脑袋里回想起小时候六七岁背柴砍柴的情景，年轻时做妇女主任带领一大帮妇女砍毛竹、背毛竹的时光，眼睛一眨，头发花白了，手脚不利索了。想起来就难免伤感，想念起早早去世的父母，想念在四明山外打拼的儿子们。幸好我的丈夫依然陪伴着我，我们村子剩下的 80 个不到的老人也都是我昔日的工作伙伴，大家都在，还好，还好。在我们这个落后的村里头，我作为女性干部，走出家庭，奉献 15 年光阴，尽管处理的都是些琐事，但我依旧以我共产党员的身份荣光一辈子。我会扎根坚守在杖锡山，陪伴着我的丈夫一起走下去。我们山里的人家，不论生老病死，都长了一副山的骨头，耐得住寂寞，守得住清贫。

15. 东赵李爱：一心扎进农村埋头干

口述者：李　爱

采写者：张　瑞

时　间：2017 年 1 月

地　点：山西省临汾市尧庙镇东赵村

李爱，女，1949 年生，东赵村人，初中毕业，22 岁嫁人，仍留在东赵村，自 1967 年至 1972 年，任东赵村妇女队长。卸任后，做一些零工。丈夫于吴喜，1944 年生，初中文化程度，1964 年 3 月入伍当兵到 1969 年 6 月退伍，后在临汾纺织厂工作，1984 年调往中国人民银行工作，2004 年退休。育有 1 子 2 女。

扎根农村：农村是广阔天地

我是东赵村人，1949 年 10 月 6 日出生的，那天是农历的八月十五中秋节；1967 年我初中毕业，就读的是临汾三中，学校发了毕业证。妇女队长是我毕业就开始当的，一直到 1972 年。

我在出嫁之前就在东赵老一队住着，家里有姊妹七人加上爸妈。我的家庭贫困，但正赶上那个时候照顾贫下中农。因为贫下中农的生活条件不好，所以我上了三年初中没有掏过钱，上小学好像也不掏钱。我记得我上完尧庙公社神刘村完小后该上初中了，第一年没考上，我就背着一袋菜窝窝馍，有胡萝卜叶子菜窝窝、白萝卜丝菜窝窝等。我背着这些去学校又读了半年，顺利考上了初中。我的数学和作文算是最好的，记得有一次期末考试，考到了数学老师教错的那道题，即使是这样，我的数学还是考了九十多分，作文是第一。

姊妹们到了年龄都要上学，我妈就负责照顾家里的吃喝穿戴，全家靠我爸一个人在外面劳动。我爸是村里的保管员——农业社里以前净是给村里人算账的，最后算出来张家是不是亏户、李家是不是余户这样子的——在村里算是个小干部。东赵村的地理范围一直没有变过，现在还是在福利巷这一块儿。如果按照现在的位置看，东赵村在南外环北边，东边是平阳南街，西边是秦蜀路，北边接着福利巷，还是属于尧庙镇政府管辖。全村共有农户 335 户，村民 1268 人，占地面积 1.5 平方公里。村集体企业以神州装饰材料城为主，每年按月为村民发放低保金六百余万元。东赵村已经没有可以耕种的土地，村民的经济来源以经商、房屋租赁、外出打工为主。我家原来住的那个地方就是以前东赵村的中心位置。原来可没有这些高楼大厦，都是田地，种高粱，种玉米，种小麦，种豆子……各种各样的农作物。当时东赵是个小村庄，有一队、二队两个生产队，不像现在有十几个生产队。东赵村它是挨着临汾城的，和临汾城只隔着一面城墙。

因为家里姊妹们多，家庭情况不好，就再没有上学。此后就打算好好在农村里干一番，想着“农村是广阔的天地!”

村里的学生不上学了，回来就是农民，在农业社里就是种地种庄稼，毕竟是庄稼人嘛。没想到前半年一毕业，村里的干部们就注意到我了，让我当妇女队长——在我之前的妇女队长是因为年龄大不能干而退休了——干部们为啥会选择我？其他原因不确定，估计主要还是因为我思想觉悟比较高。为啥思想觉悟高？

我从小学习雷锋；经历过“一打三反”运动、经历过“四清”运动。我爸那时在村里是管账目的，他差不多每天都要上三干会，干部们都要谈自己的思想、想法：花过公家的钱吗？多吃多占别人的粮食了吗？多吃多占土地了吗？……所以我感觉自己从小受的教育对我很有影响。大人也经常跟我说：“（遇事）别着急，可别（乱）拿别人的东西。”见谁有困难就赶紧帮助，别图财，别自私。

当时举荐我担任妇女队长的是刘玉芳和张炳，张炳是支部书记，刘玉芳原先是生产队队长，后来是支部里的组织委员，还有贫协会的主任段亚林。

东赵村的干部多了，有代表性的就是这三个干部，主要的干部都举荐我了，其他的干部也都挺拥护。我爸妈也不反对，觉得青年人自己有自己的理想。我是觉得家里穷，要好好在农村干，也就同意了。之前说东赵村有两个生产队，我当的就是第一生产队的妇女队长。1963 年毛主席就指示“农业学大寨，工业学大庆”。我上初中时还写过这个主题的作文，印象非常深刻。到了我当妇女队长的时候，还是处于“农业学大寨”的大浪潮中。刚当妇女队长的我不知道怎么领导生产，刘玉芳有一次带队就带上了我还有其他生产队的干部，一起到大寨参观，参观回来好搞生产。因为那个时候全国都在“学大寨”，所以我在缆车里看大寨的每个山沟几乎都是人，人山人海的！那个时候第一次坐缆车，因为碰到大山沟就得坐着缆车参观。虎头山山顶就有坐缆车的地方。我记得大寨的水库就在虎头山山顶，山里条件太恶劣了，所以有这个水库挺好的，下雨可以积攒水，地里要是旱了还能从水库取水灌溉田地。大寨就和歌里唱的词儿一样，“七沟八梁一面坡”（出自郭兰英演唱的歌曲《敢教日月换新天》，其中有一句歌词唱道“一道清河水，一座虎头山，大寨那个就在这山下边，七沟八梁一面坡，层层梯田平展展”）。其实这里就是个贫困山区，但是人家的地确实种得好，谷子就和狼尾巴一样！我还和村里的干部一起去过郭凤莲和陈永贵家里，他们家都是石头窑洞。郭凤莲现在有七十多岁了，比我大一些。1966 年我去大寨的时候 18 岁，人家二十出头正年轻，当了团支部书记，还挑上担子“大生产”，是全国农民学习的楷模！现在电视上还会放呢！

我从大寨回来以后，更有干劲了。我开始领导东赵村里的农民妇女们平田整地，治沟治坡。东赵村这儿没有山，都是“一沟一坡”的，我就想着改变东赵的穷面貌，修整土地旮旯那些地方。

1970 年，也就是我 22 岁的时候，经人介绍嫁了人。丈夫叫于吴喜，1944 年生，比我大 5 岁。他在 1958 年上了半年初中，年底去太原当了半年工人，1962 年下放回来到了农村，1964 年 3 月去当了兵，当了 6 年；1969 年 6 月退伍，10 月份开始在临纺上班。由于我是这城边上的，他是贫困山区的人，当兵转业回来后为了不上山而在这里安家落户，就和我一起留在了东赵村。那个时候真的贫穷，结婚有了孩子了，惜活（可怜）得少吃没喝也没人管。我就一直努力改变这穷面貌，听毛主席的话，听党的话，好好地培养孩子，让他们好好学习。你瞧现在多享福！

全力以赴：任职期间干劲足

生产队里有男队长，有女队长。男的队长就是“生产队长”，女的呢就叫“生产妇女队长”。除了男女生产队长之外，主要还有保管队长和会计队长：活儿干成了，有了果实、有了收获了，不得有人保管吗？这就需要保管队长；“保管”这一项解决好以后，总要有会计给大家分钱、分红、分粮吧。这就需要会计队长。村里也有宣传干部，不过那是属于支部的，就和现在的党支部一样。生产队长的任务是领导生产，领导全体社员干活。男队长是总的生产队长，村里的男女都由他领导。可是终归要有妇女队长来专门领导妇女，因为有的时候男女分工不一样，男队长不方便指挥。妇女队长领导妇女生产干活，也是村干部之一，也归东赵大队管。我们领导的都是小队，小队里的干部还是由大队来领导，大队的主要干部有大队长、支部书记、副书记、副队长、妇联。我不管家庭纠纷那些事儿，那都是支部里妇联要做的。计划生育和婚姻这些事情也是大队妇联管，我就是领导生产、领导种地。

那个时候净开会，净是政治学习，宣传党的政策。下雨天的时候地里不干活，我们所有人就开始在学校开会，进行政治学习。那个时候的政治学习还要学《毛主席语录》。《毛主席语录》是20世纪60年代初就出版了的，里面都是毛泽东主席的名言警句——这么一个小小的红皮本，人手一本。我们这些干部还有额外培训，像冬天里没事了，地里没活儿了，干部们就聚到一起频繁开会。年终的时候也要开会，总结一年的劳动成果和收获，计划下一年的预备项目，告诉大家接下来应该怎么干。因为穷，我总想把大家带起来，咱好好干，总能过上幸福生活。打心里有了这个目标，我就想把大家领导得好好的，到了最后“你有我有大家都有”（都能过上好日子）。当干部就要领导好社员，听党的话，跟着党走。说到开会。我记得刚当妇女队长不久，有一次共青团员、（入党）积极分子、党员包括村里的干部人员都在尧庙开会。开会期间，组织委员刘玉芳看我积极向上，就跟我说：“爱，你写个

（入党）申请书。”那一次尧庙公社开了近 20 天的会，对青年干部积极分子进行培训，结束后刘玉芳就递给我一堆关于党的政策纲领的材料，让我认真学习，然后讲给大家听。之后他又给我发了一个小本子，本子上要求填写我自己的简历、生平以及愿不愿意当共产党员。填了以后，接受考验了一年，人家就让我交党费，一年四个季度，一季度交五毛钱。就这样，我在 1968 年入了党。1970 年我生下大女儿后，每次开会时就把大女儿交给我妈，我去开会。我妈管家里一窝子孩子，喂鸡喂狗还要做饭，哪能管那么好啊，只要跌砍不到哪儿就行。我要开会就没精力管孩子，孩子经常发烧，得大病。紧接着开始了“一打三反”，更是一天天开会。每次开会，会上我跟大家说有啥活儿，有什么项目要办的，具体要咋干，（开会）逻辑都一样的。

妇女队长不好当，总要带头啊！我要比别人干得好，要起带头作用，要比别人强。我自己觉得一是因为当妇女干部就要带头干好，再是因为在努力干好的情况下挣的工分也多。我是农民老百姓出身的，当妇女队长很快就适应了。我领导的是全村的妇女，好多比我岁数大的，我也敢领导，反正是一起干活哩！男生产队长负责给我分配任务，要有比较轻快的活一般就是妇女家干，像摘棉花，就是老婆家（从其他地方嫁到东赵村的女人）摘。要摘棉花的前一天下工之前，我就咋呼（吆喝）“明儿个摘棉花哩”“明天开始摘花哩啊”，明儿个妇女们就拿上麻袋、围裙到地里摘花。除了摘棉花就是掰棒子（玉米）、割麦子这些个活儿。（大家）都是农业社里的，为主的就是干活儿。毕竟工人是工人，农民是农民。工人就是工厂里开机器的，造零件的，造机器的；农民就是种地的。而当干部的就是负责领导的。每次我在队里一喊“掰棒子哩”，大家都跟上掰棒子了；一喊“摘棉花哩”，就都摘棉花去了；一喊“割麦子哩”，就都割了。我是队长，她们肯定要听我的话。不过，我当妇女干部其实不算是上班，而是算劳动。大家都要上工，妇女队长也要上（工）。我们有上工下工作息时间的：早起干活儿到上午 9 点，回家吃早上饭，完了就继续上工，到 12 点下工。吃了饭 1 点多 2 点又上工，到（天）黑了回来。天黑的时间不一样，所以下工没有准点。如果有人有事不能去了也不用请假，不去就等于不挣工分了。我当妇女队长没有工资，就和平民群众一样，也没有啥优惠政策，就领导社员干活，不过思想觉悟比一般人高。

除了领导生产，我也要给她们记工分，像是记工员一样。记工分是记在本子上，队里每个月会给我发一个本子，一村子的人名都写在这个本子上，然后再拿有垫板的大书夹子把本夹住，一张纸上是一个人的信息，分上午、中午、下午来记。早（上）起（床）到吃早饭前就是上午，吃完早饭到12点就是中午，吃完中午饭一直到天黑这是下午。工分具体怎么记呢？比如张三，上午来了就写个“来”，记上工分；中午没来就画个“○”；下午来就又记上了。到了月底，记工员就开始（汇）总，看这个月一共多少天，一天是几个工。劳动得工分，年终要分红。一年结束大家就会到会计那里看自己挣了多少工(分)，能分多少红。工分满分是10分，女的干得好的、表现好的，像我妇女队长就是9分或者9.5分；和我差不多一样能干的强劳力就是9分，弱些普通的都是8分，有调皮捣蛋的有6分、7分。好的男劳力挣10分的比较多，次一点的就是9分，8分就是那些老人或者体力弱的。男的总体上当然比女的挣的工分多，因为有重活的时候一般会照顾女性，让男的干。但人家妇女也有能行的，就挣得多。有的女的和男的一样干，干啥都和男的一样参加着干，那也是10分。我们这里年纪最大的有七八十岁，人家身体好也能下地干活，也凭挣工分吃饭。农民是不分年龄的，有干活儿的能力就开始干，到地里挣工分；到了七八十（岁），身体好还能干就还可以干。不过评工分的时候人家还要看你的实际表现。

做妇女干部期间，我印象深刻的干得最好的事就是带领妇女平整土地，尤其在冬天里。以前的地哪有现在平整，又是沟又是坡。那时党的政策就是平田整地，“冰冻三尺不收兵”。冬天三九天的时候我还领妇女在地里干活儿，大家担的担，挑的挑，推平车的推平车，主要就是填挖、填整土地。为啥现在（东赵村）哪儿都是平的，又盖洋楼又盖啥的，都是那个时候我带的人干起来的。三九严寒的时候，你不知道雪下得有多大！雪又不是雨，又不淋人，我就带着妇女们，大家都是拿上钢撬、铁锨，塌方（按照一定的顺序开挖土方，分层开挖，使斜坡上的土受到重力影响迅速下滑）、填沟、弄坑，全整成这平地了。我打早就走了，吃饭的时候，慌慌地一个钟头吃了又回去（地里），一下子干到黑；冰冻三尺的时候，不到天黑也不回来。休息的时候，我就拾点烂柴或者拔地里长的乱草，打火，一圈人坐下围着烤火。大家干得特别带劲，都想着“冰冻三尺不收兵，看谁是英雄！”有一次休息烤火的时候，大家坐到一块儿就说："咱干得这么带劲，平田整地，多会儿能把地平好了，住上楼房呢？多会儿能楼上楼下电灯电话呢？"到了现在看看，如果那个时候不平田整地，这儿一个沟，那儿一个坑的，咋盖洋楼呢？不是这一批老百姓、这个年龄的人、中老年人在那个时候干下了，现在哪有一座一座的楼？干部们和老百姓都是随着社会走的。到了现在到处是平地，大家就能盖楼房了，才能接着搞建设！

我领导的队里纪律特别好。我是妇女队长，但也是农民，是一村里的女儿（原本就扎根在本村里的一户人家的女儿），所以村里人都是按辈数称呼我，那个时候80%的妇女和我岁数都差不多，都叫我"姐姐"。因为我乐于助人，有啥事儿往前冲，吃苦在先，享乐在后，到现在（她们）大老远看见我也"姐姐""姐姐"地叫。队里也没有吵过嘴的，因为那个年代普遍惜活，真正家庭困难的人谁还吵嘴？那个时候穷啊，差不多家家都穷，少吃没喝，大家都亲得和亲姊妹一样。不像现在衣裳不好就扔了，再买个好的；以前有个衣裳就是最好的了，还有惜活的买不起衣裳的，有的人看见她（实在穷得啥也买不起的妇女），可怜她就给她（衣裳）了。毛主席那个时候，我们就是光说干，苦干实干加巧干，凭力气地干，其实挣不了几个钱，但也不偷不抢。现在又是高科技，又是高文化，以前哪里会说这些？当然那时候要是有聪明的人，人家就上学去了；或者家庭十分好的——像以前成分不好的人，他家孩子脑子笨，但人家里有钱，也还是供应他上学了。像贫下中农，家里贫得连饭都吃不上，地里种的胡萝卜也不会吃，毛主席有"三大纪律八项注意"——"三大纪律"：一切行动听指挥；不拿群众一针一线；一切缴获要归公。"八项注意"：说话和气；买卖公平；借东西要还；损坏东西要赔偿；不打人骂人；不损坏庄稼；不调戏妇女；不虐待俘虏。大家都听从毛主席的号召，谁会到地里蹑蹑地（偷偷地）拔别人的胡萝卜？那个时候见地上有一毛钱赶紧互相问这是谁的，不像现在有的人拾起来就装布袋儿（口袋）里了。那个年代有学雷锋，接受的教育就不一样。当了妇女队长，我也是大公无私，也不会因为自己是妇女队长就少干活儿。回到家里有家里的活儿，回到队里有队里的活儿；嫁人之后，到地里干活儿拉车，回来以后还得看孩子，做（孩子）穿的（衣服），喂鸡、喂狗，啥都干。我丈夫当完兵回来就干事业，待在临纺管事务。我怀孕的时候一样干，一直干活干到要生孩子的时候才从地里跑出去生。

除了种地，我还做过烧砖。村里一个女的虚岁16岁就开始背窑，砖坯子烧窑。之所以做这个是因为它挣工分挣得多。刚开始是人工脱坯，后来跟着时代走，时兴砖机子了，各个农村都有砖机子，公家有砖瓦厂。以前东赵窑儿上这里都是烧砖的，都是脱坯子砖厂，挖上土做成土坯，又烧成砖。砖是很重要的，没有砖怎么盖楼盖房子？所以家家都买。像我嫁给我丈夫那个时候穷的啥也没有，只有地基，找了四五家人——问小静家、德江家、小五子家他爸这些人凑的砖，凑合给我摞到和窗台一样平，窗台上面全是打的土墙，上头再担个棍子，挖个窗子就是房子。有钱的就是砖瓦房，没钱的就是土打墙（用土打的墙）。我小爸是文化人，原先也是我的老师，他看到我干劲这么足，还开玩笑跟我说："爱狐子（昵称，形容从小活泼机灵），我一定要写篇关于你的文章登报，这个农村妇女真能干！"

生活所迫：卸职仍然向前看

我从1967年到1972年做妇女队长，时间不算很长，但也看到生产队里的年轻人慢慢变老，有走了的也有生（来）的。

1972年我生下了老二。有老二了，家里条件还是不好，老大那个时候有病都看不起。我记得有一次孩子去襄汾看病连30块钱也交不起，医生说不交钱不让住院，我们就在医院楼道待了一夜。我们自己家本就少吃没喝的，平时还要照顾家里的兄弟姊妹；队里要挣工分，我就不停地下地干活儿；加上我还要给人家当妇女队长，领导人生产，还要记工。那个时候（时）兴政治学习，一礼拜学习一回，所以挨上几天人家就吆喝我一次，特别到了冬天里，见天黑就吆喝我（政治学习），我就把孩子给我丈夫留下，自己开会去了。可是慢慢地我发现这不是一个长法（长远的过日子的办法），家里有两个孩子，我出去干活儿的时候没人管他们，丈夫白天要上班，我白天要领导妇女干活儿，晚上还要开党员会。我的责任心很强，又是妇女队长又是党员，心里是有约束劲的，一直想着一定要起带头作用。但是有了两个孩子，实在没那么多时间全心全意地带领大家生产，干脆我就不当队长了！

不任职了以后，我就开始实心地过小家庭生活了，不过还是在好好劳动。家里喂了母猪，猪圈里下好多小猪；房顶上喂了鸡，每天取鸡蛋。1976年我有了老三，孩子长大了要上学，我要给他们做饭，还要在队里地里干活挣工分，阴天下雨还要帮助村里人，尤其是很多老婆家小孩子家，帮他们纺线织布，给人家叠布、发布。孩子放了假，暑假、寒假的时候，我还给人家推电磨挣人家的钱，一个月两块钱。这些都是我做了家庭妇女之后捎带的给人家打的工，没事就去做这些，就是为了维持生活。除了电磨，我还做过汽水儿，在做汽水儿的那儿一天挣一块六毛钱。那里（做汽水儿的地方）有十个瓮，我那个时候年轻又爱干活，多会儿（无论什么时候开始工作）也去得早，收拾了家就去提水，十个瓮全提满。我38岁（1987年）那年，从南县（运城新绛）里来了个老梁，他是做裁缝活的，来这里招人做活儿，但是要让报名，交两块钱的报名费。我想着我学会以后就能给自己孩子做衣裳了，我就报上名去了。他看了看我说："你都这么大年龄了，家里有孩子，地里都是活儿，你来当师傅还是当徒弟呢？"我说："我啥也不当，就在这儿做活挣钱。"他就是不答应，一直说不行。后来让别人劝说的（他）才同意把我收下了。我去了那儿主要就是做那种四个口袋的中式花袄，一天能做25件，一件5毛钱。后来老梁看我实在能干，就说："你不要干这个了，你管车间吧，负责发剪子发线发针。"我说："行。"他就让我管一些缝纫上的事情，不用一直做衣服了。

虽然没有当妇女队长了，但我也没有放松下来。我们在"文化大革命"的时候就是学《毛主席语录》，"自力更生，艰苦奋斗""下定决心，不怕牺牲""你们青年人朝气蓬勃，正在兴旺时期，好像早晨八九点钟的太阳"……这些语录我都是一层层学习过来的。当妇女队长就是一个劲地领导妇女干活，所以我不管干啥都冲到最前面，吃苦在前，享乐在后。农民就是一个"干"，实实在在，憨憨厚厚。憨厚人，不讲究，不说那些张长李短，都是把农业社当作自己的家，就想着把家干好。现在共产党领导天下就是把祖国都当成一个大家庭，希望大家都能开了花，圆圆满满。还有，当官当干部别贪财，当官就是为民，不要欺负穷人。不是民，你给谁当官？跟着共产党走，共产党给你好待遇就要珍惜这个待遇。给民当官就要为民服务。

我属牛，我感觉这一辈子就像一头勤恳的老黄牛，踏踏实实做好每一件事，不虚来。我生在国旗下，长在国旗下，看着现在的光景越来越好，我就越想着年轻人一定要奋斗。现在国家发展这么好，一定要听从中国共产党领导，把自己的家庭和事业都照顾好。家庭是强大的后盾，事业就靠自己去打拼。“文化大革命”结束，红头文件下来说可以返校学习，可是家里的一切都要我来打理，实在抽不出身啊，所以就没有去。人生要经历一道道的坎，我过了这么多坎，走到最后，我把一切都放弃投奔到了家庭中，就是想着自己以前努力学习和从事党的事业的梦想没有完成，所以要好好培养孩子们，把三个孩子都培养成人，让他们学文化知识，好好学习。我一直在努力培养他们学做人，成为国家的栋梁之材。到现在三个孩子都过得挺好，家庭事业一帆风顺，而且很孝顺，这样我让他们好好成长的目的也就达到了。我年纪大了，但我仍然是“不忘初心，继续前进”！我很喜欢这句话，因为它真的是说到我心上了。我也要教导我的孩子们认真遵循习总书记的话，只有不忘初心，才能继续前行！一定要好好为党服务，为人民服务，成为对社会有用的人！

16. 坝上雪女：从队长到主任的记忆

口述者：张雪女

采写者：张莉彬

时　间：2016 年 2 月 15 日

地　点：江西省会昌县周田镇上坝村

张雪女，女，1952 年生，周田镇大坑村人，小学文化，中共党员。1972 年嫁到上坝村，丈夫罗石山（1950 年生，初中学历，时任上坝新屋小队生产队队长）。育有 2 子，罗承德、罗承明，生于 1975 年、1978 年。1973 年，当选上坝村新屋小队妇女队长，1974 年调任上坝村妇女主任。1999 年底离任，在家照料孙子、孙女。2011 年，再次被推为村妇女主任，连任至今。

忆往昔，打地主，搞批斗

我生长在大坑村，20 岁才来到上坝，我对罗家的认识要从罗炳仁开始。我们的炳仁公是清末秀才，年轻时才华横溢，备受乡民称赞，十几岁考上秀才，却一直未能中举，几经挫败后，无意仕途，回到老家上坝罗屋。炳仁公凭借殷实的家资和独有的学识，在村里办私塾培养青年才俊，40 岁时号召罗氏父老，按各家各户男丁人数捐资修建上坝罗氏宗祠。祠堂修好后，炳仁公将祠堂打理得井井有条，不久他叔父又将族长一职托付于他，一时间炳仁公成了上坝村最有声望的人。炳仁公担任族长后，上坝的大小事务没有他处理不了的，小到婚丧嫁娶，大到缴粮纳款、斗殴争讼在他那都处理得游刃有余，罗姓在村里的地位也变得很高。

民国那时，上坝村发生了较大的变化，国民党在我们这搞什么保甲长，上坝村开始变得混乱了，虽然有罗桂发、罗飞堂这样的财主，但已没有像罗炳仁那样对村子有极高统摄权的人。而且他们刘姓人家倚仗在县警察队任职的刘轩飞，在上坝村处处与罗姓人作对。两姓人的矛盾，在一次水利冲突中全面爆发。罗姓人为了引水灌溉计划在高陂修建陂圳，而刘家人认为这严重影响了石壁坑、大田的用水，要强力阻拦。为了抢水，两姓人纠合附近几个村同姓族人大规模地械斗，幸得政府强力调解，才得以平息。

中华人民共和国成立后，村里废除保甲，建立人民政权。1950 年春，会昌县又在全县范围内开展打土豪分田地的运动，我们村里的地主富农、土豪劣绅因此受到了打压，穷苦老百姓开始当家作主。我们妇女的权利也得到了重视，地位有了较大的提升。从 1953 年开始，村里凡是年满 18 岁的，除地、富、反、坏四类分子和被剥夺政治权利者以及精神病患者之外，无论男女都有选举权和被选举权，不识字的农民可以“举手”“投豆”表决。“选举”在大坑村还是头一回，当时大家根本不知道“选举”是怎么一回事，也不敢去选，后来觉得新鲜、好奇，村里的姑娘就去选了。妇女地位确实得到了提升，村里有不少受压迫、不识字的妇女，如从广东、福建逃难过来的，又如童养媳、小妾，都被解救出来了。妇女们还通过识字班、扫盲班、夜校，逐步掌握了一点文化。我在那个时候很小，还没有读书。

土地是农民的命根子，说到打地主大家都很关心。其实，解放前我们村里的土地集中在几个地主手里，如罗屋的罗飞堂、罗桂发，大田的刘轩飞、刘彪，都是村里出了名的大地主，尤其是罗飞堂在会昌都赫赫有名。相传他早年在筠门岭当伐木工，因脑子好使渐渐地做起了木材生意，后来生意越做越大，在南昌、赣州都有了他的商铺。据说当年人民政府抄他家时，仅金子、花边（银圆）就抄出了五箱，老婆和几个姨太太的金银首饰也不少，还有良田 200 多亩及成片的杉林。但听村里人说罗飞堂并非地主恶霸，土豪劣绅，他乐善好施，对村里人很好，常常给钱粮救济穷苦人家。上坝村罗飞堂、罗桂发等五户人家被划为地主，还有几家被划为富农，其他则是贫下中农。这些被划为地主、富农的人，财产都被政府没收了，家里的耕牛和田地被分给了我们这样的贫下中农，他们自己则耕种那些没人要的差田，用那些坏农具。

我们村里的批斗会一般在小队（生产小队）里召开，由生产队队长召集社员去开。有时批斗也会在大队里搞，由支部书记召集大家一起开批斗大会，书记、副书记、会计、民兵联长、妇女主任都必须到场。我也协作搞过批斗会，批斗的是那些走资派和作风不正的人，一般村里搞完批斗大会，大队干部都会到我家落下（议事），我就烧开水、泡茶给他们喝，不太发表言论。

总体来说，我们村上的批斗会搞得非常少，即使批斗也不会批得那么狠毒，就连罗飞堂这样的大地主也没被我们怎么样。

办公社，缴公粮，打工分

1958年开始搞人民公社，周田公社是会昌出了名的大社，我们上坝村归周田公社管。村里设上坝生产大队，8个生产小队，队里每位农民的身份都是“社员”。上坝罗屋有三个小队：上坝一小队、上坝二小队、上坝新屋小队；石壁坑有三个小队：石新小队、石富小队、石围小队；还有高陂、大田两个小队。生产大队有队长、副队长，还配备有会计、出纳、记工员，另外有妇女队长。其中，队长和副队长每1—2年轮换一次，通常由社员推举或选举产生，其他负责人以推举为主，但比较固定。队长、副队长、会计、记工员和出纳每年有适当的工分补贴。社员由生产队统一调度参加农业生产，修水圳陂坝。

我爷老子（爸）曾经当过我们大坑生产队队长（兼书记），当时大坑生产队下面有9个生产小队。那时运动比较多，他日常事务很繁忙，经常都要到各个生产小队去宣传政策，组织工作，有时上头有重要的政策文件下发，他就会让副支书组织大队支委到大坑支部或家里召开村支部大会。那个时候我才十来岁，但他们开会讨论时吵吵闹闹的场景我还记得清清楚楚，一般讨论到最后都是我爷老子和副支书拍案决定，然后每个队里的干部分头去把事情办好。

我家公和我爷老子都是大队支书，两人常有往来，我小时候便与我老公相识。1972 年，我嫁到上坝大队，年仅 20 岁。夫家是个大家庭，有五兄弟，老公排行第三，因此别人都叫他罗老三。我家公罗斯飞当时是村里的副支书，我老公当年 21 岁，是上坝新屋小队队长。我嫁到上坝的第二年，因为上面下文件要求各个小队要一名妇女队长，新屋小队就选我来当妇女队长。至于当时怎么从队里调上去当的妇女主任的，我也记不太清了。我跟大队书记说我没啥文化，不懂得抄抄写写，书记刘钢说不要紧，那些事情我们会来做，你只要搞好妇女工作就行，就这样我稀里糊涂地当上了妇女主任。妇女工作到底要干什么？我当时压根不知道，只晓得原来大坑的妇女干部会经常来我娘家开会，开完会就会到村里去跟那些三姑六婆的话家常，宣传开会的内容，有时村里人出现一些吵口打架的事，她就会去劝架调解，除了这些，也不见她干什么事。

从小队的妇女队长到大队的妇女主任，并不容易。妇女主任这个工作有时让我感觉很吃力，特别是当我分管了高陂、大田两个小队后，我肩上的担子瞬间变得很大，其中催缴“公购粮”让我印象最深刻。按照周田公社和粮管所的规定，每年秋收后，要征收好多粮食到粮管所。在吃大食堂的时候，公粮由生产队统一缴到粮管所，后来逐步落实“家庭承包”，就由生产队组织村民，自行纳粮。20 世纪 80 年代初，上坝村民缴粮开始变得不积极了，这让生产队领导很头疼。自觉点的人到了缴粮时间就会准备好公粮等着上缴，而更多的人则需要我们去催，甚至催了还有人拖拖拉拉，有些人不愿自己去交，队上就请人帮他们挑到粮管所，但需要多缴一些粮，作为“脚钱”。

1984 年秋，又到了催缴“公购粮”的时间，为了完成任务我挨家挨户去催村民缴“公购粮”。开始，他们不听我的，因为开始分单干，而我又是个女人没啥威信。最后，在村党支部刘书记的帮助下，他们才愿意跟我一起把公粮缴到粮管所。上坝离“圩镇”远，那时也不像现在到处都铺了水泥路，在泥泞、蜿蜒的山路上行走，一担(一百斤）谷子挑到粮管所要两个多小时。这一路挑下来，即便是年轻的壮小伙也要放好几个肩（歇脚)。

我清楚地记得，有一回跟他们去缴粮，天都还蒙蒙亮，我就要火急火燎地洗漱好，连粥都顾不上多喝两口，就跑到两个生产队队长家，让他们组织好队里挑粮的人，准备出发。早上七点不到，两个小队共五十来号人，每人肩挑一担公粮就上路了。那时没有拖拉机，连鸡公车（独轮木车）都没有，全靠两个肩膀挑，一路上我们换了五六个肩，中途还在我大坑娘家歇脚、喝水。当我们把粮食挑到周田粮管所时，已近九点半了，粮管所挤满了缴粮的人，等了好久我们才把粮食缴好。交完粮后，两队的人就走散了，手头有些钱的人会去周田圩（集市）吃点心，附近有亲戚的会去亲戚家吃饭，而我那天哪里也没去，缴完粮就想回家。两个小时的路程，当我回到家都快下午一点钟了，而那天太阳又非常猛烈，来回折腾下来即便是身强体壮的青年小伙也吃不消，我一个女人哪里受得住，结果我中暑了，一点米、水都吃不下。回想起那一段缴公粮的日子，我现在都有点害怕！

忆起生产队的日子，不知道有多么心酸。每年秋季稻收割后，队里都要缴公粮、统购粮，留好种子和储备粮之后才能给社员分粮食。分粮食是按钱计算，而钱是靠“打工分”换来的，那时“工分”根本不值钱，十个工分才三毛钱，干一个月也不到十块钱。按工分评，一个人一个月才能分到十五斤谷子，我们餐餐都只能喝粥，饭都没得吃。我当时负责高陂、大田两个生产队，不过人归高陂生产队，平日里要跟着她们干活，工分也从那里拿。我跟其他社员一样，每天从早忙到晚，非常的累人。记得我们高陂小队的罗队长每天早中晚上工时间，都拿着破铁盆死命地敲打，边敲边扯着喉咙高喊：“上工喽！上工喽！”于是我们放下手里的饭碗或洗着的衣服，纷纷走出家门集中到村口的祠堂外，听候罗队长的安排。那时队里分工很明确，男的干什么女的干什么，大人干什么小孩干什么，都有具体的安排。罗队长带着男社员，我带着女社员，拿着农具到指定的地方干活，到了吃饭的点罗队长一高声：“放工喽！放工喽！”社员们纷纷回家吃饭。那时候村里都很穷，连生产队队长也没有手表，上工、放工都是看天色，有时队长不一定能看准，所以早点、晚点都很正常，我们就这样日复一日、年复一年地在地里赚着“工分”。

当时计算的工分是根据不同的工种、不同的劳力划分等级的。普通劳动如强度不高的割稻子、插秧，工分就比高强度的修水库、建陂坝低一些。男壮年劳动力工分最高，如果好好做满一天，可以在我们生产队里拿到10—12分；劳动经验不足或岁数大些、体力稍微差点的男人，一天可以拿到9—11分。女的壮年劳力，像我当年那样的，一天可以拿到8—10分；一般女性劳动力（中老年妇女）拿7—9分。村里的老师每天赚的工分要比男壮年劳力多2分，高年级的学生要利用周末或寒暑假参加生产队的集体劳动，男学生要比女学生平均多2—3分，儿童帮队里放牛一天能拿3分。当时的工分很难挣，又不值钱，大家的劳动积极性不是很高，经常有偷懒、耍滑的，我们做妇女主任的偶尔也会教育这样的人。

放牛、猪也可以拿工分，牛、猪都是在队里一起养的，自己家里可以养一些鸡、鸭。要是有牛、猪啥的死了队里可舍不得扔掉，队长会组织人来除毛开膛，社员按照各家人头多少均分。那年代物资贫乏，一年到头也吃不上几回肉，这些死牛、死猪肉对社员来说是一种享受，根本不会去想病毒什么的，吃得特别香。记得有一年，我们高陂队有一头耕地的牛摔得半死，罗队长不气不恼二话不说就叫人把牛给宰了，连我都分到了一斤多牛肉。还有一回大田队里病死了一头猪，社员分了猪肉，我弟媳眼馋大田队分肉，就问我说："嫂子，我们队里的猪怎么不死啊？好久都没有吃肉了。"我真是哭笑不得。

抗旱灾，修水库，分单干

我们会昌这个地方别看它春头雨水这么多，热起来的时候也要命的。上坝山区的农民老表作田、种果都要靠天，家家期盼着风调雨顺、五谷丰登，他们最怕发生旱灾。旱灾常发生在热天（夏秋季节），记得1973—1974年，连续两年都是春末夏初雨水不断，有些地方几乎快被淹了，可是到夏稻割禾、秋稻莳田时，却连月不见半点雨，村里人喝水都困难，更不要说拿去种田了。大旱的生活过得异常艰苦，可日子总归是要过下去，而要过下去农民就得种田，田没水不行。为了引水灌溉，1974年我们村连打了好几口水井，依旧满足不了稻田的灌溉需求。有段时间实在旱得不行了，连喝的水都快没了，我们刘书记就带领大家，走一个多小时的山路到十里外的湘江（赣江上游贡江段支流，会昌第一大河）挑水，但从早到晚也挑不到几桶水，还搞得腰酸肩疼，一回家倒头就能睡着。连续两年的旱灾，让村里人异常煎熬，大队刘书记为此非常苦恼，他一连打了几个报告到周田公社，要求公社拨款帮我们建水库。公社领导一直犹犹豫豫，刘书记却不依不饶，终于皇天不负有心人，出于抗旱灾的考虑，公社于1974年底批文让上坝大队自建水库，公社减免了上坝大队的部分公粮。对于上坝大队来说，能得到这样一个结果已经非常不错了。

水库选址在石壁溪的石官塘河段，因此又叫石官塘水库。1975年初，大队开始动员修建石官塘水库，我经常到各家各户去做宣传动员工作，号召大家积极投身到水库修建工作中。当时建水库十分困难，没啥机械设备，连拖拉机都没有，挖掘机、推土机更不要说了，一寸土、一方石都要用锄头、铁锹，一个人运一方土石需要大半天。即便这样社员们的热情还是很高，他们一想到建好水库后不要千里迢迢去挑水，心里都非常开心，把修建水库当成自己的事业来做。1975年2月18日，水库开始动工，破土动工仪式搞得特别隆重，全村的男女老少都聚到水库基建坝址上搞石官塘水库奠基开工大会，会上大队副支书罗斯飞先带着队员诵读了《毛主席语录》，接着公社领导和大队书记发表了鼓舞士气的讲话，大家一致鼓掌庆贺。会上刘书记还对大坝修建的人事分工做了安排，对每个小队具体负责什么工程，男、女分什么样的活，都做了详细的规定。我那时怀了我大儿子，干不了重活，队里就安排我给大家统计劳动量，给他们发纸片打工分。当时规定挑泥巴一担给一张半纸片，没挑满给一张纸片，扛一个沙袋给2张纸片，积满了100张纸片就算完成了一天的劳动量，可以直接回家。刚开始时大家斗志昂扬，状态饱满，工作效率很高，好些人早早就能积满100张纸片，满分回家。一个月之后有些人就开始松懈下来，投机取巧、耍滑偷懒都有，作为大队干部我有时会去管管他们，批评教育那些磨洋工的人。此外，积极引导队里的妇女做好家庭思想工作，多鼓励自家男人好好干活，要她们有条件适当犒劳他们，还让大队食堂在过节的时候杀猪加餐，磨洋工的现象有所改观。

修建水库是一件非常辛苦的活，生完我的大儿子（罗承德）没多久就要回工地上工，儿子没人带只能每天要背到工地上，在那发纸片，一发就是半年多，每天风吹日晒，儿子受了不少罪。1975年底，石官塘水库建成，水库大坝长达50米，高不到4米。看着水库建好队员们开心极了，大队在竣工当日召开了庆功会，还邀请了周田公社的领导参加，主席台上和刘书记一同坐着的是几个公社领导。公社领导随便说了几句向乡亲们表示热烈的庆祝和衷心的感谢，接着大队书记开始宣读这次水库修建过程中表现突出的一些人，对他们的劳动给予了肯定，并表彰了他们。其中，我丈夫石新队队长罗石三就当场受到了书记的表扬，书记还奖了他一个烟斗，他开心得不得了，到现在还保留着。

水库建好后，无论旱灾有多严重，我们村都不会像以前那样缺水了。乡亲们的日子本应更红火、更幸福才对，可实际上生活水平并未得到提高，社员们依旧过着“打工分、交公粮”的苦日子，依旧解决不了温饱问题。当时公社和生产队的物资分配存在很多不太合理的地方，勤劳能干的人跟那些偷懒耍滑的人领到的粮食居然差不多，有些老实人多干却反而少得，这严重影响他们的生产积极性，束缚了生产力发展。据当时小道消息称，为了摆脱食不果腹的困境，安徽、四川有的农民，开始冒着风险搞起了大包干，生活开始变得红火了，再也不怕吃不上饭了。听到这样的消息，我们个个都“眼红”，盼着啥时候我们也能这样搞，特别是有几个年轻力壮的小伙子，居然冒着坐牢的风险跟刘书记说我们也要“分单干”，结果被书记一顿臭骂。然而，世事变幻莫测，没过多久上面的政策开始变了，队里开支部大会时，“大包干、分单干”的议题不断被讨论，终于在1982年国家下发通知说允许土地承包到组、承包到户，但同时重申了不准买卖土地。

分单干看似是一件非常好的事，却并不是所有的人都乐意分单干，特别是那些好吃懒做的人极其反对分单干，生怕分了自己会饿死。1983年，我们上坝开始分单干，先把上坝大队的集体物资分配到各个小队，小队根据各家的劳动工分和人口去分，农田基本是按人口去分，生产工具（牛、犁、耙等）、生活物资（猪、谷物等）以工分为标准划分，工分多的人可以多分点以抵销生产队欠他的报酬，工分少的人想要分工具、分物资需要把他欠生产队的工分换算成钱去补上，还有一些没法分的工具就估价卖给现时使用人。分单干特别是分田地、分工具，并不是那么顺利，田地谁都想分肥沃的，工具谁都想要新的，分的不均往往容易出现各种的矛盾。有些地方在分单干时还闹出过不小的事，我们隔壁的石塘生产队在分单干时，因生产队队长没有合理分配田地，公平分配工具、物资，造成了队里好些人不满，出现了哄抢的现象！总的来说，分单干还是好的，分完大家的生产积极性都提高了，以前不愿意干活的人都开始起早贪黑了，给自己干活和给生产队干活终究是不一样。三十多年过去了，起初不愿分单干的懒人并没有被饿死，大家的生活水平反而都提高了，以前大家都穷得饭都吃不上，而现在家家都盖起了新房，有的还买上了轿车，日子过得越来越好。

养儿女，搞计生，创“五好”

俗话说“不孝有三，无后为大”，貌似自古以来我们女人的天生职责就是“生子广嗣、传宗接代”，可好多农村妇女却害怕生孩子，更怕生不出“带把的”。我算是个比较幸运的女人，1972 年嫁到上坝，婚后两三年肚子却没啥动静，那时很担心自己不能生，可没想到 1975 年生了承德，1978 年生了承明，一连生了两个儿子可把我家人给乐坏了。话说回来，生孩子对我来说也是件非常辛苦的事，怀承德的时候我吐得非常严重，经常吃不下东西。那个年代物资贫乏，家里也很穷，连几个鸡蛋还是我娘送的，更别说有啥营养品了。村里的女人怀孕了也不能偷懒，一样要干活甚至是重活，老一辈人还认为这样生孩子的时候才能生得快些，不那么痛苦。怀孕的妇女不能脱离生产和家务劳动，但却有许多禁忌要注意，如不能去新娘的房间，甚至不能参加婚礼，不能去井边，不能动土建房，怀孕妇女的房子不能随便拆修，等等。

生完孩子后我活得更累了，我老公兄弟多，那么多孙男孙女我家婆根本带不过来，只能靠我们自己带。那段时间日子过得非常苦，我一大早就要起来做早饭，匆匆忙忙吃完就要背着小儿子去生产队里干活，中午孩子饿得受不了又得急急忙忙地回家做饭，晚上除了做晚饭，还要给他们爷仨洗衣服，缝补衣服，都不知道那几年自己是怎么过来的，反正感觉自己老了很多。

1977 年，我们这开始搞计划生育，当时的计划生育政策没那么严格，一对夫妻允许生两个男孩，生了两个男孩或三个女孩就会带去结扎，一男一女的家庭不会去结扎、上环。当时，妇女主任的主要工作就是催队里的违反政策的人去上环、结扎，每次村里有人要去上环、结扎，我都要跟着她们去，还要服侍她们，帮她们洗衣服。1978 年 7 月，我生了第二个儿子，9 月就去结扎了，本不想去的，但作为村干部只有自己带头先去公社卫生院结扎，别人的工作才好做。让她们去结扎、上环一直是件非常头疼的工作，谁都不愿意去，用她们的话说："生儿育女是个人私事，要顺其自然，哪里要搞什么计划生育"。后来计划生育政策越来越严格，不仅有结扎，还有流产和缴社会抚养款。具体缴多少是由县政府规定，我们下面做工作的只好去执行。当时我主管的高陂、大田的计划生育缴款需要我自己去经手，但这里面缴多少还是会有些浮动的，村干部还是有一定的把握空间。

那时违反计划生育、躲计划生育的事情时常会有，一般来说没有生到儿子的夫妻都会去躲计划生育。上面对违反计划生育，抓得非常严，我们被迫要带着周田公社（1984 年后改称周田乡）的计生干部去找违反计划生育的人。夹在中间的我们处境非常尴尬，不过村里的老表也算还理解，没有打击报复的事情发生。我们理解大家的心情，所以每次上头有人来找，我们都会提前通知她们，让她们赶紧去避风头，至于去不去就是她们自己的事了。搞计生是最烦人的事情，计划生育工作最难开展，农村家庭都希望生儿子来传宗接代，俗话说"养儿防老，割稻防饥"，香火总是要男的去传承，生的都是女儿两夫妻老了会过得非常困难。我们村现在有 5 户二女户，都是因为 20 世纪 80 年代末做了结扎，甚至引产手术，所以没生到儿子，感觉自己在别人面前都抬不起头。当时怀了八九个月的胎儿被引产的都很多，周田卫生院每天都有人做引产，时常有人在那哭天喊地、要死要活地闹。上面的政策一直到 1997 年都特别严格，不过现在国家政策好了。

新时期随着人民生活水平的提高，幸福的家庭生活越来越被重视。20 世纪 90 年代初，会昌县妇联和县委宣传部开始在周田乡搞"五好家庭"（遵守法纪、生产劳动、计划生育、尊老爱幼、团结邻里五方面都好的家庭）试点工作，之后总结推广。会昌县妇联号召全县妇女要在创"五好家庭"中起主要作用，妇女干部要起骨干作用。当时乡里还在三八妇女节这天邀请我们女干部到乡政府开茶话会，会开得很轻松，大家在那话话家常，谈谈村里最近的变化和如何做好创"五好家庭"的工作。为了做好创"五好家庭"的工作，我常和村里的女人聚到一起喝茶聊天，聊聊新政策，谈谈家常事，还时常会去调解一些村里的民事问题，如夫妻、婆媳不和，吵口打架，财产纠纷等。因为我们村干部时常宣传创"五好家庭"的精神，所以创"五好家庭"

活动引起上坝村民的重视，并得到广泛开展，一时间文明礼貌、尊婆爱媳、家庭和睦蔚然成风。次年，会昌县共评出“五好家庭”四百多户，十几个“五好文明村”，其中我们村评上了二十来户“五好家庭”，被县里评为“五好文明村”，听到这个消息我高兴得合不上嘴，这也是我做了这么多年妇女主任，所做的最骄傲的一件事情。

不经意间我从“客女”（未出嫁的姑娘）变成了老太太。我时常怀念过往的生活，时常想起在生产队打工分、修水库的日子。那时的我们过得很清贫，甚至饭都吃不上却依旧很开心，过得很简单没有乱七八糟的烦恼，一个村的人时常能聚在一起有说有笑，谁家要有困难或啥喜事全队的人都会来帮忙，人与人之间非常亲近，很有人情味。而现在日子虽然好过了，吃喝都不是问题了，物资非常丰富，可我们并不开心，时常会觉得很孤单，大家都在拼命地赚钱，连亲儿子一年到头都见不上几面，更不要说让全村的人聚在一块说说笑笑了。所以，我挺怀念当妇女主任的日子。

第三编　两全其美

17．舒坪彩英：女儿家也可似健儿郎

口述者：李彩英

采写者：张　斌

时　间：2017年1月15日、2月9日

地　点：陕西省勉县勉阳街道办西坝社区村三组

李彩英，女，生于1940年，勉县舒坪村人，上过几年“冬学”（扫盲班），农民。1957年嫁与本村三队人张玉生，1971—1982年担任村妇女主任，是大队里第一任妇女主任。退休之后在家务农，育有四个孩子。

家庭背景

我叫李彩英，1940年出生，现家住勉阳镇舒坪村（解放前这个地方叫舒家坪）。舒坪村位于陕西省南部的勉县，现属于勉阳街道办。地处山区，交通条件也不太好，进村只有两条路，全村目前大概有四百多口人，是勉县的一个贫困村。现在年轻人多外出务工，留守的多是老人儿童，村民多以种地养殖为业。在大集体时期，舒坪村属于何营公社，何营公社下面又管着七个生产大队，分别是继光、黄家沟、联盟、西坝、西寨、边寨。我们舒坪生产大队是其中之一，下辖四个生产小队。

我娘家有爷爷奶奶、父亲母亲和一个哥哥。早年还有两个弟弟，后来两人先后得病去世了。记得二弟（伙娃子）大概是在八九岁，得了一种“麻症”（一种手脚发麻的病）。下午在地里一家人收割完麦子回来就发病，傍晚就死了。那个年代条件差，离卫生院也远，弟弟得病时也没来得及治疗，死得可惜了。三弟（福娃子）是在 15 岁肚子痛给疼死的，听父母说应该是肚肠里长了“蹧虫”（蛔虫）。疼了几天又不吃饭，父亲母亲忙着干活没有管他，那天晚上在床上疼死了。我的爷爷奶奶、父亲母亲都是地道的农民，一年到头都是在地里劳作，能干的活我们兄弟姊妹都帮着一起干，家里虽穷但吃饭不成问题。

我是 17 岁结婚的，当时是由我的一位表叔介绍我们认识的。当时我们两个人虽说是一个大队的，但是都没见过几次面，也不太了解，结婚后相处得还可以。嫁到婆家里来还算顺利，和婆婆、兄弟相处得也算融洽。婆家加上我有六口人，公公婆婆，一个弟弟（小叔子）、一个妹妹（小姑子）。由于小姑子小时候得了小儿麻痹症，腿脚不方便没有劳动能力，也没有结婚。小叔子有点听力衰弱，又有点弱智，但能劳动，也一直没有结婚。所以我们一大家子人负担还是挺重的。

个人成长

我是家里的老二，唯一的女孩子。哥哥比我大两岁，在家里很勤劳，一直帮着父亲母亲干活。我的任务就是在家照看两个弟弟。母亲一天到晚都很辛苦，忙里忙外。我很小的时候还不会做饭，母亲不仅要和父亲干地里的农活，还要给一家人做饭，加上缝缝补补的，有一大堆活儿。10 岁左右，我就会做饭了，就边带着弟弟，边给家里做饭，有时候也帮忙干些地里的活。解放后土改开始了，我家本来土地不多，算贫农，后来给我家分了一点地，好像没有分到水田。那时候贫农分到土地可高兴了，干活积极性也高了，其实我们这个村穷，说到地主其实和其他人条件也差不多，跟我们穿的吃的差别不大。我们村没收地主土地还算挺温和的，都是小地主。有的还没等县上的工作组的人找上门来，就自觉地把多余的地献出了，相当于“坦白从宽”了。当时按各家的劳动力和已有的土地划分成分，分为地主、半地主、富农、中农（又分上中下）、贫农。然后把没收的土地，还有有些人家种不完的地补给那些人口多没地种的人家。

大概是 12 岁，我和哥哥、三弟去上学。那时候上学和现在不一样，哪有你们现在的条件好呀！我们那时候家里穷上不起学，都是每年冬天的晚上去上“冬学”。“冬学”是一种扫盲班，因为在农村里春夏秋三个时节都得去地里干活也没有时间上学，冬天地里的农活少不需要小孩子们帮忙，所以这时间可以去上学。还有就是晚上去上课是因为穷人家的孩子上不起学，得让白天上学的大点的孩子放学回来晚上再来教上“冬学”的孩子。解放后国家提倡“扫盲”，所以在农村里才有了这种不正式的“冬学”。

那时候上学感觉挺热闹的，全村像我这样上不起学的孩子一起去听课，一个班也有二三十人哩。有时候还有大人们也来听课。当时我们是去村口一队的陈家上课（大儿子陈兴才在西坡小学上学）。也不是每天晚上都去，有时候下雨不去，或者家里有事不去。晚上大概八九点回家。我家在四队，离一队有点远，大概走路回家要近一个小时，晚上天又黑。好在晚上我和哥哥弟弟一起回家，走夜路还不太害怕。

我们当时上课只上语文和算术两门。我记得自己最喜欢语文，不喜欢算术。我写字写得很好，唯独一看见数字就怕，怎么算都算不对。就这样，农忙时帮家里干活照顾弟弟，跟母亲学做饭缝衣，冬天闲时和兄弟们上学，上了差不多有五年。其实当时也没有怎么用心学，上了那几年认得一些字，也会写一些，算是个半文盲。16 岁的时候就没再去上学了，后来就在家帮忙干活。当时上冬学也有的人认真学的，特别是一些年龄大些的男孩子。记得有一个男孩子，算术学得好，后来去了供销社了。女孩子有出息的不多，大部分都像我这样读几年，会认一点字，然后回家种地了。

初为人妻

1957 年，刚满 17 岁，表叔就给我介绍了对象。他是本村三队的，叫张玉生，比我大两岁，也上过学（张玉生，1938 年出生，舒坪村三队人。1945—1951 年在勉县何营乡西坡小学上学，小学六年读完未继续升学，回家务农。1963—1975 年在舒坪大队担任会计，1976—1982 年担任三队小队长，之后在家务农）。那年九十月份，父母亲带我去表叔家和他见面，第二年开春我们就结婚了。那个年代农村里的婚礼办得很简单，我们两边的父母亲戚坐在一起吃顿饭就算结婚了。记得最清楚的是，那天我和丈夫还到他兄弟家（张玉清）借了两升米回来才算把事办了。第二天，我们两个人一起带着礼物去谢谢表叔。记得我们去办结婚证的时候，先到大队里开了证明，又去了公社，公社里说我们年龄不够不能办，后来又回来找到大队长一起去才办了结婚证。

嫁过去之后日子过得苦啊！结婚没多久就转社了，过的是吃“大锅饭”的日子。那个时候干的活多，吃饭也多，但是饭菜也不是很好，总感觉饿，吃多少都还是感觉饿。记得 1958 年，我和丈夫、公公被分配到略阳（略阳县属于汉中市，位于勉县的西北方，多山，存在大量铁矿）大炼钢铁。当时住在当地人家里，女人的活主要是拿着铁锤把矿石敲碎。这活看似简单，但干一天下来整个手臂都抬不起来，不过晚上休息一晚也就没事了。白天干活人多时还可以偷会儿懒，干得稍微慢一点。他们男的干活可就没得好过了！他们主要炸山开矿，把很大的矿石用背篓从山上背下来，在山上也没有像样的路，很难走，所以他们的活是最累的。每天在食堂吃两顿饭，早上十点左右，下午是四点左右。早上一般是稀饭，经常是豆子、玉米瓣、菜和大米煮在一起的那种，每人两大碗，我都吃不完还要分一点给我丈夫，他们吃得多。那时候干活累，偶尔也有肉吃，但是分给的都很少。在略阳炼钢铁差不多有一年，好像最后也没炼出来铁，那时候都是瞎指挥，找一处深山谷，当作天然的炉子，把煤炭铺一层，上面再铺一层碎矿石，再铺一层煤炭，就这样一层一层铺十几米高，然后点着了烧几天，之后就变成了一大块石头一样，怎么敲都敲不下来，都白费了。眼看着钢铁没炼成，就先把女的提前一个月派回到原队了，第二天回到队里去食堂吃饭时，食堂的管事的说我们是分派略阳的，这里不管饭，我说我们是被派回来的，那人又不信我，怕我们是偷跑回来的所以上午不给我吃饭，我们回来是有凭证的，但我们这拨人只有一张。恰好是邻村的一女的拿着的，害得我走了一个中午才去拿了凭证给食堂看，下午才给我们吃饭。其实食堂就是用饭把人管住，调你去哪干你就得去哪干，不然你是吃不到饭的。

大炼钢铁回来之后，我还在三队食堂干过。大概是 1960—1962 年的两年多，我们三队当时总共有60来口人，食堂就我们三个女的干，我们每天的工分和当天在地里干活的其他女的一样，每天做两顿饭，早上九点多，下午四点左右。我们食堂除了每天的两顿饭以外，还有两个工作就是我们三队的猪场和菜地，养猪也是我们的活，也就养个五六头，一般年前杀，平时改善伙食也会杀两头，然后把肉分好给每家。菜地的活简单，就是有时候除除草就行了，种菜的时候队长会派人种。记得1962年的下半年就撤销队里的食堂了，我也就没在食堂干了。

按工分折粮

那个时候实行的是工分制，每天出工就给工分，迟到或早退要扣分，男的每天是10分，女的一般是8分。不过我们女的有时候也会挣到10分，就是干有些重活，一般女的都没人愿意干，但也有些有力气的女的去和男的一起干，比如大队里要盖房子，需要去另一个远点的山上搬木头，还有去河里捡石头，如果有女的愿意去就能挣一天10分，因为这种累活人们都不愿意干。还有就是干女的擅长的活，比如插小秧苗，栽油菜苗，这些活简单但要细心，干好干快就不那么容易了，在这些农活上女的比男的干得好，所以也会给10分，只是这种机会不多。我们那时候也用纸币，都是用工分去兑的，大概是一工分换二三分钱！有的时候也不一定，也有换五分钱的时候。那时候物价也便宜，吃的便宜，上街去吃顿回锅肉才一毛多，买两把大麻花才五分钱。

各队的食堂解散后，实行的是大集体下一起劳动，统一分配，按工分和各家人口算口粮。具体分配是人口占比70%，挣的工分和出的肥料（农家肥）占30%。刚开始全部按所得工分算各家分得的粮食，有些劳力少的家就没饭吃，后来按人口占70%算保证了这些家庭有饭吃。一年的收成，除过交给国家集体的，剩下的分给各家，各家自己支配。20世纪70年代，我们三队的队长是苏中成，这人是个没有能力的人，尤其是没有组织和指挥能力，也是个不愿意出力的人。有一年（大概是1974年左右）县上派来了个郑主任（她只记得这人姓郑，大家接待的时候都叫郑主任，是个男的），还有公社的一帮人，来我们大队来调查工作，当时是苏中成当队长，他不管事，我们收的谷子（水稻）放在田里，晚上他也不安排人看守，三队里也没有库房，第二天谷子被偷了一大半哩，大队干部也查不出，没办法，三队丢了粮食没人管才报到公社的，所以上面就派人来查，查其实就是晚上开会讲道理教育，可是那个人口才好能说会道，连着开了有四五天的会，都开到大半夜了，也挺熬人的，但是就是有作用，让那些偷粮食人自己承认了乖乖地交出粮食了，后来还在公房院子里写了这些人的名字和交还的粮食数量在一张大纸上公示，丢的粮食大部分是收回了，那年才得以没饿肚子。他当队长的时候，队里的粮食总是不够吃，庄稼也种不好，队里三四十亩玉米地，有一年才收了千把斤玉米，那咋够队里分的。在庄稼里面玉米是最不好种的，又麻烦，又费时费力，可就是产量高。尤其是夏天太阳大，天气热，大家都懒散，不想干活。队长要是再不催着大伙儿干活的话，那就完了。种玉米呀这活，一季要除两次草，第二次除草是最麻烦的，除草同时还要堆肥，天气也是最热的，所以大家都不想这个时候出门干活，那自然庄稼就务不好了。苏中成这个人自己就是个没恒心、不勤快的人，经常看他出门都早上八九点了，其他队里早上都干了好长时间了他才来，队里有的人早到，有的人晚到，早到的人家也不傻，看队长没来，其他人也没来齐，人家也不会干，所以我们三队玉米在他当队长的时候务得最差。

那时候人多的活不好干，大家看队长早上不出门大伙儿也不出门，要不就是到了地里看队长没来就几个一堆闲骈（聊天）。队长不到大伙儿就不干活，那个年代大集体干活就是不好，下地的时候大家一路一串地到，干活的时候一个看一个，看看你不干那我就不干，看看谁干得慢了，大伙儿就干得慢。所以大伙儿干活就需要一个有威信的、厉害的队长，要不怕得罪人，才能把工带好，庄稼才能务得好。1974 年大队里选队长时把三队长苏中成给下了（撤职），也没人愿意当，因为那是个吃力不讨好的活，容易得罪人。我丈夫是个直性子人，天生勤快人，当时是大队的会计，他辞了会计自愿当三队的队长，我丈夫是实心人，他当时就只想到想吃饱吃好就得种好庄稼，发动大伙儿干活，多台地（台地，就是把原本的坡地给改造成平坦的地）造田。所以他就想着当三队队长，会计也没啥意思，再咋算也多算不出粮食来，抓生产还得靠队长。这样想是没错，可他这人呀，不讲情面，说话硬，干活的时候要求高，他说干成什么样就什么样。对家里对外人一样的严厉，家里几个孩子看见他就怕，在桌子上吃饭时一个个规矩得很，不敢说话不敢剩一颗米在碗里。他当队长后，下地干活抓得很严，早上不许一个人迟到，刚开始有人起得晚，他就到人家门上（家院子里）去叫，干活的时候就不让几个人扎一堆，得分开干，不让说话，还每天有定量规定，哪块地下午放工之前干不出来，就接着干，玉米地里有草就去除，都要施两次肥。地里活干完了，闲的时候就带大伙开荒置地，大家也有怨言，但那时候他脾气大，都怕他，不过他当队长头几年我们三队粮食确实增收了，不用再去其他队里借粮了，大家也是看在眼里的。只不过一直这么搞也是不行的，时间久了大伙儿也受不了的，包括我也受不了。唉！因此我丈夫在队里也是得罪挺多人的，但是我们家觉得他还是个好人，勤快能吃的下苦。

当时大部分土地是集体的，除了大家一起耕种的地外，各家还有自留地(每人 2.3 分)、饲料地(每户 2 分)，牛也是集体的，私人的牛收归集体所有，但是是有偿的，一年会给牛 700 工分，等于集体买了，但又让你养着，集体使用。当时有牛的人家可有面子了，集体用牛耕种完后，他家就可以先用来耕自留地，队里别的人想用还得说好话，排着队等着。

集体劳动在 1982 年就停止了，国家实行了包产到户，土地就分给各家了。每年自己给国家交粮食，也交钱（农业税）。交粮（公购粮）是非常麻烦的，到粮站交粮的人多到排一两里队，有时候还要带干粮连夜等，因为粮站离家远，排队人又多，晚上回去第二天再来排也不一定交的上，所以得熬夜等。有些人家的粮食晒不干，排到跟前人家还不收，让你回去再晒干点，这就麻烦了，尤其是家远的人。

妇女主任

1971 年那年我担任了队里的妇女主任，那年我的小女儿两岁了，这个女儿也是我生的最后一个孩子，1969 年的腊月十九我难产，后来选择剖腹产生下了她。三个女儿中她最小，我也最爱她，因为刚生下来体重也只有四斤不到，就那么一小点点，我婆婆一看说又是早产又这么瘦，唉！养不活呦。一家人都以为养不活她，没想到慢慢地养大了。后来也长成大姑娘了，就是一直很瘦弱。那个时候家里孩子多，劳力少，所以家里常常吃得不好，都是将就着吃，好多时候都吃不饱，还出去到队里别的人家借粮食。

我当上妇女主任，也不是大家选上的。就是大队长觉得谁能行就让谁当，我当时刚三十岁出头，在队里也算是个老实能干的人，加上也会认字，我们村那时候能认字的女的少。听丈夫后来说，大队长（方明友）从公社开会回来说队里要有一个妇女主任来抓计划生育（当时我丈夫是队里的会计），就问他："你们家媳妇愿不愿意当啊?"丈夫他也是老实人，说："我们家都生四个孩子了，不知道能当吗?"有天晚上队长到我家来问我愿不愿意当队里的妇女主任，说这是公社里要求的，每个大队要有一个妇女主任，以后要抓计划生育工作。我当时也不是很想当这个妇女主任，也不了解妇女主任是干啥的，害怕耽误我挣工分。大队长说妇女主任活不多，你主要负责计划生育政策，给每家每户把计划生育宣传到位，主要是和队里的妇女媳妇们面对面地做工作，也不难。还有就是去公社开会，传达上面的政策要求，一年给你算 40 个定工（1 个工等于 10 分），开一天会也算你 10 分，白天不开会队里也没事的话你照样可以干活，也是算工分。我一听还可以，就答应了。

这之后队里开社员大会的时候就宣布了，我以后就是大队里的妇女主任。之前我既不是团员也不是党员。成为队里的干部后就得入党了，入党申请是丈夫叫我写的，队长方明友是我的入党介绍人。

妇女主任那个时候的主要工作就是宣传计划生育，专抓计划生育工作。其实计划生育在我当上妇女主任之前几年好像就有了，大概是 1967 年前后就听到过计划生育，但是当时放的比较松，查的也不严，有时候晚上开社员大会也说过这事情，那时大家多不太重视，家家户户还是该咋生咋生，想生几胎就生几胎，我见过队里生最多的有生八个的。不过都是 1970 年之前的了，70 年往后的就不会生这么多了。我记得就是 1971 年那年开始计划生育变严格了，上面规定了每家不管男孩女孩都只能生两个，后来就越来越严了，男孩的话只能生一个。要是第一胎生女孩，可以再生个二胎，但是男是女都不能再生三胎了，要是第一胎是女孩，如果放弃生二胎，在那时候可是光荣的，还会有奖励啥的，一般是给"五好家庭"荣誉，或者是给安排就业，当工人。刚开始到队里工作的时候还有点不太习惯，以前没当妇女主任的时候，感觉和队里人见面说话时挺自然的，后来当了妇女主任到各家各户去做工作时就有点不太习惯，别人跟我说话时的口气也不一样了，也许是妇女主任这干部就是个得罪人的差事。刚开始在人家屋里去宣布政策和队里要求还好，大家都还热情相待，以后去的次数多了就招人家烦了，后来慢慢也就习惯了。

当妇女主任工作之一就是去公社开会，有时候会多，有时候少，有时候是通知我要亲自去开会，我就亲自去。有时候是大队长一个人去开会，回来再在大队公房开大队会传达公社的政策要求。那时候去公社开会都是走路去，从队里到公社要走两个多钟头。当时的公社就在现在的县医院的后边，公社里有个大会议室，每次都到那开，当时队上给干部们都发一个黄皮本子和圆珠笔，还有一个青黄色的小帆书包，开会的时候听到啥就都记下，回来的路上我就想着回去怎么说。当时去开会倒觉得挺开心的，觉得当了干部来开会见了世面，开会一般都是先讲生产的事，抓生产，听说哪里干得好就跟着学，那个年代经常说的是"农业学大寨，工业学大庆"，反正开会主要目的就是促生产，每到播种、育苗啊、耕地呀什么的，公社开会讲接下来的任务，还说要发动好群众，勤劳苦干，自力更生这样一些话。

生产讲完了，也讲计划生育问题，工作之一是向社员宣传国家计划生育政策，和公社里对妇女工作的要求。那个时候没有电话这么方便，全靠一双脚板跑到各家各户当面传达，一天能跑完一个队，反正要跑好几天，给家里有两个孩子的家庭加强叮嘱，要节育，不能再生了，国家有政策，生多了队里要受批评，你们也要缴社会抚养款的，已经超生的不追究，但是千万不能再怀上了。到各家各户去给他们讲公社里的要求，国家的政策，一般是晚上去，白天大家都忙着干活，我也在干活，晚上要不开会，我就走家串户，那时候队里晚上经常开会，有时候是总结生产经验，有时候批评懒惰分子，还有就是那时候有人偷公家粮食，开会时也揪这些人，大家你一句我一句，说的这些人脸上灰溜溜的。这就是毛主席所说的，社员自我批评，自我教育，犯错误的人，我们要批评他，教育他，帮他改正。我当时还有个工作就是帮助队里的五保户，我们大队就只有一家，是四队的缺家，这家男的死得早，只有两个妇女和六个孩子，他家的孩子是计划生育之前生的，一个女人带六个孩子，还有老婆婆。一年到头衣服都没得穿，小孩子们饿得呱呱叫，他们一家就在大队公房（大队的仓库）院子里做饭吃，吃的是上面的救济粮，还有集体粮。他家吃了好几年的公粮集体粮，那些孩子可以说是集体养大的。

公社里也有一个妇女主任，叫王素芹，人挺好，很客气，是专管计划生育的。有时候开会讲计划生育的落实情况，要求几个大队的妇女主任反映各大队的计划生育情况，如我们大队的婚育家庭数、年龄、生孩子数量、孩子性别等，还有队里哪些是属于超生户，哪些是合格户，这两种是最麻烦的，对于超生户队里还是相当严格，大队长也说了要严肃处理，免得以后的工作不好做，家家都不把事当回事儿了，当时我们大队长也管计划生育的工作，因为上面要求严，也给的有任务和指标，都是硬性的。

给超生户做工作是最难的，脸难看，话难听，有些人是想要个男孩，就一直生，但这毕竟是个别家。

抓计划生育那头几年的工作最难，大家都不理解，情绪挺大。当面和背地里遭人骂是常事，当时我们三队的人都还挺通情达理的，在我当妇女主任的时候没有人超生，也可能是我身在三队的原因吧，成天我们妇女一起在地里干活，可能说的这方面比较多吧，关系也近也好沟通，再加上我们家老头子是队长，当时就数他“王法”大（脾气、威信大），队里人都怕他。三队的工作最好做，四队的超生情况多，一队里人也还好做工作，二队其实和四队差不多，这两个队最麻烦，开社员大会上，大队里的大队长和副队长都批评过，在大家伙面前还点名批评几家人。可能是队里干部没啥文化吧，说的话也不太好听，大家也不太乐意接受。我也是想把工作做好，也没少说好话，但是刚开始那个时候大伙儿可是不领情的，去有些人家里还不让进屋，看人脸色有啥话就在院子里说说，我就反正按政策要求给你传达到，我也只有讲讲理，说说劝话，我实在没办法就找大队长出面，因为我一个女的村里都不怎么怕我，只有大队长们有点厉害的办法。

我那几年做的工作不好不坏吧，反正我也不后悔，虽然也没做出啥成绩来。干了这十来年干部，没受到啥表彰，也没被批评，感觉当妇女主任和其他人也没啥分别就是给了定工分，名誉上是个大队干部，其他也没啥实际权力，不像现在的妇女主任和干部有福利，工资还多。

我当了那些年的妇女主任感觉自己也没啥大的贡献，我的收获就是，多接触了一些人，会和人处关系，当妇女主任期间了解了村里的情况，各家情况。其他和别人一样，别人在地里干活我也在干活。

18．菖蒲花开：三十五年扎根在大山

口述者：鲁玉菜
采写者：鲁春梅
时　间：2016年2月、4月、8月，2017年2月
地　点：浙江省淳安县临岐镇菖蒲村

鲁玉菜，女，1940年生，菖蒲村人，农民，小学三年级文化。1956年入党。1960—1994年，任村妇女主任。1960年结婚，丈夫为上门女婿，育有3子1女。现与儿子一起生活。

家世

我1940年农历五月份出生，从小在这个村子里长大。我出生的时候还是国民党统治的年代，社会比较不稳定。小时候听我妈说，常有国民党来村里抓壮丁，一些青年人就都躲到山上去，等那些国民党的官兵走了之后才回家。因为一旦被抓去当兵，基本上就意味着回不来了，所以大家都害怕，那些官兵又很凶，跟抓犯人一样，抓到壮丁就绑着拉走。不过我们村还好，虽然有被抓去当兵的，但最后也都回来了，没有听说有谁死在外面的。

我爸说，我出生的时候就给我裹了一件破棉袄。夏天也穿，冬天也穿，因为根本没有别的衣服可以换。我妈生完孩子也没有什么可补补身体的，能有个鸡蛋吃就已经非常不错了，生完休养几天就下地干活了。包括到我生孩子的时候也是一样，哪像现在这样月子期间休养得这么好。我妈生了8个孩子，家里人口多，生活非常苦，那个时候还不是集体化，每年都要去别人家

借粮食。借也借不了多少，因为没有哪个人家是特别富裕的，只能借个几十斤米，还包括各种杂粮。

那个时候，也不光光是我家，大家生活都很苦。我妈说过，那个时候和我们住在一个房子的一户人家，家里人对儿媳妇非常差，有点豆腐或者肉从来都不会给她吃，那个时候能够吃到点豆腐也是很难得的，只给她吃一些剩饭剩菜。有一次炉子里面炖了一点豆腐，婆婆出去了，就儿媳妇一个人在家，因为没有吃过，儿媳妇嘴馋偷吃了一块豆腐，但是恰巧这个时候她婆婆回来了，她来不及等豆腐凉了就把滚烫的豆腐吞了下去，结果没想到那块豆腐把儿媳妇烫得满地打滚，最后给烫死了，真是可怜。那户人家儿媳妇死了，后来也就没了后。那时我还小，都不记得那户人家到底是谁了。

物资贫乏，小孩很容易夭折。我妈生了8个子女，长大成人的只有我、姐和弟3人。有些生下来没过多久就夭折了，有些七八岁的时候没了。我还小，也记不大清，可对于父母来说是很伤心的。大哥是到16岁才没的，刚刚初中毕业，感染了风寒发高烧死了，那时哪里有钱治病啊。

大哥去世给家里的打击太大，妈妈很伤心，就没让我嫁出去。当时姐姐已经出嫁了，弟弟在外面读书，家里就剩我了。爸爸脾气比较暴躁，两个人经常吵架，妈妈经常流泪。她叫我在家里陪着她，不要嫁出去，我也就答应了，算是给她一个安慰吧。

解放以后，虽然生活还是比较苦，但至少是稳定的，不用天天提心吊胆。当时的村子没有现在这么大，大概也就四五十户人家吧，住的都是天井房（徽派建筑），当时我家还和其他两户人家住在一起（天井房有四个厢房），现在都没有这种房子了。村子前面有条河，挑水洗衣洗菜都在那里，没有现在的自来水，那是村子的母亲河，虽然河流不大，顶多算条小溪，但是水可干净了，冬暖夏凉的，夏天也有很多孩子下去游泳，水浅，也不太会淹死人。

虽然说我是留在家里的女儿，但那个时候的人都是重男轻女的，爸妈也不例外。当时我想上学，家里不肯给我上，所有的钱都拿来供弟弟读书。15岁，我就偷偷溜到村小里面听课。爸妈拗不过我，才让我去上学。15岁才上一年级，还是自己争取过来的，可想而知那时女孩子上个学是有多不容易。不过虽说上了学，可也没有想象中的那么好，一个礼拜只能上两三天，其余时间都要被我妈拉去干农活，比如说在玉米地里除草，掰玉米什么的。

勉勉强强上到了三年级，学会的几个字，现在也忘光了，想想真是可惜。

那时候日子苦，可是苦日子也有苦日子的过法。做饭的时候并不会全是米，都会放点其他的东西下去，比如说地瓜、土豆、玉米等，米少的时候只能喝地瓜粥，只有这样省着吃，日子才能过得下去。

十七八岁的时候，村子里发大水，把整个堤坝都冲毁了。我仍记得那个早上，我家去拔秧准备种田，大家没吃早饭就去拔秧了，拔了差不多一半，回来吃早饭，打算吃了早饭把剩下的拔完。就在吃早饭的时候，下了暴雨，一下子水就涨起来了，冲到田里，把田里的秧苗全冲走了，刚刚做好的稻田也被冲毁了。水还差一点点就漫到我家里来了。河里面漂着各种东西，连人家的棺材都冲走了，人都还没下葬呢，可是那也没办法，救不起来，冲走也只能随它冲走了。还好田里还有没拔的秧苗，我们只能把剩下的拔起来重新种。不过虽然发大水把秧苗都冲走了，但是却带来很多鱼。水退去的时候，田里留下了很多鱼，我爸就带着我们去田里捉鱼，捉了满满一篓。在贫苦的日子还能吃到鱼，也可以说是一种幸运吧。但是被大水一冲，秧苗被淹，农田被毁，肥力缺失，收成并不好。虽然说不至于饿死，但那时候大部分人家几乎都需要借粮，还要去挖点野菜来充饥。

1960 年，21 岁，我结婚了。

因为妈妈执意要把我留在家里，所以招女婿上门。他比我大 6 岁，安徽人，15 岁起给店铺的老板打工，跟着老板去了威坪（淳安县的一个镇，距临岐镇 80 公里），之后便来到了临岐。解放后，老板的店铺被收归国有，变成了供销社，他也就一直在供销社工作。从 15 岁起，在那里工作了一辈子。当初我们俩是通过邻村一个在供销社工作的人认识的，那个人是我老伴的好朋友，和我们家又是旧相识，看到我这么一个大姑娘还没结婚，就帮我们介绍了。然后通过他牵线，一来二去的，我俩也就好上了。

结婚前他对我说大我 5 岁，结婚后跟我说其实大了 6 岁。当时我很生气，说你怎么骗我呢，要是大 6 岁，我怎么也不会嫁给你。农村里有个说法，男的比女的大 6 岁不好，犯六冲的，婚后吵架拌嘴会比较多，婚姻不是特别稳定。现在想想也真是，当时年纪轻轻的，我就这样糊里糊涂地嫁给了他。不过婚后虽然和他会时不时发生口角，但也还是这么过来了。有哪对夫妻不吵架呢是不是？他在供销社工作，也不经常在家，口角相对来说也会少一点。

最初，他调到屏门（临岐镇的一个乡，离家约35公里），在那里工作了十几年，也就差不多一个月回一次家。每次一回家，孩子们就往他身上扑，要他抱。我也打趣地说，爸爸这么长时间不回家，怎么这些孩子还一眼就认出是爸爸了，难道爸爸身上有什么独特的气息？每次他回家，带孩子这种事情我就全部交给他了，自己可以去山上或田里干点农活。他对孩子的生活方面也料理得很好，包括给他们吃、穿、睡觉、洗澡、带他们玩，等等，孩子们也喜欢黏着他。不过，他也有缺点的，就老喜欢和别人说应该这样做，那样做，打打理论战，真正实践起来又不会的。这可能跟他在供销社工作有关系，喜欢把什么事情都安排得井井有条，但是干农活毕竟和供销社的工作不一样，它是靠天吃饭的，我们又不能把所有事情都安排死了，然后按部就班地去做。后来他从屏门调到了光天（离家2公里），因为离家近，回家的次数就多了，家里忙的话，也会抽空来帮帮忙。

每次回来，他很少买东西，因为每月38块钱工资，除去自己的花销，剩下的也不多了。每次攒下来一点钱要还到大队里面去。家里人口多，而且基本上都是我一个人在干活，每年都得向队里借粮食或者借钱，所以他省下来的钱最后也都还到队里去了。对于我来说，他在外面上班，家里里里外外的事情都是我一个人干，有些时候想想也挺累、挺委屈的，但是那个时候也没有什么时间来让你多愁善感，因为生存的压力大过了其他一切。

入党：迈上舞台的第一步

1956年7月1日，17岁，我入了党，成为村里的第一个女党员。入党，可以说是我人生中的一个大事件吧。虽然说我现在有很多事情不记得了，但入党的时间还是牢牢地印在我的脑海里，因为那个日子就相当于自己的生日，在宣誓的那天就已经刻在心里了的。入党的原因有很多。一方面是因为我爸是当时的村支部书记，村干部天天来我家开会，耳濡目染的比较多；另一方面，当时宣传也做得好，共产党领导全国人民建立了新中国，打倒了地主，让农民重新获得了土地，我觉得共产党很伟大，就想加入共产党。还有就是自己对这些事情比较热心。那个时候每个村里都有民兵队，我都积极参加。而且肯吃苦，尽管是女的，但晚上要求巡逻什么的，我从不推辞，平时一有什么事情叫我，就立马跑去了。

我跟我爸提入党的事，他非常支持，立马拿申请书给我填。以前入党程序没有现在这么烦琐，不需要每个月写思想报告，上党课干嘛，只要自己填了申请书，交了之后上面就会派人下来调查。不过介绍人还是不能少的，当时我有两个介绍人，一个叫徐永法，一个叫方有财，都是临岐镇上的干部，现在都过世了。因为我爸是村支书，要经常去镇上开会，所以和他们比较熟，就由他们当了我的介绍人。上交了申请书以后，镇上就派人下来调查了，当时来调查的是一个女书记，叫方月琴。调查完家里的情况，她就单独把我叫到村里大会堂的屋后，问我为什么要参加共产党。当时我很紧张，但想都没想就说因为共产党很伟大，共产党是我们的再生父母。然后她又问我有没有决心做好党的工作，我说当然有。调查完以后，过了考察期，我就正式成为一名共产党员，当时心里的激动与荣誉感是我从未有过的，也顿时觉得全身充满了干劲。

我记得刚入党不久，还要去威坪开个什么会，当时心里是满满的期待与兴奋。会议长达一个礼拜，也没有什么代步工具，只能走路去。那年 18 岁，带着同村 15 岁的一个妹妹。我俩背着衣服、被子、干粮就出发了。因为我比她大，路上还要照顾她，重的东西都是我背。而且一天走不到，必须得在半路住一晚。

那天是下午开始出发走的，傍晚到了叶家村（离家约 20 公里）。刚好我们村有人在这里帮他们修水坝，住在他们村的，所以我们那天晚上就借住在叶家村，在他们住的地方打个地铺就睡了。第二天，一早就开始赶路。路上碰到一辆车，说是去威坪的，愿意搭我们一程，但只坐得下一个人，我就让那个妹妹坐了，自己一个人走路。有件事挺傻的，妹妹坐车去了，竟然没想到让她把行李拿去，这样就会省力不少，但我依旧背着行李赶路。走到住地，已经很晚了，天都黑了，真的是又累又饿。刚好大家还在吃晚饭，我吃了一大碗玉米糊。那真是我这辈子吃过的最好吃的玉米糊啊。

21 岁，也就是在结婚的那年，我当上了村里的妇女主任。当时，在村里人看来应该是理所当然的吧。我是党员，自己又很努力，之前当过村里的人大代表，也算是干部家庭，所以村里任命我为妇女主任。家里人也都很支持我，他们觉得这是一件光荣的事，所以鼓励我好好当。

当上妇女主任以后，事情就多起来了。我经常要去光天(离家约2公里)开会。当时是以公社为单位的，光天是公社所在地，一般开会什么的也都在那里。但要出村子的话，家里的事情也是比较难安顿的。婚后第二年，我生了第一个孩子，就是大女儿。到1969年共生了3个儿子。我要去开会的话，孩子他爸又不在家，大的孩子只能叫我妈照顾一下，小的只能背着去，因为要吃奶，早上背着去，晚上背回来。他们都挺听话的，在背上不哭不闹，也和那些开会的叔叔阿姨们玩得挺好。时间久了，慢慢就习惯了，早上出去，晚上回家，走那么多路，倒也不觉得累。

当时，去开会也有工分拿，和在队里干一天活一样，有7个工分，所以尽管开会多了点，还能养活一家人，我也没什么可抱怨的。主要是这条路是自己选择的，被选上了妇女主任，就得担当起这个责任。有些时候开会到很晚才回来，我还得和村里其他干部一起讨论会议的内容。比如说公社里发了个文件有关春天播种的，今年春天买哪号种子，要买多少，播种时间，人员怎么安排等，都需要我们去开会商讨，讨论完，听取完上面的安排后，我们就回来自己部署工作。

虽说我是妇女干部，但村里其他的事务也得参与讨论。有关妇女事务方面的更得参与讨论，毕竟这是本职。比如说，为了方便联系村子里的妇女，更好地了解她们的思想、生活情况，我将她们分成一个个小组，每个小组选出一个小组长，然后有事情可以来向我汇报。不过，农村妇女思想上也没什么太多的想法，更多的是来找我谈谈心，说说话。比如和老公闹矛盾啦，婆媳关系处得不好啦这些，都会和我谈谈，倾诉一下。我呢也会劝劝她们，开导她们一下。年轻的时候，对于这个职位还是非常热爱的吧。

夜校：让女同胞能识识字

“文化大革命”期间村里办过夜校，目的是为了扫除文盲。而我的工作就是每天晚上召集村里的妇女们来夜校上课。夜校就在村里，很近的。最初的时候有20多人参加，那是人最多的时候。村里的妇女们都带着孩子来上课，要么抱在怀里，要么背在背上。上课途中，有孩子哭了，还得先安慰孩子，喂奶、把尿。所以那个场景跟在学校上课是完全不一样的。学校的老师姓余，叫余佩华，是个很好的老师，很负责，后来还教过我女儿。他从来不骂我们，有孩子哭闹，会让学生先到外面去把孩子安顿好，然后再进来，很体谅大家的。而且还手把手教我们写字，如果有同学晚上没来上课，第二天再来的时候，余老师会给她们补课。

夜校的课还是很丰富的。课上会发识字簿，老师根据识字簿的内容上课，教大家认字，写字。除了这些，还会教我们唱红歌，念《毛主席语录》。那个年代特殊，吃饭、劳动之前都会先念《毛主席语录》。上课也一样，首先会朗读《毛主席语录》，然后再开始正式的课程。娱乐的部分就是唱红歌，像《东方红》《十送红军》什么的，我们都会唱，唱起来也挺好听的，很有气势。

说到这还有一件搞笑的事，我到现在都记得。我生完小儿子还在坐月子期间，晚上睡在床上的时候突然听见我二儿子在唱歌，唱的是《东方红》。我就很好奇他为什么会唱，也没人教过他呀，那时是1969年，他3岁。后来才发现是因为和我去夜校去得多了，夜校每天晚上唱歌，他听得多了，自然而然也就会唱了。

夜校刚办起来的时候人还是挺多的，但是后来人渐渐就少了，只有十几个，到最后就没人了，夜校也就不办了。按常理来说，那时大家都没条件上学，好不容易有个免费的夜校让大家学习，大家肯定都会兴致勃勃地去的，可是事实却不是这样，很多人都不愿意来。一方面是因为家里事情多，白天在队里干活挣工分，晚上回家要烧饭，照看孩子，还要做鞋子，补衣裳，哪里有时间去夜校上课。另一方面是她们劳动一天也累了，就算事情比较少，也想早点洗洗睡了，没太多的精力去上课。而且，那个时候的观念也和现在不一样，哪里会注重读书啊，只想着多下地干活，多挣点工分能够吃饱肚子。

来夜校的人很少，但我还是要完成我的工作啊。每天晚上干完活回家后，我只能马上吃完晚饭，放下家务，一家一家去叫人上夜校，那可真是苦口婆心嘞。跟人家说上夜校的好处，识字的好处，她们也都能理解，可毕竟那个时候大家的思想觉悟还没有那么高，去了几次后就不太愿意去了。

当时也真是多亏了我大女儿，也苦了我大女儿。当时她 8 岁，也就比灶台高出一点点吧，就叫她学做饭了。她会搬一条板凳放在灶台下面，然后站在凳子上做饭。不过毕竟还太小，烧菜什么的也不是特别会，只好叫她把米放到锅里，把饭做熟就行了。然后把菜洗一洗，等我回家烧菜，那样快一点。之后我就去叫村里的妇女去上夜校，像洗衣服等其他杂事只能晚上下课回来或者第二天一大早起来做。白天我又得去干活，所以带弟弟什么的也都交给我女儿。她爸爸在外面工作，不常在家，分家后，爸妈也要帮我弟弟带孩子，虽然有时候我妈会来帮忙，但是也不能让她一直来，毕竟孩子多，她也带不过来，最后只能是我女儿带。那时候我就听邻居说，她有次看到我女儿给弟弟喂饭，两个人都那么小，她喂又喂不进去，弟弟哭，她也急得哭了。想想那个时候也真是苦了他们了。不过现在他们都早已成家立业，孙子孙女都上大学、工作了，对我都很孝顺，兄弟姐妹之间相处得也很好，一切都苦尽甘来了。

计划生育：做好本职工作

80 年代就开展了大规模的计划生育，我就主管计划生育工作了。其实，70 年代初，我们这一辈人的时候，计划生育就已经开始了，只不过当时没有后来搞得那么大。我 29 岁就去放环了，如果不放环可能还是会生。其实我也是想得通的，孩子那么多，收成也不多，遇上收成不好的年份，还得向队里借粮食，所以少生几个也是挺好的。不过去放环都是偷偷摸摸的，主要是当时大多数人思想还没有开化，怕人家说闲话，就自己约上几个人偷偷去做了。

之后计划生育抓的越来越紧了，特别紧，就跟现在抓农村卫生一样紧。运动是一阵一阵的，冬天比较多。因为冬天基本上农活都干完了，大家也都没什么事，所以可以搞搞运动，放在这个季节也不会误了生产。刚开始的时候，这个工作真的很难做，难就难在人家思想不开化，哪里像现在这样，那时候就想着一定要生儿子传宗接代。计划生育时期，女性去医院生孩子的时候，如果已经是二胎了，或者第一胎是个儿子，医院里会跟你说生完孩子后什么时候可以放环。如果放过环了，就去村大队里登记一下，登记完还可以有点报销，具体多少我也想不起来了。

每次运动下来的时候，不光光是她们最难熬的时期，也是我最难熬、最累的时期吧。我总记得，每次召集村里的妇女去放环或者结扎的时候，人老是凑不齐。点了人数发现哪个人没来，我就得去找，有些就直接躲到楼上不下来，有些就直接去干活了。等我好不容易把这个找到，带到集合点，另一个又走了，真的很折腾人。所有人都集合完毕后，我们就坐着拖拉机到医院去，到了医院就已经是中午了。这个时候又碰见难事了，到了医院门口她们在拖拉机上又不愿意下来了，怎么说都不愿意。只要有一个人不愿意下来了，其他人就都不愿意下来了，我也只能耐着性子跟她们磨。我就安慰她们说我去给你们买午饭来吃好不好，先吃点东西，然后我们再去医院，她们还是不愿意，就是没什么法子。后来磨得多了她们知道耗着也没用，纯粹浪费时间，家家户户事情也多，也都一个个下来做手术去了。每次她们进去放环的时候我都得陪着，帮她们看看孩子什么的。虽然是个小手术，但是很多人做了之后身体吃不消，小孩都没工夫管，于是我就抱着小孩到处走走，帮她们看看孩子。这种事情想想也是怪可怜的。

其实在当时做这种工作是最吃力不讨好的。我帮了她们这么多，叫村里妇女去放环或者是打胎，背后总有人会骂我，连她们家里的男人也骂，骂得可难听了，说是我让他们家里断子绝孙。我当时想想也挺委屈的，村里劝不动，上面又催得紧，工作做不好就要被上级领导批评，夹在中间真的很难做人。不过好就好在我是一个比较乐观的人吧，别人骂骂也就过去了，毕竟村里还是说我好的人多，我还是坚持了下来。

其实每一次难办的都是村里的几个老对象，其他人都还好的，我记忆深刻的也就是那几个人。有些执意把孩子生下来了，为了逃避打胎，就躲到山上去或者躲到楼上不下来，撒谎说外出打工了，这也真的很难搞，我们总不能冲进人家家里面搜对吧。后来孩子生下来了也就只能缴款。我们村当时就有三例，也是当时缴款比较厉害的。

第一例是童某某家，1989 年。他老婆怀了二胎，但是他已经有一个儿子了，所以是不能生的。当时，就去她家劝她说要把这个孩子打掉，好说歹说，把她说得很通了。然而，打算要去打胎的时候，临时改变主意，说不在临岐镇做，要去临安县的昌化镇去做。然后，是他们夫妻俩自己去的。到了那边，轮到她做人流的时候，她就哭了，毕竟是自己怀的孩子，舍不得。她老公见她舍不得，那就说不做了，回家把孩子生下来吧！后来她把孩子生下来了，也是个儿子。当时是缴了很多钱的，但具体多少我不记得了，不过他们家是开拖拉机的，也能够负担得起。现在回过头来想想，亏得没有让他们一定把孩子打掉，不然现在连一个儿子也没有了。他家大儿子在二十多岁的时候游泳溺水身亡，如果没生二儿子的话，他们现在就没依靠了。他家小儿子今年就要结婚了。想想人生也真的是变化无穷啊。

第二例是童某家，1994 年。他老婆为了生二胎可没少吃苦头，当时乡里计划生育的专管员处处追着他老婆跑。他老婆天天躲在楼上，一步也不下来。当时她儿子还小，但家里人就教儿子说想要吃东西或干吗不要找妈妈，要找奶奶。然后晚上等别人都睡了，会偷偷地跑到娘家（隔壁村，相隔五百米左右），换洗一下衣服什么的。村里人都不知道她怀孕了呢，还是生下来之后才知道的。在楼上躲了那么多个月，那天我和乡里的专管员去他们家的时候，看见她肚子已经很大了，已经没办法了，所以只能让她生下来，然后缴钱。罚了 7500 元，那可是大数目。后来别人叫小女孩名字索性就叫七千五。不过那个女儿也争气的，从小就很懂事，懂得帮家里分担家务，学习成绩也很好，考上了大学。

还有一例是鲁某某家，1998 年。他家的情况有点特殊。这时我已经退休好几年了。他是二婚，和第一个老婆有一个女儿，但是离婚后老婆带着女儿改嫁了，再也没有回来过。他再娶后，生了一个女儿，但还想再生一个。头胎是女儿，按当时来说还是可以生第二胎的，但是他不是离过婚嘛，按照政策，一个人只能生两个（无论男女），他和前妻已经生了一个，现在就只能生一个了。怀了二胎后，他们还是想生下来。他老婆怀孕后就去义乌打工，在那边待到孩子生下来再回来。孩子已经生下来了，那也就没有办法了。后来，给那个孩子取名的时候，因为是超生，所以就叫鲁超了，你说搞不搞笑。

其实在我们村，计划生育搞得还是挺好的，没有像别的村那样有各种纠纷出现，也没有那么野蛮，强制人家打胎啊或者怎么的，不过就是缴点钱，一切都还好。还好几次被评为计划生育先进单位，包括我自己的荣誉还有集体的。以前老房子那面墙上贴的都是奖状，但因为后来造房子，就把那些奖状都撕了。我对自己的工作也很满意，毕竟做了那么多年，没有功劳，也有苦劳。

退休生活

我是 1994 年退休的，这妇女干部一干就干了 30 多年。改革开放以后，经济什么的都发展起来了，温饱也远不成问题了。像我们村就从改革开放以后，开始大面积种植山核桃树，山核桃的价格比较高，卖了可以赚很多钱，所以山核桃也就成了我们村最大的经济来源。我还记得改革开放以前山核桃根本没人要，有一年，我和村里的一个小姐妹还把十几斤山核桃挑到分水（桐庐县的一个镇）去卖，一整天都没人买，最后还是一户办喜事的人家买了去，多少还赚了几块钱。

当然，随着经济的发展，农村干部也渐渐先进起来了，村里办事也规范了。我们那个时代是只要你想干，有勇气，有干劲就可以，识不识字都没太多关系。但是现在不一样了，有很多文件材料需要填写，甚至还要张贴在村里的橱窗，而我认识的字又不多，大老粗一个，要我填这些我也不会，所以那时候想想也干了这么多年了，是该退休了。而且你看现在都是电脑办公了，也只能是年轻人的天下了，老了真的是跟不上时代的步伐了。

退休没几年，1997 年吧，我老伴就过世了，他也是个没福分的人，在供销社干了一辈子，退休生活还没享受几年就走了，他当时的退休工资都有两千多一个月呢。想着我也退休了，两个人可以安安心心享受一下天伦之乐了，没想到他却走了。也刚好是那几年，三个儿子都为我添了孙子孙女，孙子孙女的到来，也就使得我没有那么伤心了吧。到了孙子孙女们该上学的年纪的时候，二儿子和小儿子为了获得更好的发展，也为了让孩子受更好的教育，就都去了千岛湖镇上找工作。我也挺支持他们的，他们还年轻，需要出去闯闯。

我是一个闲不下来的人，虽然退休了可也没好好休息，喜欢天天往山上、地里跑。一个农民哪里受得了自己天天待在家不干活呢？像家里的茶叶啊、田地啊，总不能晾着它们不管对不对。村里人看见我都说我心太高，什么都想要。可是后来自己想想，应该就是不服老吧，我曾经是一个多么要强的人啊！不过多年的劳累，也使我的背弯成了 90 度。近些年，经过儿子们的劝说，自己也消停点了，最多就是拾掇拾掇自家的菜地，给孙子孙女们种点绿色蔬菜吃吃。晚上也去村里的商店，和一群老太太一起玩玩牌，顺便家长里短地唠唠嗑。去年的时候，村里还为 76 岁以上的老人办起了老年食堂，只要满 76 周岁，中饭都可以去老年食堂免费吃。我觉得这挺好的，国家现在对老年人的生活越来越照顾了。现在我每天就和村里的老头老太太一起，相约去吃中饭，然后在村前的河堤上散散步。当然，村里如果有什么事情找我，我还是非常乐意去干的。比如说在打山核桃时期，需要人在村里、路口多转转，以防外面的人来偷山核桃。虽说事情很小，可既然我能够做到，还是会义不容辞地去帮忙。

总之，勤勤恳恳了一辈子，虽有不尽如人意的地方，但也安安耽耽地过来了，以后的生活，我相信会越来越好的。

19. 灵泉井兰：女子扛起的崭新天地

口述者：石井兰
采写者：桑孟杰
时　间：2016 年 1 月 23 日，2017 年 1 月 15 日
地　点：河南省焦作市修武县灵泉陂村

石井兰，女，1943 年生，郭村蛇庄人，小学文化，农民，丈夫是方庄煤矿场的工人（1983 年去世），收养了 1 子 1 女（1971 年均从江苏海门的一个不知名的福利院收养来的）。儿子在父亲去世后接替了丈夫的工作，女儿辍学在家帮忙。1963 年“四清”运动时入团并参加村内民兵队，成为民兵队长。1966 年参加灵泉碑农业生产队，1970 年成为生产队队长。1982 年改革开放后，农村实行包产到户，生产队解散，卸任队长。

酸甜苦辣，回忆百味人生

我出生于 1943 年，那个时候全国还没有解放，战乱纷争，社会都不太平。农业生产没有稳定的环境，粮食少，能吃的更少，因此，我的整个童年都是在饥饿中度过的。后来好不容易熬到解放，大家如愿分到了土地，但是没想到，生产的落后仍然无法实现大家填饱肚子的愿望，所以和我一代的人大多前半辈子都是在缺食短粮中度过的。

我刚刚成年的时候，村里面的人就在闹分地，各家各户都有了自己的土地后，开始联合起来生产，纷纷加入了当时的生产合作社。后来就是浮夸风

共产风的大生产运动，当时大家折腾得可厉害了，生怕自己的产量落后于别人，各个生产队都虚报自己的产量，只有更多没有最多。如果红薯地里面有一个长到五六斤，就背着这一个红薯去公社，这一个就代表了整块地的红薯产量，每个红薯长的都有这么大，这就是为什么当时产量那么“高”还有人饿肚子的原因。每个季度生产队的队长和代表都要去公社报产量，往那里一坐，大家就开始报各自队的产量，谁都不愿意最先报，因为后面的人只会比你高，不会比你低。如果你的队产量最低，就是不会领导群众搞生产，那你的队长就不要干了。

1962 年我参加民兵队，因为成绩突出、有领导能力，就被推选为民兵队长，领导村内团员搞斗争，轰轰烈烈地打击“四类”分子，直至 1966 年出嫁后才卸任民兵队长。按照当时的习俗，闺女出嫁不能嫁到很远的地方，以便于将来还可以帮助娘家，所以我就嫁到了邻村灵泉碑村。当时的灵泉碑村非常美，地处平原，没有山林，村民一直都是以种植谷物、菜类为生。改革开放初期，这里没有受到重工业的污染，村内有多条清澈见底的小河，村民们就傍水而居，河道边种满了柿了树。我才嫁过去那会儿，村里有一千人左右。当时的村内生产和我的娘家那边一样，是生产合作社的形式。那时村里人分了 6 个生产小组，集体劳动，每个小组有 200 人，以小组为单位进行劳动，一个小队中选出一个队长，两个副队长。我因为前期有当过民兵队长的经历，又是村内为数不多的团员，于是又担任了生产队的队长。在这期间，因为我和丈夫一直没有孩子，所以我就于 1971 年经人介绍到江苏海门一个不知名的福利院收养了一个女儿和一个儿子，1983 年我丈夫去世了，但是生活还是要过的，再累再苦我也要把孩子拉扯长大。我在农村生产队一干就是 15 年，直至改革开放，土地承包责任制开始实行，我才卸任生产队队长。作为一个普通村民，人生的几十年风风雨雨就这么过来了。

年轻有为，当选民兵队长

回想年轻时，最深刻的记忆大概就是合作社刚刚成立的时候，那时的土地刚刚分完，干活的东西比如耕牛、锄头、铁锹，等等，这些工具本身就很少，劳动力也很少，村干部就把大家组织起来，一起干活，人多力量大，团结就是力量。好在我爸爸当时是大食堂的司务长，虽然粮食供给困难，但也能经常给我和弟弟留些别人吃不到的东西。即使在现在，我回忆起父亲，依稀还是在烟雾缭绕的食堂里的影子。父亲总会悄悄地给我和弟弟留一些红薯、土豆、玉米馍馍什么的，虽然不能填饱肚子，但是对于当时吃了上顿没下顿的我们来说，这比我现在吃到的任何东西都要甜，都要好吃。因为缺粮，大家为了生存，为了填饱肚子，当时的精神状态都特别积极，一心为集体，白天去地里干活，晚上开政治会议，揪出在生产队中那些搞破坏、拉低生产小组成绩、政治立场不明确、试图搞颠覆斗争的人，对他们都要进行批斗。

我那个时候还只是个普通的民兵队员，经常和队里面的人一起去巡逻。当时闹得很厉害，不要看都是一个村的，同村都要分派，各派斗争都很红火，互相攻击。有分派自然就有领导人的需求。1962 年的时候我只有十八九岁，因为年轻所以做什么事情都非常积极，响应了本村号召入了团。因为要想成为民兵，就必须先成为团员，再从中间挑选出听话的，能干的，处理事情能让大家顺服的去当民兵队长，我的民兵队长就是当时被大家推选出来的，虽然我在斗争方面并不积极，但是我说话在理，大家还是很信服的。

我当时主要的任务就是集合自己的民兵队伍，然后去巡逻。当时巡逻就是为了维护治安，汇报情况。当时的民兵队分为三派，一派分属为红色派，一派分属为二七派，还有一派是中间派。二七派主要就是防止“四类”分子搞破坏，为村里面的人做好事，一切遵从毛主席的指示。绝对不干坏事，毛主席说啥就是啥，比如今天出了个什么指示，晚上就召开会议，将这个指示好好给大家讲解讲解，要求大家怎么做好，怎么干才能将指示的任务做到最好。中间派就是只干好自己的活，不去参与其他的斗争，也不联合哪个派去打击其他派。当时三个派别的民兵经常发生冲突，因为我们的政治指示是不一样的，我当时站队时站的是二七派。二七派和红色派之间也是互相渗透，争取把对立派别的人争取到自己的队伍里去。其实一开始我的思想是中立的，属于中间派，但后来就站到二七派的队伍里面去了，人总不能专门照着错处走吧。

思想纯正，坚定政治立场

我们当时站队都是有目的的，红色派和二七派斗争得那么厉害，每个派都怕自己落后，大家在自己的派里面努力肯干，做什么都是以派里面的任务为首要目标。相当于当时的一个小集团，有领导，有目标，有任务，你要是没有派别都没有事情做。三个派别都是吵闹得很厉害，还有打闹得也都是相当厉害，当时有一句话是，“站好队，将来还不能捞把稻草？”意思就是：你在红色里面斗争很积极，跟二七派的人争吵，跟中间派闹，你在红色派里是大家崇拜的英雄，你以后想当个官，或者想做什么大事，曾经这些你的斗争经历都会是你的资历。但前提是你站队的方向对了，你才可以凭借你以前的斗争经历获得一个很好的前途。换句话来说，不管在哪个派别都是为自己的将来发展做准备的，为自己争前途，那个时候咱们村的大传（奶奶本村的一个人）是红色派的，两队斗争中闹得就属他厉害呢，但最后什么也没有得到，什么职位也没有当上，因为是二七派胜了。红色派别的人当然是什么也得不到。

1962 年中央要求搞斗争，清“四类”分子，大家的思想觉悟可高呢，一切听从党的指挥，尤其是到晚上大家都特别忙碌，两个派都互相猜，生怕其他派的在自己队伍里面搞破坏，严重时甚至连学都不上了，白天种地，晚上开会作斗争。当时每天的会议特别多，一到了晚上大家就聚集到一起，开会讲说，争取搞好工作，把其他派的人争取过来。有时候还会有娱乐活动，唱歌，唱戏，晚上也有很多事情做，每天过得都很精彩。我嫁出去之后便退出了二七派，把团关系和户口都转到了我丈夫所在的村子里面。在娘家的民兵队长也因此卸任了。因为我在娘家有当过民兵队长的经历，再加上我是当时的生产队里的唯一团员，干活能力比较强，所以来到这边后，也就比较顺利地当上了生产队队长。现在回想起来我当民兵队长并没有什么特别的优待，而且民兵队长还要在思想上和行动上起带头作用，一般有什么事情，我都会和队员讨论，也不会要求他们必须去干什么。因此我们的队伍可团结了。所以当生产队队长首先就是自愿起带头作用！

再接再厉，挥洒汗水人生

22岁时，经人介绍认识了我的丈夫。介绍前从没有见过我丈夫一面，1965年我们初次见面时也并没有相中，但是我爸爸妈妈非常愿意。那个时候没有什么吃的，而我丈夫是集体企业中的正式工人，有固定的工资，至少保证了我们不会饿肚子。我们那一代，好多姑娘找的都是工人，村里的少顷嫁的比她大5岁，而我丈夫比我大4岁。现在你们找的都是岁数相似，大个一两岁有时都不愿意，我们当时以生存为主。刚嫁过来也不是在这里住，在另一个院子里面住，那个院子还起着食堂，当时是1960年左右，大家都吃食堂饭。

嫁到灵泉碑没几年，我娘家的父母就去世了，我的至亲就只剩下了弟弟。弟弟当时只有八九岁根本照顾不了自己，所以为了照顾弟弟，我在出嫁后的最初几年也是住在娘家的多，婆家的少，即使娘家的人不同意我也没有办法。好在我丈夫当时是煤矿的正式工，除了休息日基本上都是在煤矿上工作，所以当时家里面也不是很需要我去打理。我一开始是想着把弟弟接过来一起生活，但是哪有那么容易，陪嫁嫁妆，你见过陪嫁个弟弟过来的吗，再说了，婆婆当时有一大家子人要养活，把自己弟弟接来也不像话啊。只能我自己经常去看他，后来我弟弟稍微大些了，可以去地里面干活，我就让他推着水车，带着小锅，看谁家刚做好饭了就去谁家盛点吃。那时人们思想单纯，即使自己吃不饱也会互相照顾扶持，再加上我姨在村里面当支部书记，而我又曾经当过民兵队长，村里面的人对我弟弟都还是很照顾，等他稍微长大些后村里的公社要人，经我姨推荐我弟弟就去公社干活了，一干就干了好多年，成家立业，养活一大家子，都没有离开过供销社。我当民兵队长所积攒的人脉也可能是我弟弟能在公社里面找到工作的原因吧。不过我当民兵队长的时候也并不曾害人，处处对人讲道理，再加上我当时站队站了二七派，后来二七派胜利了，村里也就自然善待当时二七派的人。我爸爸曾是食堂的司务长，因公去世，种种关系，村里多多少少都会给我弟弟多一点照顾的。

我的父母都是因为很小的灾病而去世的。父亲是在推菜的时候不小心磕到了手，当时并没有那么在意那个小伤口，谁知道伤口发炎感染，得了破伤风就去世了。妈妈是在地里浇菜，不小心把耳朵磕烂了一点，也是没有注意伤口，也得了破伤风。那时的医疗条件落后，根本就没有打封闭针，就这样我母亲也去世了。现在的医疗发达了，像割伤、碰伤这种伤真的就是小伤了。但在当时哪有这么好的条件啊，好多人就是因为这个而去世了。为什么现在的小孩子一出生就要去医院打各种疫苗，就是为了预防这样的突发疾病。早些时候那就不是这样过生活的，那是在努力求生存啊。小孩子生个病连看病的钱都没有，就算有钱也没有好的地方去看病。哪像现在可以去医院看，市医院不行了，可以去省医院，再不行就去更大城市的医院，交通方便，医疗又先进，钱多了还给报销。以前村里生病就用口口相传的土方子，在地里随处找的药，比如说恶心了喝个单帆（清瓦花），剜点窝心土（薄荷），弄点开水冲泡一下，喝了就不恶心了。拉肚子的话就找些糟麦秆（已经晒润的麦秆），吃些锅底灰（锅灰）让发汗。哎哟，早些时候真的是太吃苦了，能熬得住就可以过将来的好日子，熬不住就把命搭在那个年代了。我现在回忆起以前的事，心情也不能算是很平静。

刚嫁过来的时候，我也是进生产队里面干活，当时还不是队长。其实也就从本村到这里的环境变化了，但是每天生活的内容还都是一样的，在这里也是干活，在娘家也是拉犁拉耙，没什么区别。当时这里主要种的跟在家里种的都一样，毕竟也就是隔了几十公里远，种的粮食基本上这么多年都没有变过，大块地里面种的是玉米、麦子，后来有一段时间又种豆，但是豆子因为一直在生虫子，基本上都死掉了，就放弃种豆子了。小块地里面是蔬菜，白菜、土豆，什么好种就种什么。我当时在婆家种的是柿子树，因为玉米、麦子长得很不好，一般都种的红萝卜、山药、柿子树。柿子树长得特别好，树长得很宽，我婆婆家的柿子树两个人都围不住，总共种了有 10 棵，大概有 4 亩地的面积，结出来的柿子都做成柿饼，用高粱秆做成簸箕用凳子撑起来，把柿子放到上面晒两次，捂两次，第三次继续晒，但是大好的晴天还不能晒，一晒就空了。就我们当时的吃水缸，那么大整整捂了 5 缸那么多，每天也都是卖柿子。

除了自家里面种点柿子树，主要任务还是去村里面的生产队干活。当时生产队刚分好队，总共六个队，一个队里面两百人，每个队需要选出一个队长，我当时是团员，家里没有孩子，我丈夫也整月整月地在外头工作，而且我干活有条理，从不与人起冲突，而队长就需要起带头作用的。又因为“四清”的时候我就是村里的团员和民兵队长，这些曾经的工作经验成为我当选生产队队长的优先条件。我在队里什么都做得认真仔细，不管是晒麦子、扬场、耕地、拉犁，什么农家活我都会干，与队里面人的关系也处得很好，唯一的缺点就是没有文化。但是我如果有文化的话，也不会在村里面待了，早就出去外面闯社会了。选队长时大家坐到一起，一个人专门管记，大家一起讨论咱们队里谁适合当队长，然后每个人走到记分人那里写下自己认可的人，最后看谁的票多就让谁当。当时我的分最多，与民兵队长一样被推选为生产队队长。

孱弱肩膀，挑起责任担当

当时的队长并不像是现在的官员，当上队长后队内的人对待我也没有什么变化，平时该干啥还是干啥。而且队长还要比平时多干点活，当时的选举和责任都很透明，也不存在谁巴结谁。不像现在的妇女干部，又给工资，还有福利，我们当时什么也没有，还要组织群众干好活，要不就是我们的责任，当队长说白了也就是精神作用，一心为集体。当时的宣传思想就是顾大家，舍小家，大干，实干，苦干，拼命干。有时甚至回到家里面什么也来不及做，就又要去队里干活。当时的人都很实在，并没有什么埋怨或偷懒。至于我对当队长这件事也没有什么太大的感觉，都是要干活的，也没有什么优待，除了一些福利，会多发一些粮食外，其他的也没有什么了。还有就是平时干活比别人多干些，干活去早点，积极点，派活的时候一分配，谁谁干什么，这个工作应该怎么干，跟其他男队长凑到一起讨论讨论，再进行分派。有些活不适合妇女干，就给她们分配其他的，物尽所值，人尽所能。我丈夫认为我当队长这件事跟他在煤矿每天去上班一样稀松平常，他当时在煤矿上班，不经常在家，他也不管我当不当队长，只要回来有饭吃就行了。我当时还没有孩子，婆婆也有其他媳妇伺候，我除了弟弟一个人需要牵挂，也就没有什么负担了。而且我丈夫经常一个月就回来几天，成天见不到人，我也有更多的时间在队里面。那个时候哪像现在想要去哪里开个车就好了，我们那时候连个自行车都没有，想回来也没法回来。

那个时候谁也不敢偷懒，我们队长一般就是边干活边监督，谁干慢了我还要找他的事，队里面的人也都互相监督，谁稍微慢些就到我面前打报告，让我扣他的分。至于干活的衡量标准还是很严格的。比如说一亩地多少工，就算包给你队里面了，会限制时间干完，然后记分员会来检查你这份工做的质量怎么样。如果这一亩地里面都是玉米，会检查你锄地仔细不仔细，有的人随便一锄，检查的人会刨你的玉米根，土如果还是硬的，玉米根埋藏得很浅，分数就扣下来了。一排玉米两个人检查，一个人看这是谁的责任，一个人刨着土，干得仔细分数就高了。一支队又分三组，一支队有三个记分员。包括得分都有详细的规则，你如果有平车推一次车得多少分，担一担肥料一分，在瓦窑挑水，烧砖，早些时候没有潜水泵，靠人力挑，这些都是记工分的。当时还有三个动物牌，分别是马、牛、猪。马最好，代表你干活最快效率最高分数最高；牛其次，代表你只会用蛮劲，不会用巧劲，但也踏实勤劳分数其次；猪最不好，我们平时就知道猪是懒惰好吃的代表，在这里也是这样的代表。这些动物牌下面写着当天干活快慢、得分高低的人，也是一种勉励作用，谁也不想自己的名字写在猪的下面。所以就算是下雨了人也不敢歇，刚生产完的妇女也要在队伍间歇时回家喂孩子吃奶，之后还要赶紧回来。

当干部并不会让自己的任务减少，也没有队员会帮你干活，各自完成各自的任务。你还需要对群众说好话，不能太严苛，一定要搞好群众关系，大家都团结了才能赶超其他队。我当时特别照顾队中的妇女，谁要是生孩子了，有个什么不舒服了，我都会让她们干点轻松的活，或者让她们早点下工，回家给孩子喂奶。所以大家对我的口碑还都不错，我们相处也很和谐。当队长还要起个带头作用，每次干活都是走到队伍前面带领着大家一起干，群众看干部，跟在干部后面干，不仅要干活还要监督人。那个时候什么杂活都没有，就是地里的活。到吃饭的时候了，回到家吃了饭继续去地里干，中午也没有午休。挑水，挖河，没日没夜地干，深翻地挖半夜，每天晚上 10 点下工，白天天刚亮队长一敲钟就又去地里接着干了。

当时的会议特别多，每天都要开会，具体什么内容已经记不清楚了，无非就是上级领导要求好好做工，传达大家要团结一致建设好国家的思想。开完会后我们几个生产队的队长会聚集到一起，再重新安排对内工作的事情。比如活都是有轻有重的，我们会根据不同人来分你干嘛，他干嘛，那几个人去干啥，老年妇女去干嘛，青年妇女去干啥，有力的分重活，没力的分轻活。能请假不扣工分，但也不会加工分。我当时既没有孩子的压力，也没有家庭的压力，所以干起队长来特别有力，否则一般有家庭有孩子的妇女很难领导起来。后来我领养了一个女儿和一个儿子，但是丈夫当时就是煤矿的正式工，女儿、儿子岁数也太小，在找工作上面，儿子也可以去接我丈夫的班，也就没有要求村里给其他的安排了。因此我的家属在政策上也没享受什么优惠政策，大家都是一样的平等对待，包括村支委、村长，都是下到地里面干活。全村没有人有特权的，五六十岁的老人也要下地，除了七八岁上学的小孩。即使十一二岁的小孩，晚上都要掂着马灯站在地头照明，大人们在地里面剜地。为什么现在对老人们照顾得这么好，那个时候真是吃了太多苦了。东西都吃不上，整月整日地吃不上一点米，饿着肚子去干活。最差的时候就是弄点红薯疙瘩就白开水，一过就过了好几个月了。大办钢铁的时候牲口正在拉车呢突然就倒地上死掉了，饿死了。那时候全村都去生产钢铁了，除了老的小的，年轻的都去了，一片一片的人，以村为单位，都是聚堆炼钢。上山背着矿石，和青石黄石一起炼成钢。这是在生产队前面的事情。以前口号都是"互组合作道路好，幸福生活越过越美满"，但是都快饿死了。后来机械化了，大办钢铁用不着那么多人了，也就停止了，大家也才缓口气。

工分制实行还是比较有意义的，虽然男女同工，但是记分是不一样的。工分每隔两天计算一次，每半年结算一次分数。10 分一个工，每天上午记一次，下午记一次，男的 10 分，女的 8 分。每隔两天把工分汇总一次，半年再将每两天汇总的工分结算一次。除了 1958 年、1959 年吃大锅饭，其他年份都是个人吃个人的饭。记的分到时候总结，一个工 100 分值多少钱，10 分值 5 毛，一年下来也就几百块钱。所以当时有余粮户也有缺粮户，因为大队按工分分粮食，工分分不完给钱，有的又分钱又分粮，有的家人口多，就全分成粮食，如果还是不够就给大队交钱买大队的粮食，所以他们是缺粮户。当时的三队是种菜的，卖的钱比较多。他们的队员分的粮食就多。所以这些分都相当于当时的工资。

当时生活的主要内容就是干活，生活就是吃饭干活，即使在“文化大革命”期间，村里面还是以生产为主，当时宣传的是斗批改，但农民还是要干活的，比如过个一两天要批斗谁，就要提前把活干完。白天干活，晚上批斗。破四旧，立四新，打倒封建迷信。当时烧了很多值钱的书，原版的《红楼梦》《三国演义》，也真是可惜了。我从 1970 年当上队长直到 1982 年，生产队的农具都开始分到各家了，包产到户。生产队就解散了，村里也没有什么安排。我分到了八亩地，各家都种好自己的一亩三分地。也不再联合生产了，我也就不再当妇女队长了。从我嫁到这个村没几年就当选上妇女队长，一直到 1982 年，我都是妇女干部，这也算是我人生中唯一的一次从政经历了吧，干什么都不容易，当个小小的队长不仅要兼顾领导的意思，又要兼顾下面同志的意见，总是要折中，还要安排好大家的工作。自己的责任又必须要扛得起来，还要完成得很好，否则大家都会有样学样。这就是当领导人必须要做到的最基本的工作。你看你们现在多么幸福，有书可以读，有学校可以上，还不用忍饥饿肚子，所以从我们那个年代走来的人都不会浪费粮食，也没有惰性，一个时代培养一个时代人的精神。一定要珍惜你现在所拥有的，好好读书，不要浪费时间。

20. 王庄士英：读书能改变一生命运

口述者：胡士英
采写者：吴佳妮
时　间：2016年2月、7月
地　点：浙江省海盐县西塘桥街道

胡士英，1945年生，平湖县徐埭乡徐兴村人，高中文化程度，1964年任徐兴村耕读小学老师兼辅导员。1968年，嫁至海盐县王庄村，丈夫为王庄村双堰头小队长，育有2女。1974年在村医疗站工作，次年担任村妇女主任，主管计划生育工作，1992年退休。

求学：翻身唯有靠读书

我出生在徐埭乡（现并入林埭镇）徐兴村，它位于平湖县城的东北方向，距离县城大概八九公里，走路要花上两个小时。全村大概将近两百户人家，徐姓人家占多数，其次是张姓，我们胡家占第三吧，人也算多。每次家里要办事情，比如办红白喜事、造房子，都有本家的人来帮忙，因而办事轻松又热闹。

徐兴村是一个谈不上发达的村庄，但也不至于很落后，家家户户都盖起了砖瓦房，虽说是平房，但空间也不算小，绝大部分房子都是三开间。少部分人家经济上稍困难些，就造得稍微小些，但也不影响居住，毕竟有了砖瓦房刮风下雨也不慌，不像从前的泥坯房、茅草屋，下场雨还得担惊受怕的。

我们家住的房子也和大多数人家一样，三个开间的砖瓦房。家里有五个孩子，我排行老大，下面有三个兄弟，一个妹子，加上爸妈七口人，在这三居室的房子里热闹而不拥挤地度过了20多年，直到我出嫁，三个弟弟成家才各自造了新房分开住。七口人可以算是一个大家庭了，除了一亩三分地，家里也没什么其他收入来源，因此日子过得并不宽裕。

我作为家里的长女，自然也要替爸妈分担一点生活压力，我懂事很早，父母白天出去干活，我就在家帮着照看弟弟妹妹，正如俗话说的“长兄如父，长姐如母”，用在我身上再合适不过了。妈妈对我的影响很大，她和泥巴打了一辈子的交道，但和别人不同的是，她相信读书是我们庄稼人的唯一出路，希望几个孩子可以靠读书来翻身。虽然那是个重男轻女的年代，幸运的是她并没有被这样的观念所束缚，反之，对我上学的事情格外上心，在那个年代，像我妈妈这样的妇女真的不多。我从小就很懂事，也是母亲最宝贝的一个，培养我是她最大的愿望。

我没有辜负母亲的期望，从上小学起，成绩就出奇的好，一直读到初中、高中毕业。现在想来，没能去上大学，是件依旧觉得遗憾的事情。

我是解放前出生的，上小学时中华人民共和国刚刚成立，国家还处在一个恢复发展的阶段，教育上也是如此，反映在我们农村的正是各个村庄都在开始办学校。印象很深的是第一个学期上学连凳子都是从家里搬过去的，学校也是办在别人家里的，集体还没有房屋可以提供办学。过了好几年才渐渐有了桌椅、板凳、黑板，村里也为学校造好了专门的校舍，学校也越来越有模样，教学条件和水平也在慢慢提高。

刚上中学时，“大跃进”运动开展得很疯狂。读初一那年大概是1958年、1959年，按照上面的指示，农村里的读书人全部都要下放回到农村去，经过这样一番折腾，班级最后就剩下十几个人，其中大多是镇上的学生，农村的很少，有也是极个别的。幸运的是，我的成绩在班里数一数二，就有机会留下来继续读书。

那时，经济困难，空有“人有多大胆，地有多大产”的口号。对国家来讲，要养这么多读书人恐怕也是心有余而力不足吧。老百姓更是一贫如洗，非常艰苦，根本没有白米饭吃，一般吃的是东阳草根、糠粑粑（用糯米粉做成，外面裹了一层糠），糠就是米外面的那层轧出来的。1960年的自然灾害夺走了多少人的生命，但再困难的时期学生也享受着温饱的幸福，我们学生是备受重视的一批人。那些正在读书的学生，可以去大生产队里打个证明，学校里会补助他们一天8两粮食。当时实行的是16两制，8两饭也就是现在所说的半斤。8两是按照“二三三”制来分配的，就是早上2两，中午和晚上都是3两，所以温饱不成问题。

家里孩子多，我还能继续上学，不仅是成绩优异，主要还得益于国家的助学金。助学金分一等、二等和三等，我每次都拿一等助学金，每月3块钱，一学期15块钱，这些钱在当时不是一个小数目，我自然也不会乱花。每学期的学费是十四块多一点，家里没有钱来给我交学费，我就省下助学金用来交学费。有助学金和母亲的支持，我去考了高中，并顺利地被平湖中学录取。

高中生活可以浮现在脑海中的就是一位老师和一场测试了。

时间过去了快五十年，那位老师的名字都已记不起来了，但是他的才华确实是令人钦佩的，作为一名高中教师，他的文化程度并不高，读过初中就来教高中。“初中不读教高中，困难重重怎样攻”，这是他常常挂在嘴边的话。这话反映出当时师资力量确实很缺乏，但老师也确实很谦虚，虽是初中文化，水平一点儿也不逊色。他讲得出这么有道理的话，我很敬佩，真的不简单。

1962年，那年我上高二，雷锋像明星陨落般地突然离开，也让我们熟知了他的光辉事迹和精神。我之所以印象如此深刻，是因为一次政治测验中有这样一个题目，大致内容：国家出了一个英雄，名字叫什么。我们大多数人都有点茫然，完全无从下手，根本没有听说过是谁。但是有一个见识广的同学说看到过报纸上在宣传一个叫雷锋的英雄，我们也就跟着写上去，报纸在当时是主要的传播新闻的途径，我们没有看过的就根本不知道。1963年3月毛泽东题词，从那时起“向雷锋同志学习”的口号被越来越多人所知晓，雷锋也成了家喻户晓的人物。向雷锋学习的行动影响很大，“学雷锋，做好事”，一直延续到现在。

大学：未曾触及终遗憾

没有读大学是我最遗憾的事情，也是母亲最遗憾的事情。她常常在我耳边唠叨：“你要是去上大学了的话，我也能跟着你享福。”

只可惜我放弃大学路，她一辈子也没有摆脱翻泥巴的命运。上大学的机会好端端地摆在我面前，我还是没有抓住反而自己放弃了，有时候想想也许这就是命吧。高中毕业时，农业大学在招生，当时是有名额的，我是在名额里面的，只要我选择去，就可以去上农业大学的。放弃升学，还是和一个人有一点儿关系。

她的名字叫红英，是我家河对面的一个同龄的孩子，我们从小一起长大，亲密程度可以用形影不离来形容。高中一毕业，她就找好对象了，对方是徐埭镇上的一个小伙子，听说我想要去上农大，跑来跟我说："士英啊，你不要去，读不得的，在家做做吃吃最好了，读来读去都是这样的，我们农村人走到哪里都是要跟泥巴打交道。"

十七八岁的年纪，听着她的话感觉特别有道理，加上家里的情况不富裕，上学还得要向亲戚借钱，于是我就选择了放弃继续求学，把上大学的名额让给了别人。现在回头想想还是有些后悔，如果当时真的去上农大，现在可能日子过得不知道怎么样呢，肯定不是与泥巴打交道了。因为当时农大读完是分配工作的，完全不用像现在的毕业生一样愁找不到工作了。当时妈妈特别心疼错过了这个机会，明明有这个机会还白白让它溜走。但是这也怨不得谁，路是自己选的。当然，现在这样，也未尝不好。

虽然没上大学是种遗憾，但是读书确实很派用场，是我后来担任辅导员、赤脚医生和妇女主任的一个基础条件。

村里有出息的文化人不多，高中毕业就已经挺被重视了。因此高中一毕业回到家乡，村里就决定让我到村里的耕读小学[①]担任辅导员，也算是半个文化人工作吧。所谓辅导员其实就是辅导小孩子的作业，算是半个老师吧。

耕读小学跟我们现在的小学很不一样，也可以说是适合我们那个年代的比较特殊的小学吧，小学设施非常简陋，甚至没有自己的桌椅，更谈不上有专门的校舍了。学校所谓的教室，实际上是跟村民借来的屋子，凳子都是从自己家里搬去的，桌子也是搬去的，艰苦的条件也挡不住孩子们对知识的渴

① 1964年为贯彻执行"两种教育制度、两种劳动制度"，在广大农村兴办起的专收不能入全日制小学就读的儿童。主要以大队、生产队为单位成立半耕半读的半日班或早、午、晚班，学习小学的语文、数学等学科课程，每天上课二三个小时，修业年限不定。这种办学方式满足了农村孩子就近入学的要求。

望，半天劳动，半天读书，农忙时间上课甚至是在晚上。当时的课业谈不上繁忙，只上语文、数学这类最基础的课程，也没有现在的孩子那么大的压力，大多数的孩子相当地调皮捣蛋，但是对学习感兴趣的孩子还是有几个的，成绩也好，学得也有乐趣和兴趣，当老师呀，正是因为这批孩子才能有点动力。说实话，半耕半读的方式，并不能让这些孩子真正投入全部的精力到学习中，但是多多少少还是能增加一点书生气，认得几个字。

在那里教了一段时间的语文课，后来还担任了少先队的辅导员，也会经常开会，也没有做多少实际的事情，其实差不多就是有这样一个名号。当耕读小学老师的时候，也算开始挣钱了，上头会补助几块钱的学习费，其他主要还是生产队支付“工分”，几块钱在当时已经不算少了，作为家里的长女，还是舍不得花这几块钱，还是想着留给家里用。

嫁人：媒妁之言定终生

那时候的婚姻大多还是“父母之命，媒妁之言”，二十出头的年纪，家里人就开始着急孩子的婚事，四处打听合适的人，我父母也不例外，早早托媒人给我找个合适的男孩子嫁了，我和我先生就是这样经过媒人介绍认识的。媒人上门来说媒，讲他家条件比我家要好得多，而且男孩子很吃苦耐劳，人长得也不错。媒人的嘴总像抹了蜜一样甜，我父母也表示很满意，我自然也不会拒绝嫁过去，似乎就在潜移默化地接受这位原本未谋面的男孩子，离开家乡，嫁到几十公里以外的陌生地方。这似乎也就注定我要在这个新环境里扎根，渐渐地适应、融入到这个新的村庄。

我先生叫陈付根，是邻县的海盐人，家在海盐县西塘桥镇的王庄村。对于那个主要依靠走路或者坐船的年代来讲，徐兴村到王庄村的距离可以说谈不上近，少说也得有十五六公里了。偶尔回一趟娘家，为了省钱总还是走路回去的，一趟就要花上半天的工夫，至少得三个小时，倘若早上起得稍晚一些，连午饭时间都赶不上呢。要说坐船回娘家，那还是一件奢侈的事情，一趟要乘两班船，先要乘船到平湖，花两毛五分钱，再从平湖换船乘到徐埭乡，花一毛五分钱，来回一趟就得花上八毛钱，我自然舍不得花这个钱，只有带两个孩子一起去娘家时才舍得乘船，就生怕走那么远的路把孩子给累坏了。那时候孩子的吃食实在是少，但是嘴巴却很馋，每每到我娘家去，我妈妈都会拿好吃的来招待。所以有一次，两个女儿背着我和孩子他爸，两个人手牵手自己走到了外婆家去做客吃好吃的，毫无疑问，这么远的路走起来肯定累得够呛，还落了毛病，每到阴湿的天气，我大女儿关节就疼，说来也是我做大人的责任。

我生活了大半辈子的这个村庄叫“王庄村”，听老人讲以前这里有户王姓的人家，家大业大，势力在这一带很大，久而久之这里就被叫作王庄，后来就以“王庄村”来命名了。村庄说大不大，说小也不小，相比我娘家，还是大了些。当时有310多户人家。

我家这一带小地名叫“双堰头”，这里有“双堰河”“双堰桥”，“双堰”是和祖辈在这里筑的两条堰有关，至于堰在哪里，谁筑的，作用是什么，答案也已经随祖辈的逝去而逝去了。

双堰河由南向北从王庄穿过，它与村民的日常生活息息相关，河里的水又清又静，水里的河蚌、螃蟹是大家饭桌上的佳肴。每户在河边的人家都在河边筑了一个石阶，早晨妇女在这河边洗衣服，也有淘米的；每到夏天的傍晚，那又是孩子的天堂，有这条双堰河，每个孩子似乎都有游泳的天分，夏天的傍晚在水中嬉戏可能是孩子们抛开学业后最轻松快乐的时刻了吧。河上的桥自然随河称呼，也就叫“双堰桥”，夏天的傍晚，太阳下山后，老老少少都来这座桥上乘凉，自然风吹着总是那般凉快，不是现在的空调可以媲美的。双堰河两岸有高有矮的房屋，住的已经不是茅草屋了，家家盖起了砖瓦房，条件稍好些的都盖起了楼房。家庭经济条件好坏决定了楼层的高低，生活条件好的自然是两层楼房，条件稍逊色的造的是平房。而收入主要依靠种庄稼，田地是按照生产队来分的，一直是集体一起劳作，出工只需要拿一样工具，分配干什么活，就拿什么工具。

原先村里有9个生产队，在80年代分田到户后拆分成13个小队。庄稼主要有棉花、水稻、油菜、小麦。水稻和棉花大概在阳历五月播种，油菜和小麦在十月播种，土地利用率很高。一种作物丰收，紧接着迎来的是另一样作物播种。虽然这里没有山，连个小土堆都没有，但是地里能种的倒是有很多。夏天种西瓜，每到西瓜成熟的季节，大队就会按照人数每家每户分西瓜吃。有西瓜吃，是夏天最开心的事了。秋天又会有橘子成熟，庄稼人总还是要靠地吃饭的嘛。

1968 年嫁过来之后，我做过的事情就有很多了。开始是代了一段时间课，当过赤脚医生，再到担任妇女主任。

嫁过来不久，村里的公办老师怀孕生孩子，在村里我算是文化程度高的，而且我在娘家也当过一段时间的老师。村里的学校就请我去当代课老师。1969 年代课期间原本是有让我转正的机会，但是我恰好怀孕了，也就丧失了继续站上三尺讲堂的机会。但是，我并没有遗憾，家里迎来了第一个小生命，并也有了可以当医生、做妇女主任的经历。

村里选我来当赤脚医生，也得益于读书，还是那句话，读书真的带给我很大的变化，也拥有更多机会接触不一样的职业。时间到了 70 年代，医疗卫生事业开始普及到了农村。1974 年 12 月，我作为村里唯一的女性被派去培训。压力真的很大，一方面作为第一批女性赤脚医生，会害怕做得没有男同志好；另一方面，医生救死扶伤，责任真的很重大，一个不小心，会影响到一个生命的生死。

在为期半年的培训中，我从最基本的看病、打针开始学起，每一步都小心翼翼，生怕出什么差错。培训结束后还有三个月的实习期，我被分配在海盐六里和平湖乍浦两个地方，每个地方都待了四五十天。实习过程中有老医生指导，出差错就向老医生请教，慢慢地向零差错靠近。实习结束后，就回到了王庄村医疗站，诊断、打针、配药，甚至到接生小孩，每一样都要做。我还会兼会计的工作，负责筹钱来买药，村民每人出一块钱，然后生产队和大队帮忙每人各贴一块钱，这样每人有三块钱。村里有三百多户，每年有一千多元。这些筹来的钱，已经足够用来买药，维持医疗站的日常开支和医疗费用。

出任：条件艰苦决心大

我担任妇女主任，没有一个明确的任命，其实是一个有点模糊的过程，大概时间也就是在 1976 年前后。起初做赤脚医生的时候，在大队里帮助做一些会计工作，收账，算账，而我在大队里面的职务也没有一个明确的说法。直到在计划生育工作政策出来后，80 年代，政策具体落实在每个村的时候，我们村响应上头的政策，通过选举来找到一个合适的人负责这一块的工作。

经过投票选举，我就被任命了。因为我与村里其他的妇女相比，我文化程度算高，加之本身就在大队帮着做会计工作，而且工作做得令人满意，几年来几乎都没出过差错，久而久之，村里人都比较信任我，就把我推选上来了。计划生育这一块工作，也就交给我来打理，我也成为事实上的妇女主任。在培训做医生之前，我也和普通妇女一样，白天要去田里干活的，后来做赤脚医生之后，白天就不需要去地里干活了，就背着药箱了。妇女主任的工作交给我来做，确实也比平时要忙一些，要说忙了很多，那倒也不至于，因为给村里没有生育名额的孕妇做思想工作，以及其他的一些工作多是放在傍晚去做的。白天不去是因为她们都在田里干活，也碰不到面，而我也在医疗站，晚上大家都回家了，就去给她们做思想工作。经常会去，时间久了，也就习惯了，没有觉得事情特别繁重，偶尔碰到计划生育“钉子户”也会头疼，但是因为有其他干部的协助，也就没有那么困难了。

当时我们一个大队最主要的有五个干部，妇女主任、大队长、村委会主任、民兵连长、团支书，五人中就我一个是女同志。在日常工作中男同志也还是比较照顾我的，不会欺负我，但是男女干部的待遇是不一样的。我们的工作没有资金上的补助，也没有工资可以拿，而是到自己生产队计工分，差不多就是做一天算一天工分。我在医疗站的时候，也是这么算的，基本上就是跟本生产队妇女的工分是一样的，就是她们是在田里干活，我就是管计划生育这些事情的，不会多拿其他工资的，以前报酬很少，也就是评个工分。那时候的人，不像现在的人把钱看得很重，那时候最重视的就是工分。论工分的时候，贪污的事情是从未有过的，至少我们村是如此。男性女性，年龄不一样就有不同的工分，到年底的报酬就是按照工分来发，每家每户的粮食、各种票子也是按照工分来发的。那时候什么东西都要凭票来买，肉要肉票，洋油要洋油票，肥皂要肥皂票，布要布票，一个人一年只有一丈二尺，所以我们大多数穿的都是家里织的土纱土布，就连吃饼都要半两粮票，现在想起来都感觉有些不可思议，你能想到的东西，就都有相应的票，每一样都需要凭票来买，哪像现在只要有钞票这些都可以买到，不过现在的东西比过去多得多，科技也发达了，要真凭票来买，还真是不可能呀。

以前条件很艰苦，虽说是在为大家办事，但连间像样的办公室都没有，不像现在的村委会那样有专门的办公大楼。虽然没有办公室，但是我们也要办事情呀，只能到条件稍好的人家，借一间屋子。当时是在村委书记顾彩根家里借了一间屋子来当作办公室，大队里也基本上没什么开支，就连吃饭都是在书记的家里解决的，根本没有其他地方可以去吃。村委会没有办公楼，也不像现在还有宣传栏啊，广播室啊，这些在当时那种条件下想都不敢想，也完全想不到。到 80 年代中期，条件变得稍好一些，村委会建起了砖瓦平房，装上了广播，我们有了会议室，就在这个会议室里办公，还有广播可以通知重要的事情，方便了许多。在那样的条件下，我们干部之间关系却是相当好，没有钩心斗角，工作方面配合得也很好，每次有什么大事情，都是全员出动去解决。比如哪家家里闹了矛盾，打得不可开交，我们就会一起上门去劝解。有一次，有户人家小孩子溺水死亡了，我们连夜赶去那户人家家里头去安慰大人，说来也是为他们感到可惜。

我们妇女班子除我之外，还有一批人，大队里主要是我和另外一名妇女，一起管这一块工作。我们俩算是村里管计划生育的小头头，协助我们俩管计划生育的还有生产小队妇女队长，再到生产小组的妇女组长，总共加起来也有将近 20 个人。一级接一级，办事效率也算高，虽然人不算少，但任务还是非常艰巨的。有什么事情，基本上是一级级地传达下来，虽然有广播，但是还不怎么用到，主要还是因为计划生育这一块的工作，在某种程度上也算是隐私，不能发广播，让全村人都知道，毕竟这也不是一件很光荣的事情。作为当事人，也不愿意坏事扬天下呀；作为我们来讲，私下里做工作把事情解决就好，大事化小，小事化了是最好的了。刚开始开展计划生育工作的时候，我还没有很多经验，都是一个个小队地跑下去告诉她们具体的工作、最新的指标和情况，后来都是发给每个队的妇女队长，由她们再拿去家家户户地发宣传的资料，哪里有孕妇，主要是她们汇报给我，然后我们村里几个干部再去做思想工作，倘若碰到个不肯把孩子做掉的“钉子户”，就很头疼，最后实在做不通的，就只好汇报给乡政府解决。

工作：计划生育万般难

“万事开头难”这句话，确实适合用在我们那个时候的计划生育工作上。政策实行之初，我们处处碰壁，在老百姓的眼睛里计划生育好像是件不对的事情，不仅得不到群众的支持，反而还会遭到谩骂。村民的反对与反感，让人感到很不是滋味。每当到田埂地头找某个妇女，远远地就会被指指点点说“那几个女人又来了”，接着各种难听的话都来了，说起来更难听的话，我都说不出口。

当然，他们的不适应、反感，我也是能够理解的。但是，在政策面前是没有办法的，这就变成了应尽的义务吧，如果每家每户都要生好几个，不仅给家里带来了负担，从国家的角度来讲，一点点的负担累积起来就不是一个小数目了，所以为国家做一点小事情，我还是用积极的心态去办的。丈夫同意我去担任这项工作，看到我做了那么多辛苦事儿，还不招待见，很是心疼，但是他还是鼓励我继续做下去。每当我因为工作而感到筋疲力尽的时候，他就常跟我讲：“做工作，碰钉子是很正常的”“任何事情都没有一帆风顺的”。

他担任小生产队的小队长，碰壁、被误解，都是常有的事情。因为一些工作被人误会，他也能一笑而过，这些经历让他表现得更为乐观，也让我在疲惫的时候有个坚实的肩膀，更是我的榜样。

久而久之，我也适应了这项看似并不被支持的工作。令人欣慰的是，在计划生育政策面前，大家也是慢慢地在适应，从反对到不配合，再到逐步适应，最后配合我们的工作，日积月累的工作也让我积累了很多的经验，做事情也更为顺手，每天都在做相同的工作，但是因为每次遇到的人不一样，心态也会不一样，解决方式也各种各样，尽管做了很多年的计划生育工作，但是一点儿都不觉着枯燥。

我每个月的工作也有很多，最基础的工作主要是要做月月清报表，本村吃避孕药的有多少人，打避孕针的有多少人，安排到可以生育的有多少人，以及一个大队有几个生育适龄的妇女，这样多多少少的数字的变化和计算，记录下来就像有一本账目一样。而这些具体的生育名额主要是由乡政府来分配的，村里大多每年轮到十三四个，可以新生十三四个小孩。具体来讲就是，如今年有 14 对小青年结婚，有的是上年结婚的但还没生的，有的是想生二胎的，都要排进去。有的是一直都没怀上，就要推迟。一胎出生率安排不下的话，有的新婚夫妻还没安排到生育名额，就要往后推迟，推迟几个月，或者安排到下一年。

当妇女主任要紧跟着上面的政策走，每个月都要去乡政府开会，加上我还做赤脚医生，每个月还要去培训一下。大家都知道，我的字写得很漂亮，每次开会我都能把要点又快又好地记下来。每个月三号，无论晴天下雨，各村妇女主任都要到乡政府去开会。以前都是土泥路，没有水泥路，没有车子，就连自行车都没有，我们只能靠一双脚，嗒嗒地一步一步走到乡政府去。我们村到乡政府大概有五六公里，一般一早就要出去，才能赶到开会，假使上午的会没有开完，下午还要继续，我们还得再走回家去吃午饭，吃完再跑去开会。以前真的是苦，不像现在自行车都不愿意骑了，都是汽车开来开去。

到乡政府开会，主要跟我们进行政策的宣传，各村妇女主任要汇报自己村里上个月的计划生育情况，全部要汇报的。村子里哪户人家三胎要是生出来，就会被刮鼻子（受到批评）。要是知道怀了三胎，非要生的话，工作做不通，也只能随她去了。超生二胎也是要缴社会抚养费的，缴得并不算多，还是按照工分来，倘若没有生育名额而超生了，就要扣五百个工分，男同志干一天活挣十个工分，算下来差不多就是两个月白干。王庄村的计划生育工作一向做得很出色，从来没有出现过生三胎的情况。别的村三胎也有的，第三个孩子往往是上不了户口的，别人就把这些孩子叫作黑人，就是没有户口的，等于是没有被承认。

乡政府为了鼓励我们，进行先进单位的评选，我们村经常被评到，得过多次奖，这是一件很光荣的事情，是对我们计划生育工作的一个肯定，也给我增加了不少信心和动力。

计划生育政策大约是 1975 年、1976 年开始的，具体的政策也不是一成不变的，每年也都会有变化。从登记结婚开始，就有年龄的规定。如果两个适龄青年要结婚，两个人的岁数加起来要等于或者超过五十，没有凑到五十还不让登记。比如我大女儿，结婚的时候就差了一年，就被扣钱了，即使是结婚年纪到了，但是生育名额还没有轮到，也要被扣钱的。生育名额是这样安排的：按照年龄，年龄大的先安排，年龄小的适当往后排，以前就要计算自然增长率，几个新出生的孩子，几个去世的人，然后你这个大队里要保持多少人口，都是要控制的，要控制在几千分之几。比如，他们1月结婚2月怀孕的话，就是符合规定的，稍微提前一点时间怀孕，就要扣钱。有的人提前生孩子，生得很早，就连地里干活都不让去做，工分都挣不到，就只能背着篮子去地里割割草，这些缴社会抚养费的人看着其实也有点可怜，但是政策面前没办法。

"提倡一胎，计划两胎"是我们一直在宣传的话，两胎也有，占少数。如果两代都是独子可以再生一个，不过这种很少，少得很。哪家妇女有二胎了，哪家有孕妇，我们要留心眼了，就要跑上门去给她做思想工作，让她打掉，有配合工作的，也有不愿意的。如果有生育名额，那就没有关系。

大约到90年代后期，夫妻双方年龄达到50岁的规定就稍微宽松了些，年龄稍微减小了一点，政策也放得松一些了。我们把它叫作"开小口子"，就是生的第一胎是女的，还可以再生一个，但是如果第一胎是男孩，就不能再生了。所以村里很多第一胎是女儿的，多数又生了一个。国家嘛，政策也是逐年在变的呀，它符合时代的发展就好。

退休：忆苦思甜，感恩当下

1992年，大女儿生了一个大胖小子，我也就升级当上了外婆。按照这边的风俗，作为外婆的我理应照顾外孙子，而且本身年纪也不小了，离退休年龄也差得不远了，于是我就选择了退休，把机会留给年轻人。说实话，原本忙碌的生活节奏突然停顿了下来，起初还有些不习惯。除了带孙子，其他时间都很空闲，和同龄人一起喝喝茶、聊聊天，时间久了也会有些乏味，想想还是工作的时候更充实一些。

回过头想想，在这将近二十年的时间里，作为一名女性，在村里担任工作也确实不容易。但是从国家的角度来讲，想解决人口膨胀而带来的一系列问题，实施这项政策，肯定是有道理的，即使一度被谩骂，指指点点，但是到头来这项工作还是被肯定的。这是一件值得欣慰的事情，就像我们常常在说的，个人利益是小，集体利益是大嘛。

这么多年的计划生育工作终归是告一段落了，去年开始已经全面放开二胎了。现在的人体会不到我们当时的心情了，倒是可以把这些事情当故事来读，不用遭那份苦，也是蛮好的。这样一路走过来，真的不愿意再让别人重走一遍，真的太苦了，和现在不能比。现在的生活是真的幸福啊！我们的生活也是过得一天比一天富裕了，我也有退休津贴可以拿，退休头几年还没有，到了 2000 年呀，这个崭新的 21 世纪，真的不得不说，百姓的口袋开始鼓起来了，村里也给我发退休金，头三年是 300 块，后来增加到 500 块，再到 2010 年，我们这里拆迁了就涨到了 600 块，虽然这几百块钱不算多，但是拿到手心里还是暖的。

21. 吕娄曼云：付出总归是有回报的

口述者：章曼云
采写者：吴佳琪
时　间：2016 年 2 月、8 月，2017 年 1 月
地　点：浙江省绍兴市高新区茅洋村吕家娄

章曼云，曾用名章孟玉，女，1946 年生，绍兴县陶堰镇后江村（现越城区陶堰镇浔阳村）人，初中一年级文化。1965 年嫁至陶堰镇吕家娄，丈夫吕阿明，在家务农，育有 1 子 2 女。1976—2004 年担任村赤脚医生，1979—1999 年担任村妇女干部，兼任村出纳员。现退休在家。

回首往事感慨万千

说起我做妇女主任的经历，那可真当是说来话长了。我当妇女主任的时候正好遇上了计划生育，工作是相当的忙也特别的辛苦，别人都不想当。我也是因为赤脚医生的缘故，妇幼保健的工作连在一起，实在是没有办法才当上的。那个时候的妇女主任真的是很不容易的，甚至可以说是一个有风险的职业。

刚刚开始执行计划生育政策的时候，村里的很多人家都因为之前生了两个女儿想要再生个儿子。毕竟那个时候不像现在，男孩女孩都是宝贝，重男轻女的思想还是很严重的。我自己前两个生了女儿，第三个是儿子，但是我生完（29 岁，1975 年左右）马上就做了节育手术，而且那个时候还没有开始计划生育。

但是别人不会这么想啊，我记得一次就是有户人家威胁我说，不给他们

生儿子那我的儿子也不能要。可怜我真的是没有办法，儿子去读书的时候就用布头把他的脸包得特别严实，不让别人认出来，那个时候日子过得真的是战战兢兢。所以说这个妇女主任是真难当啊，尤其是赶上刚刚开始执行计划生育的时候。妇女怀孕超生一定要她们去流产，哪怕肚子很大了也只能引产。一直到后来，大家思想不再那么封闭了，开始接受这项政策之后，才算是稍微容易一点了。

回想起来我当了整整20年的妇女主任，顺带兼任出纳的工作，还有比妇女主任做的时间更长的赤脚医生。那么多年，多多少少的事情都过去了，你要是不问起，我恐怕也不会对人说了。过去的很多事情很少有人提及，时间过去了，知道的人也就越来越少了，然后就慢慢地被人遗忘了。我当初做的只是一些微不足道的事情，但你还别说现在村里的中年一辈都还记得我的好。记得我帮她们带过小孩，认可我的工作，我心里也还是很欣慰的。总归是没有白白当了这20年的妇女干部，也算是尽了自己的一点绵薄之力。

这么多事情，太过杂乱了，我也只能一点一点地和你说了，就从我小时候说起吧，我现在已经七十多了，十几岁真的是好久以前的记忆了……

出嫁之前

我娘家的生活条件还是不错的。我爹本来是在绍兴城里头开布店的，我娘是做裁缝的，后来因为打仗的原因，就逃到乡下来了。我家是居民户口，这个自我出生就已经是这样的了，大概是因为从城里来的吧。我有兄弟姐妹6人，有两个阿哥、两个阿姐、一个阿妹，我的大阿哥比我整整大上一轮（12岁）。

我小学就是在现在的浔阳小学读的，那个时候也叫中心学校，共有6个年级，在之前是没有托儿所的。当时国家规定要到8岁才能上学，所以我大概是在1954年读的一年级。小学离家很近，学校里上课敲钟都是听得见的。平时我也会去学校里面玩，和一群小伙伴拉手风琴、跳舞、唱戏。我们那个时候学的科目很多，语文、算术、地理、政治、历史、音乐、美术都有，主课都是一门课一个老师，副课可能会有老师兼任，我印象最深刻的就是当时经常上政治课。

小学毕业后我考上了公办中学，是在皋埠的中学，离家里有7公里的路呢。因为我是居民户口嘛，那些农业户口考的是半工半读的学校。当时是要自己带米去读书，家里虽然不是贫困户，但是6个小孩的开支还是很大的，加上当时因为台风、下雪之类的灾害，经常不能去上学。爹娘想了想就不让我读了，所以我就读了一年的初中就在家待着了。但是和当时不少人比起来，我还是有点文化知识的，这对我后来当上赤脚医生和妇女主任有很大帮助。

没去读书后（1961年），我就在家帮爹娘干点家务活。就这样大概过了两年的时间。正好遇上我大阿哥家里生小孩，照顾不过来，让我到杭州去帮忙照看小孩，于是我又在杭州待了两年左右。

我的两个哥哥还有我阿妹都是大学生，现在都居住在杭州。大阿哥、大阿嫂和他们的小孩都在省公安厅工作；二阿哥是海军，他当兵回来的时候，三个厂都抢着要招收他，因为那个时候大学生真的是特别少见啊，看到大学生都争着抢着要，可吃香了；还有阿妹也是大学生。他们三户人家有6个党员啊。剩下的3个包括我在内，都是留在家里的。因为我爹觉得孩子大了一个个都走光了，等到人老了就没有人照料，就不想再让我们出去了（去城里），所以我就和两个阿姐留在了乡下。我们3个后来都是嫁给农民的。我大阿姐是19岁出嫁的，家里的条件一般，没有医保也没有劳保，生了三个女儿三个儿子，家里的负担也是很大的。我二阿姐是20岁出嫁的，家里的条件也就稍微好一点，没有医疗保险但是她有养老保险，生了两个女儿和一个儿子。

我在杭州待了两年后，大阿哥的小孩也稍微有点大了，我爹考虑到我也到出嫁的年纪了，就让我回来了。我爹想要身边有子女方便照顾，在别人来做媒的时候就找了离家比较近的地方（吕家娄村）。

婚后生活自力更生

1965年，21岁（虚岁）时，我嫁到吕家娄。我们是别人做媒的，在结婚之前是没有见过面的。我虽然是居民户口，但是我爹想要人方便照顾，没有让我留在城里，我从大阿哥家回来之后就托人给我做媒了。我听说这门婚事的时候是不同意的，我毕竟也是有点文化的人，让我嫁给没有文化知识的农民肯定是不愿意的，但父母坚持要求靠近家的地方，好照顾两老，我也不能违抗父命，只能同意这门婚事了。

吕家娄距离我娘家（后江村）大概只有5里的路程。现在开车也才十分钟，不过当时都是靠走的，要走30分钟左右。当时吕家娄只有100多户人家，五六百人，每户有5亩左右的田地，都是以务农为主的。

丈夫家给的聘礼是200块钱，当时这可相当值钱了（结婚后才知道这钱都是东拼西凑借来的，婚后的生活很是困难）。我们自己准备的就是老式结婚必备的一些日用品，譬如说棉被、马桶、热水瓶之类的小东西。没有大操大办的，都是最普通的结婚仪式。娘家是居民户口，而丈夫是农民户口，像我这样的，当时就叫“与农结婚”。这个在当时也是正常的，虽然是农民户，但是在乡下都是种田的，那个时候也不会考虑太多，有人来做媒，差不多到了出嫁的年纪，也就结婚了。

结婚以后的生活是相当不容易的。丈夫3岁时，他母亲就去世了，然后是他大奶奶养大的。嫁给他之后，就和长辈分家了，只分到了几升米、一点蜡烛头，就让我们自己过日子了，那个时候真的是一穷二白。家里的房子还很破烂，特别的脏。屋顶破破烂烂的根本盖不住缝隙，一到下雨天就会滴进来，里面淋得特别湿。下雨天煮饭的时候头上要戴着毡帽，锅灶上面也要拿东西遮着。

开始家里的房子还在火车路边上的，之后搬到茅洋附近河边，最后才拆迁到吕家娄这里，反正我家房子是修建了好几次。刚刚嫁过来的时候，还是最最普通用石头四面搭起来的平房，后来因为人口增多了，有小孩了，房子住不下了，就搬到河边去了。河边的房子实际上是一半在河里一半在平地里的，都是用船把石头载来，填平河沿之后建起来的。不过建的也不是很牢固，里面经常要补的。到1999年，因为公路建造，我家拆迁了。当时大概有22户人家一起拆迁，每户人家大概有三四万元的拆迁费。现在这里的房子，是我儿子找来了人手盖的。他本来就是搞建筑的，大概造了三四个月，就是现在看到的样子。

结婚以后我就是农民了，要到田地里去干活。我以前是居民户，从来没有干过农活，一开始根本不会做。那个田塍上面也爬不上去，用锄头翻地手上都是泡，可是也没有办法，只能一样一样地学起来。上面规定每天都要去田里耕种，如果村里有事情外出，记工员也都是知道的，会照常给你记上工分。但是如果你不去村里处理事务，你就必须要去田里干活。我的工作时间他们都是知道的，没有办法偷懒。如果村里的工作提早完成了就要汇报然后再去田里耕作。你不去的话生产队记工员就不会给你记工分。那个时候工分是很重要的，不敢随便被扣去。我们吃的都要靠工分来分配的，男壮年一天的工分是 10 分，像我这样的只有三四分。我赤脚医生的工作，药品如果有批零差价的，就是没有工分了；但是如果是夜晚看病什么的，还是会有工分记录的。

我们以前都是自己种田，家里很穷，烧菜没有油，就只有一点点盐。当时很多商品都要有票的，布票发下来的时候就去换成粮票，油票也是换成粮票，就为了换点粮食吃。我那时是拜托在杭州的阿哥阿妹去帮忙换粮票，可是粮票换回来了之后，家里连量米的钱都没有。那个时候借钱哪有那么容易啊，都是穷苦的种田人家，就 5 角钱，跑遍全村也借不到啊。只有等到阿哥从城里拿钱回娘家的时候，我才跑去娘家借。但那总归不是长远之计，毕竟已经嫁出去了，不能总是往娘家借钱。

婚后第二年，我生了第一个小孩。记得刚刚生完小孩在坐月子的时候，家里没有饭吃，就只能吃萝卜、番薯。卖萝卜的船要开了，丈夫和我说："快嗦，船要开哉，你买萝卜的钞票有没有借到？"可怜我头上包着布（坐月子不能受寒）到处去借钱，借钱这种事情男人总归是放不下面子的，再加上我坐月子地里的劳动全靠他一个人，他也没工夫走开。可怜最后还是没有借到！现在回想起来，也真的是说不出的苦！这还是一直等到改革开放以后，实行承包制，每户分到田地，自己种自己家的地了，产量有所增加，才算真的开始有饭吃。

家里穷，没有饭吃，小孩子的衣服也都是补丁，补了一次破了再补，有什么新衣服穿呢。等到过年的时候给他们做鞋子，白天要劳动，只能晚上熬夜给他们做，全都是手工缝制的。特别是我生完三个小孩之后，有三个人的衣服要准备。那个时候买不起好的布，都是白布头，然后再去买来颜料，自己染色，染成绿的、红的，然后用针线一件一件地缝制。三个人的衣服、鞋子要做不少时间呢。唉，饭吃不饱，衣服没得穿，都是缝缝补补又一年，年底了还要到处借钱东拼西凑的才能勉强过一个年。

一直等到很久以后杭州的阿妹给我送来了一辆缝纫机，之后做起来速度就快了。它是机器嘛，用脚踏着，很快就缝好了，手工哪里比得上这个速度啊！但是一开始的时候，没有钱哪里买得起啊，只能手工缝制，这个日子过得真的是很不容易的，现在的人恐怕也只有听听了，哪里还会过没有饭吃的日子。我看现在的小孩子从小到大，别说是吃饭了，零食、小吃、玩具、新衣服哪个没有啊。唉，不过这也是时代在进步，要是现在还和以前一样，那我还要再吃苦哩。

1971 年，虚岁 27，我生完第三个小孩。四个月之后，就做了节育手术。我那时要带 7 岁、4 岁、2 岁的 3 个小孩，外出工作或者去田里干活就不能带在身边，只能让他们自己在家大的带小的。饭吃不饱，小孩子也只能喝麦稀粥，有时只能割些草籽当饭吃。

当时我家的房子已经在河边了，但是房屋建造的粗糙，墙壁上经常脱落，漏风、漏雨，经常要修补的。有一次台风来了，把房屋顶吹倒了。儿子还只有五六岁的样子，睡在床上，我从外面赶回来，看到被子上面全都堆满了瓦块，还好有被子裹着。我急急忙忙地冲上去，上面都是黑压压的瓦片，看也看不清，我只能一点点摸到他的脚，然后沿着他的脚摸到头，把人给挖出来，抱着孩子大哭。

以前吃的苦都是实实在在的，现在我身体不好都是那些年攒下来的病根。本来像我这样年纪的老太婆，都是在念念经，找点事情做，可是我想到年轻的时候已经没得吃了，现在要是念佛还要吃素，这样的苦头我是不想再吃了。不管怎么说，哪怕是没有大鱼大肉，好歹也可以吃碗打蛋、吃点荤菜什么的补一下。我现在肠胃也不好，手也痛，都是那些年没饭吃、过度劳累长期积累下来的病根。

成为赤脚医生补贴家用

一直到我当上了赤脚医生之后，靠给病人配药、打针的批零差价赚一点钱。也不多的，一个月也就五六块钱，一年也只有六七十块钱。以前一年到头要卖掉一只猪的钱才能把之前欠下的那些碾米的钱付清，不然只能一直欠着。现在靠赤脚医生的工作能稍微赚点钱，也就不用在平时欠钱了。

当上赤脚医生也是有原因的，因为我家里是居民户口，条件比一般家庭要好一点，可以供我读书，和别人比起来我稍微多一点文化，认识一些字。因为无论是妇女主任还是赤脚医生，都要参加培训。正好因为我是有点文化的人，那个时候接受培训容易一点。记得大概是从1976年开始我在村里成为赤脚医生，然后1979年12月到陶堰卫生院培训，再是1981年到皋埠参加赤脚医生的培训，时间是三个月，最后到1982年才正式颁发给我赤脚医生的证书。

一开始我负责的只是给那些病人涂一下红药水啊，还有打针之类的简单工作，但是这些都不算正式的。只有到了1982年立了档案、领了赤脚医生的证书才算是正式地当上了赤脚医生。

以前由于生活条件的限制，生病了也不会像现在马上去大医院看病，一般生病像感冒了都是找附近的赤脚医生来看的。一般的小感冒都是吃药的，只有发高烧了，到了39度，才会考虑注射药物。那个时候给他们注射的是青霉素，注射之前都是要做皮试的，不会轻易注射，万一过敏，后果就不堪设想了。那个时候条件有限，不像现在条件好，医疗设备先进，卫生意识高。我使用的注射器都不是一次性的，都要我烧滚开水用热水进行简单的消毒，然后给他们做皮试，皮试确认没有过敏反应之后才会给他们注射，一开始一支针只有2分钱的收入，后来才逐渐增加的。我一个人要负责全村的病人，有时候还要背着药箱去走访看病，都是随叫随到。治病救人本就是医生的责任，来看病的人最后健健康康的，就是对我最大的回报。

有一次我家对面的一个人晚上回来迟了，过马路的时候被汽车撞伤了，到我这里来医治。我按了一下他的肚子，发现没有弹起来，我认为是内出血，就赶紧让他家人送他到大医院去。医生说，还好及时送来，不然后果不堪设想。他们说是我让他们赶紧送来的，医生听了之后就夸奖我说，多亏了我。

还有一次有个小孩掉到了河里，救起来之后我给他做人工呼吸，及时的抢救才让他活了下来。现在他父母都很感谢我的，之前这个小孩子结婚还特地来找我去喝喜酒，说是感谢我的再生之恩。当初我也只是尽了本职，现在仍有人记得这些，我已经很知足了。

当赤脚医生的时候，县长老婆还一定要我去皋埠医院工作。她在医院实习的时候我正好在医院培训，看到我非常的勤奋好学，觉得我的技术也很好，她在医院有熟人，想让我到大医院去工作。但是因为家里有三个小孩，还有5亩田地要种，家里又只有我丈夫一个人，我到城里去了，留他一个人根本是顾不过来的，我实在是走不出，只好辞谢了她的好意，也算是错过了一次良机。不然现在的退休工资待遇不知道有多好呢！

妇女工作的20年

赤脚医生的工作对我当上妇女主任有很大的帮助。我这个赤脚医生的工作前10年是在村里做的，那个时候就已经顺便负责给小孩子发放糖丸、打针的卡，还有给大人一些避孕的工具。小孩子生病、配药、打针的事情，也只有我一个人会做，于是我就开始接触妇女、幼儿的工作。从1977年左右开始，由村里的人带我做一些妇女工作，算是兼职吧。慢慢地适应了妇女工作之后，村里负责的人觉得我做得还不错，也就当上了妇女主任。

当时的妇女主任啊，村里的一些大事小事也都是要参与的。就妇女工作来说，像一般妇女的上环、节育还有流产的工作，都由我负责的，配药、打针、挂盐水、拆线，这些手续也都是我一手包办的，最重要的任务就是要保证她们身体健康的从医院里回来。

以前过年我常常是在医院过的，要陪着那些生产或者流产的妇女，直到好了才能让她们回来。这个生育的事情又不会管你过不过年的，遇上了哪怕是过年、过节我都是不能休假的，要负责把妇女带到医院去。无论是生小孩还是做流产手术，都是要去的，前者要记录，后者要监督，直到她们身体健康之后才送回家。

我记得那时候妇女一年大概要验四次小便，去皋埠、绍兴大医院检查。

有些大队里会给一块钱，但是像我们这些穷的村是没有的。要让这些妇女答应做这些检查工作，都要由妇女主任去劝说的。有时候去一趟没有用，还要一趟趟地跑，反正是一定要让她们去做检查。通过检验小便，就能提前知道有没有怀孕，可以及时采取预防措施。

我担任妇女主任正好开始改革开放，计划生育政策正在逐步贯彻落实。刚开始我们这里的计划生育是很严格的。有些别的地方反倒不那么重视，你想要生二胎三胎的，派人和她们说了几趟之后就不管了，而我们这里的话二胎三胎是绝对不能生的。如果你坚持要生的话是要缴社会抚养金的，五万、十万的。当时的老百姓哪里有那么多钱啊，反正政策的目的就是不让你多生。作为妇女主任就要督促生育后的妇女及时做节育手术，全程陪同她们去医院处理。

那个时候坐车的车票是没有报销的，家里又没有钱，哪里会花钱去坐车，风里来雨里去的都只能靠两只脚来回地走。从我们这里到皋埠大概车程是20分钟，到绍兴车程是40分钟，如果靠两只脚走，要走两三个小时。要是遇上糟糕的天气，下雨淋得特别湿，下雪浑身都是雪。只要没赶上村里的拖拉机，就只能靠两只脚走着去。距离近的也就算了，远地方走起来真的是要累死人。现在想想也是因为那时候我年轻有力气，走了那么远的路都能坚持下来，不像现在出门走几步都累得慌！但是那时候按照规定就必须要一趟趟带她们去医院里，而且有些人还要逃跑，就是不肯做手术。

印象比较深的是有个妇女前两胎生了两个女儿，老是想生个儿子，她就怀了第三胎。那规定是不允许的，所以就要求她去医院里做手术，引产。她为了不被我们找到，躲到海渡（绍兴滨海）里去，我们只能想办法把她找回来，这个真的也是没有办法的，允许你一个，那别人怎么办？这只能按照规定办事情。可怜我一边要去找人做手术，一边又要去劝说，还要帮忙照看她们家里，真的是一个人当几个人用，忙也忙死，累也累死。可这些都是我的本职工作，我是一定要按照规定去做好的。

妇女主任不仅仅是对下管理，也要对上汇报负责。定期到村里、乡里参加会议，汇报工作，接受上级领导检查和分派新任务。开会也是经常的事情，有村里基层干部一起到乡里开会的，也有单独妇女主任开会的。有时候上面的政策下来了，村里也会召开会议，让我们去参加，分派工作，然后我们再到村里去具体实行。

妇女工作大会是妇女主任单独开的，由乡一级的妇女主任给我们开会，具体安排、传达和妇女幼儿有关的工作。开会的时候一般要填写表格的，别人都要托人找会计去写，我全部的表格都是自己填好的，除了那些要拿回来盖章的，其他表格开完会我就能上交。去开会的时候也没有助手的，都是自己填表格入档案。把那些要上环的、要流产的妇女信息，先在表格里填好，然后交到乡里去报告、存档。

参与村务，兼任出纳

妇女主任除了处理妇幼事务之外，还要帮助村干部处理一些大小事情。如村里建造公路，路线规划附近的房屋都要安排拆迁。遇到“钉子户”的时候，乡里、村里的干部会下来做做工作。但是有些人就是不愿意拆，之后一趟又一趟的工作都是要我去做的，一趟趟地跑，看他们脸色，苦口婆心、费尽口舌地去劝说，受到辱骂，也只能忍着。这也是你工作的一部分，做不好也不能向上面交代。

我还兼任出纳的工作，平时我要把账目按照每天、每月的记录整理好之后，再把账目汇报给会计。

我印象比较深刻的是村里拆迁的时候，负责拆迁的工人的所有工钱都是要我算账的，每户人家的拆迁款也是由我经手的。这个账目是非常重要的，算错了都是要我自己承担责任的，所以一定要算仔细，不能有一点差错，不然自己就要吃苦头了。那个时候要有人陪着我去银行，去把钱取出来。我那天拿着一袋子的钱回家，我儿子看到吓了一跳，晚上也睡不好，把门关的严严实实的，然后把这袋子钱放在枕头底下，担惊受怕了一个晚上。实在是胆子小，碰到钱的事情都特别重视。

还有后来自来水安装到户了，每户人家都要交 200 块钱，这些钱也都是由我去收，然后做账记录之后上交给会计。

得到认可

我担任妇女主任，从 1979 年开始到 1999 年退下来。然后带了两年接手的新人，主要是起到“传帮带”的作用，把村里所有的户口册，还有记录哪些育龄妇女要哪年生小孩之类的册子，都按照待产的时间顺序排好，然后传给新人，告诉她该怎么做之后，才算是正式退休。我退休以后，新任妇女主任随即并入大队里了，也就是原来的三个自然村（吕家娄、茅洋和田芦）合并成为一个行政村。

我们那届妇女主任是乡里最最艰难的，不过这些付出也并非没有回报。后来村里的人都只认我，因为他们记得自己孩子小的时候都是我帮他们带过的，村里的人都是知道我、认可我的工作的。可能也是因为妇幼儿童的连带关系，兼任赤脚医生的缘故，让她们比较放心，现在的妇女主任都是只干一个工作，很少兼任很多职业了。我现在想想那些辛辛苦苦的付出也没觉得是件多么辛酸的事情了，在其位尽其职，能够得到村里、邻里之间的认可和肯定就是对我最大的回报了。加上这对我的家庭也算是有帮助的，对家里的老人，对我的子女总归是有点好处的，不管怎么说也算是一个村干部，村里有什么事情也能说上话。

退休之后忧喜参半

赤脚医生的工作比妇女主任做得要久。1999 年妇女主任退休后，我还是继续担任乡村的赤脚医生，直到 2004 年。那时乡村的社区卫生站建起来了，去卫生站看病还能有医疗保险，在我这里是没有保险的，所以来我这里看病的人也就逐渐减少了。加上我身体也大不如从前，眼睛也看不清了，所以也就停下了。只有偶尔会配一些药，到工厂里去给一些外地人看病。因为他们没有当地的医疗保险，可以在我这里配点药，看点小毛病什么的。也正好我家隔壁都是一些大型的工厂，他们到我这里来配药也方便，我也算是借此有点收入。还有就是村里的老人会来我这里量血压，他们都年纪大了，到镇上的医院也不方便，到我这里来量个血压距离也近比较方便，我也都是不收费的。村里的老人看到我都会夸赞我，我听着心里也是很高兴，辛苦付出总归是有回报的。

但是，直到今天仍有一事让我耿耿于怀，就是关于妇女干部的工资待遇问题。我当了20年的妇女主任，20年工作没有正式工资发放，也就偶尔过年了会有一点补贴。

我现在拿的退休工资还是最近出来的新政策，说是20年以上的退休干部才可以每个月拿200块钱，100块钱是乡里的，还有100块钱是村里的，这个只能算是生活补贴，而且必须是20年以上的工作经历才可以拿的。不到20年的，比如15年的只能拿150块钱；10年的只能拿100块钱。而且就这么200块钱，也是像我这样的老干部一趟趟去和上面的领导反映才开始落实的。

20年的时间啊，村里的书记都更换了6个，就我一个妇女主任一直没有更换，实在是这个工作太辛苦了没有人要做。等到1999年我年纪到了才不得不退休，退休之后也是盼望了一年又一年，直到十多年后才拿到这每月200块钱的退休工资。到现在也才拿了4年，我都已经71周岁了。

我现在在想，当初如果不当这个妇女主任，而是去工厂或者什么事业单位工作，工资也有的拿，现在也有退休金，还能有劳动保险。哪像现在我们连居民保险都是要自己花钱去交的。

话说回来我还是要感谢我们这里的王书记，他看着我去上班的时候背着药箱，也知道厂里的工人要向我买药，我靠卖药的批零差价赚一点钱，贴补自己看病买药的钱。就和乡里的纪委书记沟通了一下，说别的村的妇女主任都是村里100块，乡里100块，我也算是村里的老干部了，又符合20年以上工作经历的要求，这才帮我争取到了这个福利。原来我只有乡里100块钱的，但是以前拖欠的工资是没有补的了。不管怎么说还是要感谢王书记，没有他我可能还要少拿100块钱。

都说是“前人种树，后人乘凉”，我也只希望村里能多点福利。现在赤脚医生有20年以上的工作经历也可以每个月拿254元的福利。还有我现在也算是村里的老干部了，虽然过年了也没有什么福利，但是前两年（2014年底）有一个组织老干部去体检的，叫什么“生化全套”的检查。这是村里给老干部免费的体检，健康体检是只要参加医保就每个人都有的，但这个是老干部才有的福利，也算是一点补偿了。我现在年纪也大了，好的也不敢奢望了，就希望我身体健康，保重自己才是最重要的。

现在的茅洋村是由原来的吕家娄、田芦、茅洋3个自然村合并而成的，耕地有一千三百多亩，有六百多户、近两千人。村党总支下辖3个支部，有党员100人；村委会下辖15个村民代表小组，有村民代表35人。我也是村民代表之一，因为我是退休干部，在推举的时候，村里人大都认识我，认可我，我就当选了。我们去村里开村民代表会议的时候，村里的书记领导也会和我们说我们村先后获得“省级文明村”“省级农村基层党风廉政建设示范村”“省级全面小康新农村示范村”“省级卫生村”“省级绿化村”“省级科普示范村”等荣誉称号，这些都是我们村的荣誉，作为过去的村干部看到这些心里也是自豪的。

22. 宝桥桂英：跳出家庭、走向社会

口述者：徐桂英
采写者：陈媛
时　间：2016 年 2 月、8 月，2017 年 1 月
地　点：浙江省绍兴市柯桥区马鞍镇宝善桥村

徐桂英，女，1948 年生，中专文化，萧山区益农镇益农村人。1969 年，嫁至马鞍镇南周坂村，丈夫陈鹤高，育有 1 子 1 女。1975 年任南周坂村妇女主任，1977 年入党；1978 年 8 月任马鞍公社妇女主任；1980 年 6 月任马鞍镇管理委员会副主任、党委委员兼妇女主任；1983 年 6 月任马鞍镇副镇长、党委委员；1988 年 4 月任陶里乡副乡长、党委委员；撤区并乡后，1992 年 5 月任齐贤镇党政办主任；1993 年 4 月至 2003 年 1 月任马鞍镇文卫办主任、民政助理员，后离岗退养。同年 5 月任马鞍镇敬老院院长。

经济地位决定家庭地位

我一直认为，没有经济地位就谈不上家庭地位，特别是妇女，有了经济地位以后，家庭地位也会随之提高。这一点我是有亲身感悟的。在原来的封建社会中，男尊女卑，妇女根本没有话语权，出嫁从夫，在家从父，从三从四德的封建社会过来，妇女总是低人一等。但妇女为什么会低人一等呢？我认为首先是裹脚，脚先站不起来。七八岁就要裹脚，脚裹着，这个人就再也没本事了，只能依附丈夫，儿子长大了就依附儿子。

解放后，妇女翻身解放了，但是在几千年以来的封建社会影响下，妇女的社会地位依旧提不上去。为什么呢？虽说后来不用裹脚了，但女性依旧在家庭地位、社会地位上低人一等。究其原因，就是经济地位没有提高。

比如说生产队工作的时候，实行的是工分制。工分制是什么？就是绍兴方言中的男的"十折"，女的"六折"。什么是"十折""六折"呢？做相同的工作，但是男女同工不同酬，男的做一天有10个工分，女的做一天只有6个工分。分数评好后，到年终加起来算工资。最好的妇女，哪怕你做得再好，工作能力再强，也只有"六折"。以前生产队的时候，一个妇女若是生了个女儿，被问及"生了个什么呀？"她就只能回答"生了个六折头。"就好像是生了个打折扣的人。工作中，哪怕你和男同志的工作量一模一样，或者男的做不过女的，男的记一天就有10分，女的记一天最多也就只有6分。如果你工作还要欠佳一点的，那么6分也没有，就只有5分半、5分、4分，一点点降低下去了。换成男子，哪怕再差，像残疾人那样，工作效率降低了，他10分是没有了，但还有9分。但是换做女性呢？再能干的女性，上山能挑（担），下河能摇（船），依旧只有9分。这就是所谓的生"六折"和"十折"，生的是女娃就是"六折"，生的是男娃就是"十折"。这个事情在"文化大革命"之前这样，直到80年代承包到户后这种现象才消失。

女性的经济地位一直高不上去，所以在那个年代的社会地位也相对比男性低许多。

出身贫农，但从小勤奋优秀

我娘家在萧山区益农镇益农村，是一个普普通通的农民家庭，但是我一向是一个聪明、乖巧、听话的小女孩。我9岁到15岁在益农镇塘北小学读的书。读书时很能吃苦，家里养了6只羊，我为了不耽误学习，每天上学之前、放学之后都要割草喂羊，每天要割6筐的草，早上2筐，中午2筐，晚上回来再2筐；老师布置的作业，要默写的、听写的，我都装在衣服袋子里带着去，一边割草一边背书，背不出了就拿出来看一看，用手指头在地上、手心写。我的成绩经常是在学校里遥遥领先的，考试成绩每次都是班里第一或者第二。在读书的时候，我每年都能获奖。那时还是县里的少先队员代表，也经常在写作比赛、数学口算比赛中获得名次，还有写作比赛一等奖的。

我记得很清楚，有一篇作文写了《我与雷锋叔叔比童年》，这篇作文我得了萧山县小学生写作比赛一等奖哩！我在小学的时候很出名！那时候虽说读书难，但是那时候的教育质量可以说很高，教师都非常负责。由于我勤学刻苦，老师也非常看重我，成绩也比较好。

但是书就只读到小学毕业就没得读了。因为家庭是农民家庭，而且那时候读书的女孩子也很少，我下面还有一个阿妹、一个阿弟，家庭负担蛮重，读到小学毕业对于那时候的家庭也算可以了的。

我 15 岁小学读完，16 岁那年就去了生产队工作，17 岁去了萧山供销社麻站去当临时工。那时候的供销社什么站都有的，比如说棉站、麻站，等等。到我 20 岁的时候，我去做了老师，那时候啊，小学毕业就可以当老师去了。也不能算是正式的老师，相当于代课老师吧！那学校叫作贫下中农管理学校。什么意思呢？那时候（1967 年）正好是“文化大革命”初期了，就叫我们这些“贫下中农”的子女去教书。教书的那两年，我教的那批小孩子是两三年级，都非常听我的话。即便是旁边教室学生纪律不好，我只要去说几声，他们也立刻就非常听话了，不吵了。因此，隔壁班那个男教师管不好他们班的纪律的时候，常常来叫我帮他。

初嫁夫家，遭受不平等待遇

两年以后也就是 1969 年我结婚了。嫁到绍兴县马鞍镇南周坂村，那年我 21 岁。经媒人介绍，我认识了现在的丈夫，那时候还很迷信，叫瞎子给我们算了命，说我们命里合。而且父母看到他们家是手工业家庭，他又当过兵，比我们这些贫下中农的家庭条件要好一些。也希望我跳出农民的出身，有更好的前程，于是我就和丈夫结婚了。

那时，在移风易俗的风气下，我们结婚不是轿子抬着去的，都是走着去夫家的。我们两家离着蛮近，就 3 里路，所以不用船不用车。那时候也没有什么嫁妆，就只有三床被子、一床毯子，加上几套新衣服。同行的还有几个要好的女伴，一同走着去。

结婚后，22 岁时生下儿子，24 岁时又生下女儿。初嫁到夫家时，我是非常不适应的。我从来没有见过这样封建的家庭，为此我没少吃苦头，没少流眼泪。

为什么呢？我的爹娘，一直都是普普通通的农民，是平民老百姓，世代都是农民，嫁过来之前家里虽然不富有，但是爹娘都把我当作心头肉。但是嫁到这儿来就不一样了，夫家是手工业家庭，世代做油漆。虽说是手工业，但地位总归比农民高一些，有现钞可以赚。农民就不一样，只能靠天吃饭，今年收成好，今年就过得好，收成不好，今年就难过了。所以夫家一直是看不起我的。

嫁到夫家，我发现这是一个极其封建、极为重男轻女的家庭。我婆婆的家庭地位也是极其低下。那时候的规矩是，无论有孩子没孩子，妇女是不能上桌吃饭的。饭菜给大伙儿做好后，他们在大堂吃饭，我和婆婆就只能在灶头、水缸上放一碗菜吃。只有男的可以上桌，女的不能。男的吃好了饭，女的就得立马去收拾碗筷。我自己还没嫁过来的时候，在娘家还算是男女平等的，没有这样的规矩。到了这里，却是个非常封建的家庭。有四个儿子，一个老爹，都要我们女的去服侍。

还有一个明显的区别，女的不能开嘴，一多说话或者一两句话说得让他们不满意了，丈夫拳头就来了。怀了孩子以后，总还是会肚子饿，那时才慢慢改变了一些地位，我也能上桌吃饭了。但是一碗饭盛过了，就别再想去盛第二碗，一有那想法，饭碗就可能向你砸过来了。有一次我正怀着孕，干完农活又累又饿，就想多吃碗饭，刚去盛第二碗饭，家里那位就把手中的碗砸了过来，把我痛骂了一顿。当时真的是既害怕又无助。

这样的生活一开始过不惯，但过不惯又能怎样呢？还是得过下去呀。男子都有工作，但女子只能在家做家务。他当兵回来以后，继续做他之前的木业社的工作，工资在 30 多块一个月，经济上有话语权，地位自然也就高。经济来源没有，哪里会有政治地位，更没有家庭地位。这些都是相联系的。

生了孩子以后，家庭地位也没有什么大的改观。从家庭地位上看，有两方面非常明显。第一点就是女性没有话语权，第二点就是女性不能上桌。

孩子慢慢长大，家里也自己烧饭了（分家，单立门户），丈夫认为自己在厂里有钱赚，而我没有工作，经常使唤我。小队里分草分谷了，我要是刚刚有事（手头上有家务要做）走不开，就叫他帮忙去拿一下，也是不肯的，都叫我做。有什么办法呢？吃饭生米又吃不了，必须要有稻草来烧饭，那就只能我去拿，就只能当作不累。等我忙完去拿，天都暗了，到处去问我家的草在哪，问来后一个人挑回家。

孩子一旦生病了，就会听到各种骂声，有你受的了。因为他在厂里有工作，有一些收入。但是让他给孩子买点东西或者过年了给孩子买件衣服的话，还是不肯的，要女的节省下来的钱去买。那时我二十二三岁，哪里有什么钱。我就决定到生产队里去干活，虽然只有微薄的一点工分，但总归可以自己过日子了。只有在生产队里每天用比男的更多的力气去干活，把能省的都省下来，才能在过年时给孩子添件新衣裳。

经过拼命努力，在生产队中表现出色，人际关系也好，就逐渐受到大家的重视，于是我有机会去加工厂做出纳，那年 25 岁。相对来说，出纳工作的收入比之前高了一些，接触的人也多了起来。但丈夫还是经常要我去挑水，那时候没有自来水，要去河里挑水，大热的天，河水都干了，要到很远的地方挑水。别的男人都去河里洗澡，但他不肯。我在加工厂工作的时候还依旧这样，水没了就大声呵斥要我去挑水，我就只能抽空出来，大老远跑去挑水，挑回来了，他就刷刷刷地用水，一丝一毫都想不到要省着些用。那时，他的思想还是认为娶来的媳妇就是用来服侍他的。

婆婆从嫁到陈家，到死为止，都是家庭妇女，一辈子没有一点点话语权。家人回来了要给做饭吃，吃完了要收拾碗筷。所有人的衣物要洗，天气暖了要拆所有人的棉衣棉被，凉了就要把被子准备好，每天要洗木佬佬（很多）的衣服。她没有资格抱怨。她很早就去世了。

婆婆对我说：没想到我们桂英，这么能干、这么漂亮、这么聪明的人，却到了我们家来吃这样的苦。打那会儿起，我就下定决心一定要走出家门。

自从走出家门，靠着自己的努力赚钱生活，不靠夫家，命运就真的一点点在发生改变。

生活转机，当上妇女主任

1974 年，也就在加工厂做出纳那年，有一次，我悄悄地去他那儿拿了 5 块钱，就想给儿子和女儿买件衣服。被他知道后，遭到一顿打。这件事公社里的人知道了后，纷纷叹惋，这样能干的一个人，却走到了这样封建的一个家庭中，吃尽苦头，实在可惜。

也就在这个时候，开始选公社妇女主任了。还没结婚的时候，我就做了基干民兵排排长，基干民兵就是那种打靶、打枪都行的，我也会打，又是团员，那时候入团是非常难的。嫁到这儿后，家庭条件不好，生活困难，公社里看到了我的境遇，又发现还是团员，就让我做马鞍公社南周坂村团支部书记。当时县团委到村里来搞试点，村团支部成了县团委试点结对单位。随着团组织活动的不断增加，又因为我之前就是基干民兵排排长，就在这南周坂村也建立了一个武装民兵排，任命我为武装民兵女排长。这以后，我的政治地位也就慢慢提高了上去。

由于我各方面表现优秀，在公社里也出名了。1977 年，经组织考察，光荣加入了中国共产党。1978 年，经过组织考察，提干，我就到公社里工作了，做了马鞍公社妇女主任，到了机关工作。他们考察后发现了我，又正好要培养一批干部，就找到了我。先是组织考察，再是代表选举。当时提干，要省委组织部批准，下面正缺人才，就培养一批年轻人。要求是年龄 30 岁以下（含 30 岁），当时我正好 30 岁。提干嘛，年纪大的不行。如果我 31 岁，就没机会了，就无法被提拔了。现在想想也是感慨，人的运气很重要。

在工作时，我就全心全意工作，还要工作和家庭两不误。这个关键就是能要刻苦。家里的事情都挪到晚上来做，比如说洗衣服、搞卫生什么的，统统放到晚上，孩子上学前把事情都安排好，叫他们去上学，打扫卫生的事情就放到前一天晚上做好，第二天要吃的东西都前一天晚上准备好，起早摸黑。最大限度上保证工作时间。

公社是那时最基层的政府，相当于成了机关工作人员，当上了干部。从此以后政治地位提升了，有了自己的工资，经济地位也提升了。之前生产队工作的时候始终只有“六折头”，工分很低，再加上我从小生活在棉麻地区，不熟悉这里的水稻种植，都要学起来。当时生产队每分工分少的时候只相当于 5 分钱，等于做一整天工作，起早入夜，只能赚 3 角钱。丈夫有工作啊，要是买点东西就得问他要钱，这就麻烦了，有我好受的了。但是，参加工作后，仅用两年时间，我就从妇女主任提升到管委会副主任、党委委员。地位提高了，政治上有地位，经济上有收入了，公公婆婆也因此看得起我了。家庭地位也慢慢有了，很多事情有了我自主决定的权利。

妇女主任的主要责任——维权

我还是在党委、政府的工作时间长，单做妇女主任的日子，并不算长。从 1975 年开始当上南周坂村妇女主任，1978 年 8 月担任马鞍公社妇女主任，1980 年 6 月任马鞍镇管理委员会副主任、党委委员兼妇女主任。但是，短短几年的经历，却也令我记忆深刻，感触很多。

我做妇女主任那会儿，主要做的是维权，维护妇女的合法权利。主要是两大任务，一是通过妇代会的作用，把村民们从“多子多福”“重男轻女”的思想中解放出来；二是用切身的体会来教育妇女，并做好妇女的维权工作。

邻里纠纷、家庭矛盾，大大小小的矛盾常有发生。有些是婆媳关系不好引起，有些是夫妻关系不好引起，有的甚至闹到离婚的地步，我就去做调解。当时虐待妇女的情况十分常见，而妇女的维权意识却十分淡薄。我就负责替妇女维权，帮助她们解决生活困难。

我这一辈妇女的生活还算不上封建，比我老一辈的妇女才算是遭封建社会的压迫。我年轻时的遭遇只不过是封建势力的残余，这都解放后了，这些情况早就不应该出现了，但是封建残余思想（男尊女卑）对妇女的歧视却依旧能够在一些家庭、一些地区看得到。到现在社会发展了，反而男的赚不过女的了，大多数妇女的地位提高了。

印象中比较深刻的事情，比如当时亭山村的许某某常常被老公打，稍稍有一两句口角，老公就动手打她，有一次甚至还被赶出家门。许某某跑到我这儿哭诉，我立马赶去她家。到了那以后，首先是劝导，告诉他俩夫妻家庭和睦的重要性，安慰许某某；再是通过法律的手段替许某某维权。她老公后来认了错，她家也变得和睦起来，家庭暴力也没有出现过。

还有丁家堰村的黄某某和老公丁某某的纠纷。这是由于夫妻间的不信任，加上邻居的挑拨造成的。起先是夫妻不和，黄某某一直在南周坂村的娘家住着。随着天气逐渐变冷，黄某某考虑到小孩的衣服不够穿，就想着回丈夫家拿一些孩子的衣服，以及拿一些毛线为孩子织毛衣过冬。丁某某白天在山场工作不在家，邻居见了黄某某拿着一包东西从屋里出来，也不知是出于什么目的，赶忙跑去告诉丁某某，添油加醋地说："不得了了！你家进贼啦！我正见着你老婆进去拿了一大包东西，出去了！"

那会儿放东西用的还是包裹，她里面放的其实全是小孩的衣裳、裤子、帽子和准备织的毛线。但他老公赶到后，见到她背着一大袋东西出门，也不分青红皂白，追上去就先是一把将那包裹夺下，夺下后就把老婆的衣裤全都撕破了。试想这样光天化日之下，一个女子全身赤裸着该怎么办呀？黄某某半遮半掩地逃到附近的一户人家里，那户好心人家收留了她并给她衣裤穿。那户人家后来跟我描述黄某某的狼狈模样：由于衣裤全部被撕破了穿不了，见到她时她只能用破碎的衣服系在腰间挡住下半身，用已经穿不了的长裤狼狈地搭在胸前遮住乳房。要多可怜有多可怜！

得知这件事后，我心中愤怒万分，这是一件严重侵犯妇女人身权利的事情呀！第一时间就赶到黄某某家，协助村里严肃指出丁某某的违法行为。这样做当然远远不够，还要给他相应的惩戒。因此，第一时间替黄某某上诉了法院。

丁某某后来把那包东西拿回家，打开一看，瞬间惊呆了，心下就知道自己因听信邻居挑拨，冲动之下做了一件大错事。满眼尽是自己小孩的东西，哪有什么"偷东西"这回事！丁某某追悔莫及，但是既然犯了错就要受到相应的惩戒，我们不能对他客气了。

不出一会儿，齐贤派出所的人就赶到了，找他谈话，并以侵犯人权的罪名要将他拘留。这下丁某某急了，他是家里的独生子，而且从小丧父，只有他娘把他苦命地养大。还有一个兄弟，是他父亲同他前娘生的孩子，说起来他也是在一个很苦命的人家中长大的。

当听闻法院要判他离婚时，他娘俩都急疯了，也害怕极了，连连发电报给他同父异母的阿哥，发的是“母病危，速回”。在厂里有职务的哥哥听闻后，心中着急，这虽是后母，可是待自己却不比生母差。立刻就放下手头的工作，买了一堆豆腐干、豆腐回来替后母办豆腐饭。到家之后才知晓是弟弟和弟媳闹了这样的事情，以母亲生病的借口叫自己回来帮忙解决问题的。他二话不说就四处奔波，先是陪弟弟去了法院求情，再是去女方那里赔礼道歉，在哥哥出面和男方的再三赔礼道歉下，夫妻终于和好，这件事也就和平解决了。

这件事情，不仅仅是教育了他们这一家，更是教育了整个马鞍镇的人。村里上诉法庭的做法，让大家开始认识到，男尊女卑的封建残余思想要不得。妇女也渐渐认识到，自己应当用法律手段来维护自己的应有权利，而不再是遇到委屈忍气吞声。从那以后，侵权和欺辱妇女的事情再也没有在马鞍镇发生过。它作为反面教材对全镇人民进行了一次法制教育、维权教育，告诫大家不能因为是自己的老婆就可以肆意进行家庭暴力；当一个妇女的权利受到侵犯时，就应当拿起法律武器维护自己的权利。这也为村镇妇女上了一节维权课，并且作为妇女维权的成功案例，影响很大。

另一个重要任务是在生育观念上把大家从“多子多福、重男轻女”的思想中解放出来，提倡“男女平等”“生男生女一个样”的观念。

当时，“多子多福、重男轻女”的观念是非常严重的。比如丁家堰丁某某的事情，其实就是这种观念影响的后果。丁某某想要个儿子，但是黄某某生下的却是个女儿。自从女儿生下来以后，他对老婆就看不顺眼，常常打骂，俩人常常吵得不可开交。那时候，1979 年，计划生育政策是一对夫妻生一胎。加上他本身是独生子，娶了老婆后却只生下一个女儿，心中有怨气，认为丁家因为他无法传宗接代了，于是将怨气发泄在老婆身上，以至于发展成了严重侵犯妇女权利的恶性事件。

到 1982 年，计划生育政策放宽，一对夫妻第一胎是儿子不能生二胎，第一胎是女儿可以再生一胎。丁某某也已经逐渐地从旧思想中走了出来，他俩又生了一个孩子，又是个女儿，但是这时他已不再心存偏见。现在，他们生活过得十分幸福。两个女儿都很有出息，大女儿夫妻俩是大公司设计科的职员，小女儿大学毕业后也已参加工作。蛮好！

任行政副镇（乡）长

做马鞍公社妇女主任其实就是两年，到1980年我就做了马鞍公社管理委员会副主任、党委委员，相当于现在的副镇长。当然还兼任马鞍公社妇女主任。1983年6月，做了马鞍镇副镇长、党委委员；1988年4月，做了陶里乡副乡长、党委委员。

当干部的时候，如何处理上下级的关系很重要，组织布置的任务要积极完成。在计划生育这一方面，就是挨家挨户上门做工作，不厌其烦地上门做工作。那会儿的两项基本国策，一项是计划生育，一项是土地管理。

计划生育工作号称是农村第一难的工作，涉及面广、工作量大，尤其是在陶里乡，由于村级经济还很薄弱，外出做生意的人多，人口流动频繁，计划生育工作就更是难上加难。但是，我早年有公社妇女主任的经历，做起来就顺手很多。针对陶里乡实际，我重点就在宣传教育、落实规章制度等方面下功夫。

第一点是抓宣传教育，提高群众的自觉性。当时群众的计划生育观念比起前几年已经有所转变，但还没有根本转变。有些人家怕政策变，就出现了比如说生女儿的人家还不到间隔就抢生，头胎生男孩的人家想硬生的现象。我们就从计划生育是我国的一项基本国策的高度，大力进行宣传。在宣传形式上，不是死板的，而是灵活多变的，每月有一个专门的宣传周，趁着那时制造舆论，争取让群众自觉遵循计划生育政策。偶尔也会有难以说服的人家，这个时候不能急于求成，而是耐心地帮助、登门做思想工作。

第二点就是坚持落实相应的规章制度。那时候我与计生办同志一起建立了妇女主任一月一次汇报交流制度，对育龄妇女的孕情检查制度，这样做就能和妇女主任上下连贯、互通情报，随时把问题解决在萌芽状态。这样要还是存在没有计划生育的现象，就按政策，进行一次性罚款。在我果断的措施下，计划生育工作还是很有起色的。

土地管理主要是审批建房、监督违法建造。不能乱建乱搭，不能违法占地，印象深刻的是那时候我在规划建房上面的创新。我建议将村里的零星宅地进行统一规划、统一安排建房。这些建议得到党委的重视和支持，最终实施，效果很好。乡政府专门下发〔1989〕19号文件和24号文件规定，凡在规划内的所有宅基地，包括旧房宅基地、竹园、滩涂杂地、畜厕所基地，全部收回，属集体所有，由村统一安排建房，规划外的私留地由村按随册人口分配，如不收回就不审批建房。这件事在绍兴市里还是一个典型呢！

怎么个管理土地法呢？那时候村子里面有许许多多的零星宅地，旧屋很多，多为平房，房间就一个但是很长，不像现在那样整齐有规划。我们就想着办法，出台新的土地管理政策，凡是拆除的旧屋，其地基就归村里集体所有，由村里统一安排给这家人建房。具体来讲，比如说这间屋子是甲的，他要搭建新屋就得先把他老房子的地基腾出来，由村里给他在零星的地方安排一栋新房，等新房建好了，他就可以住到新房去；接着另一户人家乙原先歪七歪八的老房子要拆除了，就把这户人家的新房也整齐地统一安排好。以此类推，原先杂乱无章的宅地和多余的空地都被整齐一排排的新房代替。这样统一建房的好处是大大减少了零星宅地的浪费，原来每家每户基本上都有大大小小、形状不一的园地是空出来的、浪费的，统一改造后就有更多的空地可以建造更多的新房。形状也是像现在这样，比如说统一是8.5公尺、3.8公尺，样子差不多，一排一排，建成后就很整齐、很美观了。

这个规划也是建立在人口逐渐增多的现实因素上的。假如这户人家原先只有一间房，但是他家的人口有两口，那他按照统一安排就能有两个房间的新屋，这是完全可以审批通过的。

1980年6月到1992年4月这一时期，我在马鞍镇政府、陶里乡政府工作，做的是副镇（乡）长，负责建房和计划生育两大块工作，也是我行政职位最高的时期。

当时，工作中大部分是男性，但是我负责的是行政这一块，行政副镇长、行政副乡长，管理计划生育和土地管理。土地管理接触的大多是男同志，计划生育这一块接触的都是女同志。上班的时候就一心想着工作，对自己严格要求，家庭上的事情主要是晚上做，一下班就回家照看小孩。到镇里工作的时候，工资就和男同志完全一样了，一般干部是35元，但我是领导干部，就有42元，比男同志还要高。

任党政办主任，工作琐碎

1992年5月，我担任了齐贤镇党政办主任。之所以从副镇长下到办公室主任，原因有二。第一点，那时候正值撤区并乡，四个小乡镇合并成了一个大乡镇，原来四个小乡镇有四个书记和四个镇长，还有好几个副镇长，撤区并乡后，领导岗位数量有限，我原来的副镇长职务就变成了党政办主任，这是一个原因。第二个是我的身体原因，那时候我在做计划生育工作的时候，不小心出了一场小车祸，造成大腿骨折，行动方面就受到了很大限制，不能再挑重担，所以去做了党政办主任。

党政办就是党委和政府办公室，为党委和政府的领导服务。作为领导的后院，又和下级单位衔接，工作比较杂。但是，相对轻松很多了，主要还是内部日常管理工作。下发文件啊，政府内的福利工作啊，车辆调度啊等等。政府里七八辆汽车需要统一安排、统一调度；职工、干部福利发放也要有人管；哪一个部门要发放文件了，都需要党政办审批通过，签上字以后才能下发。管农业的要发文、管工业的要发文，都不能随便发的，都需要我看了后签了字才行。

还有就是会议安排，也是党政办负责。例如说同一个时间，管工业的部门说“我要开村长会议了”，管农业的也说“我要开村长会议了”，这样就乱套了，这个时候就需要我给他们统一安排时间。明天开了工业会议，那么农业会议就要退一步，给他们安排到后天去，或者另外的时间，又或者同时召开。这些都要党政办审批过的，大大小小的事情也是多着嘞！党政办做的事物都是杂七杂八但又是少不了的，总的来说比前几年的工作要轻松许多。

再任民政助理员

1993 年到 2003 年，我退了下来，做了十年的马鞍镇文卫办主任、民政助理员。民政助理员期间工作就多了，相当于领导的参谋。又有得讲嘞！走访老人呀，访问贫苦呀。每逢春节、助残节等由领导带队走访慰问特困户，并发动各福利企业出资、帮助特困户修理住房，解决医疗费等实际困难；对困难群众的走访、调查，按照最低生活保障政策落实低保，等等。

针对“扶贫济困”政策（镇政府专门下发〔1999〕46 号文件《关于对残疾人实行照顾扶持的若干规定》，对全镇 192 户 249 人落实了最低生活保障），就要对危房户进行调查、统计，打报告给政府，给他们修理建造，让困难户能够住进新房。这需要先由村里将困难户上报上来，之后我就要实地去每村每户踏看，再上报给上头。

为什么必须得到每户人家踏看呢？因为会有许多谎报的村子呀！谎报的村子也是多着嘞！报上来的说有这样那样困难，结果去到那里一看，有部分是谎报的。有一次踏看的时候，问他们家有几口人，有几张床，他们却支支吾吾不说具体有几张床，最后说床搭（绍兴方言中的“建”）在鱼塘那儿。这下就露馅了，这家都有鱼塘养鱼呢，怎么可能困难！经济条件好着呢。有几户人家条件有点好的，他家亲戚却也给他上报了困难户。因此，严格把关十分有必要，让那些谎报的人家，一家也逃不出，讨不到好处。

实地踏看也只是完成了一半，踏看过后还要走访调查。去邻居那儿调查走访一遍，要是邻居们都说这家贫困，那才是真的贫苦。

以村子里上报上来的贫困户为依据，再对这些“贫困户”进行实地踏看检验，剔除掉那些谎报的，让那些真正需要帮助的困难户享受到应有的帮助，切实落实最低生活保障政策，以解决困难户的实际问题为目标。

当时的低保政策中的低保户每月每人有 50 多元可以拿，后来一点点提高的，现在到五百多了。多数困难户是“因病致贫”，一开始生了病，但随着越来越多的钱花在看病上，贫困也就随之而来。看不起病，在那时很是普遍。这就要我们切实落实低保政策和救助政策。

在任民政助理员期间，在敬老院选址上，我也是费了心思。对马鞍镇中学西边的一块垃圾填埋场附近，观察了近大半年，觉得那里是最好的选址。领导听说了后很不理解，觉得垃圾场有什么可改造的。

我解释了理由。一是那块地两面靠山，夏天有茂盛的树荫，阻止了阳光直射，冬季又有阳光能够照射进入，不至于太寒冷，是个十分适宜老人养老的地方。二是当时马鞍镇中学改造操场，有一大堆余土无处安放，等垃圾场清理后，用来填平土地岂不是一举两得！三是我觉得这块地址有着十分美好的寓意，东边是学校，如朝气蓬勃的初升太阳，而西边是敬老院，寓意恬静安详的夕阳。综合这三点，深信这块地是最好的养老院选址。听了分析，领导赞同了，并加以实施建设。

不久后，敬老院就建立起来了。一切都好，就是由于高压电线铺设的需要，养老院被迫缩小了12公尺的宽度，是一个遗憾的地方。但总的来说，整个养老院的规划工作由我一人负责，是我在做民政助理员期间做的一件重要的事。

奉献爱心，任敬老院院长

2003年1月，我从马鞍镇民政工作岗位上退休下来，一位在杭州开公司的侄女就立马联系我，请我去帮她看管公司。当时，马鞍镇新敬老院院长人选也在物色当中，镇领导觉得我从事民政工作多年，是最合适的人选。怎么选？我果断选择去敬老院工作。别人看来我很傻，为什么要放弃优厚的报酬去做辛苦的工作呢？但在我看来，很值，因为我又可以为民出力了。

接任后的敬老院虽是新建的，但实际上是个空架子。设备都需要更新，更为重要的是，仅有的10个老弱病残的老人都是无精打采，十分可怜。我暗自下定决心：世上无难事，只要用心做。我一定要改造这个孤寡老人的小世界，让它变成老人们向往的美丽天堂。

那段时间，为了更新、添加设备，我花了至少2个月的时间四处奔波。大到家具、家电，小到日常生活中的锅碗瓢盆，常常往返于马鞍、绍兴、柯桥，货比三家，坐的是公交，吃的是快餐或者饼干面包，为的就是为院里省几个钱。2 个月后，这个老人的“新家”建成了。但是，人也变轻了，有人问我后悔过吗？我到现在依然还是觉得值得。

敬老院需要正常运转，光靠上头的拨款和节流，肯定是不够的，日子肯定还是会紧巴巴，重要的是开源。我就想到了搞农家经济。我们把周边废弃的山地角落、院前屋后变废为宝，种上时令蔬菜，又买了一些小鸡进行饲养，形成了一种自产自销的蔬菜种植和家禽饲养相结合的模式。这样，老人吃上了放心菜、家鸡、家蛋，基本上做到自给自足，每个月还能净挣大约一千元。

老人的生活在逐渐改善了，但需要改善的不仅仅是生活质量，他们的精神面貌也需要改一改。俗话说“老人家，孩子相”。敬老院里的老人真是千奇百怪的都有。大部分老人已经习惯于无所事事、坐吃山空。有时还会打架吵嘴，还有一些人脾气古怪，稍有不如意就破口大骂，大发牢骚。我觉得敬老院应当是一个让人感到温暖的大家庭，而不是吵吵闹闹像个菜市场。我就给他们做思想工作，告诉他们：党和政府这样关怀你们，要学会知足常乐，需多活动、多劳动，互相体谅、互相帮助。我也和他们一起种菜、养鸡。老人的精神面貌一天比一天地好起来了。老人会聚在一起下棋、看报、聊天、看电视、做锻炼，十分和谐。

每年农历二月，我都会为他们办一场热热闹闹的生日宴会，请来文艺队为他们演出，并邀请村干部、老人的亲属一同来，为他们祝寿。老人常常会感慨：自己从没想过活了这把年纪，还有人专门为自己做寿，做梦都没有想到！这在绍兴县也是前所未有的。我觉得既然要把这个敬老院营造成一个温暖的大家庭，再麻烦也不能少了这样的聚会。

有的时候真的是非常累呀！比如说哪个老人生病住院了，我就去送水送饭、端屎喂药，直到老人康复，或者是直到老人安然离世。有个 94 岁的老太李香姑，在离世前这样说：“我从来没有享过这样的福，院长比我的亲人还要亲。”都说“久病床前无孝子”，但是共产党员的赤诚之心和我相信能够把这个大家庭建立起来并且壮大起来的信心，支撑着我一直做下去。

2005 年 9 月，还有一个 12 岁的女孩张梅娣也来过敬老院。她患有严重的癔症，父母离异，她母亲改嫁上虞。我收养她在敬老院，还替她落实了就读学校。发病的时候，我每天守在病床前，终于有所好转。为了使她得到母爱，更有利于癔症的治疗，我3次去上虞，找她母亲，终于感动了她母亲，梅娣也回到了母亲身边。但是不过半月，她又来到敬老院，问她为啥又回来了，梅娣说在敬老院比在那要好得多，因为这儿有一个令人倍感温暖的“院长外婆”。

我在敬老院工作了6年，一直把让老人们“吃得称心，住得安心，玩得开心，活得舒心”作为目标。成绩也不错，没有几年的光景，敬老院由原来的10个老人增加到了50多人。我连续5年被评为绍兴县优秀敬老院院长；马鞍镇敬老院也先后被评为“全省先进敬老院”“绍兴市文明敬老院”“绍兴县五星级敬老院”“绍兴市群众满意星级窗口”等称号。在2008年全国敬老爱老助老主题教育活动中，我有幸获得了“中华孝亲敬老之星”奖!

敬老院是一个小的舞台，但是对我来说却是一个退休干部的桑榆情怀。

洗尽铅华只余“值得”二字

这就是我的故事。开始从娘家嫁过来的时候只是一个家庭妇女，受到歧视。就到了生产队工作，工作有了但是收入不高，依旧得不到尊重。经过拼命努力，在生产队中表现出色，人际关系也好，就逐渐受到了重视，于是有机会去了加工厂做出纳。出纳的工作相对来说收入比之前高了一些，接触的人也多了起来，并且当上了团支部书记，团支部书记做得还可以，还顺利成为绍兴县示范团支部。后来受到组织上的看重和培养，就到了镇政府工作。到镇政府工作的时候刚好是30岁，这一做就做到了退休。先是当妇女干部，再后来成为党委委员、副镇长，成为领导干部，57岁退休。退休前从领导干部退下来，当了民政助理员，再后来主动去做了马鞍镇敬老院的院长，那会儿我被评选为全国敬老孝亲模范。全国性的奖状我有两张，多么不容易。

说了这么多，我觉得，一个人要有地位，特别是女性要有家庭地位，就必须靠自强，还要有自信，还要有自尊心。刚参加工作的时候，是真的苦啊，上有老下有小，家里的事情要安排好，工作不能失误。只能起早贪黑地做家务，使得正常的工作时间不受影响。为5元钱遭受家暴后，我就知道靠别人是永远实现不了自己的人生价值的。就决定去生产队工作，做了以后虽然只有微薄的一点工分，但总归可以自己过日子了。到了加工厂工作，我能够全家的口粮分完后还有一小部分剩余。再后来，经过组织的培养，到镇政府工作，我是既有经济地位，又有政治地位，更有家庭地位。现在，和老伴是完全平等的，什么事情他都会过问过我的意见。

回顾这一生，所感所悟也是颇为深刻。如何从一个普普通通的农民走到地方上有地位、能为社会的发展献出力量的人，如何从一个地位低微的女性变成在家拥有家庭地位，出门拥有政治地位、经济地位的人。我觉得，靠的还是自尊自信自强，知道吗？首先要自信，认为自己是不错的；自尊，不管如何受到家庭的虐待，要尊重自己。最后也是最重要的一点，是自强。

跳出家庭圈子，这种封建家庭的圈子，走向社会，才有施展自己的舞台，才会看到这个社会的不足之处，并用自己的力量去把这个社会建设得更加美好。

23．徐沟耐仙：汾河边上的冷暖芳华

口述者：侯耐仙

采写者：武学茹

时　间：2017年1月25日、2月7日

地　点：山西省太原市清徐县徐沟镇清德铺村

侯耐仙，女，1948年生，清源镇南营留村人，小学文化，农民。父母以务农为生，家中姊妹5人，长女。1968年经人介绍结婚，定居清徐县城。丈夫贾宝寿，清德铺村人，早年参军，退伍后在清徐县食品公司上班。育有3子1女，女儿1969年生，儿子分别为1971年、1974年、1975年生。1977年回村，从事农业生产。1984年，出任村妇女主任，直到1999年离任。1993—2002年当选两届县人大代表。如今老伴儿已退休，含饴弄孙，生活乐足。

闺阁生活

我娘家在南营留村，在我们小的时候叫城关公社，是清徐县管辖下的一个大队，大概有3000人。人们常将它略称为南营村，它与“春光村”“迎宪村”“西关村”一起被称为城关四村。这4个村子将镇与县中心围在中间，其实从某种程度上说，我们也是县城了。从村中心到县中心步行约需要15分钟，就出行来说，十分方便。现在的南营留村已经划归清源镇，发展为城中村，行政面积4.7平方公里，全村现在有约1万人，本村居民约6000人，外来打工者约4000人。城关公社也不叫了，成为社区，是一个中等偏大的村子。那里的人大多做生意，比咱们这边有钱。不过这是现在，改革开放以前它也是一个很普通的村子。

家中祖祖辈辈靠田吃饭。父母也是地地道道的农民，在我小的时候父亲为生产队赶车。那时父亲主要是为队里搬用东西，有时被派到太原等外地拉运货物，这是村子的一个副业生产队。在那时这也算是一份美差，所以一开始家里的生活条件不错（“四清”时期被定义为中农）。家中姊妹 5 人，我是老大，我二妹比我小 4 岁，我们姊妹 5 人要么差 3 岁、要么差 4 岁，最小的五妹比我小 14 岁。一般人家人多，姐姐通常要负责带大弟弟妹妹。我们家的情况不大一样。因为那时奶奶身体比较硬朗，基本上可以帮忙料理家务。生活虽苦，但身为老大也不是很忙乱。

那时上学比较迟，8 岁上一年级，上了 5 年学。我们那时的小学叫南营留小学，5 年制，6 年级就要到初中部去念了。虽然我们那时的小学跟现在的小学没法比，但我们学习的内容还是很全面的。语文、数学、英语、化学、物理、地理、音乐都有。语文主要就是认字，小学毕业我基本就可以看书、写信了。数学，也是很初级的，大括号、中括号、小括号、四则混合运算这些。英语老师说英语很别扭，但人家也是学校毕业，考取了乡镇里的教书资格的，现在回忆起来，前前后后也就只学了 26 个字母。最有意思的是音乐课，我们那时天天都在歌唱社会主义好、国际歌，不然就是歌颂抗日战争期间的英雄，当然也学陕西民歌。那会儿我们一星期要上 6 天课，星期天休息，上午 3 节，下午 2 节，有时还学点卫生知识。13 岁小学毕业，我就参加了劳动。不同于徐沟多旱地，清源的菜地多，所以我们主要是种菜为生。平时就跟着别人下地干活，种菜、锄地、摘菜什么的。家里养着羊和猪，休息了赶紧去割猪草。通常中午要定点为父亲送饭，即使不外出运货，赶车的中午也不回家。

五六十年代真叫穷

1958 年大炼钢铁时期，我们还在上学。听说村里有的成年人被派去上山炼钢。学生的任务主要是念书，课间也帮忙下地劳作，平时课间捡树枝、铁屑子然后送到生产队。我们也见到那时队里收铁器的队伍。他们拉着平板车，挨家挨户地进，基本上家里所有的铁东西都被收罗了去，铁锅就别说了，就连柜子上的铜锁子也要了去。

听说当时县里的炼钢队伍统一集中在西山，也就是马峪乡那边集体炼钢。那边铁矿、林木也多，炼钢方便。做饭的锅被收走后，主要是去生产队里领饭。一个村子里有好几个生产队，每个生产队集中在一家做饭，一口大锅，里面一点点高粱面，或者一点点米，吃面疙瘩。每天一放学我就拿个大盆到生产队领饭，拿回来通常汤喝得见底了也不一定能看见一个面疙瘩。

1960年，苏联与我们国家闹意见，要求我们国家立即还钱，生活就过得更紧了。大人们还好，很多小孩子，譬如我妹妹通常还没到饭点，就在院子里饿得直哭。奶奶和妈妈就把玉米棒子放在火炉旁烤干。我和妹妹趁着晚上把烤干的玉米棒子拿到石碾上碾成粉，然后用大筛子筛捡，还不敢用细筛子，生怕把能吃的扔掉。回到家偷偷用这些拌着捡来的树叶、萝卜丝一起吃，一人吃上几口。那时的路都是土路，夏天遇到暴雨，干燥的土地上就长出地卷儿（就是像蘑菇一样的菌类），人们把这些连泥带土的地卷儿掬起来，回到家里洗干净了和着一点点玉米面一起吃，你看那时的人们活得多艰苦。

那时候过年，一项重要的仪式就是糊窗纸。不同于现在的玻璃，那时候都是木格子窗户，过年要换新的窗纸。现在孩子长得高是家里的大喜事，那时候是愁煞人呀，本来就领不到几尺布，因为几个孩子长得高，可能导致另一个孩子就没新衣了。孩子们过年换新衣，大人们可不是这样，年前就把原来的旧衣服拆开扔到沸水里重新煮一遍，里外翻过来重新缝补就是一件新衣了。老话不是说“新三年、旧三年、缝缝补补又三年”，小时候经常看见路边的老爷爷把夏天的汗衫穿成了棉衣样子，因为补太多的补丁了。

入团啦，当上了妇女队长

“四清”的时候，那时候有太钢的工作队驻扎在村子里。那段时间政治运动频繁，因为家里被定性为中农，所以也不敢太积极地参与政治，怕别人笑话。虽然有很多贫农好几次上交入团、入党申请书，但身为中农家庭，咱想都没想，一次也没上交过材料。咱这人，做什么都要强，看着别人一份一份地写，真的不甘心。但想到家里成分不高，也就罢了。一方面咱没人交了也白交；另一方面咱政治成分不好，写了如果入不了岂不被人笑话！直到有一天，驻扎队的田主任问我："耐仙，你怎么不交入团申请，别人都交了好几回了?""我就算了，反正交了也够呛!""你写写吧，交一份申请。"田主任坚持。好吧，既然这样，那就写写看吧！但咱也没写过，就请远房二爷爷家的一个姐姐帮忙代写。她自己是团员，而且还是村里有点权势的人。谁想，那次不但入团成功，而且我们小队就我一个！当时整个村子有一个团组织，4 个团分支，当时村子里也就有 60—70 名团员，只有少数几位年长的人是党员。

"文化大革命"时期，年长的姑娘都嫁出去，一辈顶一辈，未出嫁的我也被选为我们生产队的妇女队长，带领妇女下地劳动。至于铁姑娘，我们南营留村那个时候没有。铁姑娘就好比一个突击队，村子里有什么难事都争着干。如果你能干，我能干，那就把几个精干、利索的姑娘组成一个铁姑娘队。这个吧，有的村子有，有的村子里却没有。咱们山西大寨不就有铁姑娘队嘛，她们主要是开山治田。夏秋之际，我们白天下地，晚上去操场上打粮食。那时哪像现在，有机器帮忙，我们全都是人工干活。谷子、高粱割回来，先在操场上晒干，晚上大家一起去用石磨撵开，然后再用大筛子去除谷皮，最后封存。冬天主要是平整土地，带领大伙儿填平水坑，综合盐碱地。以前农民主要靠天吃饭，盐碱地很是严重，而且那时候水位低，特别容易被水淹。

嫁做人妇

1968 年，经人介绍，我结婚了。老头子叫贾宝寿，家住清德铺村，家里父母健在，长姐已结婚嫁到邻村——西怀远。而他比较小的时候就出去当兵了，那时退伍刚刚回来，转业到清徐县食品公司。我家里人和我都觉得他不错，人长得魁梧排场，还很俊朗，觉得这个年轻人靠得上。1968 年我们就在清源结婚了，婚后一直生活在清源镇，家安在我娘家南营留村。孩子们的户口都暂时也安在那边。

1969 年我大姑娘（其女今年 49 虚岁，原来在高花乡初中教英语，2000 年转到徐沟高中执教。女婿现在在王答乡中学任校长）出生，户口和我在一起。1971 年我大儿子（如今在清德铺村生活）出生，户口在村子里。1974 年我二儿子（如今在清源县城生活，靠养大型运货车为生）出生，他的户口一直在我娘家南营留村，我们搬回来时也没给他迁户口。1975 年我小儿子（如今跟随其二哥在清源生活，兄弟俩联合养车）也出生，那时还没有实行计划生育。我们一家人是 1977 年回到村子里的。因为二妹跟三妹都是嫁在本村（四妹嫁到了太原，最小的妹子嫁到了附近杨房），父母有她们照顾着也放心。

那时候抗旱防旱，家在农村的必须回家。我们便也从清源迁了回来。刚回来那会儿是非农户口，孩子他爸在食品公司，孩子们还小，没有工分粮，一年实打实地也就从大队里领 120 斤基本口粮粮食。东西就是人家口粮发玉米就领玉米、发高粱就领高粱、发工分粮就没你的份了。那时刚回来，还跟婆婆他们住在旧院子里，心想着重新盖一处院子，所以也就只能省吃俭用。120 斤粮食，还是已经发芽的，只能晒干封存以备来年盖房子款待帮忙的乡里乡亲。大人还好，孩子们就活得很辛苦，吃得不是很好。身为母亲，就想方设法给孩子们换换花样。记得连着一段时间吃南瓜拌鱼皮面，我大儿子拉肚子搞得面黄肌瘦，连裤子都快提不起来了。现在的人们就是活在天心心里（俗语，比喻生活得幸福，吃穿不愁）。

我因为身体不好，虽然回了村子，但基本上没有参加过生产队的出工，主要是在家养猪。一人养了 3—5 头猪，每天都要下地割猪草，天不亮就出发了。夏天还好，有现成的绿草，秋天就得想办法存一些干草垛子，当作猪过冬的粮食。养猪吧，很缠人，要喂，还得处理粪便、接生小猪崽，这些都是我一个人干，回想起来，那时的生活不容易呀！借着老头子在食品公司上班，养成的猪基本上都卖到了那里，这样生活才容易了点。

那时候村子里也发生过一些大事，比如北沙南运，和原来在我娘家一样，平整土地、综合盐碱地、造良田。20 世纪 70 年代末，村委会提议土质改造问题，掀起了一场北沙南调工程，所谓北沙南调即是把北面沙土运到村子的南面，借此综合村子南北的土质。那时候村北有一个一个的小坟堆儿，也就是大家说的坟疙瘩儿，日积月累风吹日晒早已成为一个一个大沙丘，聚集了好多的沙土，而村南却是一直以来的盐碱地，满眼是将近一人高的芦苇，一片荒芜。那时候的人虽然穷，但干起活来还是特别带劲儿的。大队按小队分工，小队的男男女女聚集在村北，年纪大的负责送水、送饭，年纪小的负责运土。通常是一男一女搭配一辆木头制成的平板车，车子的前后各有一个红色的条子将左右的扶手连在一起，车子走的时候就把这个红布条子搭在肩膀上，有的是男人在前女人在后，有的是反过来的。大家你追我赶，还一块儿唱歌，像竞赛一般。没几年，村南也成了一片良田。

虽然 1978 年就改革开放了，那时村里就在传安徽的小岗村包产到户。但是前几年的政治运动太疯狂了，村干部包括村民都不敢效仿，说不定过不了几年就被打成右派了。所以我们村子 1983 年才开始单干，分地到户、自负盈亏。不管男女老少，包括待嫁的女子、刚出生的婴儿，只要户口在村子里的，都有分地的资格。除了科研基地，也就是现在村北的公共坟场，以及各队分剩下的土地，村里的土地基本全部分完，每人 2 亩半。像牛、马、骡、犁等可以共用的大物件生产工具暂时归小队所有，属小队集体财产。需要时可以自行向队里借用。土地、工具分配妥当，大家伙儿都积极地投入到小家庭的建设中。可以这么说，棘手的问题基本解决，我们接手的是个安康、充满建设活力的村庄。我家那时户口在村子里的有我、我姑娘还有大儿子与三儿子四口人，分到了 10 亩地。二儿子的户口没有迁回来，依然留在清源他舅舅家。那时孩子们都在清源上学，老头子在食品公司上班，同时担任一个职务，责任意识使他一般十天半月才能回家一趟，所以家里平时基本上就我一人。一个人种 10 亩地，还要养猪喂猪，生活很忙乱。夏天天亮得比较早，四点多钟我早就下地开始忙农活了，有时还得一个人晚上浇地灌溉。没办法，那时老头子在县里上班，常年不在。不像现在，村子里的人基本上以种菜为生，那时我们主要种粮食，玉米、高粱之类的。也种过一些蔬菜，譬如西葫芦。那时种西葫芦主要为了生产西葫芦种子，大队里回收种子。西葫芦的果肉基本上不需要，都用来喂猪了。时代不同，现在的孩子可能觉得很搞笑，好好的西葫芦不卖，却来卖种子。

当选村干部，先做做看吧

改革开放以来，国家号召发挥年轻人在基层的领导作用，老村长、老书记便卸了任。我们家老头儿在商品粮站有工作，常年不着家，家里的大事小事一直是我在操持，忙里忙外，本来是干了一个妇道人家该干的，结果却也赢得了能干的美名。村子里的干部并不是一个一个地选，通常是自行组织一个班底，集体竞选，大家关系好，配合起来也方便。1984 年秋换届选举，两个小叔子准备竞选村里的村长与书记，但班底里又必须有一个妇女主任，他们便上门鼓动我参选。其实我一开始不大愿意，本来家里的事就忙得团团转，我担心当选村干部会耽误大队里的事情。小叔子第一天过来，我说等老头子回来商量一下再决定，结果一晃 10 天过去了，老头子忙得都没着家。眼看着选举时间越来越近，小叔子说不能等了，你先报名候选，到时候不行再说。我只能说如果老头子不同意，那我就只能不干了。果然，当选当天晚上老头子回来了，表示不同意。但这么大的事情怎么能说撒手不干就不干，在小叔子的劝说下，老头子同意，如果忙不来就不干了。结果还好，忙着忙着也就成习惯了，而且一干就是 15 年。就这样，1984 年的秋天我上任了，担任村里的妇女主任。

接手前村子基础就很好

在我们任前，老村长、老书记把村子治理得很好。我们接手的村庄是有较好的基础的。清德铺，自古以来就是十里八乡远近闻名的好村庄。现存有千年古槐、尧王祭祖台，建村历史悠久，文化底蕴深厚。北接徐沟县城，南连祁县太谷，自古以来就是运城、临汾等晋南地区北上省城的重要官道。另一个就是现在的 108 国道的旧址。为此还形成了两个大集，至少也有七八十年的时间了。村北的土台上以前有钟楼、鼓楼，从建筑内部可以踩着台阶上到顶上。文昌阁、老爷庙、财神庙多着去了。那个时候穷，出行要不靠两条腿，要不就是骡车、马车，很多路人都投宿在咱这个村，为此还产生了附近最早2个大的集市。别看现在村村都有集市，那些都是近十几年才有的，如果不闹红火，可能过不了十年就消失了。清德铺的集市就算平平淡淡，也不会消失，它早已经印到祖祖辈辈人的记忆了。不同于清源有山区，徐沟县基本上一马平川，土地肥沃，以种植、养殖为主要经济来源，非常适合种粮、种菜。村里老干部们建设得也很用心，清德铺的人民公社还是办得很好的，有醋产、酒坊等副业，除了农业上的工分，年底分红比起其他村子还是惹人眼红的。村子里原来是有醋坊的，但是比较小。在老村长手里，他们和太原市的休干所联合在村子的最东边盖了一处新的醋厂。那时候的清德铺是附近姑娘们都想来的地方，也是本村姑娘不想走的地方。所以嫁到这里我也很高兴！

抓计划生育工作——夹板气

包产到户完成，农民投身经济建设，有一段时间村务是很少的。我们村的妇女主任的工作其实不多，主要是分管计划生育与妇女工作，包括向乡计生委员会上报人口的出生与死亡。其实在上任之前，我有想过自己会面临的困难，但就上一任的职责来看不外乎是以鼓励少生为主。然而我一上任马上面临的就是计划生育严峻的形势。其实国家对生育的政策是经历了一个由奖励少生的人到多生的人缴社会抚养费的过程。最开始的有一段时间国家是鼓励少生育，对响应政策的人家给予经济上的鼓励，比如给你米、面、营养品什么的。从毛主席那个多生多育年代过来的人怎么可能生育得少呢！就算是给东西，做绝育手术的村民依然是寥寥无几。后来国家政策转变，在我任职期间内，基本上都是缴款。按政策规定：一般情况是第一胎男孩，政策上不允许生二胎，但在村里这个规定不是很严格。但是二胎以后必须做绝育手术，严厉拒绝第三胎。村子里，大家都想要生个儿子继承香火，这个可以理解。一方面，作为国家的工作人员，我们得执行政策；而另一方面，我们也是祖祖辈辈生活在这个村子里的人，村民之间低头不见抬头见的，夫妻俩想生个儿子，你就偏不让，有时候这个事情不好做，你也不忍心，所以执行过程中还是要有变通性的。既然孩子已经生出来了，本着乡里乡亲的原则，我们也是就轻处理。国家对不同的家庭成员的增加情况有不同的缴款政策，比如亲子生育与抱养。超额生育缴款好几千，抱养只缴款700元。有些家里比较困难的就把生育改为抱养，让大家都少缴点，谁的生活都不容易呀！有些村民为了生育一个男孩继承香火，会把女孩远送外人，送到一个很远的异乡。有的会过继给邻人，有的夫妻没法生育，有的人家两三个儿子，就想要个女儿。这些其实大家都心知肚明，也只能睁一只眼闭一只眼。

记得有一次，国家出台鼓励双女户的政策，村里有一户姓王的贫困人家，情况基本属实，只不过生过第三胎，后来是个女娃送人了。我们想着他家情况这样，男人还是个残疾，如果可以享受到国家的政策优惠，对他们家来说太重要了，村委们一块儿讨论决定当不知情上报。虽然后来被人揭发了，但那家的女人对我们是千恩万谢。有时候也很高兴，因为有这样一份职务，可以帮到困难的村民。

尽管如此，这么多年来，我还是积累了很多的民怨，很多人都在背后怪我、骂我太绝情。本来，做人就不容易，更何况做一个影响别人家传宗接代的妇女干部！当然你要想管好别人，你首先得管好自己家的事儿。大儿子家一个男孩儿，拗不过媳妇，媳妇想要一个女娃，生了二胎，该罚就罚，我替他们出。二儿子就一儿一女，三儿子家两个女孩儿。老三家媳妇还是有点怨言的，但没办法。

总的来说，村里的计划生育工作还是很不好做，有种里外不是人的感觉。现在的妇女工作比那时好做，国家不限制生育，反而鼓励生二胎。那时一冬天的都在跑计划生育，经常陪着妇女去县里医院，还大老远地跑过北京。主要是现在人们的观念变了，而且生育成本变高了。那时盖房子3千至5千元，娶一个媳妇才2万至3万元。现在哪成，给人家媳妇的彩礼就得二三十万元，还不包括房子，现在养一个儿子，难呀！

除了计划生育，主要还涉及妇女工作。不过这些事情一般不是我们单独出面，是大队里出面，村里的干部大家商量着来！婆婆与媳妇打架，你一个外人哪管得了！适当的调解一下不至于出太大的乱子就行了！老话说得好：

清官难断家务事！妇联上工作比较少，基本上没有，一般都是在执行上面派下来的任务。村子里也搞过一些妇联上的活动，比如“五好家庭”，技术、科研、畜牧培训等。

开会、培训——风雨无阻

我的直属领导是乡计划生育委员会及妇联。到乡政府开会也是常有的，一般是各部门开各部门的会，比如我就是去乡计生委开会。按规定每月逢五必开会，初五、十五、二十五是雷打不动的例会，风雨无阻。夏天还好，冬天天还没亮就得起身。一开始家庭条件不好，从村里到乡上的 8 里路得走着去。后来有了车子，但有时候半路上车子出了问题，比如轮胎破了、车链子断了。你是叫天天不应叫地地不灵，好几次我都是推着车子到的乡政府。

乡里开会，一般都是上午去，大概下午回来，有时是赶在中午就结束了。从村子里到乡里有七八里地的路程，正常情况下半个小时的路程，如果赶上刮风下雨就得又费些时日。我一般是上午 7 点出发，骑个自行车，基本赶在 8 点到达。一般开会都是各部门开会，你跟村里别的干部通常不会一起走，所以基本上都是一个人。下雨还好，下雪的话每天早晨起来地面特别打滑，基本上寸步难行。在我的印象里，下雪天会有通讯员提前通知，会议暂时推后。你们知道通讯员吗，和现在的邮递员差不多。那时他们是替政府办事，在各个村子间传达上级的意思。一个乡政府一般管辖 10 多个村庄。像咱们高花乡辖下杜村、西怀远、清德铺、南内道、宁家营、丰润、南尹、北宜武、南宜武、桃花营、高花这 11 个村子。每个月基本是我们这 11 个村妇女主任与乡级领导干部碰头。此外，突发情况召集大家也是常有的事。会议的主要内容就是上报近 10 天的计划生育工作，学习新的文件。

妇联的会议很少，现在可以回忆起来的就是组织村妇女到乡里学习。首先是村委会根据文件，在遵循个人意愿的情况下选择一定数量的妇女，在妇女主任的带领下到乡里学习培训，一般涉及畜牧、技术的培训，最后乡里会给予合格者技术结业证。通常是县里派下来的工作人员讲解，也就半天的时间，时间不能太长，毕竟条件有限，乡里没法给这么多的人安排食宿。培训结束，有时有考试测验，但大多数情况下是没有检测的。参加者发一份合格证。虽说是技术推广，但也就是被培训的人自己学一下罢了，村里也没有组织相应的学习。主要是大家忙于各家的事情，而且妇联的培训能学到的、运用到村子里的还是有限的。

妇女干部的培训一般在县里，时间也大概是半天，内容一般是关于妇女工作。记得 80 年代末 90 年代初，我们计划生育曾经在小店区进行过市级培训，那时计划生育很紧张，足足培训了 5 天。

村委协力抓生产

虽说大家分管不同的事务，比如我作为妇女主任负责妇女工作，赵某某作为治安主任主抓村子里的治安情况，但是大部分的事情还是要开会解决的。村里的会议基本上都是临时性的，有事情的话就召集大家，可能一个月开 3 次到 5 次，也可能好几个月才开一次会，看情况而定。村委会成员提前彼此告知，广播里也会召集。一般开会都是在晚上，吃过晚饭之后大家都有时间。村里办事跟咱们家里也是一样的，大家有商有量地解决。首先提出要解决什么问题，然后各个村委说说自己的看法以及解决的办法，选择大家公认为比较好的处理办法。都是为了把村子里的事情办好，比较大的分歧基本上是没有的。有的话也是大家商量着解决。会议全程都有会议记录。

虽然说前一任的老村长、老支书把村子治理得很好，但是人有时候就不得不承认年轻人的脑子活，清德铺的红薯、桂花元宵就是在那个时候打出名堂的。我就说说咱们村的桂花元宵。一开始，是村里的一个称老聋子的人开始做的（已经去世了），据说这是他家里祖传的手艺，后来一传十、十传百，没几年村里有好多人就在正月十五前后开始卖元宵。大队里看见大家都这么积极，而且制作元宵原料很多，如糯米面、白糖、桂花等等。为了帮助大家，大队在外面以赊账的形式弄进糯米、白糖，然后以低于市场价卖给村民。这样不仅降低了村民卖元宵的成本，而且也增加了村委会的收入，可以用于村委的日常开支。

与此同时，村里还组织村民盖石撵台，用于撵糯米。原来村子里的石磨到处可见，平均 20 户就有一个石磨。虽然现在道路硬化拆掉了很多，但依然有保存下来的。现在的小孩儿可能觉得很奇怪，可那时候的用处大着呢，村民都得排队，相互调剂着时间来碾米。这个事基本上在年前就开始，村民将买来的米倒在石磨上，利用畜力拉动石磨。一般还要蒙上骡子或马的眼睛，防止它偷吃或惊慌，前前后后，要持续到正月十六才能结束。后来也有人开始专门以碾米卖糯米面为生计。正月初十卖元宵就算正式开始了。每天早上，天还没亮就会听见"突、突、突"的发动机的声音，紧接着就是此起彼伏的狗叫声，那是村子的卖元宵队伍出发了。为了保证可以单独占据一个村子一整天，勤快一点的人家一般 4 点就离家出发。那几年，家家户户都要在十五前后到十里八乡卖元宵。元宵不同于汤圆，它是靠前后颠动圆簸箩利用水域糯米的黏稠一层一层的滚出来的，材料实在，口感很好，一传十、十传百，清德铺的桂花元宵那几年在太原周边地区闯出了一个好名声。那几年卖元宵户基本收入都在万元以上。八九十年代的上万元可是一笔不小的收入。

公事忙完，赶紧弄自家事——打仗般的生活

当时从一个县嫁到另一个县，不适应肯定会有的，但看看周围，大家都一样，而且说不好听点，适应不适应都得学着去适应。好在自己的小家独立在一个院子，我们婆媳分开过，基本上不存在矛盾。邻里之间基本上都是刚成家的小媳妇，很快就觉得这边的生活也不错。第二年大儿子出生，就觉得自己一辈子都要扎根在这儿了！我当妇女主任那年 37 岁（按虚岁算），孩子基本上都上学去了，除了定时定点给家里人做饭、白天去下地，基本上也没别的事情。农村干部不同于城市干部，不需要值班，而且开会时间一般都是晚上。有几次晚上突然在饭点召集开会，也只能把孩子送到婆婆那儿。最主要还是因为自己喜欢。我这个人性格比较爽朗，喜欢帮助大家，帮着别人家

化解矛盾，我觉得还是很有成就感的一件事。尽管有人会在背后骂我，但是转念一想，既然咱当了这个干部，你就要承受一些东西。别的不说，真的是很忙乱，开会回来就晚上了，还得喂猪、下地。忙就忙吧，别人还不理解，受着夹板气。

1993 年我当选为县人大代表，连续两届 10 年当选，直到 2002 年。人大会议一般一开就是 5 天，县里安排食宿。家里的一切都得放一边，主要是收集群众的意见，反映到人大会议上，大会主要是做下年的预算，根据群众的意见提出解决的办法。

老年生活

1999 年 10 月换届选举中，年轻人上台，我们这拨年纪大一点的也就卸任了。其实还是有点舍不得，毕竟干了这么多年，但国家要求给年轻干部创造机会。

退下来以后，感觉时间一下子多出来了，没事干就去街上和大家伙聊聊天，个人也喜欢帮别人家说媒，给适龄的小姑娘、小伙子牵牵线。原来关系比较紧张的村民，如今关系也都缓和了不少。现在我依然坚持看新闻、看报纸，不管做不做干部，国家大事、省里面的大事还是要知道的。三个儿子相继结婚，大儿子留在村子里，照料起来也方便，小孙子基本上天天在我这边。二儿子、三儿子在清徐县上互相帮扶着养车，当初直接就把他兄弟俩的户口放在我娘家，后来也没再迁回来，如今那边也算是县城中心了，兄弟俩的日子在我看来还是很满意的。更和美的是家里的三个媳妇都是姐妹，二媳妇与三媳妇是亲姐妹，大媳妇与她们是姨姐妹，我们家的妯娌关系、婆媳关系、亲家关系都很好，过年过节大家一般都在一起。每天给老头子做点饭，消闲了去邻居家走走坐坐，晚上回家看点新闻、电视剧，生活还是很有滋有味的。

时代继续向前发展，如今的村庄发展的速度是超出我们意料的。年轻有朝气的村委班子精诚团结，干群关系融洽，坚持以“以人为本，开拓创新，真抓实干，增加群众收入，改变村容村貌”为工作重点。大力发展城郊农业，夏季蔬菜种植与反季节的大棚种植已经使不少农户脱贫致富，大规模养殖已由副业独立发展为我们村的支柱型产业。前年村委投资 100 余万元，硬化村内道路 1.2 万平方米，更新水井 13 眼，铺设节水管道 1000 余米，对旧变压器进行了调整改造，铺设地埋线 4000 余米，清理退水渠 1400 米，植树 3000 余株。土路变为水泥路是我们多年以来的一个心愿。村民再也不用担心下雨天被陷在泥路上回不了家。如今的妇女工作也很好做，不需要得罪人上门罚款，国家鼓励生二胎。计划生育以来，年轻人肩上的担子太重了，一对小夫妻要给四五个老人养老，这哪吃得消，就是我们那会儿三个儿子赡养一对老人，矛盾问题也是常有的。近年来，种植业、养殖业稳步提高发展，农业增产、农民增收、农村富裕。文化娱乐活动开展得有声有色，每晚的广场舞、不定期的消暑晚会，现在的妇女工作搞得很是不错！

祝福我们的村庄，越来越富有！祝福我们的村民，越活越精彩！

24．大桥国芬：家庭事业能比翼齐飞

口述者：姜国芬、童国姚

采访者：唐凯艳

时　间：2017年1月18日、2月4日

地　点：浙江省宁波市鄞州区鄞江镇大桥村

姜国芬，女，1951年生，鄞江镇建岙南岙人，小学文化。1971年，嫁到大桥村，育有1子1女。1974—1981年和1996—2006年两次担任大桥村妇女主任，1975年加入中国共产党，现退休在家。

童国姚，姜国芬丈夫，1950年生，大桥村人，小学文化。1980—1990年担任大桥村光明大队队长，1990—2000年担任大桥村村长，1990年加入中国共产党，现退休在家。

儿时生活，为家分忧

我出生于鄞江镇建岙南岙村，南岙村以前属于光明大队，如今是按照地域来称呼，大桥村隶属于鄞江镇，位于鄞江镇东北方3公里处。它在锡山脚下、鄞西平原的边缘，由大桥、朱家、柴家、南岙四个自然村组成，农民以传统种植水稻、贝母、蔬果、养殖淡水鱼等为业。南岙村临近山边，总亩地大约200多亩，周围群山环绕，风景秀丽，就是地方比较偏僻。

在我小时候南岙村还是有很多人的，住着大约50来户人家，但毕竟地方偏僻，交通不便，于是很多人家都陆陆续续地搬了下来，搬到了下面的大桥村来。大桥村地理位置更佳，来往较为便利。到现在为止，只有六七户人家还留在南岙村，留下来的都是些老人家。年纪都大了，一个是腿脚不灵活，另外也是舍不得自己的家，于是选择留了下来。不过，山上毕竟环境清静，对于养老还是很好的。

以前南岙人都是在五月一日劳动节后种地，等到下半年 7 月份收稻。种地割稻的辛苦，现在人是想象不到的，三点天不亮就得摸黑起来干活种地。我爹劳力很足，干活勤快，那段期间几乎都是早出晚归。我在家里排行老大，下面有三个妹妹、一个弟弟，弟弟最小。身为长姐，必须要担当起料理家务、照顾弟弟妹妹的责任。白天父母外出干活时，我得在家里打扫家务、洗洗碗、洗洗衣服、拖拖地，看管着弟弟妹妹不让他们乱跑；临近中午，在父母回来之前，我得煮好饭给一大家子填肚子。有空时我便去看牛，那时候看牛也有工分可拿，只是当时我年龄小没什么劳力，拿的工分自然也少了。

等到弟弟妹妹长大了些，我便带他们一起去山上砍柴。当时家家户户都是用柴火稻草烧菜烧饭，我们又是一个靠山的村庄，这漫山遍野的都是柴火，因此砍柴背柴成了各家必需的活动。每次我在一旁砍柴，就让弟弟妹妹在一边慢慢捡柴。庆幸的是，弟弟妹妹都很懂事，每个人都很耐心地在拾掇。等我把柴火一一捆好后，他们还自告奋勇要帮我一起背回去，这着实令我感到欣慰。真所谓是苦中也有乐。

除了砍柴，我还要帮忙割猪草。每次放学后我和小伙伴们都去田里割猪草，割来的猪草用来喂猪。卖猪的钱是一笔不小的收入，所以割猪草得格外用心。说是割猪草，但其实并没有割草的工具，我们多数是用手拔的。时间久了，手慢慢变得火辣辣的，都是被猪草锋利的边缘处给划伤的。下雨天时猪圈下都是湿漉漉的一片，我会去山上采一大捆树叶来铺在猪圈地上。有时，我会和弟弟妹妹靠在猪圈围栏边上，看着小猪们一脸兴奋的吃样，我们的心情也会大好。

我总共读了五年书，读到了小学五年级。我读书比较晚，9 岁才开始上小学，14 岁就不读了。那时候小学得在梅园读，梅园在我家的下头，所以我得一大早出发。按照现在的话来说，我在家中学历算是最高的。我很喜欢读书，有谁不热爱读书呢。因为家里的情况，我是断断续续读完五年书的。读书期间，我还得兼顾着干活。每次放学，我得抓紧跑去田里割猪草，还要放牛，所以时间都很赶。我很珍惜每一次的读书机会，因为我清楚地知道自己不可能一直坐在课堂里。终于，等我读完五年级，家里实在没条件供我读书了，弟弟妹妹也需要人照顾，于是我辍学了。不过我还是很庆幸，我读过书能够识得几个字，也算是一个文化人了。

嫁入夫家，甘甜共享

在 16 岁时，我们全家从南岙搬了下来，住进南岙下面的大桥村。当时爸爸从别人手里买了两间地基屋，4 元一间，总共 8 元。就这样，我们全家在大桥安家了。等到 18 岁时，经人介绍，我嫁给了现在的丈夫。当时有特定的介绍人，类似于现在的媒婆。介绍人当时要在两家奔走，到女方家谈过，到男方家也得谈过。我丈夫还是蛮有心的，在介绍过后，他有约我一起去大桥沙场看戏台，算是增进感情。等介绍人在两家都谈妥后，男方便要拿出聘礼上门求娶女方，这和现在的结婚仪式还是相似的。唯一不同的是结婚的规模程度。那时候大家的钱并不多，生活条件好点的家里能拿出千百元，比较差的家里只能拿出几百元作为聘礼，再购买一个戒指就可以成婚了。

结婚当天，并没有像现在这样开车来接新娘，而是介绍人陪着新娘，走路前往新郎家的；也没有现在的白婚纱。我拜堂的时候穿着一件灯芯绒衣服，那是我最好的一件衣服了。20 世纪六七十年代，正是“破四旧、立四新”的时候，拜堂时已经不推崇古人“一拜天地、二拜高堂”的礼节了，只需要给长辈敬杯茶就可以了。

结婚后，我住进了丈夫家。那时我们住的都是瓦片房，稀薄的瓦片根本挡不住持续的大雪，雪花还会时不时地顺着漏缝飘进来。公公家贫无力添置瓦片也无力翻整瓦片，只得花 4 元从别人手中买了张皮。整间屋子还铺不过，只得把它铺在家里重要地方。所以，家里多半还是铺满了雪。丈夫很是勤劳，在队里干活、割猪草那是样样拿手。当时割 100 斤猪草可以分到 5 斤稻谷，所以我家经常会有多余的谷，街里街坊有时也会向我家借点谷。因为丈夫的勤劳能干，结婚后夫家的生活条件总体处于中游水平。虽不是很富足，但吃饭还是可以的。丈夫对我也很好，我实在是很幸运。两年后，我生下了一个儿子，再过了四年，我有了一个女儿。有儿有女，我便一生知足。

（童国姚）我和国芬是经人介绍认识的，她人长得很秀气，也很和气，脾气又好，不久我们两家便把婚事给定下来了。我爸年轻时是做厨工的，年轻时候十八般武艺样样拿手。煮菜是他的拿手好活，除此之外，建房子、做木材这些活他都精通。我结婚时的房子就是我爸自己造的，不过当时他年纪也大了，所以家里的重担都落在了我身上。我是家里的顶梁柱，我得让家里人过上更好的日子。

我和国芬刚结婚时，家里的条件并不好，房子破损都没有能力去修补。随后儿子女儿陆续出生，家里的条件更加艰苦了。我从小跟着我爸干活，我爸这种吃苦耐劳、勤勤恳恳的品质深刻影响着我。在大队里，我干活很卖力，从来不抱怨，只想着把活做快做好。可能是看我做事踏实又肯干，上面就把我给提拔上来了，在 1980 年这一年，我当上了我们光明大队也就是大桥所在大队的队长。在 1990 年这一年，我当上了大桥村的村长。慢慢地，我们家的生活也渐渐好转了。我的两个孩子也都蛮有出息。儿子现在做公务员，女儿是高中老师。他们都很有孝心，不时会来看望我们两个老人家。每次他俩来了，街里街坊都说我们生了个好女儿好儿子，我的心里也很欣慰，觉得以前受的苦也都值得了。

因缘际会，两次生涯

我总共担任了两次妇女主任，这两次的担任时间不是连续的。第一次是从 1974 年开始，到 1981 年结束，总共担任了 17 年。在这 17 年间，头 10 年的工作是不脱产的，我拿的是工分。那时候男女实行“同工不同酬”政策，男的劳力算十级，可以拿 10 工分；女的算六级，拿 6 工分。1 工分等于 1 毛钱，因此我一天工作下来可以拿到 6 毛钱。后 7 年实行“脱产”政策，拿的是月工资。月工资大概是 20 几块，并不多。因为妇女主任的工作实在太繁杂，我又有家庭要顾虑，所以后来打报告辞职了。第二次是从 1996 年开始，到2006年结束，这一次当了10年，直到我退休年纪到了。两次的妇女主任生涯，有苦也有甜，但既然选择了这份职业，我一直尽心，从未懈怠过。

妇女能顶半边天

我记得自己第一次担任妇女主任时儿子已经3岁了，当时书记看中了两个人选：我和阿四。书记把我俩都给叫去谈话了一番，我听说书记也找其他人谈过，应该是想对我俩有个更加准确的了解吧。最后是我当选了。我也不知道自己可以脱颖而出的原因，可能是看我之前干活干得还算出色，又识得几个字有点文化，对于这个职位来说更加适合吧。丈夫人好，对于我担任妇女主任这件事他不支持也不反对，让我自己决定。我当时是有些抵触心理的，一方面家庭需要照顾，另一方面妇女主任所承担的事项实在太过繁杂，需要兼顾的特别多。但是书记极力劝说，我也不能辜负他的期望，因此开始了第一次担任妇女主任的经历。在这之前，我和大家一样，都是普普通通的小老百姓，没有想到有一天自己也能成为一名村干部。但本着“要么不做，做了就得把它做好”的原则，在这项工作岗位上，我自认为无愧于心。

妇女主任，顾名思义，主要是管理妇女的工作生活事项。我刚当上妇女主任时，计划生育推行不久。如何认真贯彻党的政策，成了我工作的重中之重。20世纪五六十年代，在“养儿防老”观念的影响下，各家各户普遍生育3个以上孩子。计划生育政策颁布后，大家一时间显得无所适从。尤其我们这属于农村地区，重男轻女的思想比较严重，很多人家一连生多胎誓要生个男孩儿出来，所以执行这项工作就显得困难重重。当时，上面下达了各项指标，每个村都有自己的指标，规定了村里一年间可以出生的孩子人数。当然，每个村人口不同，妇女生育情况不同，如果一个村超标的话，附近村又有剩余额度，那么可以向附近村借用一两个指标来缓解情况。各个村互相借来借去，可以说是互帮互助吧。以前村里会有扎堆生孩子的状况，一年有10多位妇女怀孕生小孩。

另外，村里有规定，妇女生了一胎后，不能马上生第二胎，得过个四五年后再生，已经怀孕六七个月的妇女也得强行送她们去医院。这对之前生惯了孩子和只想着生个男娃的妇女及其家庭而言，抵触心理特别强烈。当时村里哪一家结婚了，哪一位怀孕了，哪一位做过放环手术，我都记得很清楚，连名字都能一一对上，这是最基本的工作。这些都是我的工作，我得把妇女们的具体情况都给了解透彻。即使我后来不做了，还有人问我，国芬姐你记忆怎么这么好，我说这怎么会忘记，每天都有接触就像背书一样在背，想忘也忘不了。以前的年轻妇女我都认识，但现在的人可以说我知道名字的很少。

要是有妇女偷瞒着怀孕了，就是我工作中的疏忽，就要及时采取补救措施。我会马上到她家做工作，工作顺利的话，按照惯例让她写份报告，然后陪同着怀孕妇女，前往村里的保健室流掉小孩，等到一切结束后村里会派人将她抬回家里。还有些妇女为了多生个孩子，选择了逃到外地。我刚当上妇女主任时，便挨家挨户做工作，劝说她们一定要遵守上面的规定。我做事还比较灵活，妇女们大都对我的工作表示支持。但也不乏有些家庭无论我怎么做工作，仍是一意孤行，那么我就坐在板凳上做个一天工作，他们不松口我是绝对不会离开的。真的没办法的时候，只好请来村书记和鄞州区计划生育工作队来调解。

如果在短期内真的想生多胎，需要上缴一两千元罚款。当时不比现在，一两千元可以说是一笔巨大的开支，普通家庭连温饱都是个问题，怎么可能拿出这么多钱来。虽说是残酷了点，但也是没有办法的办法。计划生育是我当时的主要工作，其工作量之大、工作量之繁杂一直令我记忆犹新，其中所受的委屈也常有。所幸我做事比较灵活，到最后都能妥善解决。村里面还开过表扬大会，特地嘉奖了我。这不得不令我感到骄傲。

妇女主任的另一项重要工作便是开会。当时开的会特别多，尤其是夜会特别多。因为白天开会要算工分，开一次会算三四分这样子，所以村里选择了晚上开会，白天很少开会。那时候都没有路灯，因此晚上出门开会极不方便，走路时间得花大半。开会的主要时间放在种稻时期，当时是露天开会，老百姓们都带着小板凳出门，在沙场上排排坐好。我们这些干部坐在上头。开会的主要内容是动员大家努力干活、早起割稻种地，鼓励大家为集体作出贡献，相当于是动员大会。村干部在台上认真地传达任务，老百姓们就在下面认真地听着。如果碰上重要的事情，就得去宁波开会。大桥那时还没有车通行，得去鄞江镇乘车。但是大桥距离鄞江极远，路也不好走，所幸书记还算客气有时会开拖拉机载我们过去。不过这得算好时间，鄞江到宁波一天来回的车子没有几班，错过就回不了家。开会的条件也是极为简陋的，木桌木椅有很多残缺处。开会场所的后面是食堂，饭桌上摆放着饭菜，一大群人就围着饭桌吃饭。那时没有椅子，吃饭都是站着吃的。你们现在可能想象不到，当时条件就是有那么恶劣。开会时，大家就坐在下面认真聆听上面领导的报告。开会的内容主要是传达上面的政策、如何更好地执行工作，等等，如果有重要的政策需要执行，那么回来就得向村里报告；其他平常的事情可以自己传达下去。

晚上开会，白天我就可以干点活补贴家用。八九十年代大桥村盛产草席，家家户户的妇女都在做草席，然后挑到外地去卖。忙完工作后，我会抽出些时间来和大家一起做草席。

做草席是个不容易的活儿。首先，我们得去田里割叶草，割完叶草后要扎成一捆一捆背回家。然后趁着天晴把叶草一一晾晒，那时自家院内院外都没那么大空地可以晒，不得已，自家家里也全都铺开来，弄得整个家地上都是，还得要时不时地翻面吹干。现在有排风机，以前却只能用扇子扇。等叶草晾晒完，接下来就是制作工艺了。当时每户人家都有一个简易的织席机，每位妇女坐在机子前，用手摇动着机子，草席就是这样一根根织成的。那时的机子特别简陋，效率又慢，织成一张席子得花很长时间，双手还得不停地摇动，现在一代人根本没法想象。等织完后，我和丈夫两人挑着扁担去大桥村下面的蜃蛟村、黄古林村卖草席。那时的条件不比现在，没有水泥路只有坑坑洼洼的石子路，没有公交车只能徒步行走，徒步行走到蜃蛟村或者黄古林村大概要花 2—3 个小时，所以大家普遍 2 点天不亮就出门。当时还没有路灯，路上漆黑一片，只有头顶上的星星在闪闪发亮。一张草席只能卖 5 元钱，而织成一张草席我们得花半天时间，有时还远远超过。我们妇女主要靠卖席子赚得的钱生活，靠工分是远远不够的。村里按劳力分等级，男女在劳动强度上还是有差距的，男的是算十级，妇女算六级，妇女可以拿到的工资还是比男的少了将近一半。

除了做草席外，有些人家会选择养猪。我家就是每年养了两头猪，等到猪喂大变得又大又肥就去卖钱，一头猪如果卖 50 元，在当时就已经是欢天喜地了，有时也会留下点肉逢年过节吃吃。

养猪也是一件极为不容易的事，稻谷得自己种，种完后下半年要去收割，收割完毕得把稻谷晒干，有时中午回家我得翻个几遍。前期种稻收稻比较劳累，等到这些干完，喂猪养猪的事就比较容易了。我丈夫在家门口做了个猪圈，平常只要把猪关在猪圈里、提供三餐就可以了，白天可以安安心心地去上班，其他倒不用忧心。以前的养猪绝对是实打实的，从猪料开始，一步步实打实来，绝对没有偷工减料。小猪吃的是自家亲手种的稻谷，每年收完稻谷将它们晒干后，会拿到轧米厂，大部分稻谷会轧成白米，小部分留着轧成稀糠，稀糠就是猪的食料。白米必须要煮熟了才能吃，稀糠不用，倒些热温温的水泡一泡就行，有时候我们会摘些猪草来，给小猪改善下伙食。这些食料都没有含任何添加剂，是绝对健康的，小猪也是一点一点被喂胖的。我家的猪被我养得是又白又大又胖，村里的人看得都是那个羡慕啊。我家的猪在村里都是出了名的，书记还特地让我写篇关于“如何养猪”的报告，我说我文化不够写不出来，但是我可以讲出来。不是我自夸，我自认为自己的口才还是杠杠的，按照你们现在的话来讲算是很能说会道吧。后来有天晚上，村里特地把老百姓都给召集过来，大家坐在小板凳上，我就站在上面类似于演讲，不需要任何讲稿，那些养猪的经验体会都印在我的脑子里了，讲讲可以讲一大堆。这也是令我感到特别骄傲的事。

现在都是发月工资，一个月工作结束后厂里会定时发工资。过去跟现在不一样，当时大家干活拿的不是工资，而是工分。男的出勤一天算是 10 分，妇女算 6 分工分，我们这边把它叫作“妇女撑起半边天”，不出勤就没有工分可以拿。工分会在下半年转成工资，那时候就有钱可领了。白天，男的大都去田里种谷收稻，全天辛苦工作下来只有 8 角钱，这些钱都先算作队里的收入，一年后才转交到个人手上。白天男的外出劳作时，妇女便在家煮饭做草席看小孩。等到中午，妇女们带着饭盒子到田里，给自己的家人带饭，让他们补充体力。白天，妇女主任的工作不多，我就在家煮饭打扫家务、照顾我的儿子女儿、做做草席。农忙时忙不过来，妇女们便也带上工具一起去田里劳动。我是妇女主任，要起到以身作则的带头作用。当时也是思想好，什么累的脏的活我都干在前面。这可以给其他人树立一个良好的榜样，大家也才会越来越有干劲。出勤时会有出工员拿着本本子在一旁记载，上面会载有姓名，出勤一天可以领到的相应工分，最后一年下来总计工分。工分的多少决定了一家可以在一年后领到多少钱。这些钱得供一家老小下一年的吃喝，一旦超支了的话，下半年便没钱可拿。一百元在那时可谓极其值钱，可以说下一年的生活是完全有保障了，有时还会有剩余。当时吃饭花不了多少钱，大饼油条才 5 分钱，青菜豆芽 3 分钱一斤，而且也没有菜场，就几个小摊位摆放着。茄子、青菜、土豆等农产品家里都有种，不需要花钱去买，就除了鱼和肉需要花钱买。不过鱼肉卖的不多价格还比较贵，所以大家都很少购买。

我丈夫勤劳，我俩的劳动力合计下来，生活还是有保障的。大队会发油票，但发的油票都有限制，油是按人头来分配，一个人四两，我家总共 4 口人，可以分到 1 斤 6 两。每家分到的菜油都很少，因为缺少油，所以家家户户的饭菜几乎都是蒸熟的，白米饭是蒸的，菜是蒸的，有时候会买些猪油来做替代，油在那时可谓是珍贵品。有些生活还算好的家庭，偶尔会买条鱼来用油煮下。当时也没有煤气灶，只有灶火。总的来说，煮的东西很少，几乎都蒸，蒸的话柴火就不需要花钱了。除了油有限制，其他生活用品份额也有限制。酱油没有像现在这样去超市买个一提一提回来，只能就舀个几斤；香烟根本买不起整包，喜欢抽的人都五六支这样的买。

当时村里的干部并不多，人手也不够，我一开始拒绝当妇女主任的一个原因便是妇女主任要兼任出纳一职。出纳管钱，会计管账，钱和账分开，这是长期遵守的原则。说实话，让我兼任出纳我心里是有点害怕的，出纳需要管钱。你想啊，这么多钱，整个村子的收入都揣在你手里，也就意味着整个村的生计都掌握在你手里，责任之大可想而知。如果有点闪失，后果真的是不堪设想。除了管钱，出纳还要做账、开发票，给村民报工资。我只有小学文化，虽读过几年书、识得几个字，但毕竟文化不高，工作量又大，对于钱财方面的事项还是心有余而力不足。幸好当时有阿桂、记良来帮我，他们是高中生，文化比我高，识得的字比我多，我的工作也就轻松了不少。

当时妇女主任没有像现在这样换届的说法，做得好的可以一直干下去。我从 1974 年开始担任，第一次总共担任了 17 年。在这 17 年间，我一直兢兢业业，做好自己的本职工作，上头也给我极大的表扬。但在 17 年的妇女主任生涯中，深感工作实在太过繁杂，再加上家庭的原因，于是我选择打报告辞职不做了。

二次担任，乡村变化日新月异

自从我辞去妇女主任的职位后，我没有想到会再从事这项工作。90 年代大桥村在慢慢发展起来，很多人都出去找项目跑工作了。很多个体集体厂纷纷建立起来，很多工厂都在招工。也是机缘巧合吧，那一届的妇女主任本来是菊芬当着。后来她也顺应着当时的潮流到宁波开宾馆赚钱了。村里面合计着再找一个人选，但当时苦于没有合适的人选，书记便想到了我，想着我对这份工作有经验，做事又认真，便到我家来希望我可以再当妇女主任。那时我的外孙女已经出生了，我得照顾外孙女，便想着推辞不做。可是书记诚心十足，我不好推辞，再加上我的丈夫劝说，于是我的第二次妇女主任生涯开始了。

1996 年再次担任妇女主任时，大桥村的环境有了明显的改观，经济也在慢慢地发展，各种设施也配备得比较齐全了。从 80 年代开始，大桥村就慢慢地富起来了，越来越多的人开始走出去，幸运的话，可以分到各种项目。没分到的话，也可以自己找。各样的工厂（包括集体的和个体的）也开始办起来了，工作的人增加了不少。妇女们也都不手工做草席了，因为织席机器正在流行。手工制作不能和机器制作相竞争，席子的利润渐渐少了，于是妇女们转向各个厂里单位工作了。以前大桥村没有路灯，现在为了学生读书、职工上班，也都安装了路灯。家里电线线路安装更灵活了，以前我生女儿时根本没什么串联并联之分，那时楼上开关一关，楼下也就熄灭了。以前开会多，尤其夜会很多，吃饭时得站着吃，没有椅子。现在开会少，8 个人、10 个人一桌，吃的是食堂，条件有了大大的改善。看着自己居住了几十年的地方变得越来越好，我不由得感到十分欣慰。计划生育政策实行了二十几年，大家也都渐渐遵守这一政策，家里普遍都是独生子女。我的工作比第一次轻松了不少，这次拿的都是月工资，我可以上午上班，中午回家吃饭，下午再接着上班。

我第一期担任妇女主任是在 1974 年，第二年加入了中国共产党。

当时，入党并不是十分困难，工作好思想好就可以申请入党。你们现在入党就比较困难了，要经过重重考核，思想必须端正、工作必须出色，入党的步骤也比较繁杂，从共青团员开始到预备党员最后成为共产党，期间要好几年吧。不过我们那时虽然条件不是很严厉，但入党的人并不多，大桥村也就五六个吧，女性党员就更少了。我很幸运，可以当选为共产党员。从 1975 年开始到现在 2017 年，我的党龄已经有 43 年了。现在政策规定：党龄满30年的共产党员每个月可以领到30元钱。虽然钱不多，但也是一种肯定，我为自己是共产党员感到骄傲。现在我退休了，党员的工作也轻松了不少，人们常说共产党员起带头作用，我们现在这些退休的也起不了很大的带头作用，只是比如说上头要来检查的时候，我们就带领大家打扫卫生，起到以身作则的作用。我第一次当妇女主任时，党员们要做的任务就比较烦琐了。而且我们要牢记自己是共产党员，要有努力为人民谋福利的良好思想，很多事都是无偿劳动。那时候我们晚上去割稻是义务的，没有工分可拿。山那边有些墓地需要整理，我们得义务去挑坟，很重的石头都要一块块挑下来。晚上天黑没有路灯，磕磕碰碰是常有的事。我们党员要起带头作用，发生什么事都得走在最前面。

值得称赞的是，我们那时候思想都很简单，没有什么个人利益之分，大家都会踊跃地做好自己应该做的事。

退休卸任，闲适在家

我从 1996 年开始第二次担任妇女主任，总共任期是 10 年，10 年后我的退休年龄到了，就不做妇女主任了，这次是真的和妇女主任说再见了。村里面进行投票选举，很快选出了下一届妇女主任人选。我第二次当上妇女主任时，大桥村的环境有了很大的进步，等我退休后，更是有了质的飞跃。我的两次妇女主任记录工作都是靠手工完成，我记得那时候有一本专门记录各家各户的记录本，记录本上载有大桥村民的姓名、性别、年龄、家庭地址、工作等基本信息。如果遇到有人去世，就从记录本上划去相应的记录。村里就是靠着这本手工本来统计知晓村里的情况。我主要管妇女事项，记录本上的妇女信息都是我手写记录的，现在想想觉得真是宝贵。自己一笔一画摘录的，能不珍贵吗？现在妇女主任的办公条件有了很大的改善，都有电脑配备着，不再需要大量的手写工作。当然，她们的文化要求更高，还要懂得电脑操作，这真真切切顺应了时代的要求。除了这些不同，还有现在的妇女主任需要经过选举，我是书记委托；现在有任期，我那时是做得好可以一直做下去直到退休；我那时候工作比较繁杂，现在电脑操作，家家户户生活安康，工作自然也轻松了不少。

刚刚退休时，我和绝大多数的退休工人一样显得无所适从。当然，忙碌了大半辈子辛苦了大半辈子，一时间完全空了下来我是怎么也不能适应。我们这一辈的思想是生活节俭、努力工作。就算是退休物质生活还不错的情况下，仍有很多老姐妹去厂里干点轻松的活，希望可以多赚一点钱留给下一代。大桥村有一家梅园线厂，开了二十几年了，主要是出口各种五颜六色的针线。干的活也很简单，就是包包线、贴贴商标，都是很轻松的活，适合我们老年人做。而且自由性比较大，我们可以在家里干活，也可以找个院子一起包线，大家一起干活一起说说笑笑打发无聊时间，也是不亦乐乎。虽然赚的工资并不多，一天下来也就二十几块，不过我们也很满足了，毕竟有活干总比无事可做要好，还可以赚些钱补贴家用。白天除了包线，另外有时孙子抱来了我就养养孙子，有小孩在整个家就热闹多了，日子过得还是非常惬意。

我总共当了27年妇女主任，跟同年龄的妇女主任相比，我担任的时间应该是很长的了。虽然两次担任妇女主任，一开始都并非我所想，但因缘际会，我怎么也没想到自己会当整整27年。这27年中，不敢自赞自己做得如何出色，但自担任妇女主任以来未敢有丝毫的懈怠，所做工作皆是一丝不苟，对得起自己的良心、对得起书记寄予我的厚望、对得起党对我的栽培。

我这一生，身为长女长姐，自幼承担起家里责任；身为人妻，照顾夫家勤勤恳恳；身为妇女主任，踏实工作未敢忘本；身为共产党员，帮助村民义不容辞。我一直觉得我很幸运，老爹勤劳，劳力很足，小时候虽然生活困苦，不过一大家子也还能生活下去；嫁入夫家，丈夫勤劳能干，住房虽简陋但儿女成双生活知足；担任妇女主任，事务虽然繁杂但自觉大有所获。我觉得人要向前看，要珍惜自己所拥有的。我这一辈子，之前的大半日子都是苦日子，那时的苦你们现在根本体会不到，我小时候没饭吃，吃过草根树皮，树皮得捣碎煮着吃，味道可难吃了。可又有什么办法呢，这是救命饭，为了生存，再怎么难吃也得吃下去。电视剧里也有这样的情形，你们可能觉得编剧在乱写，不过这些都是真实的。正因为经历过旧年代的苦日子，我才更加珍惜现在。这辈子，苦的甜的都经历过，但我一直保持着对生活的积极向上心，我也会将这份乐观一直延续下去。

（童国姚）国芬总共当了27年的妇女主任，我是看着她过来的。她做人处事一直很和气，做事情也很认真，大桥村所有人都认识她，大多数都喊她国芬姐。妇女主任的工作很繁杂，为了执行上面计划生育政策，她得到各家各户来回奔波，陪着怀孕妇女进进出出；上头要开会时，她有时需要坐上半天的车去开会，开会结束要马上下达政情，来确保政策的执行。白天我出门工作，她还得养孩子、做家务、织草席、喂猪。家里的事情都落在她的身上，所以那段时间国芬是很累的。我很感谢国芬为这个家做出的贡献，她的确是很辛苦，现在我们俩都退休了，也都有退休金可以拿，晚年生活基本都有保障了。白天我会和国芬一起看看电视包包线，我也经常陪她出去走走，晚上我会给她热好牛奶补充营养。年轻时为了这个家，她实在是太辛苦了，我要好好补偿她之前所受的苦。我很感谢党给了我们一个如此宝贵的机遇，让我得以做了10年村长、国芬做了27年的妇女主任，真真实实做了一回人民公仆。尽管我们已经退休不在其位很久了，但我们永远不会忘记党的恩情，我们会牢记人民公仆所承载的精神，并将这份精神一直延续下去。

第四编 甘苦冷暖

25. 澄桥爱玉：平凡而不平庸的人生

26. 孔埭顺芝：没文化是最大的困难

27. 西沟荷珍：傲立南山头的铁姑娘

28. 涨家乖女：为了工作甘当“恶人”

29. 贡坑灶英：苦否，自己说了不算

30. 庆丰生和：服务基层的平凡岁月

31. 荷湖利娟：样样带头的民兵连长

32. 四清克英：近卅载工作的苦与乐

25. 澄桥爱玉：平凡而不平庸的人生

口述者：叶爱玉
采写者：叶　利
时　间：2017年1—2月
地　点：安徽省南陵县三里镇澄桥村南街小区

叶爱玉，女，1946年生，三里镇西峰村人，小学毕业。1963年嫁至澄桥村。1970年初开始，任澄桥村赤脚医生，1976年担任村妇女主任，1995年退休。丈夫彭启银，1945年生，澄桥村人，小学毕业。1962—1975年，担任南街生产队会计，现务农在家。育有1子2女。

回顾过往：怎一个苦字了得

我出生于三里镇东峰村，也就是现在叫的西峰村，距离三里镇上大概有10里，走路要一个多小时才能到。当时东峰是三里镇最大的村庄，人口也比较多，大概六七百户人家，耕地有两三千亩，整个村子一半耕地，一半林地，山上不高，种着竹子和各种木材，还有茶树。

小时候我家里条件不是很好，普通农民家庭，种了八九亩田，兄弟姐妹4人，上面有3个哥哥，我在家中最小。庆幸的是生活在那个年代，兄妹几个都平平安安地活下来了。我有记忆以来，家里住的就是破旧的土房子，上面盖的是茅草，当时村里大部分人家是这种房子，那个年代只要是能遮风避雨的地方就能住了。

除了一个天生聋哑的二哥之外，我们兄妹都读过书，虽然文化程度并不高。以前上学并不像现在这样普及，每户人家都有很多孩子，受条件限制，一般只给家中个别孩子上学堂。有的人家，更是只让儿子读不给姑娘读，当时人们觉得姑娘读书没用，早晚要嫁出去，好在我父母并没有不让我去读书。

10 岁开始读一年级，算周岁只有 8 岁，是在本村的高祠小学读的，当时一二年级在一个教室里上课，大概有四十多个人吧。一二年级只有一个老师，所以上课的时候，老师先把一年级的教完，布置好作业让我们在一边写，然后再去教二年级。三四年级是在不同的教室分开来上课的，一个教室大概二三十人。高祠小学只教到四年级，读五六年级就要去附近的澄桥小学读书。我读小学的时候只学语文和算术，也没有自然、科学什么的。课外活动也是有的，到了周六下午，学校开周会，老师先给大家开会，讲学习和生活上的事情，然后大家在一起唱歌、跳舞、唱黄梅戏……

和现在的孩子不一样，我们都是一边上学一边帮家里做事的。去河边放鸭子、放牛，去山上捆柴、采茶叶……都是我们常干的事。不过我在家里最小，哥哥又多，所以他们都惯着我一些，很多重活会帮我做。

50 年代初搞土地改革那时候我还小，没有什么记忆，长大一些倒是听大人们说起过，所以我印象里土改就是斗地主、分田地。听说有个钱大地主，土改之前，真的特别风光。他去澡堂子洗澡，洗澡的时候把手上的金戒指摘下来，走的时候忘记带走，澡堂老板还派人给他送回去，毕竟得罪不起。进行土改之后，上面的工作队员下来劝贫，他们之所以穷，那是地主把财富都剥削了。于是钱大爷被指认是地主，就成了被斗的对象。不久就去世了。

1958 年搞人民公社以后，生产队里突然建起了大食堂。家里不给做饭，生产队派人用喇叭喊，把家里的小锅通通砸了，要求大家都去食堂吃大锅饭。男女老少都过去吃，直到吃饱为止，但不能带走。那时候有个姓张的人家，在家淘米煮了点饭，最后被发现连锅带饭一起被端到食堂去了。吃大锅饭一开始大家还挺乐意，后来慢慢都没得吃了，主要是大家都在一起吃，吃饱了还要多吃一点，吃不完也要多打点，要不然总觉得亏了什么，这样下去就会浪费很多粮食啊。粮食多的时候浪费，等到缺粮的时候就只有饿肚子了。

1958—1960 年那几年困难时期，东西都没得吃，肚子填不饱。找不到东西吃，胆子大的就去地里偷点菜回来，那时的地是集体的，偷菜被逮到了就要带到生产队食堂里用绳子吊起来打，所以一般人不敢偷。没东西吃怎么办呢？总不能活活挨饿啊，所以父母亲带着小孩子一大家子人去村子里的河边、湖边捞水草，用点盐泡一泡吃，还要去附近山上找野菜，挖草根，只要能吃的都找回来吃。

1963年，18岁，我嫁人了。现在看来有些早，当时这个年纪嫁人是很正常的。跟很多人不一样的是，我和丈夫不是托人介绍认识的，而是在学校里认识的。在澄桥读书的时候，他是澄桥村人，是我五六年级时的同班同学。开始谈恋爱也是十六七岁的时候，他家是在路边，边上都是农田，我家后面靠着山，他家里兄弟姐妹经常一起来我们这边捡柴、草回去，都会路过我家门口，没事我们都会说说话。我也经常和他们一起去山上捡柴，一起去澄桥林场摘茶叶，自然就产生了感情。虽然他家里条件并不好，但主要是人比较老实，为人处事都还好，也肯吃苦，谈了一两年，家里人同意后，我们就结婚了。

当时就算是自由恋爱，也要请个媒人的。就像当时说的“天上无雷不下雨，地上无媒不成亲”，这是一个形式，也是规矩。当时是婆家这边找了一个朋友，我叫他李伯，主要是他跟我娘家那边认识，所以请他做媒。我结婚那时候，双方家里条件都不好，娘家陪了柜子、橱，做嫁妆，在当时已经很不错了。婆家也就是普通农民家庭，家里住的房子，跟我娘家也差不多，都是那种土房，上面盖着草。

才嫁过来的时候，这边一大家子人，吃饭的人又多，就像在食堂吃饭一样，他家兄弟姐妹一共8个，他排老六，三个哥哥都成家了，但都没有分家，还有两个妹妹没嫁人，加上父母在一起，一大家子十几个人吧，等我上桌子吃饭的时候，吃不到菜是常有的事。我嫁过来一起住了十几年，直到1975年，我最小的孩子出世后，才分家的。婆家跟娘家大概相隔三四公里，那会儿走路要走上1小时左右。当时的澄桥村大概有30个生产队，大概有3000人的样子。田地面积真正算起来，比林地少多了，耕地大概3000亩，林地估计有八九千亩，尤其是东边靠宣城、泾县方向，都是林场。

半医半农：赤脚医生在乡间

70年代初，具体我也记不得哪一年了，我做了赤脚医生。那时县里要求公社里，每个大队最好要有医生，然后大队里派人找到我，知道我读过书，就想着培训我，这样会方便不少。一开始我也不知道自己行不行，就想着先试试看吧。然后我就去南陵县医院和三里医院进行培训、实习，从培训到实习差不多有一年时间，一开始写病历卡，给别人打针、挂水，在中药房抓中药，还有妇产科的一些事情。实习期满后，我正式成了一名赤脚医生，主要负责妇产科这一块，给妇女接生、打胎、上节育环、取环，等等。

我接生过很多小孩，包括我的外孙女，除了同村的，还有很多别村的人特地来找我打胎、接生。甚至还有泾县田坊村的，那边也有人找我去接生。记得有一次，泾县田坊有人来找我，让我去接生，当时天已经黑了，路也很不好走，都是山路，有七八里路。路上只有我们两个人，走在前面我害怕，走在后面还是害怕，但是没有办法，想着产妇还在等着我，我害怕也必须得去啊，一走就是两个小时。

我当时是用新法接生的，还是比较安全的，我接生的那些年头，没有发生过什么意外情况。周边的村子，像西峰也会有人来找我接生，最远的应该是泾县田坊了。那些地方也不是没有医生，但是接生不是说只要是医生就行，都会想找一个信得过的医生，而且当时还有人并不是用新法接生的，旧式接生也存在，离得远的找我过去也是信得过我吧。当时都是走路去，刮风下雨打雷我都要打把伞走过去。偶尔有的人家会骑自行车来接，但很少会有。现在我也记不清自己接生过多少孩子了，但看着一个个小孩子经过我手里平安坠地，我心里是说不出的开心。

丧子之痛：世事茫茫难自料

我自己一共生了5个孩子，3女2子，两个孩子是5岁时夭折的。1964年，我生下了大女儿，可到了5岁，生病死了。她从小胃有毛病，那时候家里条件也不好，也没有什么钱，公公给5块钱让我带着孩子去县城里看病，多的退给他，少的再补给我。当时也是家里没钱，孩子的病情慢慢恶化，得不到救治，就病死了。

1975 年，最小的儿子出生了，5 岁那年生病不舒服，什么病我也不是很清楚，但不是什么大病。我们带着他去医院，在医院碰到一个熟人，给了他一块锅巴，他拿在手里吃，很开心。后来医生来了，给他打针，一针打下去以后，就慢慢没了声音。在现在看来，应该就是一场严重的医疗事故，我就这么眼睁睁地看着他死了。

现在的 3 个孩子，2 女 1 子，也没让我们少操心。1970 年二女儿出生，第二年小女儿出生，她们是连胎姊妹，儿子是 1973 年出生的。姊妹两人读书都是读到初中就不读了，她爸当时很生气，但是两个孩子都说是读不下去。儿子总算读到了高中，但读了一半，也说不读了，要去上海闯荡。家里人也拦不住他，让他去了上海。他白天帮别人搬水泥、红砖，搬上十几楼，晚上卖夜宵，还帮别人运煤球，没地方睡觉，就睡在南浦大桥底下的桥柱边，大热天的睡外面被蚊子咬的身上都长了疮。为了怕我们担心，不让我们知道，跟家里都不联系。我们在家急啊，我在家里哭，老伴在地里干活也哭。后来，老伴忍不住，跑去上海找他，看他运煤球满脸黑灰，父子俩抱着一直哭。1997 年，他用自己辛苦攒来的钱在上海开了个五金店，还卖一些装潢用品，后来慢慢生意做出来了，现在在上海也有了自己的公司。现在，二女儿一家子就在她弟弟的公司上班。小女儿一家在广州办了个厂，做生意。

干部经历：万言化作一字难

1976 年，我担任了澄桥村的妇女主任，这一任就将近二十年。当时每个大队需要一个妇女主任，老主任年纪也大了，需要找一个合适的接手人选。在当妇女主任之前，我已经做了好几年的赤脚医生，正好也读过书，认识一些字。后来，大队干部就找到了我，并且安排我去学习。学习主要就是跟在老主任后面，陪着她在生产队里跑一跑。她不识字，我就陪她一起，需要填写的东西就由我来。有不会的，她就慢慢教我，一直持续了一个多月，很多事情我也熟悉了一些。老主任年纪也大了，她退休之后，我就接替了。

读书识字和赤脚医生的经历，可能是我能担任妇女主任的主要原因吧。在我们那个年代，也有的妇女主任可能是不识字的，但这样工作就很麻烦，到下半年年终结束需要报表、抄表什么的，就会困难很多。以前吕山大队的妇女主任，她不识字，需要抄写各种东西的时候，全靠她男人帮她写。我们一起去公社开会，上面的表格一发下来，她也没法填，就我们大伙帮她填一填。

作为妇女主任，我主要就是管计划生育了。那时候的计划生育工作，天知道有多难！简直就是磨破了脚皮，扯破了嘴皮。一天不知道要出去跑多少趟，有些妇女去亲戚家或者什么偏僻的地方躲着生。

除了做好妇女工作，还要调解纠纷。要当调解委员，不光是夫妻之间、婆媳之间，村里人有不和，我们也要去调解的。印象比较深的一次，澄桥村有户姓周的人家，婆媳向来不和，平时两人你不理我、我也不理你，相互连招呼都不打。儿媳妇就要生产了，找我去接生，孩子生下来之后，我告诉她丈夫："要是孩子奶奶在呢，就叫奶奶过来给孩子洗洗，不在的话，就我来帮忙。"丈夫立刻出去叫人。我告诉儿媳妇："等会你婆婆来了，你要喊她一声，你现在生孩子这么痛，吃这么大的苦，你丈夫也是你婆婆这样吃苦生下来的，都不容易。"婆婆随即进来，儿媳妇就喊了声"妈妈"，婆婆看着也心疼，连忙问她"疼不疼"，就这样两人之后也就好了。

村里人吵架，吵得不可开交的时候，也会喊我们去调解。村里人吵架其实都是一些小事，甚至亲兄弟家都会。我有次去调解的就是张家两兄弟，两家就住隔壁，之前就因为家里的鸡、鸭、一些小事，闹得不愉快。哥哥家的鸡经常跑到弟弟家菜园里，把菜弄得一团糟，弟媳妇说过好几次，哥哥和嫂子都不当回事，弟弟和弟媳一次赶鸡的时候，打死了两只，两家吵翻了天。后来又因为弟弟家田里放水，两家田在一起，不小心把哥哥家田糟蹋了，两家人差点要打起来。大家帮忙拉架也不行，就找大队干部来调解。大队干部是包片管理，一个人包几个队。在我负责的范围里，有 5 个生产队，一个生产队大概有十几户人家。村民之间有事情需要调解，我就得赶过去，要是我也调解不了，再找别的干部一起帮忙调解。

除此之外，还有个重要的任务就是催村民缴纳公余粮。当时我管 5 个生产队，跟他们男干部一样到处跑。到了要催公余粮的时候，大队书记会把我们几个干部组织起来开会，上面规定要缴多少公粮余粮，我们就要下去催。还要去田间看看农民栽秧的进程、速度，告诉他们立秋前要种掉，不能超过立秋。结果当然是遭人骂的。村民说，他们在田间辛苦栽秧种田，而我们在田埂上悠闲地晃趟子（晃悠）。有些人当着我们的面就开骂，走了还在背后骂，说我们都是“狗腿子”。

公余粮是要农民自己送去收购点的，其实农民缴公粮就像纳税一样，是义务，也都很配合，只是每次上面派我们去催的时候都是他们收割稻子、播种栽秧那会儿，家家户户都特别忙，你催人家，又有谁愿意去送呢，很多人都是想着忙完再缴。但是，上面有给我们压力，限定十天或多长时间催他们缴齐。也有的人就是到最后也不愿意缴，在这样的情况下，没有办法，我们必须得带着车子去他们家，强制性地去称粮食。每次到了催公余粮时，我们都非常头疼，自己家里也都是种田的，都忙不过来，还要出去催任务，而且去了也是遭别人白眼。

当妇女主任之后，公事家事都越来越多，我也比之前忙很多。上面下通知了，说要去开会，我就得清早起来，把家里的事情先忙好。开会主要的就是三干会、四干会、妇代会，等等。三干会就是公社、大队、生产队三级干部开会，四干会就是县、公社、大队、生产队四级干部开会。一般都是秋收完成公余粮任务之后召开，我们过去之后，要先去签到簿上签名，然后开始听领导讲话，主要就是汇报一下这一年的工作完成情况，当下的政治形势政策，然后再布置相关的任务，我们需要做的就是记录一下领导分配下来的任务。开妇女代表大会，是要去县城里开。一般来说，妇女代表很多都是妇女主任，由我们作为妇女代表去开会。其实我们去开会，主要就是去听听当下的新政策，也不需要发表意见什么的，上面怎么说，回来就怎么操作。从澄桥到县城有十几公里路，当时不像现在这么方便，国道直通县城，以前都是泥巴路上铺一些沙子，不过好在去县城开会，都是坐车过去，不要走路的。

虽然女干部和男干部做的工作都差不多，但各方面待遇都是有差异的。男干部相当于在编干部，而女干部只是半个在编，虽然我们做的工作都差不多，但女干部的工资要比男干部少一半。那时候的工资真的很少，一个月也没几个钱，都不够人情交往，今天他家娶媳妇，明天他家生孩子，人情都要

5 块、10 块，基本上每个月都不会有余钱。不过那时候都差不多，日子都不好过，都存不到什么钱。

家与工作：一路同行心亦然

一直以来，家里事情和工作上，我还是处理得比较好的，白天有事情要出去，家务活早上来不及做好，晚上回来会继续做完。家里人还是比较支持和体谅我的工作的，尤其是我老伴。我记得那时候出去催粮的时候，今天跑这里，明天跑那里，一个大货车，装一车子人，大清早就要出门，去没缴公余粮的人家收粮食，有时候天黑才能到家。晚上车子把我们送到公社，公社离我家有 3 公里路，老伴每次都会骑个自行车在公社等我，然后接我一起回家。

除了家人之外，我们大队干部之间也都还好，都比较团结，也相互理解。我们那届条件很苦，大家要带米去大队里，一人凑一点，不像现在同事关系那样经常请吃饭。领导下来了，当时也不准铺张浪费，有的吃就招待一下，没有也就算了。我记得大队也就弄个锅，我就吃点苦，给大家做饭，大队里经常开会什么的，也由我来烧，就没有另外请人烧饭了，毕竟请人又要花钱。领导传达什么任务，我们就怎么做，不能曲解他，就照他们所说的去底下宣传。当时我们各个干部间的工作协调得也还不错，大队干部都下村包片，我当时管的是吊梁、吴桥、杨家涝、柏家冲、施家冲 5 个生产队，每个人都负责一个范围的工作，这样管理起来就方便多了。自己范围内的事情处理不好，也会找别的干部一起帮忙，大家也都很乐意。

当干部的那一二十年，大家对我的评价也都还好，可能是我这个人在处理一些事情的时候，不到万不得已，我都不会很强硬，总会对大伙退让一步。虽然和大队干部一起下去催公余粮的时候，经常遭人骂狗腿子，但是我也不生气，私下和邻里关系也都不错。我也得到过一些荣誉，有个人的，还有家庭的。1983 年被评过县“优秀妇女主任”，1986 年被评为“五好家庭”，还连续担任了多年的县妇代会妇女代表。

退休卸任：悠然自得养天年

虽是妇女主任，其实我跟普通妇女并没有什么区别。有公事的时候，也要清早起来洗衣做饭，抽空把家里事情做一做，等到晚上回来又要做饭，吃完饭以后还要去种菜园，家里还有猪、鸡要喂养。儿子儿媳出去打工以后，孙子还小放在家里，需要我照顾，经常出门还要把他带着。当时家里事情又多，种了十几亩田，都是我跟老伴两个人搞，还有个小孩子，真的忙不过来，但是也没办法。

1995年，我退休了。最主要还是因为要带孙子，家里事情又多，完全忙不过来。我在做报表的时候，孙子才两三岁，他又调皮总是撕报表，我一边写，他一边抓过去。我向大队干部反映了自己的情况，这样工作有些困难。公社干部、大队干部过来了解情况后，说这样确实困难，也就同意了。

新主任上任之后，她们女干部和男干部一样，是整个在编的干部，工资也是相同的。她的工作相对我们那时候也要好做一些，尤其是计划生育这一块。大部分人的观念也变了，计划生育都成了习惯性的观念了，很多人生了一胎也不想生了，政策内生了二胎的也知道不能超生了。尤其现在，都放开二胎了，生二胎还有奖励政策。我当时做计划生育的时候就在想，以后一定会鼓励生二胎的，果然是这样了。

2000年，孙子上小学了，儿子儿媳在县城买了房，我跟老伴就带着孙子在县城里陪读。我在那边做饭接送孩子，家里的田还在种，老伴就两边跑，忙不过来就请人帮忙。2012年，孙子去加拿大读书了，我和老伴又回到了老家。老家因为新农村建设都拆迁了，田地都被人承包经营了。我们也就享享清福，在家养老了。

2010年，澄桥村被列为安徽省新农村建设的重点项目村，村民都住进了住宅小区里，跟城市不一样的是，这里的家家户户都是相互熟悉的，闲着没事串串门，谈谈心，还可以打打麻将，住着多舒服啊。小区里的绿化、公共设施也都很好，我和老伴可以在这里好好地养老了。

26．孔埭顺芝：没文化是最大的困难

口述者：沈顺芝

时　间：2017年1月19日、2月8日、2月15日

地　点：浙江省杭州市余杭区亲亲家园小区

口述者：孔顺祥[①]

采写者：徐娴

时　间：2017年1月24日

地　点：徐娴家中

沈顺芝，女，1936年生，杭州市拱墅区孔家埭村人，未上过学，后经过扫盲运动学习，农民。1963年担任妇女小队长，1964年担任妇女大队长，大约1968年成为妇女主任，1984年卸任，卸任后在敬老院做饭。8岁时父亲去世，与母亲和妹妹一起生活，母亲勤劳能干。18岁与丈夫结婚，丈夫是余杭县人，为上门女婿，老实且劳动能力强，育有2子1女，都很勤劳能干。

孔顺祥，男，1946年生，杭州市拱墅区孔家埭村人，初中文化。1967年1月至1980年9月任（生产大队）村委会总会计，兼职扫盲和代课老师五年。1980年10月参加祥符镇工作，任党政办主任和联合工会主席。1989年参加杭州大学半脱产经济管理学习一年半后结业。2007年2月退休。现为杭州市摄影家协会和中国数码摄影家协会会员，浙江省文化志愿者。

① 补充采写：孔顺祥与沈顺芝工作时间同步，担任同村大队会计，补充对他的采访有助于更全面了解沈顺芝的妇女工作及孔家埭村情况。

村况：范围、人口和村民生活状况

我大儿子今年59岁，他就是差不多三年困难时期出生的，那个时候普遍比较困难，但是我们家也不是很艰难。如果不够吃了，我妈妈就到和睦桥那里去买，那里有饭店。那时大家粮食都少，不过我们自己也没觉得有多困难，因为我们家很勤劳的，勤劳致富！我三个小孩跟着我，文化也很少的，都养羊、猪，田里割草种地，从小到大都在田里干活，特别困难的时候是没有的，但是菜也是不好的，和现在不能比，只有过年的时候，去排队买鸡、买肉、猪头，现在猪头没人要吃了，但是猪头便宜，猪头买回来过年。我老头子晚饭吃好就到城里排队，大儿子很爱吃肉，猪脸也很肥就给他吃，我们家和大家比就是差不多，平均水平的。平常就吃青菜萝卜，这些自己都种的，地上割来就好了，要去买点肉也要过好几天才能买一次，钱不够，又不像现在，吃得都不要吃了，那时候养一只鸡也不舍得杀的，要过年来个客人再杀只鸡，不像现在天天都好买了吃，不过我们米饭都吃得饱的。

我们生产队里都不发粮票油票的，我们都自己种自己吃，生产队里公粮是给解放军打仗的，余粮是给居民吃的，剩下来的就是我们自己的口粮，每个人无论老小一年都有500斤稻谷的口粮，我们卖一只猪奖励50斤稻谷，因为猪粪是要给生产队当肥料的，自己私人不能留，然后我们拿着50斤稻谷到余杭县（现余杭区）去买玉米，玉米买来加工，玉米搅搅我们就吃饱了。油票也不用的，我们种的菜籽可以用来制油，吃豆腐要有豆腐票，我们都吃不到豆腐。大家没怎么饿着的，就靠自己计划，基本还是够吃的，有些人家没有计划的，今天吃了，明天有点紧巴巴的。我们这批人从小到大都在劳动，都很高兴劳动。我们在私有地，冬天时，我就经常种咸菜，下半年就卖腌菜，夏天就卖冬瓜，就这样，是很勤劳的，所以我们不够吃的时候就去外面买一点。不高兴干活就没得吃了，我们这里吃不饱的人是没有的，孔家埭村的张家兜（属于孔家埭村）那里有比较懒的人家就不太有的吃，有几个稍微困难点的人家，村里是会照顾点的，张家兜那里有一户人家，一年到头总要照顾点他们，这样他们也没什么问题了，我们村里一向来还挺平和，没有很困难过。

大家的钱都是到年终分的，但是因为农民平时没什么钱，到十月一号，把年终要给的钱先借一点给大家，直接就给男人 10 元，女人 5 元，让我们出去玩去。我们在分钱上是讲劳动力的，男劳动力几块好拿，女劳动力几块好拿，“双抢”的时候因为特别辛苦，他们男的有一天 24 个工分，我们女的有 12 个工分，平常我们女的只有 6 个工分，男的平常是 12 个工分。因为平时没有钱拿的，所以我们最好还要自己另外赚点，到了年终又要再一起结算一下，我们一家一年的收入我也说不出来，总归是到年终有点钱拿，到过年一起拿钞票的时候最多几百元好拿。

孔家埭村属于祥符镇，在杭州市北部，祥符镇包括祥符桥村、孔家埭村等 15 个村和 2 个居民区，现在 11 个村已经撤村建居，孔家埭村很小，但也不算小，还有更小的。刚解放初期，祥符桥的宦塘河以北都是孔家埭村，祥符桥街上这一块有农民也有居民，现在我们还有 8 户人家在祥符桥街上，桥对着的一段是商店，桥东边全是农民，莫干山路小学祥符校区以西又全是农民，祥符原来的老街就是在桥南一块，这一块有钱的人家多，都在桥南，开店的、没钱的人都在桥北。所以我们孔家埭南边就到宦塘河，东边到西塘河，南边的宦塘河就是与祥符居民区交界，东边的西塘河和现在的新文社区交界的，北边就与余杭区，现在叫金家渡村交界的，西边是和陆家圩村交界的，我们村的面积有 0.98 平方公里。

我们孔家埭有很多的庙宇，后来政府建设成了学校和仓库等，像祥符小学（莫干山路小学祥符校区）、祥符小区，包括后面的化工仓库，本来都是庙，我们整个孔家埭大概有 6 个庙，包括文殊庙、华严庙、报福寺（宋朝叫祥符寺，清朝乾隆年间改为报福寺）、大仙庙、瑞香庵和净音寺。华严庙和报福寺原来在化工仓库那里，大仙庙在原来的供销部东面一个公共厕所那里，瑞香庵是现在的祥符小学，净音寺在农贸市场对面，面馆这个位置。

我们刚解放时只有 700 多人，到 20 世纪末也只有 900 多人，现在我们人口不到 1200 人，2015 年底是 1111 人，现在外地人有 1.2 万，去年下半年开始宣传征用土地后，走了很多人，人最多的时候是 2015 年冬天，整整 1.2

万，因为大概 2015 年 10 月《杭州日报》上登了孔家埭是拆迁范围，所以他们都慢慢出去了。

粮食产量最低的时候是“大跃进”的时候，三年困难时期产量很低。1963 年开始，我们村里有定粮和工分粮，工分粮就是奖励，定粮就是每个人一年的口粮，每个人哪怕不劳动，不管老少都有 500 斤稻谷，一开始不太分的到定粮，后来到 1963 年，特别是 1964 年以后，产量很高了，“文化大革命”斗得特别厉害的时候，我们还是干活的，再加上科技进步了，我们这里产量很高，“四清”运动以后产量都很高了，500 斤稻谷分完，还有多出来的就按工分粮来分，多劳多得。

儿时记忆

我们从小到大都在孔家埭，中国打日本的时候，我刚刚出生，我妈带着我到余杭县，逃难的时候我还不知道是为什么，后来大了才听说日本人打山炮，那个时候才刚出生，我就没什么印象了。我 8 岁就要割羊草了没有去读书，没有哥哥姐姐，我就是最大的一个小孩，一直在家里。我爸爸在我 8 岁就去世了，我是我妈妈管大的，我有一个妹妹，我妹妹 5 岁之前，我奶奶和我妈妈就照顾我们两个孩子，因为爸爸和爷爷走得早，爷爷在我 7 岁就去世了，我妹妹 5 岁时被送给祥符镇陆家圩的一户人家里给他们当女儿了，他们在陆家圩一队，就在联华超市西面，没多少路，他们也姓沈，所以名字也不用改，他们夫妻没养女儿，我比我妹妹大 6 岁，我那时 11 岁。他们家和我们家一直关系很好，他们把我妹妹当亲女儿，我们两姐妹也经常走动，所以之后也不用照顾妹妹了，我妈妈都是照顾我的。

我就在田里干活，也不能出去玩，割羊草、拔草，帮我妈妈改善生活，和妈妈一起去田里干活，没有去读书，当时也读不起。到我有点大的时候，老师来叫我去读书，我妈妈说：“我们顾了读书就顾不了吃，我们还是要顾着吃的。”所以那时我要是读书，家里劳动力就少了。

幸福充实的婚后家庭生活

我 18 岁就结婚了，那时婚姻法 18 岁可以结婚了，很早的。老头子很老实的，从小到大一直在劳动，因为他是外面来的嘛，余杭县的，早上起来出去干活，做到晚上，回来家里再做点活，不跑出去的，也没上过学。他家里很苦的，很困难。高家兜（属于余杭区，在金家渡路附近）的一个人和我妈说，说我老头子很好的，他做介绍的。那个时候要做介绍的，不是自己找的。然后我对他也比较中意，他人比较老实，很喜欢劳动，在生产队积极劳动，在家里造房子也很能干。他是被招进来的，就是上门女婿，我们一起养了三个小孩，我 19 岁生了第一个孩子。

我们养小孩的时候，我妈妈在生产队里养蚕宝宝，我就在田里干农活，农活很忙，后来一个儿子在祥符小学读书，祥符小学就差不多是现在莫干山路小学祥符校区这个位置，一个女儿在读幼儿园，在张家兜那里，这是小队里建起来的，因为小孩多，大家也都需要幼儿园，我们就拿出点工分来建这个幼儿园的，幼儿园里会有人照顾小孩，还有个老师会教小孩的，她是祥符桥街上四队里的人，叫彩玉。我都没空去管他们，幼儿园放学了，我们都不太有空去接她。我老头子也在外面干活，我妈妈会照顾一下家里。因为我之前没上过学，后来二十几岁我参加扫盲学习了，每天田里的活结束了，晚上上一些课，自己的名字会写了，别的字就不知道了，学得也不是很认真的，这个时候读书已经没心思了。

我每天早上要和我老头子一起去街上卖菜，去三墩卖菜卖冬瓜，不是做生意，就是自产自销，那时钱很少，就起早摸黑，白天要上班要去田里干活，那就只能起早弄点冬瓜丝瓜什么的去卖，半夜三点半就要出门了，卖冬瓜，七点钟回来要去派工干活，大家都是这样去卖菜，挺开心的，把自己种出来的东西拿去卖。来买菜的人都是居民，有些人家是不种冬瓜的，孔家埭人种的比较多，你们祥符桥村人种冬瓜很少的，我们孔家埭的人做这种蔬菜生意是很出名的，夏天都去卖冬瓜，回来然后到生产队干活，家里的事样样都是我妈妈做的，小孩子的鞋子衣服我都不做的，三个小孩都是她管的，我生了三个小孩，一个女儿，两个儿子，我是靠我妈妈的。

我和老头子不重视教育的，而且需要小孩来干活改善生活，我们一家都很忙，所以我的女儿都没上学，今年大概43岁，女儿当时说不想读书了，因为我们也重男轻女，也就随便她了。老大今年59岁，小学都没读好，他读书还好的，我也经常和他说要好好读书，我和他说读书有了文化就可以开拖拉机，但是他说拖拉机开不来那就挑担好了，他不肯去读中学了，中学是要到祥符镇花园岗那里读。他15岁就去赚工资了，二分半的工分，我们也随他去了。老三今年56岁，也不怎么读书，当时家里养了羊，儿子一放学回来，书包一放就跑出去割羊草了，不给羊吃东西，它要“咩咩咩”地叫个不停，他们回来作业也不做，马上去割羊草了，所以他们也没心思学习了，去照顾羊了，还要照顾猪，所以我这三个小孩没什么文化，居民好一点，重视读书一些，我们农民不重视的，主要还是家里负担重，现在小孩只要把作业做好，我小孙子特别聪明，我孙媳也是大学生，都是党员。

妇女队长

1963年，小“四清”我当上妇女小队长，1964年升为大队长，升到妇女主任大概是“文化大革命”之后，好像是1968年当上了妇女主任，一直当到1984年，主要就是管妇女生产劳动。当上妇女队长是因为我干活劳动都很好，都是排在前面，冲上前的，总是评先进，那个时候我们妇女文化都很少的，那么我就先成为小队长，后来在大队里当上了大队长，大队长又升为妇女主任，这样一级级升上去的，就是靠自己的工作能力赶上去的，我不太会说话，但是会做。那个时候大队长、小队长都是做出来的，我们劳动做得好，积极，吃得了苦就样样都做得好，生产队里吃苦的活带头做，这样才好当队长。妇女主任要经过选举产生，但不像现在这样这么复杂，但是还是要投票的，选干部都要投票。当时选票很简单的，把选票一家一张发给你，选好了就知道第一个是谁，第二个是谁，我的得票是很高的。那个时候是不一样的，大家都没什么文化，在低的人里面挑个高一点的。

1963年刚开始当妇女队长的时候主要是管生产，种田、割稻、耕田、割草和卖菜。“四清”运动里面也没做其他的工作，清工分清账我都不用管，我没有文化，不懂账的，大队里会有人管的。

管生产很简单的，下午在大队里开会然后安排生产，明天就知道哪个队里分到了哪些工作，要什么时候开始收割，或者是种菜。男队长安排给女队长，女队长再安排好女劳动力，分派好几个人去锄草，几个人去挑肥。然后晚上就记工，你做了什么把你的工分记好，有些人只来了半天的也给他记好，平时都是这么分配的，都是安排生产。哪个队生产多就是好，比如说这个队生产了1200斤，产量特别高，就是这个队生产搞得好。

具体在管妇女生产当中，书记先在会上讲两句妇女生产要怎么搞。有妇女偷懒，有人就会去监督她，一个个队分开管的，由大家来监督的，比如对她说:“你这么慢，工分没有了，你本来有6个工分，现在只有5.8个工分了，或是你这么调皮，只有5.5个工分了。”我只要管自己一个队就好了，不用管集体的，我们有四个队，也就是有四个妇女队长，我是三队的，顺祥是在一队，祥符桥街上是四队，我就是管三队里面的妇女干活，我和她们在一起的时候，她们不太会偷懒的，我干活很好，我给她们派的工，让人挑担挑肥，假如她说:“今天挑不动”，我就说:“你今天的工分没有了”，就给她压力，如果不这么做的话就没办法分派工作了。我给人派了工作，如果我说了她今天是干什么活，她说她要做另外的什么活，我就说:“你今天就别干活了，就算旷工”，这样弄过两次，她们就都比较听话了，如果要干什么都让她们选的话还怎么弄，所以我们在一起的时候，我们都知道谁能挑担的，谁不能挑担的，就这样分配好她们的工作，有轻活也有重活，每天都管她们这些工作。

干农活是很辛苦的，特别是在队里“双抢”的日子，我们家也是天天出工，在最苦的时候劳作，大概半夜三四点就起床了，“双抢”的时候最忙，平常舒服点，八点开始干活，下午五点就可以休息了。乡下人都是这样，居民看到我们要笑了，他们很早下班开始到处荡荡，我们还在很勤奋地干活。还有就是立秋，立秋的时候最忙也最苦。我们也有插秧机，但是我们不怎么用，因为我们不太会用，它操作太复杂了，插秧机也少，得好几个人陪着它，比比还是我们人工快，我们都是人工种的，然后拔秧的时候就开始打农药，虫子太多了，老是打药水，一个生产队里要派出好几个人打药水，大概两三个人要去打药水。

当时还有个“双抢”突击队，队员每天只能睡三四个小时，甚至两三个小时，就是没日没夜地干。因为当时刚改革，推广双季稻，原来农村是种单季稻的，1956年开始推广双季稻，到1958年“大跃进”已经推广成功了。我当时还小，只有十二三岁。“文化大革命”时期，还有“双抢”这个词，但是突击队没有了。

妇女主任

大概是1968年我当上妇女主任，妇女工作在当时也没什么变化，主要还是抓生产，和之前差不多的。政治宣传在开会的时候会讲到，干活就归干活。开会的时候，生产队小队长汇报工作，做得好就表扬，做得不好也讲一下让他们有个数，这些都是小队长管的，我要管妇女队长，有困难的事情书记也会帮我的。

大概要到1974年，计划生育管得多起来了，因为我是妇女主任，所以上面有什么任务我就分到妇女队长，分给四个队长，不用我下去跑了，我们一起开个会，书记、妇女大队长，后来还有操作组长，叫他们来，妇女队长要向他们汇报妇女工作开展得怎么样了，汇报的内容一般都是哪一个妇女怀孕了，他们就要把这些事情向大队里汇报一下，那么就知道了。先让妇女队长去劝说，说不好的话大队就要去做工作，我就不用跑来跑去了。我们这里计划生育的第一个案例，就是在她打掉了孩子以后让她去厂里的，她这个事情大概是1974年或1975年的样子，计划生育开始着力地管了。

如果有人怀孕要超生了，我们就去劝说。刚开始的时候最困难，开头四五年这段时间最难管，和他们说你只能生一个，不能生两个了，动手术是没关系的，身体还是健康的，大概会给她们奖励120个工分，大队里的书记管得很牢，都会到处跑的，劝说村民。当妇女主任的时候就把这些工作压下去，交给妇女队长，你们队里有个妇女要生了，你们这个工作要做好，要队长一起去做工作，有些人家吵架了，我们就要到他们家里，女方有的躲到娘家去了，我们要去女方的娘家把她叫回来，我们大队里去叫，去劝说。

我们队里不怎么激烈，我们大队里集体工作做得很好，鼓励工作做得很好，没有让妇女有很吃亏的地方。我这个妇女工作也没碰到什么困难的事情，总的来说工作得平稳。有些人家是一定要生，这种工作就做起来很困难了，我们大队里在这点上比较好，和他们说，他们都接受了。我们村比较小，像周边的祥符桥村、陆家圩村一样，村都比较小的，大队也小，但是我们村工作做得是比较好的。所以我当妇女村干部的时候没有遇到什么大的困难，都挺顺利的，没有什么磕磕巴巴困难的事情。到后来，他们都自觉了，他们都照政策走了，去动手术，都不要生了，就只养了一个。

卸任后的工作

我年纪大了就退休了，等到分田到户的时候，祥符镇已经安排我到敬老院去烧饭了，分田到户的事情我就一点也没去弄了，当时周围的人有些去做生意了，打工了，我已经不管妇女工作了。

1984 年我就去敬老院烧饭，给老年人洗衣服，就和现在的保姆一样，这个敬老院是祥符镇办的，我们一共两个人烧饭给他们吃的，有十几个老人，人不多。我们可以拿工资，一开始只有 40 元 8 角一个月，后来做到四百多一个月，我工作到 69 岁才不做，他们让我做到 70 岁，再后来这个敬老院搬到上塘去了，我儿子叫我不要做了，我自行车也不会骑，我就不去了。

妇女工作工资情况

当妇女干部开会去和在生产队里干活是一样的，叫抵分。生产队里 1 角钱 1 工分,6 角钱一天，其实 1 工分 1 角钱还不太到，就算它一天一共 6 角钱，我到大队里去开会也是一样的，也是拿 6 角钱，小队里去也是 6 个工分，大队里也是6个工分，我虽然后来当了妇女主任，有些工分记在大队里了，但是我拿钱还是跟着生产小队走的。我就是跟着生产队分钱，就和小队里分工分是一样的，我在参加妇女工作得到的一天的工分和在生产队里工作一天的工分是一样的。比如我今天到大队里开会去，去陪妇女做检查之类的，都像小队里的工分那样会记录的，但是我这个是大队工分，是记到大队里去的。到年终会总体算一下，大队里会把钱拨下来。大队工作也是讲工分的，比如一个大队里有四个小队，但是只有两个妇女干部，这两个妇女干部去开会拿来的工分就记在大队工分里，每个生产队是有同样需要负担的大队工分的，那么到年终结算时没有大队工分的生产队需要拿出少负担的大队工分，放到大队里；多负担了大队工分的生产队就可以在大队里拿多负担的工分。不是说妇女主任当大队干部就有钱的，我们是讲工分的，书记也是讲工分的，我们都是一样的，大队里工作记到大队工分，小队长出去就是记在小队工分里的，所以当干部从队里拿的钱和大家也都是一样的。

另外，男劳动力的工分是女劳动力的两倍。我是每天6个工分，我老头子是12个工分，所以妇女只有半边天嘛！

妇女工作总结

我当妇女主任当了这么多年，也没有碰到特别困难的时候，在工作中我觉得没有文化是最大的困难，我当妇女主任时要批东西敲图章时，我都要问过书记，能不能给我敲个章。另外都是比较顺利的，我们靠书记，大队里的人因为我没有文化，他们一直帮助我，我们大队都很合作的，生产搞得好，计划生育工作也进行得很顺利。我经常和我们书记一起工作，书记很会写字，我们开会回来，总会把开会的文件给书记看，书记配合得很好的，我不会写字。我是直接做事情的。

（孔顺祥）她的工作可以说是好的吧，最大的不足就是没文化，当时我们村里连续四任的妇女干部都没文化，她们就是以劳动为主，自己没什么创造的，就是根据上面的任务来做。

27. 西沟荷珍：傲立南山头的铁姑娘

口述者：王荷珍

采写者：高蔚依帆

时　间：2016 年 1 月 25 日

地　点：山西省沁县漳源镇南山头村

王荷珍，女，1944 年生，沁县迎春乡北庄人，初中文化。1964 年，嫁至漳源镇南山头村，丈夫杨俊峰，育有 2 女 1 子。1964—2005 年，任南山头村妇女主任。1984 年，获得沁县林业标兵。现任南山头村支委。

坎坷未嫁时，顺利进妇联

在出嫁之前，我就是一个特别要强的人。

我出生在沁县北庄村，当时村里大概七八十户人家。9 岁前，过的是流浪生活，因为生父在我不记事的时候去世了，妈妈把我丢在北庄，所以这段时间经常去姥姥家。9 岁时，我和妈妈一起去了西沟，家里也陆续添了弟弟。念书以后跳了级，我没有念过二年级，去了西沟时直接到了三年级，主要是上语文课。我的字写的很差，有时还不会写。我也奇怪，不会写就画它。老师看到了也在笑，说写的这字都不对，还想画。跳了级之后就念了固亦完小。

初中在漳源王可中学读书。18 岁时，爸爸（养父）去世了。我学习还好，本来想要考学校，可是我不敢考，担心考上了去不了，如果去不了，还不如就不考了。老师说让家里人来领我回去。当时还有件趣事，学校一个老师想把我嫁给他的侄儿，觉得应该挺好的，哪怕当时有个承许也好，他也能供我念书，可是我不知道啊，就没有去。

爸爸去世后，我爷爷就开始负担起这个家。什么都要负担，我妈妈就开始让我姑姑、四爷分担一下家务，做饭什么的，家里的孩子也会到亲戚家吃饭。当时我三弟聪明，本来该是我二弟去我大娘家，三弟说他去，因为大娘家里在铁路上工作，能吃饱饭，后来他就去了，二弟就留在家。其实大娘家里是喜欢闺女的，不是很喜欢我三弟，给他吃的经常是土豆加些面条。这吃的已经很不错了，他还经常跑回家里来吃。可是我们也没有什么吃的东西，但是当妈的也得给他吃。就因为这，我们好像也有点隔阂，觉得他在外面还要常回来吃饭，我俩经常闹。他也嫌我讨厌，回家吃饭的时候就端着碗去邻居更琳奶奶家吃，不在家吃，可是我们当时也不够吃。我妈那时受苦，我爷爷就说让我大娘干脆收养了我三弟，我们家里也养活不了。我妈说，好马还不换槽呢，不能去。不去的结果就是我和爷爷在家，算账、担粪什么的，都是我来干。

但是，我后来觉得活不了了，家里少了我一口人，他们可能会过得好一点。然后，我就来了南山头这里。当然就算是走了，我还是担心他们。

我原来是北庄的，我姑姑的女儿嫁到了这里，经她介绍，我也嫁到了这儿。我丈夫杨俊峰，比我大 3 岁，上过小学，家里条件原来还不错，后来也就一般了。他也是受苦的人，南山头的人都知道，就我不认识他。我觉得就算不认识他，最起码不是有坏名声的人，嫁他就行。

南山头村在沁县西北面，村里头四周环山，只有一条通往县城的路，村口一条小河经过。我记得很清楚，自己当妇女主任时村里有 387 口人。

1964 年，我就嫁来这里。嫁他之后，在钱财上没有多少，可是咱得好好过日子，嫁给谁就得靠谁生活，如果你做不好，别人就会笑话你。嫁他一辈子，不好在哪里呢，就是不挣钱，我也嫌过，但是他对我很好。那个时候他是会计，小队里的会计当了六七年，后来主要就是种地、造林了。

刚嫁来的时候，我就想有点事情做，干点事业，这样在一个村里，别人也不会小看自己。我自己也可以领起帅来，给我一队的人也行，分给我一个支委，我在哪队把这个队包给我也能行。自己就想当个妇女主任，不仅是我自己想当，家里人也支持让我当这个妇女主任。家里人对我特别好，全家都支持，我婆婆也特别支持。她觉得她家就一个儿子，家里总要有个人能干，儿子不行就媳妇也行，所以我也只是生了孩子，孩子都是我婆婆带大的，都不是我带的。

那时选妇女主任，首先得是这个村里的人。那时正好我姐夫从城里的税务局回来，他觉得我行，我就去试试，就成了妇女队长。我是当了妇女主任后才入党的，时间是 1969 年 12 月。选妇女主任的时候还是团员。团员四年后，成为党员。入党时间我还在本子上记着，害怕别人问的时候忘记了。

漫漫四十年，响应号召路

我当妇女主任的时候，主要的工作就是，国家号召做什么咱就做什么。比如号召集体学大寨、集体建簸箕堰（是在土地的边上用铁锹把土拍成一个堰，它的横截面是梯形，就像是簸箕周围突出的部分一样）之类的。反正我就不在家，过得和一个男人一样。早晨 5 点半或者 6 点就起来，或是担粪或是干其他农活。反正你叫上人出去，也有人帮你，不管做什么也有人陪你，还都干得挺好的。去地里的时候，我也不和那些老婆们一起去，就和那些姑娘们、媳妇们一起，除了在地里干活，就是和她们打扑克、跳绳，干活之后也有其他活动。

当时除了有妇联、有公社，还有很多其他的。妇女这一行，像“五好家庭”、姑娘代表，都有起这名堂。就是公社里起了什么就随着这做，村里人也支持你，他们也不敢不支持你，当干部的都是这些人，公社里要做什么，大家就干什么。姐妹队、姑娘队，那个时候什么“铁姑娘队”（指把村里的年轻妇女、未嫁姑娘召集在一起，一般十人左右一队，主要是去地里帮助干活），起的名堂可多了。姐妹队、铁姑娘队，这就是学大寨，其他的就是修这些、弄那些，都是公家做什么你就跟着做什么，国家下来什么政策就做什么。

那时候每年冬天都有任务，没有一年冬天没有。其他时间里也是要你做什么你就做什么。每年冬天下来的政策都有变化，就是号召下来，哪里学大寨了，哪里上来多少人了，哪里土地弄了多少了。比如号召造林，原来有多少亩，现在给了你多少荒地，你就育上苗，等苗大了就上山种。我就联了八户，这八户是我专门带领的，其他人就跟着我做，都是南山头造林，有的是大队上原来有基础的，有的大队上是没基础。像是我，就不要大队上的基础，要求单独分给我荒山，然后就是全家包括女婿、闺女一起干，婆婆在家做饭，三年就做出了成绩。

说起来自己是个模范，到了腊月才得空在家。收了秋之后就是开三干会（指县、乡、村的三级干部会议）。会议最短开三天、七天，长的会有半个月、十来天，有时候就是哪里搞点了，你去外面参观，也有六七天，最多就是半个月，参观的人中男女都有。

“四清”前后那段时间，就是红心向党，一心为公。说起“四清”就是“四不清”。一般不说妇女主任贪污，妇女主任没权，就是实报实销，今天去开个会，记一天工分。不过你会写会算，让你做什么，你也不用回来找大队干部，你自己操笔做好交了就行了，咱也不受罪。要是不会了，就得找支书、会计，去帮助你写，这时候就出些难题，弄得你自己也不想当。像是那会儿，“四清”就是揭发这些干部“不好”的事情。那时候毛主席对他们有一个总结，就是把“四不清”都搞出来，该罚款就罚款，该赔退就赔退。南山头没有那么多“四不清”，但是也有一些。

1966年至1976年，知识青年下农村，从北京下来的这些年轻人也是我带领他们。来南山头的，主要是高中没毕业的学生。他们下到这里来，男的大概有十几个人，女的有七八个，这七八个人就是我带领的。我婆婆很好，不管她们做些什么都对她们好，我是心好嘴不好，吃的东西还是会给，但就是给她们偷偷吃，要让她们跟上我们劳动。国家号召他们做什么，他们就做什么。他们特别好，他们溜豆子的时候就是一颗一颗地摆，你叫他们去哪里做什么，他们就去哪里做什么，这些知识青年可好了。

他们下来的时候很艰苦，在家都是娇生惯养的，或者是独生子女，或者是干部子弟，家里面都不想让他们走，可是要知识青年下乡，接受村里人的再教育。下来的时候分给他们住的家，原来还是起大灶，后来就不起大灶了，他们就自己做，可怜的他们刚开始就吃从家带来的东西，比如臭豆腐什么的。咱就是有什么就给孩子们吃什么，也白吃不了，他们也对咱们好。下乡是让他们受苦的，他们做事的时候比较积极，但是来了不会做这个，不会做那个，咱就得辅导他们。大队给买些小锄锄之类的工具，有时候他们就不会，咱有咱就给他们拿上，让他们拿上这些好用的，咱拿他们那些不好用的，这就把他们团结起来。知识青年下农村，他们也辛苦，咱也辛苦，那个时候什么都没有，吃什么也没有，都得互相照顾。垄上这些孩子人也好，后面慢慢就回去了。接受贫下中农再教育三年，有的三年走了，也有的四五年走了，有的还在这里教书，当时村里觉得他们都是有文化的人，学校里如果缺老师上课的时候就让他们去上课，一般情况下都是得跟着队里去劳动的。他们就是走了，还会给我们写信，也有寄衣服的。那个时候流行的灯芯绒，到前几年还寄回来过，还有一些小布衫什么的。

1976 年到 1978 年的时候，农村赶不上形势需要，完不成的就多两年。就像南山头，南山头被表扬虽然人不多、劳力不多，但是妇女们支持，或者是到了冬天的时候，除了这平时必须做的，队下还要刮百草（用工具清除长在地边的各种杂草）什么的，都是妇女们做一多半，因为男劳力少。改革开放之后，慢慢地变成生产责任制了，各家各户都承包了土地，有的还承包了林业，生活也慢慢好起来了。

到了 2005 年的时候，我觉得自己在工作能力上不行了，咱也老了，也跑不动了，占了名又图得了什么，空占了位置也不能做些什么，就不当了。我退休之后，事情也就少了，大队的事情也少了，主要还是计划生育。这件事情支书、主任都管，一般都是支书带头，跟着支书去工作。后来我也带过新的妇女主任，她们有什么不好处理的事情，我也能帮助一点。

繁杂事物多，说服教育好

妇联也要调解邻里矛盾、夫妻吵架这一类工作，像是家庭矛盾，那就是我要处理的事情。比如说，有时候邻居俩淘下气了，互不相让，男的有时候调解不了，就得让女的来调解。她们就叫上我，我也算是个正派人物，咱一来不呛她，咱说服她，她也就改变了，这两个人的关系也就好了，大队里也好处理。再一个说如果是夫妻俩生气了，或者说丈夫有些差错，老婆和他生气了，打她了或者身上有了伤痕，你也不能给这个男人出难题，男人就也对你客气。再者这个妻子和丈夫想处理他们之间的问题，慢慢也就不生气了。还有像是桂明成家，就是丈夫和妻子淘气了，我就劝他，让他不能和妻子这样，后来他也改了，对他的老婆也很好。还有好几家要离婚的，夫妻不和，他们也常来和我坐下来说，最后也都没有离婚。还有像小二孩家的，和小二孩不和，说要上吊、要去死，也是通过坐下来说，最后成功说服她。我们家上边也有一家，她的娘家也是西沟，她老我小。因为她们家里也经常闹矛盾，虽然说是我小，但是她常来我这里，我也常劝她，她也就没离婚，一辈子也就过下来了，最后她得了病，她的丈夫也在一直照顾她。

刚才说到有几家要闹离婚，那个时候如果结婚登记、办理离婚手续的时候，妇女主任也要管，但得先找大队。大队如果管不了，知道他们的家庭不和谐，夫妻双方都不愿改，这就得让他们俩去公社开一个证明。一般情况是过不了村里这一关的时候才去，过了就不用去了，南山头还不要紧，离婚人少。如果他们来找我，我也不说什么乱七八糟的话，就说正经话，虽说是苦言，但实际是好言，说你们不好，但是你们离不了婚，你们也不用淘气、赌气了，他们过后也觉得我说得对。在说服教育上，总要有这耐心去教育他们，这样就能把妇女工作搞上去了。人家选你当妇女主任，不是只让你当一个名头，是觉得你比别人强，或者说你能做出些成绩来，才不下你妇女主任的名头，让你下一年再当。比如说原来是她当妇女主任，可是她当的时候，会有别人说想让另一人当，但再和别人一比较，还是让她当好，她有了经验，也有说服能力，工作上也行。那个时候我婆婆帮我照顾孩子，我能抽出时间去处理这些事情，我也愿意花自己的时间去做事情。

当了这么多年的妇女主任，虽然很顺利，几乎没有什么波折，但也有一些比较难忘和难处理的事情。过去虽然过得很苦，但有一点好处，不管你说毛主席好或不好，但慢慢地就都沿着毛主席革命路线走了，平时都要团结你来劳动，没时间捣乱，秩序可好了。再说去了地里，有人说闲话，咱也不理他们，孩孩们（孩子们）、闺女们、媳妇们（刚嫁过来没有生育的妇女），你把他们都团结起来，老婆们（嫁来已经生育的妇女）她们说她们自己的。我现在也是，她们现在也不敢和我说闲话，一和我说闲话，她和我说有人说你怎么样，我就要去找她，她就不敢了。闲话就不要和我说，和我说我就两晚上、三晚上睡不着。这一点是好处，不听他们说闲话，说起来就不让他们了，就和他们死缠，和他们没完。

要说难处理吧，其实也不要紧，可有时候难解决的事就不仅是一件。有的政策下来对农村就不好办，农村人的思想很落后，就是一直按照过去的说法来做。这样的话你工作安排不进去，就不能完成这个工作。你就得慢慢、慢慢地让他享到利，比如到了地里你和他叙说，或者是你去了他家说，你就得根据情况说。再比如说咱四个人，他那个人好领导，和你关系好一点，你就让他当干部，选模范的时候就让他当；这个人今年落后了，你就让他下一年再当，或者常表扬他好，自然地他也就变好了，那些更好的，就算不表扬他也不怕变坏了。难解决的事情也有，当妇女主任还不如妇女队长难。对妇女队长来讲，如果你今天就要养种了，要做些什么事，有些人觉得是脏活就不愿意去做，或者是送饭不愿意去送。有时候就得鼓励她们，她也就愿意去做，然后再让她享点利，一般都是集体的东西，集体的工分，你给她稍微高一点，多给她几天，她就去做了。况且这记分就像现在的实时记工，下来的时候一月一给。对工的时候先让她来和你对分，对了之后你亲自给她多上三个两个分。这样你让她享利，就能够把她领导起来，我总是先挑最难解决的领导起来。

难处理的还有计划生育，这事是改革开放之后的事了。（当时工作）就是“一个落后”，就是计划生育落后。那就是到公社里头，谁家也不报，公社里就嫌我对计划生育工作不重视。实际上，对这个计划生育我确实不重视。看着谁家媳妇肚子大起来了，有会计、支书或者其他人配合我才一起去他们家，我一个人的时候就不去，也是因为这个我没有惹到别人。在地里干活我不怕，要是分些责任，写些这个、弄些那个、公社里要些什么也不怕，但是计划生育工作开始我是不愿意的，后来也慢慢习惯了。

南山头那个时候有三个队，再包括一个青年队，一共四个队。妇女主任要分管这些队，这得看分给你哪个队，这是支委、村委才有的，像是妇女主任领的这个钱倒是不少，每年有 75 元。可是如果你不是村委、支委的话，这就不给你，就算当多长时间也不给你，分管村委、支委才给你了。对我来说，就算是只有 5 块钱都算是名誉。我是个工作特别认真的人，在队里认真，在公社里也是。那时候在公社开会，他们一队一队一起去，我不喜欢那个样子。因为我不想和他们说闲话，也不随便瞎说什么，我就完成自己的任务。完成了任务也就有了工分，有了工分之后，也不怕少钱。那时候干一上午才5个工分，哪怕就算是5厘工我也舍不得耽误，如果耽误了不但是误了我一个人，而且误了好几个人的工。你如果在，就好几个人都在，这就能把地里的活儿做完。比如说你包了这个队，就要把队里的人都团结好，多做几天工或者多做几个上午、晌午，就能把农活干完。如果其他队还没做了，就会显得比其他队做得好。因为这个，别人也就待见你，所以你就能当下来。

再一个说，作为一个女的，咱有时候也会胆怯。比如说，当村里只有三个支委的时候（有时候五个，五个的时候多），就非让我包队。实际上我想在队里帮忙，不想直接包队，可是不包也不行。包了队那年也受罪，主要是心里面受罪。队包下来就是干活，领导吃苦就行，人们跟上你吃苦，任务就能完成。上面下达指示号召做什么，又不是号召咱一个人做，大家都有份，你有耐心领导就行。能够坚持，吃苦耐劳就能完成工作，你不吃苦耐劳就完不成任务。

那个时候就是吃苦，全家吃苦，我的婆婆就特别吃苦，因为她不给我照顾孩子，我就不行了。那时我在东房住着，贴着满满一墙的奖状，有个瞎子过来也是啪啪地敲奖状的声音，这样他才听得到，如果没有奖状或者纸片就听不到。我喜欢我婆婆，虽然那时没钱，为了说服她，给她买个衣服、买个裤子，她就高兴了，就能给你照顾孩子。有时候也会呛到我婆婆，婆婆就不给看孩子了，就算不给照顾了，也不敢骂，就和她坐在椅子上说："你就照顾吧，你还能不给照顾孩子？你就一个儿子，没有钱了还不是得向儿子要，咱们不是一个锅成了两个锅了，以前我捡了一篮子烧火的，你生火就行了，现在不是得我捡了得分成两份，还得我们养活你不是？"我就这么劝婆婆，第二天她就又做了。不但说别人，家里人我也能说好。可我有一个缺点，就是得理不让人，她要是听了别人说闲话，我就和她没完没了地说，那个国栋哥就说："荷珍就是得理不让人，得了理就不行，她要是不对了她就不吱声。"的确，我要是觉得不对了，也就不吱声了。

当妇女主任的时候，我不仅要处理村里的妇女工作，承包大队，还要到地里干活。其中有一部分妇女还要到地里送饭。有些队就是完不成，这时咱们就得搞点特殊，给其他队起个头。一共三个队，如果一个队没做，咱就得今天或者几个中午不走，送三晌午或五晌午饭，就能起到带头作用。非得努力付出，才能做出成绩，不管做什么都是。处理妇女工作的时候，妇女包括嫁到这里的人，也包括那些还没有嫁出去的人，七八岁、十几岁的小姑娘也算在里头，所以那个时候领导的就不是一批人，我十九岁嫁过来，当了四十多年才不当。当时培养的这些孩子有的还小，有的还没有生下来，或者刚从学校毕业，就是一批一批地培养起来。你是当干部的，她们在你的队下干活，你领导她们，她们确实也会喜欢你，现在有些嫁人的见到也是和你非常好，你对她好，她也就对你好。她们真正参加妇女工作也就是十六七岁，平常在学校里读书，放假了之后得跟着队里干活。比如十五六岁的时候毕业了，就回来参加劳动，到她嫁人之后才不用跟着干活。嫁人之后，有的爹妈不希望女儿今年就走，那就继续留在队里，有时她们自己想在队里，也想和你在一起干活，以后说怀孕了不能再留了，这才走了。和其他地方比，南山头留的妇女比较多。

那时除了在大队里吃饭，家里也可以做好饭送给在地里工作的人，各家送各家的，不都是大队里统一送的。那些小姑娘，家里做好饭，就让她送饭。那时大队里也做饭，学大寨前，男的管男的，女的管女的，分开吃大锅饭。早上是米饭，中午是在灶上吃，就吃大锅饭。冬天的时候，我和她们不一样，别人是有了孩子就不出去吃，我就不管孩子。而且学大寨还不是在本村，要去外村。比如那时国家会规定的去哪个队里弄什么工程，有孩子的得去，家里一个人也得去。学大寨都得出村，出村我也带头，就不能管孩子，孩子都留在家里给婆婆看着。早上我吃半碗菜，一个蒸馍，给他们一人一个蒸馍，婆婆也高兴，孩子们也高兴，我节约些少吃点，婆婆也对孩子们好，我也能省心，有孩子也能出去，没什么束缚。

那个时候汇报妇女工作都是在大队或公社里。我常去公社、乡镇，常去就常开会，开会的时候，党员常在，村支委也常在，有什么事情你们共同商量，解决大队里或者村里的事情，这是有记录的。比如你们做了些什么，谁承包了哪里，搞下来之后，下次开会的时候就根据这些说完成了些什么，接下来就再搞，一步一步搞下去。

改革气象新，任务有变了

改革开放之后，工作有所转变，第一个就是承包土地。过去是一起干活，吃大锅饭，改革开放之后，虽然我和丈夫在农活的安排和劳动时间的长短上有矛盾，但最后的结果还可以。就是今天做了什么自己就能获得什么，不需要分，慢慢就接受了改革开放，慢慢也就富了。现在想起来，那个时候挣些工分，抵了个高（要比别人要强），只说是个高，我一辈子高，现在老了低了。改革开放有好处，过去是集体报酬，现在是自己种自己收，收入就多了。集体的时候，一般人是挣200个工分，少的也有170、180个，我那个时候挣200个工分，然后再加上干部工，其实就是务工补贴，像妇女主任大概会有50、60个工分补贴，这相当于一个男人的工，可也只是些工分，每年下来最好就是不少钱。那时候穷，现在就好了，今年好，明年比今年还好，哪里不好再找出差距，化肥少了来年多一点，工夫没花到再多花点，哪里有缺点再改正，就觉得一年比一年强。在队里的时候有毛主席领导，现在就是自己领导自己，也好。

第二个就是我承包了林业。虽然承包了林业，但是很辛苦，集体的时候还没有林业，后来允许承包了。林业是1981年开始，全家一起做，特别受罪。开始是我丈夫愿意，他先开始做，我觉得辛苦，别人家是养蚕了，咱们家是弄林业，得上山。后来别人家也开始了，那总得有些名誉，然后一家人开始做林业。那时候公社特别支持我，开始是姐妹林，姐妹林之后是家庭林，嫌家庭林不出名，又弄成我自己的林，所以县里给的奖牌就是我一个人。除了负责林业外，还得种地。那时我丈夫就没有给他分地，只有我和两闺女三个人的地。那时包队的人也在，对我也好，我觉得自己不要那么多地，他们就说你平时这么精干，怎么可以不要地，不要那份地怎么办。因为我丈夫常脚疼，种不了地，如果要是有了那份地，我和闺女还可以种，我后来觉得也是，要是有个什么变化没有地可怎么办，然后就要了这份地，结果真的要对了，就算我种得不好，种一半也好收入也是我家的，就像人说的十个指头少一个都不好过。

生产责任制之后又在做林业，我还是标兵。我承包的那座山是汽车一来就能看见的，每天常检查，检查的人住在院里的东房。妇女还常做饭，常上山，阴天去，下雨的时候躲在石头下面，下过之后再出来，也会给两亩荒地来育苗。林业这一块，走的走，在的在，不到 3000 人，最少也有 2000 人在一起造林。我也是自己做的自己响应，就是那一个表册，都是我亲自做的。

第三个就是计划生育，这是重点。虽然有的家庭条件不好，孩子在吃食上都跟不上，但人家生了二胎还想生三胎。我家也是，我自己还是想带一个环，虽然家里不愿意，但是我愿意，也能起到带头作用，又能去劳动，我也不用差别人钱，也是减轻家里的负担。以前当妇女主任的时候，南山头这个村不大，但是村里人不少。现在出了村的人是人出去，地没有出去。总的来说，现在人少了，以前有三胎、四胎、五胎，后来都是两胎，现在就是让生都不生了。

当了这么多年的妇女主任，最大的感想就是觉得没什么难处，就是肯干就行，响应号召就行，敢想敢干。我也有兴趣当这个妇女主任，现在虽然退休了但还是有兴趣。完成上面分下来的任务就行，能力行，上级支持，家里支持，村里人也支持。那时开党代会，还被选去开会，别人也会说，可算见到这老妇联了，老妇联你又来了，这真好。总结我这辈子的妇女工作和妇女主任的经历，还是那句话：就是坚持毛主席革命路线，响应邓小平号召，现在还是跟着党的号召走，党号召咱做什么，咱就做什么。

28. 涨家乖女：为了工作甘当“恶人”

口述者：王乖女、金巧娟

采写者：薛湘竹

时　间：2017年1—2月

地　点：浙江省宁海县桥头胡街道涨家溪村

王乖女，女，1946年生，桥头胡街道店黄村人，上过一段时间夜校，农民。1966年嫁入桥头胡街道涨家溪村，育有1子2女。1974年入党，1973—2003年任涨家溪村妇女主任。

金巧娟，女，1957年生，桥头胡街道涨家溪村人，农民，文盲。与村妇女主任接触较多。

我是涨家溪村第二任妇女主任

涨家溪虽然靠着一个海湾，但那个海水太浅，大点的船在那里行驶不了，所以村里的人主要还是靠种地为生，种点水稻、土豆、番薯什么的。全村大概850多户人家，2100多人，村里人大都姓金。村子算是大村了，有1700多亩土地，还有3400亩山地。

我是从隔壁村（店黄）嫁到涨家溪的，所以严格意义上来讲我也不算是涨家溪人。我还没嫁人的时候，大概五十多年前，大家都没什么钱，经济都困难。以前在娘家店黄的时候我吃过“大锅饭”，饭菜什么的都放在一个大锅子里，要开饭的时候村里的食堂会在屋顶上插一面红旗，然后全村的人就都会来吃饭。我们那会儿吃饭都是用“抢”的，要不然你根本没饭吃。后来没有“大锅饭”了，我们也很少吃白米饭，都是炖点土豆吃，或者把土豆、番薯晒干磨成粉，再做成面糊吃。我们不指望能有多好吃，能把肚子填饱就很满足了。

我当姑娘的时候就跟我外公一起当了贫下中农代表，我还是我们村的“民兵”——义务保护村庄安全，闲暇时跟普通人一样干干农活，当村子有危险了就拿起“家伙”去保卫家园。我虽然没上过“正经”的学，但读过一段时间夜校（村里办的免费的），也算是认识几个字。

1966 年，我 20 岁时，父母做主，将我许配给了涨家溪村的金姓人家。

因为我父母跟那家人认识，他们刚好也有个跟我年纪差不多大的儿子。那时候结婚就是这么简单，根本不用相亲，都是自己父母一句话的事。只要双方父母同意了，那这婚基本都是能结成的，当然那时候各家的生活条件都差不多（我公公婆婆有两个儿子，一套房子），根本不像现在，男的娶个老婆必须要有房有车，那个时候两个人在一起能吃饱饭就行。然后，我就嫁到了涨家溪，和公公婆婆还有我丈夫的弟弟五个人住在一套房子里（后来丈夫弟弟结婚了也是带着老婆跟我们一起住的）。刚开始，两人在一块儿也谈不上什么感情，但相处的日子久了，自然就“看对眼”了。

涨家溪的人都不错，我这个人虽然不太爱“凑热闹”，但村里的姐妹都会愿意带着我去摘点野菜、野果、砍柴什么的，一来二去我跟村子里的人很快就都熟了。日子过得很快，一晃我就在涨家溪待了 7 年，可以说是个“地地道道的涨家溪人了”。然后差不多那个时候，村里的妇女主任有一天到我家来跟我说，想让我当下届的妇女主任。我当时也很意外，但想想自己是贫下中农代表又当过民兵，政治背景方面肯定是合格的，加上自己又能吃苦，确实会是合适人选，毕竟那时候当妇女主任可不算什么好差事，都是义务性质的，不像现在成了个“香饽饽”。我想着别人叫我当是看重我，吃点苦也是为人民服务，于是就参加了选举。因为得票最多，1973 年我顺理成章地成为下一任妇女主任。

我 1966 年结婚，1973 年当了妇女主任，然后 1974 年才入党。我的主要工作就是负责落实“计划生育”和带领妇女劳动。

大概是 1973 年，那个时候我带人去“担大寨田”——也就是“开荒”，制造更多可以种庄稼的耕地出来。“担大寨田”有时候是去“平山”，有时候是去“填海填河”，反正上头通知下来去哪里干活，我就要带着人去，每个人几毛钱一天，有时候晚上也要继续做。在发动“担大寨田”运动以后，村子里的耕地面积确实是大大提高了，但它的“后遗症”也蛮多。有些地方根本不适合种地还硬是改成耕地，这样做的结果就是收成不好甚至是颗粒无收。还有就是把河道给填了或者缩小了，就诱发了暴雨季节时的洪水，因为河道堵塞，水流不畅。但即使是这样，上头叫我们继续干我们也要继续平山填海。

单靠村子里安排的这些工作是养不活自己的。为了找活干，村里很多人都到外面去找工作。有去梅林的杨梅岭修水库的，有去薛岙“团结塘”（围海造田）的……出去找活干的都是男的，女人都会留在家里。而这些留在家里的女人，就会由我组织起来一起去山上砍柴，给家里供柴火。那时候不像现在，你今天发现烧水做饭的木柴快没了，明天自己去山上砍点回来就好了。那个时候都要集体一起去砍柴，山上的树是公有的，而且自己砍的柴并不意味着就都是你的了，所有人砍的柴都要称完以后才能进行分配。木柴按人头数分，家里人多的多拿，人少的少拿。

当了妇女主任以后，工作中我印象最深的、感觉最困难的就是搞计划生育。之前的那个妇女主任没弄过这事，完全是由我带头搞起来的。那时候实行计划生育的第一步就是让干部以身作则，公社跟县里的三级干部只要是已经生了两个孩了的都要节育，只生了一个的那也要等到5年以后才能生第二胎。作为专门管这事的妇女主任，我就是第一个去“上环”的。

我那会儿已经生了三个孩子，两个女儿一个儿子。大女儿金丽红是1967年生的，现在一个纺织厂里当女工。儿子金立国是1968年生的，现在是个体户，开了个五金店。小女儿金丽佳是1971年生的，现在宁海县招待所里工作。有了儿子就说明我们家的“香火”续上了，而且我年纪也大了，根本没有考虑再生一个。但上头说我生理上还是可以生的，一定要让我去节育，我迫不得已只能让我丈夫用自行车载我去节育。做手术的时候，医生说给我做节育手术比较困难，因为我的输卵管已经变得很细了，可是那又能怎么样呢，我还是要求医生给我手术，因为我知道上头要我做这个“节育”手术不是真的怕我以后又生孩子，只是要我起个带头作用。

做完节育手术，我需要在床上躺一个礼拜。丈夫是肯定没时间照顾我的，而且他也不好照顾。按理说我嫁过来了，这个时候应该是我婆婆来照顾我，但我跟我婆婆关系不好，是我妈特地从娘家赶来服侍了我一个礼拜，还帮我家里干活。

婆媳关系在中国一直都是很难处理的。婆婆生了两个儿子，我丈夫是大儿子，小儿子是在她年纪比较大的时候怀上的，可以说是老来得子，所以从小就对小儿子特别好。她对我丈夫最常说的一句话就是“你当哥哥的，要让着你弟弟”。丈夫是老实人，平时闷声不响的，但是家里有什么好吃的好玩的肯定都是弟弟的。

长大了以后，我婆婆也是依旧偏爱她小儿子的，分家什么的都向着小儿子。唉，对于老人家你能说些什么呢，她对你再坏她也是你的长辈，要尊敬。

我虽然是妇女主任，平时也会帮忙调解一些邻里的家庭纠纷，但对于管好自己的家事我真的是心有余而力不足了。一方面是我婆婆，我能忍的都忍了从未跟她发生过冲突，另一方面是我的孩子。我跟丈夫都忙，根本没时间照顾他们。我自己的小孩——两个女儿一个儿子，都是自己长大的，不怎么管。家里没人，小孩就随便在家里的地上爬，屎尿拉在地上身上也没人管。饭会提前给他们烧好放在锅里，让他们饿了就自己拿来吃。孩子大点还好，孩子特别小的时候必须要有人看着，我跟丈夫都没空，婆婆也只会带小叔子的孩子，全靠邻居好心帮忙照看，我的孩子也总算是一点点自己长大了。我感觉真的很对不住自己的孩子，在他们最需要母亲的时候，我都忙着干自己的事。

当了妇女主任以后，我的生活真的变得异常忙碌。就拿我动了节育手术以后的事说吧。我休息完一个礼拜就马上投入工作了。我记得那天我陪村子里的人去做节育手术，也就是“上环”，我们是坐拖拉机去的。拖拉机烧柴油，冒出的烟乌黑乌黑的，一路颠簸，震得我刚刚有些愈合的伤口都裂开了，我疼得要命，但也只能忍着不吭声。我身边坐着好不容易才被劝去“上环”的女同志，要是这个时候说自己因为这个手术现在疼死了，搞不好就算要她“跳车”她也不要去“上环”了。后来我结束工作回到单位的时候，公社的同事跟我说，你刚做完手术就坐这样的拖拉机很伤身体的，搞不好会落下病根。我只能苦笑，不说话。

做完手术后一个礼拜，我就又开始挨家挨户地做“节育”的思想工作。中华人民共和国刚成立的时候都是鼓励生育，认为人口就是生产力，人多力量大，现在又要计划生育，让老百姓“少生孩子多种树”。可中国人向来都是提倡儿孙满堂的，更不用提家里要是没三四个孩子还要被别人说闲话的农村了。我因为这事去上门做“思想工作”的时候，没少遭人白眼。以前我去拜访时客客气气的村民往往都会一反常态，摆脸色给你看。

他们不知道多生孩子有什么不好的地方，而且在农村去做手术是很晦气的一件事，“身体发肤受之父母”，你为什么要好端端地去破坏它呢？为此，我费尽唇舌向他们解释为什么要计划生育，节育手术对身体没什么影响的。跟村民解释的时候，说那种“人口压力”什么的大道理是没有用处的，就算他们内心觉得你确实说得很有道理，他们也会本能地排斥去做这个手术。所以，我为了不伤大家的和气，都是先跟他们说好话劝说，说做了手术以后村子里会有什么补偿；说好话不管用，再只能告诉他们生了二胎的适龄女同志，没有去做节育手术的都算是“犯了错误”，要通报批评。

但不管我怎样软硬兼施，听我的话乖乖去节育的，往往只有那种情况跟我差不多的，孩子已经生了三四个，不想再生的，或者家里已经有男娃了。农村里就是这样，家里一定要有个男丁，如果家里没有男娃的，那就说明你家的香火断了。古话常说的一句“不孝有三，无后为大”里面的那个“后”指的就是男丁。所以，谁家要是没生过儿子，那么这家人不惜一切代价也是要再生个试试的。那时候也有不少人为了躲计划生育，都选择去外面讨生活甚至流浪。

大家都是乡里乡亲的，我也是农民，完全能理解那些“不听话”的乡亲们的心情。我当妇女主任就好比“一只手拿枪，一只手拿香”，一方面要落实计划生育，惩罚那些超生的村民；另一方面又要烧香拜菩萨，祈祷村里的人都能一举得男。能混过去的时候，我基本上都是睁一只眼闭一只眼，就让村民们混过去了，不会特地去查谁又超生了。就算明知道村里的谁超生了，只要没人举报她，我也不会去管。但是当上头有领导来检查时，我又会跟他保证绝对严格落实计划生育。

即使我这样想，但人心隔肚皮，村民之间相处难免有矛盾，谁要是看谁不顺眼了，刚好又碰上他家超生，就会去举报，而且举报也是有一定奖励的。要是被举报了，领导就会知道。领导除了会责怪我没有真正落实“计划生育”，还会叫我马上叫上几个同事去孕妇家里，把孕妇带去医院引产。孕妇家一看是我带着人来的，那么失去孩子的怨气就会撒到我身上，说各种难听的话的都有，有的甚至还在我家后门烧香，像拜菩萨一样拜我，这在当时可以说是最狠毒的报复方式了。因为在村子里流传着一种说法，被这样“拜后门”的人，往往一整年都会触霉头。好在我也不迷信，要不然我每天晚上怕是连觉也睡不着。

不过也是会有村民来感谢我的，就比如我明知道他们家又怀孕了，超生了，但也没上报，如果后来人家又顺顺利利地生了儿子，这家人就会送红鸡蛋给我吃。这对当时的我来说，真的是“苦中一点甜”啊！

我干了这么多年的妇女主任是没有工资的，也就后来几年上头给过我几百块钱补贴。我们那时候没有养老保险，不像现在当三年村干部就能拿养老保险还发工资，所以连妇女主任都有人抢着当。我刚当这个妇女主任的时候，有人说是会给一定当时信用社（相当于现在的银行）的股份，但要我先动员村民集资，收集到的资金越多，那么我能拿到的分红也就越多。我以为自己能靠这个养家糊口，所以就到村子里一户人家一户人家地宣传。但后来信用社是开起来了，做得也蛮红火，但我并没有分到股份或者钱什么的，因为他们说这钱是国家的。他们一跟我提国家什么的，我也就不再去计较什么了，磨了那么多嘴皮子全当是为国家做奉献了。

我这个人不喜欢斤斤计较，凡事也都想得开，除了在“计划生育”这件事上被一些乡亲说过闲话，一般人从来不讲我闲话，都跟我关系不错。

后来，大概 2003 年，我 57 岁，年纪大了再加上年轻时干活太卖力落下了一身的毛病，也就不当妇女主任了。我现在有糖尿病、关节炎，丈夫身体更不好，光医疗费就花了几十万元。他心脏出了问题，通往心脏的三根主要血管有两根都是人造的。我们借钱治病，花了很多钱。好在这些钱花下去终于把病治好了，我觉得债可以慢慢还，但人要是没了就真没了，所以不管花再多的钱，也要给丈夫的病医好。

我现在干不了什么力气活，平时就是给别人的工厂看看大门，一个月赚个千把块，子女也会分担治病的钱。

我这辈子当妇女主任并没有得到什么实际的好处，除了别人生儿子送的红鸡蛋，也就剩下自己家客厅墙上那一张张县里、乡里发的光荣榜了。

但这就是我的命运，我是认命的。

（金巧娟）王乖女人很老实，在村子里人缘也不错。她当妇女主任，按理说她的工作我们都应该支持，但她开始管计划生育以后，村子里的人就开始说她闲话了。毕竟生孩子这种事不是女的一个人能做主的，公婆、娘家人甚至邻居都是要掺和进来的。我知道王乖女是为了执行上头的规定，不得不逼着我们去上环、打胎，但我们当老婆当儿媳的为了一句“延续香火”又怎么能不多生孩子呢？就拿我自己来说，我大儿子因为去水库游泳出意外，没了。悲痛之余，我又生了一个，可惜是个女儿，但是再生就超生了，但为了家里有个儿子还是又怀了一个，好几个月都躲着不敢见人。我后来终于把孩子生下来了，就马上被村里的人发现了。最后，缴了 5000 块钱的社会抚养费。当时我还在月子里，要说对她没有恨是骗人的，但其实也是理解的，因为国家的政策必须要有个人来当这个“恶人”，她也是没有办法的。

29. 贡坑灶英：苦否，自己说了不算

口述者：方灶英
采写者：方慧勇
时　间：2016年8月26日
地　点：浙江省淳安县瑶山乡贡坑村

方灶英，女，1947年出生于瑶山乡幸福村，高中文化。1965年嫁至瑶山乡贡坑村，育有1子2女。1976年至1998年分别担任贡坑村妇代会委员、妇女主任、村支部副书记、村长等职务。幸福村位于瑶山乡中部，约300户人家，1000多口人。山林面积12837亩，耕地面积579亩，山核桃面积8539亩，距离临岐镇约16公里，在当地算是比较富裕的村庄。贡坑村大约有180户人家，将近600口人。山林面积11286亩，耕地面积大约290亩，距离临岐镇约18公里，经济条件比幸福村要稍差一点。

未嫁生活

1947年，我出生在幸福村。1953年我在胡村读小学。小学规模很小，学生就邻近几个村的小孩，约二三十个人。后来我去了瑶山初中上学，1960年进入临岐中学读高中。

1962年高中毕业，我本来想继续读下去的，但因为家里成分不好，就没有继续去读大学。我家解放前算是一个小地主家庭，过去一个小地主家

庭条件还算好的。解放后，地主家庭这个成分反而成了累赘。并且那时候家里条件也不怎么好，回家务农也能帮家里减轻一点负担，况且那时候高中毕业已经很不错了，也不再想回去继续往下读了。回家以后，县里的越剧团想招我去做演员，但也是因为家里成分不好，没去成。我一直在家务农，帮家里分担家务。

1965 年 10 月，我嫁到了贡坑村。

妇女主任的事情可不少

最初，我担任的是村里妇代会委员。大约是在 1976 年，因为我是高中学历，就被大家推举上去了。到 1983 年，我才担任村妇女主任。妇女主任的事情可不少，计划生育、调解夫妻矛盾、文明家庭建设等等，都是妇女主任的职责。

计划生育是最难办的一件事。过去人们一方面都想多生几个，家里才能人多力量大；另一方面人家想生个儿子，结果生了一个女儿，于是就接着生。但是计划生育是不允许这样的，生那么多，是要罚款的。但是罚款是一个治标不治本的办法。我只能挨家挨户去劝说，跟他们宣传计划生育政策的好处，陪着她们去瑶山乡卫生院、千岛湖中医院做结扎、流产。在医院我又要帮着她们洗衣服、洗床单之类的。有些人家家里没有公公婆婆的，家里的猪都是我帮忙喂着。

但是我们做这么多，有时也得不到别人的好。当时有位村民不愿意去结扎，她婆婆拿着香，就是上坟的时候用的那种香，撒在我家门口。她们觉得是我要带她们去结扎的，就把事情怪在我头上了。当着众多村民的面骂我、责难我。现在想想真是难啊，有时候回想起来眼泪都流下来呢！但那也是没办法啊，那个是政策，不是我们农村干部要去做的呀！农村干部当然希望大家都好呀，但那个上面一级一级下来的政策，我们不去落实，上面就会来讲的啊。人家一时想不通，什么事情都做得出来的，不过后来大家思想也慢慢转变了，计划生育的工作才慢慢轻松下来。

做妇女主任期间，印象最深的是去调解夫妻间的矛盾。夫妻之间的矛盾经常有，有时候轻微吵两句也是很正常的，村干部也不用去管，他们自己会解决的。但有的时候，碰上吵得很凶的，我们必须及时赶过去劝架，否则晚一步就有可能会出人命的。有些小夫妻日子过不下去了要离婚，找我来开介绍信去民政局办离婚证。那时候，不管去哪都需要介绍信，离婚也要有介绍信。他们来开介绍信，我总是和他们说："你们先回去，一个星期以后还要离婚，再来找我。"我知道有些夫妻吵架要离婚，都是一时气话，所以让他们回去再想想，冷静一下。往往一个礼拜以后，他们就不再来开介绍信了。当然也有特别极端的，一个星期之后还是要来开介绍信去办离婚。我就先去问他们父母同不同意，人家父母都同意了，那我也就没有二话可说了，直接给他们开就是了。现在我们村里人平常一起聊天，讲到以前谁要闹离婚，最后被我拦下来，那些要离婚的人自己也不好意思，只好跟着一起笑。他们总是开玩笑地讲："要是那时候离了婚，日子肯定好过。"可是他们心里清楚，当初不拦着，也就没有现在的这个家了。

关于离婚的事，除了开介绍信的事，还有做诉讼代理人这样的事。有时候人家要离婚，定了亲要退婚，都有来找我做代理人的。有次，富岩村有个女的嫁到琅洞村，结果她又和我们村里华富的儿子私下好上了，所以要跟原来的老公离婚。这也是我后来才知道的。琅洞村那个人的妹妹和我女儿是同学，来我家哭着让我去给他做代理人，我也不好意思，就去了。结果官司一打又打赢了。

事后隔壁村的一个人跟我说："你们村的华富讲你说，你害他多出了3000块钱。"我讲："怎么啦？"他说："那个女的是因为她老公感染了什么病才要离婚。她已经跟华富的儿子谈好了，要嫁给他。"我这才知道，那个女的离婚是要嫁到我们村里来。打官司，女方输了，就要赔3000块钱，因为她嫁到我们村华富家来，所以就等于是华富家出了3000块钱。我们两家当时关系还挺好的，他之前要是跟我讲，我肯定不会去做这个代理人了。从这件事以后，别人打官司让我去做诉讼代理人，我就再也没去了。有时候也挺为难的，万一再碰到这样的事情，难人又是我来做了。现在离婚不用那么麻烦了，以前又是要介绍信，又是要代理人的，很烦人的呢！

三届副书记，成绩有很多

1983年，我开始当妇女主任，1987年入党，1989年当了村支部副书记。副书记连续当了三届其实在1983年，由于当时的村支书工作不到位，村里的人非议很大。乡干部就想让我来当书记，说胆子大一点，他们支持我。而且，村里投票选举选票也是我多，但我那年还是决定不当。因为人家是高中毕业，还当了5年兵，文化水平、工作经验都比我好。我怕他是男的，我一个女的，真的当起来，也管不住，而且他也不高兴的。但是，他好话也会讲的，说："我这个书记是你给我当的。"选是选的我，他票比我少一两票，但我就是没去当。乡政府干部来我家里做工作，当时我家在做房子，门口都是石块，我赤着脚在干活。七八个乡干部来做工作。当时我也不知道情况，大家在村里的祠堂选举，我在家忙着干活，也没去管。他们跟我做工作，但当时家里造房子比较忙，加上我丈夫也不支持，就没有去当。

到了下半年，乡里又来了一大帮人，我不知道出什么事情，结果他们还是要我去当。七谈八谈，他们讲："你对共产党是不是有什么怨念，你好像不相信共产党，乡政府这么过来做工作你都不同意。"老头子这才同意我去当。当是当的副书记，做又是做正职的事。那时候乡里这样讲："你做是做副的职，但正的工作都是你去干。"所以亏也是亏死的，要是当时当书记，那点钱现在我也有的拿了。虽然那么一点，也不缺那么几块钱，但至少是对我那么多年工作的肯定啊！

现在国家富起来了，办事情都好做了。以前我们去上面讨几千块钱都不容易，现在都是几十万、几十万下拨的。村里又没钱，我把一块山核桃地留下来做集体经济，这块山核桃地的收成去卖钱给村里办事情用。但当时的书记一开始同意，后来又带着人去搞破坏。因为他思想没转过来，而且那时候已经没有集体经济了，山核桃树都被分到各家各户了，所以他们想把那一块也分掉。后来乡里的干部知道了，开会责骂他们，但分也分掉了，也就没办法了。我只好找另一块地方的两片山留下来作集体经济。这样一弄之后村里也有钱了，干什么事情也不用去问上面讨，村里一下子比以前好过多了。我这个办法在别的地方传开了，好多村的书记、村长都来问我怎么做的，来跟我偷师。直到现在，上一届村委才把那两片山核桃树以16万块钱包出去。现在村里通过种山核桃把经济搞上去了，又有国家支持，干什么事也不再愁没有钱了。但是，如果我当时要是不这么干，村里哪里有钱办事情啊。

山上的山核桃树，是我让他们种起来的。我带着他们去劈山、烧山，开出地来种山核桃树。我隔壁邻居，叫我嫂子的，说："嫂子，我们被你'害死了'。"这个"害死了"是打引号的。他们说是我叫他们去种山核桃树，现在一年有好几千斤的产量，收入有好几万元呢。那个时候我们种下去，到现在几十年，山核桃树都已经很大了，可以打很多山核桃了，许多人都是靠这个山核桃树慢慢变富起来的。

那时农业税、茶叶税、山核桃税以及打菜油收的费等，都是要到农户家里去收的。三届副书记，最苦的是收税。这些税现在都免掉了，当时是要我们辛辛苦苦收上去的。

乡干部下到村里来，税不完成，费不完成，就不敢回乡里去见乡长、书记，只能住在我们家。以前我家是那种泥墙的房子，他们住在那个楼上，吃也在我家。税收不上来，我就想了一个办法，就是农户白天在山上采茶叶，傍晚收工了，村干部就在山底下一个空地方收茶叶，然后当晚就让书记用拖拉机运到茶叶厂里，直接在茶叶厂这里拨税，扣了税之后的钱再一一还给村民。村民觉得这样省了再去茶叶厂卖茶叶的麻烦，也就默认了。这样才把税收上来！有些村民思想比较顽固，真的收不上来，上面政策又压下来，只能自己贴钱帮他们先缴了。这些钱到现在也没还回来，我想抵出去就抵出去了，他们不还我也不能去问他们讨吧。

因为收税这个事情，一些人没少讲我不好，但讲我好的人也有的。当干部完全做到人人都说好的也不是个好干部，难人也是要去做的。比如他一个人犯错误，你们这些群众都看着我这个干部。我去处理这件事情，人家也都是眼睛看着的。我如果把他有道理的事处理成没道理的，他是不满意的。但反过来我要是把他没道理的事情处理成有道理的，那全村的村民也看着，那也是我不好。所以这种难人也是做村干部的人要去做的。他做了错事但他自己不认为是错的，我们处理之后他不认可也会责备我们，所以很多时候工作都很难做的，现在想起来有时候也是觉得心里很痛的。我们其实是千方百计为大家好，但总有人是不理解的呀！

去收农业税，做工作，我是这样跟他们讲的："现在是国家收农业税，那么一点点农业税，是我们少抽一包烟、少喝一点酒，拿点出来缴一下，就能收上来的。这没办法的，不是我们要收你们税，是国家要来收你们的税。我们也只是执行者，税收上去都是给国家呀！你们想一想，以前集体的时候，还要大家一起到山上去做。生产队要分工分的，每人几分工、几分工，一年到头只有 50 块、30 块、20 块钱。这样一点剩余，只够过一个年。现在山核桃分了，卖了的钱都是自己收下的。那么收点税费，拿点出来，问题是不大的啦。你要跟以前的时候比一下的呀！"有些人听了说："那是的、是的，是要拿出来的。"做工作要跟他们讲道理的，这样才会听。计划生育，我们也是要这样去做工作的。那时候淳安电视台也采访过我关于计划生育的事，报纸上还登过我的照片。

除了这些事，平常还有好多工作。比如那时候邻里之间纠纷，要去调解的。纠纷有很多种的，田与田之间有纠纷，特别是山上的山核桃树、红枣树的纠纷。人家一分两分都要去争。再有那个宅基地纠纷，造房子的时候，几公分都要争，我们也要处理。那时候事情多，很忙。

那时候弄林业基地，每个村里都有任务的，我去完成那个山核桃树、红枣树的任务，烧林烧了好几百亩，现在那个山上的山核桃树，都是我们那时候种下去的。我当妇女主任的时候，在后面那个山上，原来是柏树，上一届的人把它砍掉卖了。我当起来的时候，带着大家去种桑树。桑树种下去，种了 300 亩，杭州市都给我评了奖，还有锦旗发给我的，羊毛衫也是奖的！我成绩很多的！

荣誉与质疑，从来没少过

1983 年当上妇女主任之后，第二年我就被评上了先进妇女干部。1987

年还荣获了淳安县计划生育优秀联系员。还有先进工作者、乡党员积极分子、县优秀村干部、市三八红旗手等称号。这些荣誉都是我一点一滴勤勤恳恳工作换来的！最让我感到自豪的是1993年被县里选去参加省妇女代表大会，淳安县只有4个人，机关单位1个，县妇联主任1个，唐村有1个，再就是我，4个人到杭州去参加会议，很隆重的！

我做了那么多，获得了村里很多人的支持，也获得了很多荣誉，但家里却没有怎么照顾到。一开始，我当村干部家里人也是不支持的，因为村里事情太忙，家里根本没时间顾及。所以家里其实是亏掉的，本来像我去开一个小店其实是好挣钱的。结果乡里干部抓牢我，"我们拿着灯笼照来照去，找到你的呢!"他们这样讲，说我工作好，不愿意放开我，就是想让我当。当起来后，他们就不放。儿子还在读书，女儿一个出嫁了，还有一个也在读书，家里事情靠孩子爸爸一个人做。有的时候我跟他一起做，做到一半又有事情来找我，到农田里来叫我。那时候还没有电话，人家到我家里来问我们在哪块田里，然后跑到田里去找我。我只好放下农活，去帮他们处理事情。后来乡里一定要让我们装电话，3000块钱，都是自己掏钱的。我们不愿意装，乡里一定要我们装，实在没办法，只能贷款去装了一个电话。安装好之后，不是我们自己家用，全村人都来用。3000块钱，交出去，村里乡里也没有给报销一分。人家来打电话，本来可以收人家一点电话费，但因为是村干部，收人家钱别人会讲的，而且我们也不好意思。那时候，他爷爷讲："一年打到头，电话费加起来满打满算一头猪喔!"这些都是家里掏出去的。所以我当村干部，家里人一开始是不同意的。但后来，因为人家都说我工作做得好，村里人说，乡里干部也这样说，渐渐地家里人也开始支持我的工作了。我亏欠了他们这么多，他们不但没有反对，反而更加支持我，我心里也是很欣慰的。

到1988年我就没当妇女主任了。人家还是想让我继续当下去，但工作压力大，身体实在是吃不消了。那个时候，山核桃树是要每5年就要重新分一次的。原来村里的山核桃树是属于集体生产队，山核桃打下来都是归集体的。后来实行分产到户，山核桃树也要分到每家每户。过去山核桃都是大队里一起打，打完晚上分山核桃到每个生产队。分产到户之后，剩下打的山核桃就都归你自己了。分山核桃树有很多事的，不仅要看树的大小，还要看山核桃树粗细、产量。先把山核桃树分到村里的7个生产队，然后每个生产队里按斤分到每个人头。每隔5年要重新分一次，主要还是为了公平。因为每棵山核桃树每年的山核桃产量都不一样，分完之后有的人家的山核桃树连着好几年不怎么长，有的人家每年产量都很好。这样村里人就有话说了，山核桃产量不好的人家肯定不满意原来的分法，想要重新分。以前5年动一次，5年没到，还有两年时间才可以动。人家不同意动，还有的人要求分，再还有一些人分不分都无所谓的，总共这三种人。三分之一的人同意分，因为他们原来分到的山核桃树不是很好，所以想重新分到好一点的，又有一些人原来分到的山核桃树产量好，就不愿意重新分。这样就不公平了，所以我们要做工作重新划分。最难弄的是那些不同意分的，开会开到凌晨四五点钟，开到天亮。就这样下去，搞得心脏压力过大，吃不消，得了冠心病，气透不过来，太辛苦了。我的辞职报告打上去，连续写了四封，上面才让我退下来。

讲到开会，也是要看什么事情的。有时候一个月开一次，有的时候半个月开一次。分山核桃的时候每天都要开。有时候在祠堂里开，有时候又在我家里开。那时候村里还没有村委会大楼，开会都是大家一起找一个空的地方开会。不像现在，村委会还专门有一栋楼，开会有专门的会议室。开会一般都是晚上吃完晚饭后，村干部聚集在一起，村里有什么事情大家一起讨论一下，想想怎么办。碰到重要的事，我们几个村干部是做不了主的，那就要召集全村的村民一起开会了。喇叭通知大家到哪里集中开会，一般都在祠堂里，那里位置大。全村人开会也很麻烦的，一个是人召集起来比较困难，有些人有事情都不来的，等到结果出来了，他又要跳出来说不满意了；另一个是人多嘴杂，大家七嘴八舌的说不清，还有的人会趁机起哄，往往正事没说成，下面又开始要散场了。但一般没有特别重要的大事，不会开全村会议的。像分山核桃树这样关系到每家每户切身利益的大事，那肯定是要全村人一起开会的。分山核桃树又是一时说不清的，大家为了自己的利益总会争得面红耳赤，所以开到天亮是经常的事。但是这样的会开久了，大家也会讨厌的，就会骂村干部工作做不好，每天就知道开会。这么些年来的荣誉和质疑，也从来没少过。

苦不苦，自己说了不算

做了十几年妇女主任、计生员、副书记。村长、书记要工作 5 年才会有工资，我刚好差了几个月。我到县里去，县里的干部讲："像你这种特殊情况，下面应该报上来，我们都给批的。"但那个时候，书记不给我报。所以我亏是亏的，辛辛苦苦，拼死拼活，白做了 15 年。还有因为开会误工，一开始一天 1 块钱，后来涨到 2 块，再后来涨到 5 块。但这很少的，有时候开会，真的家里什么事都干不了的。如果要出去办事情，想去拨点钱来为村里办点事情。到镇上去，来来回回，就给报一个车费。车费两块五，但我们出去办事情吃饭，联系什么事情，都是自己掏的。

苦啊，那个时候真苦啊。但是那么苦，现在如果政府想到我一下，给我 50 块、100 块钱一个月，那我心里也好受一点。我心里很难过的，有些时候想想，想到眼泪都流下来。辛辛苦苦 15 年，现在国家这么富，条件这么好。那个时候全淳安县，女干部不多的，我去开会，女干部就那么几个。但是我这么一点点事情，都没有给我……乡里管这个事情的人跟我讲："你这个事村里报上去，早点来讲一下，像你这种情况我们眼睛闭着也给你报上去了。"现在我儿媳妇又当了村支书，就更加不能去讲了。村里人知道，会去说的！我想想 15 年，家里事情是亏掉了。那时候计划生育，乡里的干部二三十个都住在我家，全乡的干部都搬过来，我们堂前三张桌子摆起来，都是在我家吃。但这些也只能我自己掏，也没地方报销。

现在，我儿媳妇也被大家选上当村干部。人家叫她报名选村委干部，选妇女主任选上了，又去选联系员又选上了。后来要叫她报名选村支书，她来问我要不要报名。当时我在地里采茶叶，连忙说："不要报！不要报！"乡里干部来到我儿媳妇姐姐家的小店里，让她报个名选村支书。媳妇说是我不让她报，和他们僵持了很久。后来媳妇打电话给我，问要不要报，我还是讲："你千万千万不要报，报了又选不到的，选不到还去丢人。"那个乡干部还这样讲我："你妈当了这么多年干部，怎么还是这么顽固，报名都不让你报，选不上也不要紧的啊。"后来孩子外公也说，选不到也没事的，就让她去报名了。我不让媳妇去选是这个意思，我去选的时候，选妇女主任，选村长，选人民代表，都是选上的。但是媳妇去当村干部，我就怕选不上，原因是觉得我当了15年，好人也做过，难人也做过。做好人的，有人记得，也有人忘记了，但是做难人，很多人还是记得牢的。难人人家是要恨的，媳妇去报名，肯定选不上的。我这样想，才不让她去报名。结果人家说让她去报，我也没办法，就没拦着她了。

那天选举，乡干部都来我家吃饭。我觉得当天媳妇选举，乡里干部来我家吃饭，别人会有想法的，就没烧饭给他们吃。以前选我当村委的时候，乡干部都认识我，来了就来我家吃饭，他们也没想那么多。但我不能那样做的，选举要讲公平的，所以不能请他们在家里吃饭了。唱票的时候，我们都在家门口听着。投票就在我家对面的祠堂进行，我也没好意思去现场看。等到结果出来的时候，在对面祠堂里的村民对着我们喊："请客，请客。"我知道媳妇选上了。

她选上了，我心里也是很高兴的，人家选我媳妇当村支书，实际上也是对我的一种认同。我们村里原来还有一个当过书记的，他女儿也去参选村干部。人家这样讲："那个女儿是好的，如果不是他的女儿，我就选她。"就好比我媳妇，人家叫我花花，他们都说："只要是花花的媳妇，肯定靠得住！"所以她没选上，还是我媳妇选上。我回想一下，当了15年村干部，我媳妇又选上了，也是对我的一个评价，心里也好过一点。要是选不上，我心里也不好过的。那肯定是因为我以前当村干部人家不满意，影响到我媳妇选举。

时间虽然过了很久，但过去的那些事我依然记得清清楚楚。这么多年来，别人对我的评价有好有坏，但我自己觉得我做了那么多事，不管别人说我好还是说我不好，我都是问心无愧的。我总这样跟自己说，既然在那个位子，就要做那个位子应该要做的事，要对自己负责，更要对选我的村民负责。我就是觉得有点对不起家里人，前面也讲了，当干部的十几年，大部分精力都花在了村里的事情上，家里真的没怎么管。但怎么说呢，苦与不苦，不是我自己说了算。要是我把精力全花在村里的工作上了，做了那么多年，没人说一句好，那就是真的苦了。反过来，现在别人看到我，还会说我一句好，那我心里真是觉得以前的那些苦都不算什么了。

我当了十几年的村干部，虽然累了，苦了，但现在想起来心里也觉得算是好的。人家现在想想以前，都觉得我村干部是当的好的，功劳是我的。以前山核桃树上出事情都是我们去管。以前外面有很多人来捡山核桃、偷山核桃。我们不去管就被偷光了！晚上半夜里，打着手电筒翻山去赶那些偷山核桃的人。现在人富起来了，没有人去捡了，以前人家穷，好多人都偷，晚上都有人去。村干部如果不带头去管，亏是亏大家啊。所以现在很多人还是很感谢我们做村干部的，为村里做的那些事情。打山核桃事情很多的，为了山核桃树还专门定了个村规民约（关于山核桃树的村规民约：1. 打山核桃前一星期施行封山，禁止任何人私自上山；2. 打山核桃期间，专门派人守山，防止外人或者无关人员上山；3. 若是在打山核桃过程中，自家山核桃由于地形等原因落入别家地中，落入别家地的山核桃就属于别人家，不得再去捡回来，以防滋生纠纷；4. 打山核桃时如遇到危险，要相互提醒）。这些村规民约到现在大家还在遵守。

所以，这么多年的村干部做下来，总归一句话：苦不苦，不是自己说了算的。我们是被大家选起来做干部的，注定是要舍小家为大家的，所以只要大家生活好起来，不再觉得苦了，那我们做村干部的也就不再苦了。因为大家都在说你好了，哪里还会苦！

30．庆丰生和：服务基层的平凡岁月

口述者：王生和
采写者：黄昊辰
时　间：2017年1月20日、2月15日
地　点：浙江省海盐县秦山街道庆丰村

王生和，女，1947年生，海盐县官堂镇和平村（官堂镇现已并入秦山街道，和平村已并入庆丰村）人，小学二年级文化水平。1969年结婚，丈夫务农。生有1子1女，长子现与父母居住在一起，女儿生活在海盐。另外有一弟弟。自1974年起，在和平村的某生产队担任妇女队长以及“社保员”，在包产到户后从事妇女工作至今。

秦山街道位于海盐县东南部，东濒杭州湾，南临澉浦镇，西傍通元镇，北接武原街道。秦山核电基地坐落于境内。街道办事处设在长川坝集镇长丰西路288号。秦山街道农业以水稻、棉花、油菜、蚕桑、畜牧等传统农业为主，以蔬菜、花卉、葡萄、西瓜、芦荟等为特色。庆丰村由和平村和共联村合并而成，庆丰村坐落于秦山镇的最北端，北临武原镇。主要产业为水稻、棉花、油菜以及其他各种蔬菜的种植、蚕的养殖等。

清贫童年的回忆

我是1947年出生的，现在虚岁已经72岁了。出生在官堂镇和平村。后

来官堂镇并入了秦山镇，也就是现在的秦山街道，和平村也和其他的村子合并成了庆丰村。我们村当时不能说很小，后来一共划分出来 10 个生产队，在我小的时候大概全村就六七百个人，田地一共 1300 亩左右，基本上能种田的地方都已经开垦过了（通过填河、移坟等手段）。我们村还是以务农为主要的劳动方式，没别的什么资源，只能种田了。

小的时候，生活真的是非常困难，我家有我和弟弟两个孩子，但是我父亲很早就去世了，大概就是在我五六岁的时候，那时弟弟才出生没多久，是母亲拉扯着我们姐弟两个长大的。母亲当时真是非常辛苦，一边要照顾我们，一边还要干活来养家。

小时候，我也算得上苦头吃足了。就拿吃的来说吧，当时虽然不至于饿死，但母亲她种田所得也不多，很多时候我们家也只能烧粥来吃。经常是早上烧了粥吃，并没有吃完，余下的在中午时候，在粥里放点南瓜，混合着煮一下再吃。和现在的生活一比，简直是一个天上一个地下。

不过我们家虽然很穷但还是比其他穷人家过得要稍微强一点，因为我们好歹有点田地。这个 20 亩田的来历也是比较有意思的，本来这些田也不是我们家的，原来是我妈妈的一个亲戚家的。在解放战争的时候，他家的男主人被国民党拉壮丁拉走了，后来生死不明，反正没有回家。之后因为各种原因，他家的女人也回了老家，为什么回家我已经记不太清楚了，那时候太小。他们家本来有 20 亩田，因为男女主人都不在了，也没别人种，于是慢慢荒废了。那既然没人种，那家的男主人也好歹是我们家亲戚，别的亲戚看我们家比较可怜，于是那些地就归了我们家用来糊口，有一个好处是没有地主，不用交租，这就比其他佃农轻松一些。到后来解放了“土改”时我们家被定为佃中农，再后来到合作社（农业合作化）的时候那应该是日子过得最好的时候了，吃的也好。

在农业合作化的时候，虽然说吃的不一定很丰盛，但是“大锅饭”，就是可以放开肚皮吃，吃到饱为止，也不用付钱。但是这样就造成了很严重的浪费，很多粮食被糟蹋了，没过几年就到了困难的时期。

等到了 1958 年之后，就是三年困难时期那段日子，没有什么粮食可以吃。大家都是去吃点杂七杂八的东西，比如刮树皮来吃，吃豆叶（毛豆叶子），吃番薯根，甚至还有去挖“湖羊草”（一种杂草，生于湖中，常被用作羊的食物）的根捞上来吃掉，当时真是苦得不得了啊，那段时间是最困难的时候。因为那时候弟弟还比较小，只能和我妈妈两个人跑到附近去刮榆树皮回来，还得晒一下然后再炒一下，弄成茨粉来作为食物。有户人家一次性搞了很多树皮回来，所以也就做了非常多的茨粉，并把茨粉藏在洞里，想的是储藏起来慢慢吃，结果因为随便挖了个洞，也没有密封好，所以保存条件比较差，以至于全坏了，甚至里面生出了毛虫！现在回想一下，也是当年大家的处境都比较差，才会有这样子的事情发生。这种困难的情形一直持续了好几年，等我开始上学了才稍微有所改善，但和之前大合作时期也是不能相比。

因为小时候的生活条件比较差，我读书报名是报的非常迟的，14 岁才去报名读一年级，一年级是完整上完的，但是没认识多少字。等到一年级上完后，我已经 15 岁了，当时大人是要去挣工分来养家，而我父亲已经不在了，母亲她一个人实在是支撑不了，而且干活也很累，也有点干不动了，所以本来读完二年级的第一个学期，我就去帮母亲干活了。但是帮母亲在田里做一段时间之后，学校派老师过来，劝说我继续去上学，于是我回学校再读了一段时间的书。等到三年级，我已经 16 岁了，按年龄来说也是要去挣工分了。当时我母亲一个人在田里干活实在是很苦，于是没办法，我三年级读了一个礼拜之后就不再上学了。所以我的文化水平也就是小学二年级，但是二年级也不认识多少字。当时上课比较随意的，而且一二年级也是在打基础的阶段，开始就是学拼音，后来教的字都很简单，许多常用字都没有学过，所以当时来说和文盲也差不多。

等到后来，因为要扫盲，所以生产队里就让我再去读点书，当时参加了扫盲班，主要也是教我们认字，所以在扫盲过后我算是稍微认识了点字。虽说要我写字的话还是比较困难，但是认字的话书上报纸上能认识六七成吧。现在想一下如果自己多写写字的话应该还是能写一点，不过当时也没有这个想法。正因为我的文化水平比较低，所以也没有入党。我们那个年代，入党一般最好是有点文化水平的，我不符合这个条件，因而没入，不过入不入党也不影响把工作完成的好啦。不入党或许对职务的提升有点影响，但是我本来就不太识字，个人主观上也不太想去从事更高一级的工作。

成人与成家

小学读完我就去种地干活了，当时是要挣工分吃饭的，我们当年还是小孩子，规定是劳动一天可以挣4个工分，成年男子的话，最多一天可以挣到10个工分，女人则是9个工分，但是不是每个人都能这么多，8、9分的也有，然后10个工分则相当于一个劳动日，也就是说我得劳动两天多。口粮是要靠工分来换的，一般是在年底的时候，生产队依据当年的收益情况来分红。分红的时候先分给我们现金，然后再用钱去买粮食。最初那年我挣了多少工分现在已经记不清了，反正差不多就是1200分左右。有一年我是比较惨的，年终的分红最后只分到了两角五分。那时候我已经结婚了。

我结婚是在22岁的时候，和我丈夫则是19岁的时候认识的。丈夫是和我一个村的，但是当时不是在一个生产队中，而是隔壁的生产队。丈夫家里也是种田的，我和丈夫认识是别人介绍的，后来相处了一段时间，感觉他人也不错，双方的条件也还算合适，就结婚了。婚后没几年，为了给丈夫的兄长看病，于是和生产队里借了一点钱，可惜兄长到最后也没有治好，而那年到了年底分红的时候，我只分到了两角五分，我用那两角五分去公社（当时为东风公社，相当于现在的镇，原东风公社即官堂镇）上买了一双新袜子。当时我们还没有分家，等到兄长去世之后我们两家就分开了，算是一起把向生产队借的钱还清。

在18、19岁的时候，我参加了大队组织的宣传队，然后到各个生产队进行表演。表演的主要内容就是演唱革命歌曲，主要的有《东方红》《大海航行靠舵手》《没有共产党就没有新中国》等等，也有表演革命的剧目等，从而来宣传党的思想，同时有丰富农村文化生活的目的。

社保员，田地的中坚

1974年，我27岁，正当生产队的领导班子换届。当时的最基层单位是生产队，其实就40多户人家，100多人吧。和别的机构一样，生产队也拥有一套领导班子，由生产队的成员共同推选产生。领导班子主要由7人组成，除了队长之外，还有6名负责各个方面的副队长。起初，我被大家推选为生产队的“社保员”，后来因为没有其他合适的人选，大家也推举我兼任生产队的妇女队长，分管妇女工作。

之所以没有其他人合适，是因为妇女队长这个职位的特殊性。因为需要对国家的妇女工作的性质有所认识，也是宣传妇女政策的需要。妇女队长这个职务还是需要一点文化水平的，最起码的不能一个字都不认识，如果不认字那工作是很难展开的。因为我虽然不能写字，但字还是认识一些的，而其余人，不是文化程度比我更低，就是从事妇女工作的效果并不是十分理想，所以我才能被推选成为妇女队长。在改革开放、包产到户之前，我的工作可以分为两部分，一是“社保员”，二是妇女队长。

社保员是生产队的领导班子成员之一，这个职务的主要职责是配置农药、洒农药。农药可以消灭害虫保护庄稼，与农业生产息息相关，是一个非常重要的工作。当时，我们生产队会将我们队负责的田地划成若干区域，指定给不同的人负责，田地是生产队的领导班子负责的，包括我在内。基本上，劳动力都会直接参与农作物的种植，即使是生产队的领导班子包括生产队队长在内，也不例外。但是因为社保员工作的性质，从而不用负责水稻等农作物的直接种植。因为我是一个人负责所有田地的农作物的农药的喷洒工作，大概有160多亩，本来工作量已经很大，如果再要下地种田的话，就不可能完成任务了。

在进行农药喷洒工作的同时，我还会帮助队长监督其他人的劳动。因为有些人比较“滑头”，就是经常会趁着队长不注意而消极怠工，甚至是直接跑到阴凉的地方去休息了。在夏天，这种情况特别严重。而我作为“社保员”，需要经常在农田里走动，这样就可以监督更多的人。等到了水稻插秧的时候，会事先准备好秧苗，等到插秧的人来领取那些秧苗的时候，则会根据每个人所负责的区域大小，分配给他们不同数量的秧苗，放在他们的秧担（即在插秧时，用以盛放秧苗的器具，其形制大致上是一个扁担，两端系着用以放置秧苗的容器，或类似于桶，或类似于筐）或者是土笪（形制与秧担近似，但用途更多）之中。这项工作也是由我来负责，在做这项工作时，首先也得确保小心谨慎，避免在秧苗数量的分配上出现错误。我还算是仔细，并没有在这方面出过问题。

等到包产到户分田的时候，差不多是我从事“社保员”工作的最后阶段了，在那之后我就不再承担这个工作了。当时是包产到户之初，我在大队（村）里面兼职负责配制农药水，因为之前配农药水都是生产队里面负责的，所以很多人都不会配制，农药水的配制起初还是由小队或大队负责的。当时，大队里的会计会把发票全部开好，然后让我来进行配制。我当时的做法是，在一个屋子里面，按发票的顺序进行配制，让需要领取农药的人在外面排队，等到农药配制好了，我会喊（轮到的）那个人的名字，让他来拿。

这件事是我比较自豪的事情之一。因为全大队（由10个规模相近的生产队构成，村民共600—700人，耕地将近2000亩左右）也有几十上百号人需要配制农药，我的文化程度是比较低的，如果不仔细弄的话很容易弄错的。但是因为我处理得非常仔细，而且事先把发票上的人名都认识了，所以一个都没有搞错。

其实大队曾经想让我去当大队里的社保员，但是我自己觉得文化水平实在是太低了，尤其是不能写字，而大队的社保员需要经常去公社里面开会，我觉得自己无法胜任这项工作，所以我就没去。我作为社保员的工作应该说是胜任的。记得有一次，全公社举办社保员经验交流会，其中有两名社保员作为代表发言讲述自己的经验，我就是其中之一，当时全公社各生产队的队长和社保员都来参会了。轮到我发言的时候其实是很紧张的，当时公社的书记和另外一位领导就坐在旁边。我为了克服自己的紧张情绪，就自顾自地低头讲，所幸还是讲完了。等到分组讨论的时候，大家都觉得我讲得不错。其实我也没有什么经验可以讲的，所讲的不过是我具体所做的罢了。

在分田到户之初，其实还是有一些不太和睦的状况的。有一些村民对于包产到户也是有抵制情绪在的。但我觉得那些人也并不是像有些人那样，因为偷懒而抵触。在之前生产队的时候，农业生产是大家共同负责的，一个人不必参与到所有的过程之中，而且，就算是出现了损耗，也不会对个人产生很严重的影响。但是等到包产到户了，那就是家庭负责一切，有些人害怕包产到户之后自负盈亏，如果自己弄错了也是造成自己的损失，这也是他们最为抵触的一点。其实他们担心的也没错，因为的确有人在种植过程中出现了差错，就拿水稻的出苗和蚕宝宝的养育来说吧。有些人因为在生产队里不是负责出苗这方面的，所以起初也遇到了失败。再比如化肥放多了结果秧苗有颜色；或者是蚕室的温度控制的不好，导致了蚕宝宝的死亡，这种事情也是出现过的。我当时还在担任社保员，所以我也参与了解决这些问题。当时我们决定让大家互帮互助，就是让能力高的、比较熟练的去帮助那些不太会的人，同时公社也给我们派来了能手进行指导。另外，在经过一段时间之后，大家发现包产到户的确对每户人家还是有好处的，每户人家的产出和以前相比的确是有所增加。所以在一段时间之后，这种抵触情绪就慢慢减轻了。

烦琐的妇女工作

不久之后，我就不再担任社保员这个职务了。在进行社保员的工作期间，我曾经多次药水中毒，毕竟农药还是剧毒的东西，所以大概在包产到户之后不久，是在 1981 年左右吧，我就辞去了这个工作。其实在包产到户之后，生产队就濒于瓦解了，因为生产队曾经的职责已经不复存在了，家庭成为农业生产的基本单位，而社保员的这个职务，也失去了存在的必要，所以随着生产队一起消失了。相反地，因为妇女工作的日益重要，妇女队长却被保留了下来，只是因为时代的变迁而不再被称为妇女队长。

妇女队长顾名思义就是从事妇女工作的，主要的职责有宣传国家的妇女政策、调解家庭的纠纷，而碰到工作困难的地方，还得去做思想工作。在我担任妇女队长的时候，已经是 1974 年，是“文化大革命”晚期了。当时的政治环境已经没有早期那么激烈，所以对我们的工作没有很大的影响，主要的工作还是计划生育方面的。

在我刚刚担任妇女队长工作的时候，生产队里就交给我一个工作。有一个妇女在之前已经生了两个孩子了，但是近期再次怀孕。当时政策要求我们只生两个，生第三个孩子是万万不行的了，于是队里就让我去做她的思想工作。因为这是第一次从事有关这方面的工作，所以我现在记忆仍然十分深刻。那户人家就是现在住在我们家后面的人家，当时的那个妇女也已经变成老太婆了。工作交到我手上之后，首先我去问了下她，是什么时候怀上的。起初她告诉我的是上个月刚刚才怀上，当时我没有起疑心，就先向上级汇报，等待事情的下一步进展了。结果，在不久之后接到了报告，称那女人的肚子已经挺大了，看上去十分明显，那我知道这明显就已经不是只有一个月了。没办法，我也只能再去做她的思想工作。

其实，从事这种工作也是非常辛苦的，因为要经常性的、来来回回去做思想工作。妇女工作有时候也是很激烈的。但是没办法，作为妇女队长，不管遇到什么困难，也一定要去解决。

等到后来，计划生育的指标再次缩紧，这时候每家只能生一个了。我记得这已经是 20 世纪 90 年代的事情了。这次的主角还是刚才说的那户人家，只不过主角换成了那老太婆的儿子，他已经生了一个男孩，之后还想生第二个孩子。这次还是我去做他们家的思想工作。按当时的政策来说，这户人家应该要被通报批评的。况且，没有大队里面的证明，他们也不能生二胎。当时的政策规定，如果他们一定要生，则必须到大队里缴社会抚养费。直到后来政策放宽了，他们才去生了二胎。所以我觉得吧，他们家两代人的工作都是比较难做的。

至于可以开放二胎的条件，主要有这么几点：一是上代是独生子，没有兄弟姐妹的，是可以生二胎的；二是男方是上门女婿的，也可以生二胎；三是家里是三代独子的，是可以生二胎的。尽管政策上有所放松，但是这些情况其实是很少见的，更多的是照顾到城市里而不是农村。因为在农村，家庭子女比较多是常见的，独生子之类的反而比较少见，所以能符合这些条件的是非常少的。我们生产队里，有些人的思想觉悟比较高，自愿只生一胎。还有些情况，比如家里姐妹二人，但是其中一人出嫁并生过二胎了，那另外一人也不能生二胎了。自己家里开设工厂的也只能生一个；这种政策持续到了前几年，现在已经开放二胎了。之前一段时间我们还调查过现在村里面新婚夫妇的家庭情况，发现村里面的新婚夫妻双方，大部分都是独生子女。因为现在结婚的人，大多数都是 20 岁出头，出生的时候也是计划生育执行的最为严厉的时候，基本上家里都只生了一个。也正是因为这样，现在很多家庭已经“两家并成一家”了。

不过除了这户人家的两代人之外，村里的妇女工作还是相对轻松的，不但是我们生产队，即使是我们村，在整个官堂镇也是相对来说轻松的。实事求是地说，在进行妇女工作的时候，首先是要宣传到位。宣传到位的话，自然会减轻工作的难度。反过来说，要是宣传不到位了，不论去做什么工作，都是非常困难的。我们经常会把有关妇女工作的宣传资料发给每户家庭，让人家去了解学习，同时我们也会向群众讲解妇女工作的政策，以扩大宣传的效果。

另外，在计划生育的工作中，我们还会对育龄妇女发放药物，要求她们采取避孕措施。如果不采取避孕措施就会出现无计划的情况，就会乱了。如果出现无计划的情况，那我们的工作就会难做了。而如果我们这边的工作做的到位，上级的压力也会有所减轻。我觉得正是因为包括我在内的妇女工作人员在宣传工作上的共同努力，实现了不错的宣传效果，才会使得我们村的妇女工作相对而言比较轻松。我们从事妇女工作的，也必须要以身作则。就比如我吧，在我生了两个孩子并担任妇女队长之后，就主动去结扎了。因为我是要从事妇女工作的，我要首先响应国家的政策才行，不然工作开展起来就比较困难，别人说你妇女队长都不响应国家号召我们为什么要去，所以我主动就去结扎了，这对于我们生产队的妇女工作应该也是有促进作用的。

我其实已经过了退休的年纪了，但还是在从事妇女工作。因为我从事妇女工作的时间比较长啊，对于妇女工作也比较熟悉，所以就一直工作到了现在。上级部门认为我应该留下来继续干，那我也没办法。前两年和村里的妇女主任说想退休了，但是妇女主任认为她还没退休，所以希望我留下来一起合作，因为我毕竟算是老手了，从小队组织领导班子开始算，从事妇女工作已经整整 43 年了。如果从头带新人的话，新手毕竟不是很熟练，有些工作可能就不能很好地开展。

现在的妇女工作和以前的妇女工作相比还是有些变化的，现在我们的工作还包括去调查女性什么时候结婚，什么时候生小孩，在生小孩之前我们也会给那些准妈妈发放一些药物，从而预防一些婴儿的先天性疾病。我们要求她们连续吃 3 个月的药，才能完全确保婴儿身体的健康。如果有谁要结婚了，我们也要进行调查，尤其是这两年，要调查摆酒席的情况，因为农村比较流行摆酒席。现在上面的规定是摆酒席超过 10 桌的，不管是什么酒席都要村里面批准。但是因为人情的关系，摆酒席这方面村里面一般都不会拒绝。

当时除了计划生育的工作之外，还有一些琐碎的事情也是由我负责的。比如以前的生活条件不太好，农村里大都是老房子，并且还都比较破旧。碰到恶劣天气，比如来台风了，那我也就必须要去通知那些房子很破旧的人家，要他们暂时搬出去的，以免在恶劣的天气中造成人员的伤亡。从这些方面看，虽然说妇女队长在生产队里也是个副队长，但是工作非常烦琐。有时候做思想工作也是很麻烦的，碰到有些难以做通的，一趟不行得去两趟，两趟不行还得再去，直到能够解决问题为止。而且在进行思想工作的时候，也必须端正自己的态度，如果我们工作人员的态度差了，别人肯定也不会高兴，那这思想工作就会更加难做了。有时候遇到很多不顺心的事情，那也只能忍让了。

汇报工作是我们工作中的一个重要的内容。在 20 世纪七八十年代，我们就要定期向大队汇报，如果小队里面有什么特殊情况，必须向大队里汇报，不可隐瞒。就像刚才说的那户人家，正是向大队汇报后，大队施压才得到解决的。改革开放之后我们依然去大队里面汇报工作，汇报的内容大致上有，谁家的小孩出生没，几月几号出生的，小孩有多重啊，谁家摆酒席了，谁家有人去世了。我们所调查的本身就是一些很琐碎的问题，我们的目的是要做到户户清的，即每家每户的情况都必须要摸透，每个月都必须按时向村里汇报情况。其实不同的时期汇报的内容大致来说是有一致性的，主要是围绕一定时期内我所负责区域的大致情况，以便于上级工作的开展。

自 1974 年承担工作以来，我认为自己的工作还算是胜任。就上级布置的工作来说，都会尽力完成，完成的情况也可以说较为不错。我这个人性子比较急，上级布置的任务会很快去做，工作也比较顺利。在四十余年的工作经历中，和别人吵架的事情基本没有发生过，都本着平和的态度去从事工作。我认为干部无论大小，都是人民的勤务员，而不是人民的老爷。我唯一一次在工作中和他人争吵，也不是因为我自己，而是因为生产队长在工作布置上有问题。那次是在水稻需要打农药的时候，队长却让布置了其他不相干的任务，这显然是不合理的。因为不打农药水稻很快就会被虫子吃掉，稻苗损坏队长也是担当不起的。也正是因为如此，队长很快就认识到了自己的错误。其他的真就没什么了，我对自己的表现还是感到满意的。

家庭生活

我在 1969 年结婚，婚后育有 1 子 1 女。丈夫长期务农，并未参与过生产队的工作，他也不会对我的工作有什么意见或建议，对我从事妇女工作也算是支持吧。大儿子也没怎么读书，就是初中毕业的文化水平，读完书后就一直留在村里种田，和我们生活在一起。之后成家，现在他的女儿也已经到了结婚的年纪。二女儿读的书多一些，应该是高中毕业吧，后来去了官堂的幼儿园当老师。之后为了儿子的教育问题，搬到了海盐县里，家庭状况不错，也算是享福了。

在 20 世纪 80 年代的时候，我曾被镇上推选为“五好家庭”的代表，去县里参加颁奖仪式。所谓“五好家庭”，大概就是指对父母态度好、对待公公婆婆要好、帮助群众、邻里有困难时互相帮助、政治上的思想觉悟要高，主要就是指这几个方面，这算是家庭的奖项吧，但这个评选可惜是没有奖状的，当时县里发了一些实物作为奖励，这个早就已经使用掉了。

31．荷湖利娟：样样带头的民兵连长

口述者：李利娟
采写者：李佳飞
时　间：2016年7月5日、9月6日，2017年1月24日、2月2日
地　点：浙江省绍兴市百合花园

李利娟，女，1948年生，绍兴市斗门镇荷湖村人，后嫁入绍兴市马山镇王家岱村，小学三年级文化，农民。1962年，任生产队小队长并加入民兵连，1963年任民兵排长，1964—1967年任富阳大队女民兵连长。1967年后因出嫁离任，育有1子1女。现退休在家。

处处带头

我的娘家在斗门镇荷湖村。以前不叫镇、村的，叫斗门人民公社，荷湖村和璜山那边村子合起来叫富阳大队。荷湖也算是好地方，有山有水的。有四角山、玉屏山，等等。村前面的那条河，10米宽，3里长，和三江大闸是连一起的。那时候西面的荷湖大桥还没有，出门都是坐船的，有时候也走路的。当时富阳大队大概有12个生产队，其中3个蔬菜队、3个棉麻队和6个农业队。大概有三百多户人家，具体的我不太清楚，村里大多都是姓傅的，傅是荷湖的大姓，像我姓李的比较少的。大家基本上都是种田的。

我们家一共有9口人，我有7个兄弟姐妹，5个姐妹，2个兄弟。我是最大的，所以我都要照顾他们，我爹爹以前也常常说我辛苦的。我当小队长的时候（1962年），我最小的阿弟刚出生。我爹爹也做过小队长，小队里什

么时候种什么菜也都是他要安排的，我和姆妈、二妹妹都是小队里做生活的，另外的弟弟妹妹还小，帮不上什么忙。我小的时候是住在爷爷奶奶分给爹爹的房子里的，就“三把屋”，一把是1米5，很小的，后来老房子着火没了，才买了后来的房子。都是木结构的，也很小，但比原来的大一点，两层的，还有一个猪圈。但还是不够，人多啊，但后来我们都嫁出去了，家里才算勉勉强强住得下，有时候都是打地铺的，都挤在一起。那时候家里穷啊，没饭吃的，我们小的还有姆妈都是只吃番薯粥、麦稀饭，米饭一般是没得吃的，就只有我爹爹吃的比我们都厚实一点。就现在农村的那个灶里，我姆妈给我爹爹专门留出来的，别人都不能吃的，毕竟我爹爹是男人嘛，还是我们家最主要的劳动力。后来我长大一点，在小队里干活了，情况才稍微好一点，但也还是穷，没得吃。

村里的民兵是“土改”之后才有的，解放后过了个把年就有了，大概是1950年的时候。那时候我还很小。参加者为雇农、贫农、中农和手工业居民中的男女青壮年，其中男青年占多数。荷湖民兵连，有2个排4个班。民兵白天参加劳动生产，夜间站岗放哨。岗哨设在大庙前、大桥头、祝家庄和湖里头，一天24小时值班，一岗3个人，民兵连组织青壮年上夜校学文化，参加军事训练。

我是1962年（15岁）进民兵连的，1963年（16岁）开始当排长。当排长是要选的，就是自己小队里选，当时我已经当小队长了嘛，小队长当的好，人好，他们就选我当排长了。当了一年，1964年（17岁）就当民兵连长了。当民兵连长，就是管村里的民兵，农村里有民兵，公社里是营，再上面就是部队，军队里有解放军，站岗，训练，都要带头去的。民兵是每个大队都有的，每年的下半年一定要成立的。民兵一般是从青年团里的团员挑出来的。从青年团里挑些好的人，思想好的。不用身体检查、选拔的，主要就是思想好的，年纪轻的，适龄青年，大概十七八岁到二十多岁，最大的大概三十来岁，男男女女都有。

整个村的民兵，大概男的和女的加起来应该有六七十个人。年龄都差不多的，民兵里有民兵小组长、民兵连长，一个生产小队一个排，一个生产大队一个连，小组长就是排长，整个大队里的民兵连长就一个的，男的一个，女的一个，主要是以男的为主的。排长是小队里自己选的，小队里的民兵自己选自己小队的排长。连长要整个富阳大队选的。大队共 12 个队，生产队里的排长选连长，这个都是要投票选的，举手一致同意，才可以当连长的，选过之后还要在整个社员大会上通过，一定要通过的，不通过就不能当的，群众一致同意的、赞成的，那就落实，把名单拿到公社里去。社里有指导员啊，部长啊。富阳大队里，男女民兵连长的名字，小队里的排长的名字，都要登记在公社里的。

我做民兵连长是由整个大队的民兵选举的，但是大家都还不太认识的，选好之后呢，他们把我叫到大队里的台上去，叫我上台，让大家认识认识，就说我叫李利娟，是选好的民兵连长。之前，我就没有上台去过。公社里开会经常去的，三八妇女节、五四青年节、五一劳动节，要去开会的，台上发言没有的，在村里连长算大的了，到公社里就不算了。村里开会，我也不上去的，都是男的上去讲的，男的去发言的，女的不上去的。

后来，我要出嫁了，就不做了。我前面的连长是仁民的阿姐，她去世了，就选我当了。后面的是叫巧珍，她是嫁进来的，一直在村子里，不像我后来嫁出去了，现在年纪大了，应该也退休了。几年选一次，你队长做得好，一直就让你当下去的，做得不好，选掉也是有的。

当民兵连长就是样样要带头的，训练什么的都要连长带着去。训练都是下半年的，上半年都是要干农活的。到下半年要训练的时候，一般先到公社里去开民兵大会的，排长是不去的，就连长去的，男连长、女连长两个人去的，去过之后再到村里来开会，排长、连长、民兵都来开会的，要怎样训练啊，跑步啊，做早操啊，到四角山上空中射击啊，训练的。下半年到大道地的乡政府的楼上，现在开了家小店，到楼上去睡觉，到五更头的时候出操，比如说先到大庙沿再到后畈湖去绕一圈，出操，一二一、一二一地走一圈。然后到山上去爬，不是爬山，是射击，就是打仗的时候要爬的，人侧着爬，然后射击。什么空中射击啊，枪对着天空，打飞机，卧射，就是趴着射击，扔手榴弹，但都是假的，训练嘛。总的是民兵连长叫口令，没有像现在这样的什么指导方针这种的，都是自己训练的。空中射击，就是大家把枪对准天空，射天上的飞机。枪是真的枪，但没有子弹的。卧射训练时，大家都卧倒，然后射击，后面就是爬，人要侧着的，一只脚伸直，和现在电视里一样的，用手肘抵着，这样爬过去的，大家都是现学起来的，有的反应快点的，一喊口令就立马做出来的，大庙沿的美娟（同音）、美娟阿嫂、华娟（同音），同事间的关系都很好的，没有发生什么争吵。男的女的训练没有区别的，只是把大家分开，要说有区别的话就是男的枪稍微多一点，女的枪少一点，有时候太少就没有了，女的总是后部队，枪就先给男的用的。枪都是民兵连长保管的，晚上站岗站好了，就收到大队里，村里收起来的。男的民兵连长权力比女的要大一点的，男的有枪女的没有。

民兵晚上要禁夜的，到村口去站站，或者到大庙沿、小庙沿中端去站站，去查查走过的人是好人还是坏人。我嫁出去之后，爹爹来看我，要查坏人了，就叫到大队里去，要去查过的：你到底是谁，叫什么名字，哪个村的，几队里的人，几岁，成分是什么。以前成分很重要的，到底是地主、富农、资产阶级、右派这样的“四类分子”，这些都是要问的，要问得很清楚的，不清楚的话还要去调查的。晚上站岗的时候，要持枪的。白天一般不站岗的，就只有节日的时候白天站的，像国庆节、春节、元旦，政策来了就站岗站站，消防消消。

晚上上课也有的，开个会啊，到下半年了，就说说晚上要怎么禁夜啊，做几个班，前后半夜怎么分工，这些都要讲的。女民兵到贫苦人家去卫生搞搞啊，衣服洗洗补补，训练要怎么训练啊。当民兵没有统一的衣服的，只有袖套的，就像红卫兵那样的。很多都想不起来了，毕竟时间太长了，当的时间也短。另外，就是政策来了，要我们去做宣传。一天三次，纸板喇叭做一只，照着文件，每天早上、中午、晚上，叫三次，就这样去广播里喊喊。就说社员同志们，现在有什么样的政策，要根据政策来走，该怎么样走。其他的也没什么了。

选上当民兵连长啊，我也没什么想法，就是觉得大家看得起自己，我既然当了民兵连长，就一定要当好的，就要挑起肩膀，承担起责任的，这个反正是主要点，处处都要带头的，不带头你说谁会相信你呢？我做民兵连长的时候，那些孤老太婆、老太公，天热起来了，就去把他们的棉被啊、棉衣啊，拆拆洗洗，天冷的时候去给他们缝缝补补，做做衣服，这些我都去做过的。过个几天或几个礼拜，还要去给他们搞搞卫生，一个月里去了三四趟、四五趟这样子。这种的我经常去做的，算是做好事去。我是民兵连长嘛，都是要带头的，七打八（绍兴方言，意为经常）要去做的，哪怕是走过的人，东西拿不动了，也要帮他们拿一拿。这只包括我自己，别人我不能多说的，老太婆走不过了，我就扶一扶。一定要带头的，样样都要带头的，不这样，十六七岁的人怎么可以当连长的。

当时没什么报酬的，只算一点工分。大概一夜一分，或者是一分半。基本上是义务的，没有什么工资。白天开会，会算点工分。到年终要评一评的，到底你优秀不优秀，工作上做的够不够，还有奖金的。当时我们和璜山（现璜山北村）并在一个富阳大队时（1961 年，调整公社规模，又分为两个大队，荷湖是富阳生产大队，璜山是胜利生产大队），两个大队里发奖，我也拿过的，就是发奖状，发奖品，东西大概就是手绢（毛巾），有点忘了。

1966 年，我已经是女民兵连长了。那时是“去四旧”（旧思想、旧文化、旧风俗、旧习惯）、“立四新”（新思想、新文化、新风俗、新习惯）。“四个新”，具体是社会主义、共产主义、公社化，还有一个一时间想不起来了。“破四旧”，打倒封建主义、封建思想、买卖婚姻、迷信，这是两旧，我不太想得起来了，破封建思想，要男女平等，以前我们女人比男的要低一点的。

我记得应该是夏天，8 月的时候吧。大队里成立“红卫兵”组织，每个人带着红卫兵的袖套。那时候说是横扫“牛鬼蛇神”，抄家、批斗啊，就是收东西去的，旧的东西，带有迷信的事物啊，都要收走的，就是“破四旧”去，我们都是带头去弄的。

神堂（祠堂）里的墓具都拿掉，这些都是迷信。老去的人（指去世的人）有块墓具的，上神堂的，神堂就是一个大家堂，小时候我们李家台门也是有的，后来弄掉了，就没有了。神堂就是一家人的上下三代老祖宗有一块牌位的。到那些“地、富、反、坏、右”家里去烧四旧。就像以前新台门的雪初（同音）家、阿什（同音）家、田娟（同音）家，朝东台门的三嫂奶奶家，全都弄掉了。

那时候大庙、小庙、湖里头、草庵里所有的菩萨都被推倒了。现在想想当时做的是不太对，但那时候都是上面的人说怎么做就怎么做的，我们是听指挥的嘛，也没有办法。还有，现在做书记的爹爹家以前是做轿子的，以前结婚都是要坐轿子的，抬轿的。这个时候轿子坐不来了，都要去拆掉。我们那时候都有政策，那些地主人家什么的都不反抗，都很听话的，就都拆掉了。现在是都要恢复了。城里人到我们乡下来改造，插队改造。我们村里也有的，但后来我已经嫁出去了，就不太清楚了。知识青年来插队改造的时候，我已经嫁出去了，我们叫他们“三九人员”的，“九”是臭老九的意思，就是那种下乡来的知识分子，“三”指什么我不记得了，反正他们都是这么叫的，我们也跟着叫了。后面的我不是很清楚了。我做的时间短啊，1967 年（20 岁）就嫁到外面去了，连头加尾，也就 5 年时间。

勤勤恳恳的小队长

荷湖村以前很穷的，就说算工分，村里妇女最多只有五分，有的真的很好才有可能是六分。我嫁到王家岱，那里女的有六分好拿。我是 1960 年（13 岁）开始干活的，之前只能零零碎碎干些轻的活，真正算个劳动力是从 1960 年（13 岁）开始的。1961 年（14 岁）拿十折头了，1962 年（15 岁）当小队长，当到 1967 年（20 岁）出嫁为止。我是先做的小队长，后来做的民兵连长，做民兵连长的时候小队长也做的。

小队长就是，比方说男的小队长，今天你们小队做什么，那我就去叫人去做，几个人去田里拔草，几个人去山里割草，几个人去仓库里做别的活，都是我自己去叫的，就是分配工作的。打比方，整个小队大概 30 个女人，20 个人干什么，10 个人干什么，都是要自己安排分配好。不过，小队里大姑娘和已婚女人是有区别的，有时候大姑娘干大姑娘的活，已婚女人干已婚女人的活。像我们小队里，和我差不多年纪的阿菊、阿温、我二妹妹、粉姑、小娟、我三妹妹，这些人年纪和我差不多，都是年纪小的，另外的都是已婚女人了。

小队里一定有个男队长和一个女队长，这个小队长都是自己选出来的，挑小队里聪明点，会做事的。后来，我们小队里的小队长没了，要选小队长。小队里的人都说我手脚快，活干得多，这才选我来做。当时我才 15 岁，还是大姑娘，当时做小队长的一般都是已婚女人，像我这样还没嫁人的很少的，说我是队长，但我年纪算小的。

我们那个队是蔬菜队。我爹爹以前常说，我们利娟真辛苦。活我都会干的，最起码的，剥棉花、搓麻、割水稻、挖番薯、去山上拔草，我都是好手，一般女人都比不过我的，有时候我比有些男的干活还要多。像以前我们老屋后面的阿岁（同音）的爹爹、来书（同音）的爹爹，他们那时候拿六折头、七折头，女人只有五折头。农活还是我做得多，超过他们两个人。

做队长，样样事情都是要带头的，一般都比别人好的，比别人快的，哪怕队长不做的时候，我也是做得很好，都比一般要好的，小队里竞争很强的。我家后面的某某，和我同年的，我那时候 14 岁拿十折头了，她没有，那她就说了，怎么我有十折头好拿，她没有，就只有八折、九折。那个男队长，就是那个高台门里的牛牛叔叔，是我爸爸的继拜兄弟，说让她去做，如果做得过我，也给她十折头，做不过，不用来说。打比方说，十折头的大概割半亩的稻，那你要拿到十折头，就要比他要多，他割半亩，你起码要割六分。半亩地，一天肯定是可以割的，只要你不偷懒。一般以后都会拿十折头的，一般说男人、女人都是往上加的，长大了，力气也大了，像老人，就是往下减的，很有竞争性，都是互相监督，小队长更要监督。

农民靠天吃饭，总是要受点灾，不过我们那里是闸口，倒是没受到很大的水灾，田里的水一满起来，我们就可以拉闸放水的。火灾应该也是有的，不过我记不得了。台风基本上是年年有，不过有大有小，大的时候村子里房子很多都倒掉了，小的就是雨大点、风大点。记得我还没当上小队长的时候，大概是在 1961 年吧，那次台风很大，雨也下得很大，村子里很多田都被淹了，这个我印象还是很深的。那时候当男队长的阿叔还来叫我们都到湖里头那边去躲台风，后来没去，因为台风有点偏出了，没有原来以为的大，就没去了。我当小队长的第一年也有台风，田里也被水淹的。那时候我还没当民兵，也不是很注意，但是村里让很多村民都来帮忙，想想民兵也应该是要去帮忙的。

我那时候是公社化的时候，怎么说呢，那是最最困难的时候，吃没得吃，后来慢慢好起来了。比方说像男人一样最高的十折劳动力，就 10 两 8 钱，还是 16 两的秤（即现在的 7 两多一点）米一天好吃。像我们女人，还要往下退下来，小孩还要往下减，按年龄分的，十足 16 岁以上是按大人口粮的，16 岁以下的再往下减，比方说 15 岁、14 岁，再一档一档往下减的。田里干活多数是这样的，棉花、麻、拔草这种都是每个人家算劳动力的。像当时我们家我、爸爸、妈妈、妹妹，当时弟弟还小，还不能算劳动力，三个女人一个男人，分给我们几亩地，让我们自己去拔的，田里的东西都要我们自己当持（照顾）的，但是饲料算集体的，种出来的东西都算集体的，我们就只是当持当持。

比方说一个小队有一百亩田，一亩田有 200 块的收入，成本除掉，税除掉多少，下一年的成本再留出来，还剩下多少，再算每个人有多少可以拿，一个劳动力算算比如有十分的分数。像我只有五分的，做了一天十分，方案是这样的。像我们算出来，大概十分就是一块，相当于是一角一分，然后你每天做的活都是算分数的，7 分、8 分啊。然后看你一年有多少分，做了 1500 分，或是 2000 分，然后照这样算钱，我们是拿钱的，但是要在粮食拿过之后再算钱。我们小队里有粮食拿的，每个人比方说十折劳动力有 580 斤，一个人 580 斤一年的口粮，工分有 2000 分，相当于就是 200 块钱，粮食是 1 角 2 分或是 1 角 3 分一斤，500 斤大概就是 60 块多点，再减掉这个钱就是你可以拿的钱了。算下来，都没多少的，大家都很穷的。

那时候的工分制，没有年龄限制，好几年之后才有的。那时候只要自己想做了，只要会做了，身体健康的，就可以去做了，后来是要看年纪的。我们是蔬菜地，像现在这种时候种小白菜，夏天的时候种长豇豆、番茄、茄子、白菜，这些都是小孩和女人做的活，我很早就干活了，跟着妈妈一起干的，那时候我大概只有八九岁，就跟着妈妈拔菜了，摘番茄、长豇豆、茄子啊，我拔菜都很快的，拔好装好之后我爸爸他们就一起摇船到城里去卖掉的。像现在这种时候，再过几天就要摘毛豆了，也都是一样的。

女人肚子大的时候也要去干活的，就因为这样经常蹲着，肚子挤着了，有些孩子就没了，生出来就没用了。妈妈在生我四妹之前，也有这样的一个。有些真的肚子大了也就不做了，但我们那时候困难啊，小孩多啊，只靠着我爸爸做做，吃也吃不够，所以我也老早就干活了，村里也没有什么补贴的，一点都没有的，都要靠自己的。小孩子的口粮是按岁数来的，一岁多少，两岁多少，一点点加上去的。我们十折劳动力是 580 斤稻谷，九折再往下减，粮食很困难的，580 斤稻谷，有多少米呢？大概只有 350 斤多点的米，就只有一天一斤的米好吃，那时候又没菜吃的，像现在这样是够了的，后来才慢慢好起来一点。

小队里做一天是 5 分，半天就是 2 分半，小队里开会大概是一分，每年冬天开会就是说明年春耕生产的时候怎么做、种什么、几亩田种什么、几亩田种什么，叫春耕规划的。打比方，100 亩田，30 亩种大麦，20 亩种小麦，10 亩种油菜，还有花麻花（就是棉花，麻就是络麻）种这种东西的，棉花种百分之几，一百亩里大概是十来亩，络麻也种百分之几，十来亩的样子，这个只是打比方的。水稻也种的，但是比较少的，多数都是麦、油菜啊，还有番薯什么的。

当干部以后，就只有工分多一点，后来当队长之后，队长会开开，工分稍微多一点，干活都要带头的，不带头，他们都要说的，总说队长做做也不带头。工分收入不高，不过那时候费用也少。东西也便宜的，肉大概是 6 角一斤，米是 1 角多点一斤，现在是要三四块了。

没出嫁之前，我家分在第二生产小队，后来改成九队了。我们小队算好的，村子里小队之间的差距还是很大的，像我们小队做一年比方说有 200 块，有些小队只有 180 块，有的只有 150 块，还要再减掉 500 斤的口粮钱，大概是五六十块，照这样算，一年才多少钱啊。一亩地大概收四五百斤，这算是最好的，一般的时候只有三四百斤，收成都很低的，没得吃。想想现在的日子，真的是蛮好的，以前的日子苦啊。我嫁出去了，就不算是这个大队的人了，不做队长也不当民兵连长了。

我和丈夫是媒人介绍的，王家岱到荷湖走走要一个多小时，自己找怎么会找到那边去。大姑娘的时候，我算比较徐（绍兴方言，了不起），年纪噶小就做队长了，所以做媒的人也有点多的。还有爷爷给我做媒的，那家是在塘头的，是爷爷在茶店里吃茶的时候说起来的，那户人家家里条件好，但缘分没到。我们是我小外婆做的媒，当时我还只有十二三岁，我妈妈是给小外婆做女儿的，小外婆是王家岱的，她对我妈说："云姑奶奶（我妈），我有个蛮好的小倌人（小男孩）看好啦，你们家利娟好到我那里去了。"我妈妈就说，好噶。"外婆做媒好人家"，古时是有这句话的。他是有点好的，相貌也好，聪明也聪明，当时 17 岁，我们差 5 岁，他已经做会计了，在草庵做会计。

那时候我小外婆体格已经不好了，交代我三舅说，好了，等你妹妹（指我妈）来了，你和她说，利娟这件事，我已经托付出去了。1961 年（14 岁）

那年，小外婆去世，我姆妈和爹爹去上头年坟，是我爹爹摇船去的，交代了小外婆的话。当时我留在家里，我俩一直没见过面。1963 年（16 岁）那年的下半年，我和姆妈在牵磨，磨糯米粉，我牵磨，姆妈把磨头。三舅把他领来的，我们都不晓得他来了，当时又没有电话的，说是说过的，说要来看看，但没说是什么时候来。后来我在弄堂口，靠在墙上吃番薯，三舅舅就带他走进来了。三舅和他说，喏，那个吃番薯的就是，我就这样面朝东背对着他们。要等到走近了，三舅才叫我，我才知道他们来了。这样相看之后就定下来了。到 1965 年（18 岁）8 月 22 日订婚，1967 年（20 岁）12 月 28 结婚了，我就这样嫁出去了。后来，我就一直务农，到王家岱也是干这个，在那里我也算好的，就有一个人我比不过她，插秧或者干别的，总是差她一点。到那边的生活也差不多，照顾爷爷奶奶（指公公婆婆），我婆婆对我也很好的。她这个人是很好的，总是说我娘家有没有这样听话能干的大姑娘了，要再去讨个来。后来生孩子，照顾孩子。我生两个孩子的时候，我三妹妹都赶来照顾我的，就是因为这样，后来我三妹妹又和我丈夫的表弟做亲的。后来，也没别的特别的事情了，就是很平常的过日子。50 年就这么走过来了，现在想想以前的苦日子也算是熬过去了，现在是应该享享福了。

32. 四清克英：近卅载工作的苦与乐

口述者：朱克英

采写者：舒碧瑜

时　间：2016年2月10日，2017年1月20日

地　点：安徽省石台县大演乡四清村

朱克英，女，1950年5月27日出生，大演乡四清村人，小学五年级文化，1970—1998年担任村赤脚医生，1973—1999年任四清村妇女主任，现居四清村。

大演乡，属安徽省石台县辖乡，位于县城东南。西北靠仁里，东北连七都。下辖陈田村、小剡村、星火村、永福村、联合村、白石村、互联村、四清村、新唐村等11个行政村。大演乡是一个有着悠久历史的文化之乡。这里是“中国戏曲的活化石”——目连戏的发源地。新中国成立前这里交通不便，通信设施匮乏，人民生活十分贫困。新中国成立后，特别是改革开放以来，这里发生了很大的变化，人民生活水平有了显著提高。

小学五年学医三年

我出生在安徽省石台县大演乡四清村，出生时间是1950年5月27日。今年我虚岁68岁了。

我们这一代人小的时候生活在农村里，大家家里兄弟姊妹都很多，大部

分人家里都很穷。我给你举个例子，那个时候我家里要盖住人的房屋，却连瓦片都买不起，做起来的屋顶都是用茅草铺的而不是用瓦片盖的。我印象中，我们家里生活最困难的时候甚至连口米饭都吃不上。记忆里有的年份吃不饱饿肚子是常有的事情。那年头，像我们农村里面，许多人家的小孩子都是没有念过什么书的。因为大部分家庭的收入都很微薄，家家户户都是靠着那一亩三分地，种点菜、栽些水稻来糊口。养活家里一家老小都成问题，哪里还拿得出多余的钱给好几个小孩子读书，实在是供不起。小孩子长得稍微大点就要帮助家里做农活，帮着带弟弟妹妹。当时的男孩子还要好一些，但没有念过一天书的女孩子那就多了去了。我们家里头，虽然说也是穷的不得了，但是我的父亲母亲还是省吃俭用咬着牙坚持给我念了几年的书。不管家里再苦，这一点我的父亲母亲还是做到了。想到这点，我到今天为止都还一直很感激他们。

我真正入学读小学一年级的时候年龄已经是挺大的了，差不多在 12 岁那年我才读的一年级。城里一般很少小孩这么大了才入学，在我们农村是很正常的。因为我要在家里做事情，比如带弟妹、铡猪草、喂猪、喂鸡、烧锅（做饭）、洗衣，算是家里的一个劳动力，所以拖到老大（很大）才读的小学一年级。我们那个时候读小学和现在可不一样，那时候钱值钱。我们读小学的时候，一个学期的学费，学校里就只收我们学生每个人三块钱，而且这三块钱还包括了书本费。但到后来，我家里就连一个学期三块钱都拿不出了，没办法交得起学费了。家里交不起学费我就没书读了。所以我小学六年级没有读完，就只读了第一个学期，第二个学期没钱念就没有再读下去。等于说六年级没有读完，读了一半就辍学了。当时已经整整 17 岁了。因为入学很晚，所以年龄其实也挺大的了。

之后，因为我毕竟还是念过几年书的嘛，识字也还好，头脑也还算灵活，就被安排在我们四清村里学习当卫生员。我应该是 17—19 岁整整这三年是在村里头当卫生员，一边做一边学，在实践中学习。学习诊断一些简单的病、打针、用药，还有怎么给生小孩的妇女接生。

村中行医二十八年

经过整整三年的学习，加上在实践中慢慢地学习，我渐渐地就开始自己在村里行医治病了。用我们的老话讲，就是在村里当起了赤脚医生。我当赤脚医生给我们四清村里头的男女老少看病，看不了什么复杂的病症，只是看一些我能力范围内的简单病症，或者是临时紧急地简单处理一下。要是病情严重的话，把我请来，我也不敢轻举妄动的。这个时候我一般会建议他们到石台县城里的医院先去看看。不过我在村里，不仅仅是给他们诊病，还有一个十分艰巨的任务，就是给我们村里的要生小孩子的产妇们接生。当时还有一个情况，就是我做赤脚医生的那个行医执照是我个人的，但整个经营是集体的。其实怎么说，那个年头，我们整个村里的经济条件也是很贫苦的。我当赤脚医生一年的工资算起来只有很少的一点，每个月大概就十一二块钱，一年一百多块钱，但即便是这样我们村里都发不出来。并不是说我自夸给村里和村民们作了多大多大的贡献，但是确实可以说，绝大部分时候我都是在义务行医。认真算起来，我有整整十年的工资都没有发出来。

我在四清村当赤脚医生整整干了有 28 个年头，从 1970 年到 1998 年。这个工作，一点都不夸张地讲，那真的是要肯吃苦，还要身体强壮能吃得下来苦。我年轻的时候身体还是可以的，不然也干不下来这将近三十年的时间。因为这是个非常难为人的工作，特别的艰辛。常常会有这样的情况出现：时间很晚了，已经是大半夜了，我家里一家老小都睡下了，有人过来敲门说家里有人发烧了、摔倒了，或是要生小孩了叫我赶快起来出诊。那不管你已经睡下了，有人叫，就得赶紧从床上爬起来去出诊，不会犹豫或者不情愿的。因为我做的是这份工作就得担着这份责任。有的时候大半夜，外面漆黑一片，我还要走老远（很远）的路去给人看诊，或者给半夜突然阵痛要生孩子的产妇接生。光光就（仅仅就）给我们村里的产妇接生这一项来说，这 28 个年头里，在我手上接生的就有 1000 多人口。就我们村来讲，这个数量是很多的哎！可想而知，我光是搞这个接生工作就得有多忙。有的时候一晚上要跑两户人家，接生两个小孩，这种情况是时有发生的。当然，有一句讲一句，要实话实说。那时也不是所有要生小孩的产妇我都给她接生。生小孩是大事情，而且也会出现各种各样的状况。如果一些真正的难题，像是胎位不正啊等等诸如此类的状况我也不敢接生，那搞得不好可不是小问题。所以一般出现这种情况就叫产妇的家里人赶紧送她去县城里的医院里生产。

任妇女主任的二十六载

我当上四清村的妇女主任，那一年我记得特别清楚，1973年，我23岁。我是怎么当选我们村的妇女主任的呢？其实是通过换届选举当上的。那年我们四清村里搞换届选举，村里的社员、群众、干部啊，大家组织在一起，开了个会投票表决，投票表决之后算下来，我的票数是最高的，自然而然就由我来担任。妇女主任是计划生育专干，工作主要就是以搞计划生育工作为主。

大家选我来担任这个妇女主任的原因啊，我自己后来也回过头来想过到底是为什么。我自己总结当时选我的人大概是出于这么几点考虑。首先是因为我不管怎么讲毕竟念过了几年书，识字也还算多的，上面要是有什么重要的文件或者说是需要我们进行学习的材料发下来之后，我也基本上能看得懂，看得懂才能带领大家进行学习，要是看不懂就麻烦了。

再是因为我平时是在我们本村里做赤脚医生的，村民要是有个什么头疼脑热的都是我帮忙给他们看诊用药，这样一来就有了这么一层交往。我和邻里乡亲们相对来讲比较熟悉，关系相处的也还可以。村民们心里对我也还是有一分尊重一分感谢在的。再有就是因为我是做医生的，关于妇女健康卫生方面的知识我相对其他人来讲懂得更多，学习起来也快一些。这样才能更好地和村里的妇女们沟通，顺便给她们普及卫生方面的知识。

还有就是我平时在村里当赤脚医生的时候不仅是看诊治病还给我们村里面要生小孩的妇女们来接生，所以说我跟村里的妇女们更熟悉些，关系也更亲近些，有什么话我来讲她们也能够听得进去。而且我那时就一个小孩，是个女儿，家里负担也没有那么重，有精力来做这个工作。村里当时大概就是考虑到这几点，所以才选出我来担任我们村的妇女主任。因为有了这些基础之后，以后的工作相对来说要更容易开展一些。这些都是我自己回过头来想想总结出来的。

担任村妇女主任的具体时间，应该是从1973年一直到1999年。这么一算下来，我在村里头干妇女主任干了有整整26个年头。跟同时期周边村里的妇女主任相比，算是干的时间很长的了。妇女主任和赤脚医生这两项工作我是一起做的。两样都干了有20多个年头。

我担任妇女主任的时候的工资，一开始的话一年大概是200块钱吧，后来是400块钱，再到500块钱、600块钱，大约就是这么个数吧。还有一件对我来说特别重要的事情。我在1986年的时候还入了党，这个时间记得特别清楚，是1986年的11月入党的。而且我现在还是那个青年党员联络员呢！你看我家门口贴了党员廉洁自律规范，上面还有我的姓名和岗位职责，姓名朱克英，岗位职责就是刚刚说的青年党员联络员。

我刚刚开始担任妇女主任的时候，可以说真的是有很多麻烦。所有工作都是刚刚上手，不懂的东西也有很多，刚开始做工作的时候经常搞得手忙脚乱的。

那时候我搞妇女工作，其中最主要、最关键的一项就是负责我们村的计划生育工作。那个时候计划生育是基本国策，叫一胎上环，二胎结扎，杜绝三胎。在农村地区，计划生育工作可以说是特别的难做，而且这个工作量还很大也非常烦琐。搞计划生育工作，最令人头痛的一点是要挨家挨户上门做思想工作。一家一家地宣传，上门进行劝说。有的时候甚至是在一个星期之内，仅仅就做那一户人家的思想工作都要来来回回地跑上个好几趟。那时老观念还是根深蒂固的，重男轻女，养儿防老这些思想都普遍的很。可想而知，肯定有很大一部分的人思想工作是很难做的。真的是嘴巴都讲干了，却是怎么说都说服不了。

而且总有一些性格比较急躁、脾气比较暴的人存在。像我们这样天天上门去别人家里做思想工作，人家不理解不耐烦了之后发生争执的情况也是有的。如果发生这种情况就比较难处理，最是棘手。但是不管村民什么态度，他是生气也好是恼火也罢，我们上门做思想工作的工作人员绝对是不能发脾气与村民争吵的，更是万万不能够有肢体上的冲突。总的来说，做这项工作一定要有耐心。心态要放好，态度要摆正，要能够平心静气、心平气和地做工作。而且一定要带个笑脸，这个是最基本的。老话说的，伸手不打笑脸人嘛。不能凶，更不能摆架子，否则这工作没办法做。

我印象中，1973 年到 1985 年这一个时期，我们村里的计划生育工作是最难开展的。有时候，逼得我实在是没有办法了，有些棘手的问题实在是想不到什么好的方式来解决了，就只好联系大演乡里负责计划生育工作的工作人员，把他们请到我们村里来进行配合。如果不将他们请过来配合我的工作，凭我的一己之力实在是解决不了一些尖锐矛盾和复杂问题。

挨家挨户上门做思想工作，这还只是其中的一项。那时候在农村里搞计划生育工作的工作量还真不小。首先得搞清楚全村的总人口数，总的人口数当中又有多少 15 岁到 49 岁的育龄妇女，这些具体的数目，全部要我来一一进行排查摸底，要清楚查实。在我们村里所有的育龄妇女当中，肯定有一些没有结婚的还有一些正在谈恋爱的，或者是已经结婚的，都要查清楚并且核实她们的姓名、年龄、户口所在地等等。这些育龄妇女当中已经结婚了并且已经生育了的，要搞清楚她们具体的生育情况，到底是已经生育了几胎啊，这些一定要弄弄清楚。

还有这样一种情况，有一些妇女是外村的、外乡的甚至是外地到我们村来的，也就是流动人口。针对这种情况更要搞清楚她具体是从哪个地方来的，她的户口所在地，以及她是什么时候过来的、怎么过来的、因为什么事情到我们村来。这些都要逐条问个清楚明白，然后逐一详细地登记下来。这些资料是要登记在册的，到时候都要上报的。所以我才说那个时候担任妇女主任的工作量也不小，因为有很多细节都要搞得非常清楚，要落实。而且我们村里头的妇女们怀孕了要登记下来然后上报，到小孩子生下来了更是要及时地登记上报。而且我们汇报工作的时间是定期的，每个月都必须要到上面汇报一次我们村里的计划生育工作开展的具体情况，还有我们掌握并登记下来的具体资料和数据。

时间一长，我们村在有关计划生育方面的宣传力度也慢慢地不断加大。长期给妇女做思想工作，跟她们详细地讲解药具的具体使用方法，通过反复的宣传讲解来提高她们的认识。可以这么说，我们村在宣传计划生育政策和有关知识的教育上面是利用了一切可以利用的，比如墙头啊、黑板报啊、拉宣传标语，等等，采取各种各样的宣传方式。所以说，后来时间长了，经过我们在村里长期的宣传和教育，村民也慢慢地有了这个意识，并且这方面觉悟也有所提高了，所以计划生育工作相对于一开始的时候就稍微好做一些了。

担任妇女主任除了负责这个计划生育工作，还有一项工作就是要组织村里的妇女们开会，特别是到了每年的三八妇女节的时候。开会的主要目的就是给妇女们宣传一些卫生方面的知识，关心关心她们的身体状况，照顾到妇女们的身心健康。在会上还要询问妇女们有没有一些非常困难的情况，如果有的话就要及时地了解清楚，再通过村里和乡里，想方设法地为她们争取到一些帮助。有些时候，她们妇女之间也会发生点小争执，起一点小矛盾。其实这都是难免的，人跟人相处难免磕磕碰碰，很正常。还有的时候是她们家庭内部发生的一些小矛盾，比如说夫妻之间的矛盾，婆媳之间的矛盾，妯娌之间的矛盾，我们都要想方设法地帮助她们缓和矛盾。

还有一点就是，如果我们自己村里的妇女生了孩子，那么在她坐月子的这段时间，我们肯定是要组织一下去她家里看一看，慰问她一下。在这种时候就要借机会做她和她家里人的思想工作了。慰问的同时在聊天当中跟她们打好招呼，指导她们落实长效的避孕措施，告诉她们接下来应该怎么样。村里头的妇女上环也是要由我们陪同，去的时候需要送她们过去，回来也要送她们回家，这个是我们的责任。

还要防止有一种情况的发生，就是有的人家偷偷躲着就把孩子给生下来了。村里头那么多户人家，那么多的人，管理上也确实存在相当大的困难。所以我在做妇女主任搞这个计划生育工作的时候，真是要面面俱到，一点都不敢松懈，村里人那么多，什么情况都是有可能发生的。除了这些工作以外，平时也会时不时组织村里的妇女开开会，也要听听她们的想法，同时也给她们这样一个机会说一说自己的一些困难。当然还要在会上给她们普及卫生方面的知识。还有一些身体不好的妇女，身体上有些疾病，我们都要想方设法地让她们能够及时得到治疗。还有部分妇女生活上特别是经济上有一些切实的困难，我们也要想法子帮助她们。

总的来讲，就是要关心到我们村里面妇女们的身心健康和生活上的困难。还有就是要对我们村里进入结婚年龄的小年轻们进行上门宣传教育，跟他们讲解婚检的重要性，劝说他们在结婚之前双方一定要进行一个婚检。

我总结，在村里当妇女主任就是要做到四点：嘴要勤快、手要勤快、腿也要勤快、态度还要好。

平时热心村中事务

我这个人，其实是个很热心的人。我们村里面其他的事情能帮的我也帮一把。而且成为党员之后，身上的责任也更重了。像我平时还会帮着村里组织村民开会，给他们看病的时候也会趁这个机会和他们聊聊天、谈谈心，听听他们的想法和要求。我也会主动去了解和掌握我们村里党员的思想方面、工作方面，还有学习方面的一些具体情况，帮忙组织他们积极地参加村里、镇上甚至是县里举办的各种有意义的活动，着重帮助搞好我们村的党员教育工作。

除了帮着做组织工作，还有一块就是我们村的综合治理。那个时候综合治理工作主要一个就是森林防火。还有就是教育村民合理利用村里的自然资源，不要乱砍滥伐。农药瓶、肥料袋也不能乱扔在田间地头还有河流里面，这是保护村里的环境卫生。

我因为在村里行医，邻里乡亲的对我也还算尊敬，所以我有的时候也会帮着调解调解纠纷。小家庭里的夫妻之间发生的一些矛盾，大家庭里比如讲分家时候产生的一些矛盾，还有每家每户之间因为一些事情难免起点小摩擦，只要请我去了我都帮着他们调解调解。作为村里的党员，平时我也帮着宣传宣传法制建设。村里一年当中也要把村里人组织起来学习几次，提高我们村里人的法律意识，这时候我也会帮着组织。村里有那么几户村民家里特别困难的，我也和其他党员干部一起想法子帮助他们，带动我们村的村民一起互帮互助。就是那句话，有困难大家帮嘛。农村里就这点好，邻里乡亲的都还熟悉，有的人家实在困难大家能帮一把还是会帮一把。

从前和现在

在这近三十年当中，我在很大一部分时间里都是妇女主任和赤脚医生两个工作一起做。那个时候年轻，身上充满干劲，而且能为村里多做点事心里是很高兴的。年轻时身体也好，不知道累也就不觉得苦。

其实现在回过头来想想还是很辛苦的。特别是在村里当赤脚医生，真是风里来雨里去的。这个工作是不分什么黑夜白天的，不管是天气再寒冷，有人找到我让我去看病或者是给产妇接生那就必须动身去。冬天的时候，山里头的风吹在脸上都是刺骨的痛。还有半夜里外面漆黑一片的，就算是下再大的雨、下再厚的雪，一有病患那也是必须出诊，再远都要去。那时候又没有什么交通工具，路再远都是靠两条腿走路去，那时候农村里的路特别难走，还有的人家住在深山里，进去一趟很不容易。工作一忙，对家里的照顾自然而然就少一些，我也特别庆幸家里人一直都很支持我在村里的工作。

我现在年纪大了，身体也不好，有类风湿性关节炎，这两个膝盖是弯都不能弯，这个腿也是经常痛，痛起来什么都干不了，就只能卧床休息，在家里也不能做一些重活，这些恐怕都和那个时候做赤脚医生不分白天黑夜，不管什么天气都要出诊，太辛苦劳累有一定的关系。

当然，我也不后悔，因为做的都是有意义的事情。

第五编　改革年代

33. 东村祖娣：努力跟着党的政策走

口述者：俞祖娣

采写者：王佳宁

时　间：2017年1月16日

地　点：浙江省宁波市鄞州区东吴镇东村

俞祖娣，女，1946年生，东吴镇东村人，小学六年级文化。19岁（足岁）嫁与同村李姓人家，婚后育有两子，长子生于1968年，次子生于1970年。1962—1978年，先后协助东村两任妇女主任工作。1965年加入中国共产主义青年团，同年任东村生产队妇女队长。自1978年起，正式担任东村妇女主任，并于1980年7月1日加入中国共产党。在任期间，被评为宁波市计划生育先进工作者、鄞县“三八”红旗手、东吴镇优秀共产党员、东吴镇计划生育最佳妇女主任。1998年卸任，并被东吴镇人民政府返聘为后勤人员，至2008年正式退休。

童年

1946年3月12日，我就出生在东吴镇里的东村。东村，顾名思义就是位于东吴镇镇中以东的位置。

“东吴”这个名字，听祖辈说来，似乎还有些来历。相传三国中的吴国被灭亡后，一个姓俞的将军到我们这里来避难，觉得这里是块风水宝地，于是就决定留下来隐居生活，因为十分思念家乡，就给这里安了个

“东吴”的名头。祖祖辈辈都用“东吴”这个名字，于是就流传到了今天。旧时只觉得附近山多水多，并没有什么名堂，但是现在的东吴镇确实当得起“风水宝地”这个词。东吴镇位于鄞州区东部，距离市区大约 20 公里。镇里既有水路，小白河、大涵山江、后塘河，等等，都是我们以前去城里走惯的；陆地上又新修了东西向的鄞县大道，是我们东吴镇现在的主要交通线。交通一发展，旅游业也被带动起来。我们这里的旅游资源、文物古迹都被政府开发起来，天童寺、五佛镇蟒塔、天童寺国家森林公园一年到头多是外地来的游客，一到节假日，景点里更是挤满了人。一些企业家还利用附近的耕地、林地，发展香椿、银杏、水蜜桃、花木等绿色农产品种植基地，生产茶叶等多种特色农产品。受惠于国家政策和本土企业，我们的生活是越过越好，镇里的经济实力也是不断增强，现在光看东吴镇的规模就知道了，我们镇下面已经有 20 多个村子，也算是个大镇了。

那时候村里大约有 300 多户人家，900 多人，户数与现在相差无几，但生活水平却是天差地别。东吴镇属于典型的半山区乡镇，生活在这里，只能靠山吃山，大部分人家都以种田、卖柴为生，生活艰苦得很。村镇之间多是些小路，进出都是靠两条腿走出来的。那时候我们这边流传着一句老话：“挑柴度生计，少盖半夜被，来回三十里，换来一把米”。这就是说村民挑着柴，走到东吴小白河头去卖，靠这样赚来的钱维持生活。

我出生的时候，上面已经有了一个哥哥，之后母亲又接连生了两个妹妹，加上奶奶，一家 7 口人生活在一起，以种田为生。日子过得很艰苦，但是也挺开心的。但是在我 5 岁的时候，爸爸突然去世了，剩下妈妈一个人，既要侍奉年迈的奶奶，又要照顾我的小妹妹，那时候我最小的妹妹还不足 6 个月大，家里的重担可以说是全部压在妈妈一个人身上。哥哥虽是长子，却更是家中独子，按照老一辈的思想观念，儿子未来是要顶立门户的，所以再苦再累也不能让儿子吃苦，我作为家中长女，便自然而然地帮母亲分担了大部分家务事与田里的农事。自 5 岁起，我便开始每天早起去自家地里挑水、施肥，到了 7 岁又开始去山上拾柴火，回家生火做饭。艰苦的童年时光，也练就了我后来吃苦耐劳、忍让豁达的品性。

曲折的求学经历

1954年，自中华人民共和国成立初期便遍及城乡的扫盲运动仍在如火如荼般展开，村子里读书识字的风气十分浓厚，一般儿童甚至是女童的教育都引起了大人的重视。在大环境的感染之下，我也得到了一个宝贵的入学机会。我就读的学校原名私立承德初级小学，创办于1920年，后几经易名，直到1992年与其他小学进行合并调整后，才正式更名为东吴镇中心小学，并一直沿用至今。多少年过去了，我仍然能想起母亲在煤油灯旁为我赶制书包的样子、上学路上与小伙伴的欢声笑语，还有老师们的谆谆教诲。尽管那时候我在上学，但是我生活的重心仍然是照看田地与放牛。为了完成村里农业生产合作社分配给我们家的任务，我时常缺课，以至于到小学三年级时，老师轮番来我家谈话，无奈之下，我选择了退学，那一年我才10岁。

1960年，我在东村生产队工作已有三年。生产队作为一种集体性组织，大约在1958年诞生，到20世纪80年代初就变成别的形式了。在生产队工作的第二年，后来三年困难时期突然来临，但那时有人民公社大食堂存在，所有农户及其家庭成员都可以在生产队所设立的公共食堂就餐，虽然当时大家干活不能计算报酬，但是在食堂吃饭也不用记账，吃到嘴里的食物虽然不多，却也让我懂得了知足和感恩，一家人咬紧牙根，勒紧裤腰带也能生活下去。这一年，镇里下发政策，对未满15周岁的村民一律不准分配农事，否则按雇佣童工处罚。因为我只有14周岁，不符合政策的年龄规定，便得以复学。我本应该继续从小学三年级读起，但因为我年龄偏大，平日里也经常自学，并未忘记以前所学的一些基础知识，于是便被学校允许跳级进入四年级学习，直至小学六年级毕业。

协助妇女工作时期

1962年，我又回到熟悉的生产队里工作。与周围人相比，我的文化程度已经算高了，一般的读读写写、听镇里领导开会发言都不成问题，加之我平日为人也比较乖巧，于是就经常被当时的东村妇女主任叫去帮忙。在农闲时刻，帮忙处理一些力所能及的工作。等到老妇女主任退休，将职务转交给同村的陈爱娣，我继续协助她进行妇女工作。长期的协助工作，让我了解了妇女主任一职的重要性与具体工作流程，也让我积累起不少的工作经验，为以后的工作打下坚实的基础。虽然那是未满20岁时发生的事，但我印象里还存留着一些难以忘却的细节。我记得第一次跟着妇女主任去镇里开会，是穿着自己感觉最为庄重整洁的衣服去的。我还记得，与会人员大多是些三四十岁的妇女干部，像我一般年轻的小姑娘并不多见。我显得很是特别，便有些羞涩拘束，同时也感到分外自豪。但我生性爽朗，久而久之，便也与那些别村来开会的妇女干部们渐渐熟稔起来。当时开会的场地也不似现在这般拥有独立的会议室，大家能在其中围绕宽阔的圆桌依次落座，而是在开会的房间里放上些许木制长凳，相熟要好的人坐在一起，以便能在休息时间里聊聊家长里短。20世纪60年代的人们普遍文化程度不高，会议上无论是宣讲上级政府的政策和指示，还是总结前一阶段的工作，往往主要依赖镇政府干部们的口头传达和解释。偶尔一些内容会引发大家的热烈讨论或是唏嘘感叹，有时事关村民生计、切身利益的内容也会让村干部们不断追问，带着浓重方言口音的问答热闹而又亲切。

生产队妇女队长

1965年是我人生中一个极为重要的转折点。这一年，我19岁，先是光荣加入了中国共产主义青年团，而后又面临了终身大事，在此之后又被推选为东村生产队的妇女队长。虽然放在现今，19岁还只是刚上大学的年纪，但在那时我却已经可以嫁人生子，组成自己的小家了。结婚于我而言，不仅是进入一个新的人生阶段，更重要的是我也为娘家减少了一定的压力，少了我一个，便意味着母亲能少些辛苦，年纪尚小的妹妹们也能多吃一些口粮。

我未出嫁前，丈夫一家原住在山脚下，因为要建造三溪浦水库，故而在山中居住的农户们全部被迁移到东村中。丈夫排行第三，上有一兄一姐，下面还有一个弟弟。姐姐早早出嫁，为家里减轻负担，而哥哥则去当兵，那时候家里有个当兵的人也是件挺光荣的事情。我公公婆婆原本在东村买了一处房子作为我们结婚时的婚房和之后长久生活的地方，但是丈夫下面还有一个准备结婚的弟弟，由于公公婆婆没有能力为最小的儿子准备婚房，便要求我与丈夫将婚房让给弟弟结婚用。其实这种现象在当时还是比较普遍的。当时生活条件不好，孩子又多，一户人家往往都是大儿子利用一套长辈置下的房产娶了妻子，然后小两口自己到外面租房子生活，二儿子再利用同一套房子娶妻生子，直到家里的每一个儿子都结完婚。

体谅到长辈的不容易，我也只能尽快与丈夫搬出新家，另外找房子居住。那时我已经怀孕六个月，按照老一辈传下的说法：如果在怀孕期间造房打桩的话，容易使腹中的胎儿变成兔唇。出于拳拳慈母之心，我便与丈夫花费每年 18 元的租金在村中租赁了一间屋子。那屋子的样子我到现在还记得，屋里地板是由烂泥铺成的，而不是水泥地，房顶还有没清扫干净的大片蜘蛛网，一应生活器具都极为匮乏，整间屋子显得破旧不堪。当时隔壁的邻居名叫沈海，之前与我相熟，我每天都去他家里借用蜂窝煤炉生火做饭。因为人家家里人口也多，等我能用炉子的时候也很晚了，做完饭菜也不能在别人家里坐着吃，只能快点端回自己屋子里吃，免得饭菜没了热气，我就是这样度过了婚后最艰难的一段日子。我自小便知道生活不轻松，但也坚信只要努力工作，踏踏实实，日子能越过越好。1968 年，我生下了大儿子；1970 年，我又生下了二儿子。

自 20 世纪 50 年代开始，国家依法落实各项选举政策，女性参与地方社会治理与公共事务管理的身影便出现地越加频繁。生产队作为一种集体组织，除设有队长、副队长、会计、出纳、记工员外，也按照国家规定设立了妇女队长一职。生产队的负责人员通常是通过众人推举或选举产生，推举的一项重要标准就是受教育程度。由于我一贯勤劳肯干，又有一定的文化水平，新婚不久后便被众人一致推选为东村生产队妇女队长。身为生产队负责人，便是要以身作则，起到实际带头作用，故而平日里种田、插秧等农活都需要我们这些负责人一起参与，并且较为辛苦劳累的部分也要由我们主动承担。生产队不允许旷工，若是被发现，社员就要"饭勺朝上"(意为失去工作，没有收入来源，生活无以为继)。而我又身为妇女队长，更不能无缘无故地缺席了。为了补贴家用，我就只能每天晚上偷偷帮别人加工一些塑料花，赚些额外的生活费。回想起来，只觉得当时眼睛都快要熬瞎了。生产队实行工分制度，每个社员的工作量与计分档次是由生产队负责人开会商定核准。我记得有一年我与丈夫辛苦劳作了整个年头，最终收到了生产队发放的208元工资，那时候有这么一笔"巨款"，是一件能让人乐疯的事情。刚好新造成的水库能够利用水力发电，镇里动员每户人家装电灯，我就与丈夫商量用大部分工资在新居安装一个电灯，又拿出平日里省吃俭用存下的650元尽快购置下一户黄姓人家闲置的三间小房间。

1966年，"文化大革命"爆发。村里虽然也成立了红卫兵组织，但与城市里的学生团体在行事上有所不同，身在闭塞贫穷的农村，我们主要参与的是类似民兵组织的训练。民兵指的是不脱离生产的群众武装组织，所以我们的生活重心仍然是参与农业生产，除此之外日常做得最多的是在清晨跑操和喊口号。在"文化大革命"期间，我与几个识文断字的社员们还被分配去给"四类分子"。

妇女主任

1978年，我正式担任东村妇女主任一职。老妇女主任将职务交给陈爱娣后，她工作没几年就被临时调去镇上的玻璃厂任厂长。因为我有长期协助妇女工作的经验，在村子里又有较好的人缘，便由我临时受命。周边的近邻好友都劝说我放弃这个工作。在她们看来，我丈夫一贯吃苦耐劳，又是田地里的一把好手，种出的蔬菜质量不比别人差，而我又擅长叫卖，十里八乡的人都愿意卖我一个面子，关键是当时的蔬菜极为畅销，我们两夫妻稍稍辛苦一下，便能挣得一笔不小的收入。比起我当妇女主任，既要掺和到人家的家长里短中，落得埋怨，又没有多少工资要好很多。但当时村里再也没有比我更为合适的人选，我便坚持己见，担任了妇女主任。任职未满五年时，我又到镇上的不锈钢厂参与工作，补贴家用，但厂里的书记认为妇女工作会对我平日的工作产生影响，占用我过多的时间、精力，便劝我在两者中选择其一。或许是出于对妇女工作的热爱，我竟放弃了相对优渥的工厂工作，回到村里继续担任妇女主任，并且一做就做了20年。我对生活本就不求大富大贵，只求吃饱穿暖，能把两个孩子平安地养育长大。

现在的妇女主任工作大多是坐在宽敞舒适的办公室，对着电脑办公，但我们那时候既要靠着两条腿在外东奔西跑，更要学会将心比心。我任妇女主任的时候，顺便兼任了村里的出纳工作，平日里与会计分享一间小小的办公室，负责向村民收取农业税、水费、电费，给承包村里水泥、木材的工人们结算工钱。那时候，无论是村里还是外来的工人生活都不太宽裕，工人们也等着这些工资周转生活，但工钱往往无法一次性结清。我深知干完活计却拿不到工资的辛酸滋味，也知道几次三番上门问别人讨要工钱的那种尴尬，于是我便时常替村委会将工资的不足部分垫付给工人。虽然我的日子同样过得不轻松，但我也深知生活不易，往往需要大家互相体谅、互帮互助。

妇女主任的工作细碎而又平常，但有时却也让人感到格外熨帖。身为妇女主任，我时常可以为村中的穷困人家争取福利、排忧解难。每一周，我都要抽出两三天时间去村里走访，看看有没有村民日子过得比较艰苦，需要镇政府和村里帮助；村中的孤寡老人身体是否健康，陪他们聊聊天，收拾一下家务。我记得得利的弟媳妇，原本以卖鱼为生，一场高热却落下身体残疾，只能在家中休养。她的丈夫对她不离不弃，尽心照料，她的儿子懂事听话，年纪尚轻就已经加入了中国共产党。但是家中少了些经济来源，日子便过得更是艰苦，病人也得不到很好的医疗条件，于是我便尽力去村里为他们争取困难户补助。国家有明确法律条文可查，而我也将这户人家的情况清楚地向村长、书记汇报，故而补助很快就落实到村民手中。收到补助的那一天，得利全家人握着我的手连番向我道谢，甚至家中老人还感动到留下了热泪。那是我为村民争取来的第一份困难户补助，所以我记得十分清楚。

更多时候，我需要去调解村民间发生的一些鸡毛蒜皮的小事，这些或是家事，或是邻里之间的摩擦。若是遇上邻里之间的冲突，那还相对好处理些。我到场的时候，往往双方都已经被前来劝架的村民们拉开，就剩下些嘴上的吵骂。因为我人缘不错，大家都愿意卖我一个面子，叫我一声“大李姐”，我叫他们冷静冷静，他们一般也愿意坐下来听我分说一二。若是不听劝，我冷下脸来对双方小辈呵斥几句，他们也就服软了。大家在同一个村子里住了那么多年，其实并不容易产生什么深仇大恨，无非就是谁踩了谁家的田，谁感觉吃了点亏，诸如此类的一时意气之争。是非对错其实并不难分辨，我做的工作无非是各打二十大板，站在甲方说乙方处事不当，应该道歉；站在乙方说甲方言辞不妥。我作为村里较为有发言权的人，给双方都弄一个可以下台的台阶，让他们感觉自己的面子被保住就可以了。时间一久，双方矛盾也就烟消云散了。若是让我去处理人家的家事，那便让人感到有些头疼，家家有本难念的经，贸然掺和，反倒让人家枪口一致对外，自己反落得个被人埋怨的下场，所以我觉得调解家庭矛盾反倒是个技术活。协助妇女工作的时候，我年纪尚轻，若是遇上别家长辈争吵，我便帮着两头说好话，叔叔婶婶地亲热叫唤，年纪大的人在小辈面前也磨不开面子继续吵闹，一场家庭风波就很快平息了。等到我正式接任妇女主任，我更多扮演的是一个聆听引导的角色，有时我会让夫妻双方或是婆媳坐下来好好沟通，把误会说开；有时我会把尚在怒气中的两人隔开，让她们各自冷静下来后，再把自己的委屈倾吐出来。根据不同的情况，我会采取不同的措施，尽量弄清楚问题的症结，让双方主动把话说开，再慢慢调解。我觉得平日里大家都忙于工作赚钱，产生家庭矛盾的关键还在于缺少沟通的机会。

那时候中央颁布何种政策、提倡哪些运动，一旦要落实到农村里，都需要我们妇女主任先去了解、学习。我们通常是先去镇里开会，领导们会在会议上公布中央下达的具体文件，并根据政策给我们布置任务和指标。20 世纪 80 年代开会时，大家都会随手带本工作记录本，我那时经常会在本子上记下某年某月某日，镇里组织什么会议，需要我传达的会议内容与具体完成的指标。其他妇女干部大多也会带本本子记两笔，甭管有没有理解透会议精神，反正大家都是一派认真，脸上带着对中央政策的敬畏。

我记得中央刚下达计划生育政策时，镇里也组织了一场会议，会上通知我们要积极动员已婚妇女去绝育，并给我们规划了每个村子每年的出生率指标。刚刚在村里落实"计划生育"政策时，大多人家都是不理解的，他们并不是质疑国家领导人的决策，只是本能地从自己的"小家"出发，考虑家庭的未来。农村人家重视男孩，不仅男孩是从事农业生产必不可少的劳力，更带着继承香火、绵延子嗣的重要责任。有些人家早前生了几个女孩，还是希望继续生育，直到生出一个男孩来。我挨家挨户去传达政策时，有些妇女不断哭求，诉说她们对儿子的渴望，对医院绝育手段的恐惧，还有无法生出男孩导致家庭地位下降的悲哀，有些人家则直接避而不见。落实政策的初期，我和附近村子的妇女干部都落了不少埋怨，遭遇了不小的阻碍，于是镇政府又组织了一场会议专为鼓动士气，领导说"上级是不会忘记你们这些奋战在第一线的妇女主任的，会记住你们的努力的"，当时听了这个话，只觉得再苦再难，都一定要完成任务，一定不能让上级领导人失望。会后，我就又重复去给村民讲道理，一次不行，就两次、三次。我告诉她们社会在变化，男女平等，如果再固守老观念，国家怎么能发展得更好。我也告诉她们政策的重要性，她们的让步是为子孙后代和国家发展做的牺牲。等到村里的已婚妇女都松口了，我又陪着她们去医院采取绝育措施，之后还经常去探望慰问她们。我知道背地里有人说因为我做妇女干部，落实计划生育政策时害别人家生不出儿子，所以我的大儿子才 32 岁就由于突发心肌梗死早早去世了。我是"吃了这个饭，吃死了"（意为做了妇女工作，自食恶果）。但是我想生死由命，这些都是人力没有办法阻止的事情，只要我做的事情能对得起天地良心就好了。我坚信群众的眼睛是雪亮的，我的诚意与付出她们一定会看得见。

1998 年，我在一线妇女工作上已经奋斗了 20 年，我便想着将职位交给同村的穗君。穗君的丈夫起初不同意她接下这个工作，他说："不要去，如果你做了妇女主任，你躺在地下的爸爸都要被别人骂的不得安宁。"诚然，我们这一代妇女干部既没有很好的工作条件和收入，也时常被别人在暗地里埋怨，甚至连累家里人，但是我也告诉穗君："只要上对得住天，下对得住人，行事对的住自己的良心，不要出现偏差就可以了，身为妇女干部，最重要的是要记住为村里人谋福祉。"穗君听取了我的意见，便从 1998 年开始，在东村村委会担任妇女主任，直到现在。

退休后，由于我从事妇女工作兢兢业业，便被东吴镇政府返聘为后勤人员，主要负责为13位领导准备茶水和维护办公室清洁。丈夫心疼我每日早起出门做事，便放下田里的事陪我一起在镇政府工作。领导体谅我们夫妻俩工资微薄，便将维护办公区绿化的工作也承包给我丈夫。我们二人一共和镇政府签了十年合约，两人每年共18000元工资。如果那时我与丈夫坚持种地卖菜，十年下来，恐怕也有近五六十万元的积蓄了，但我想既然答应领导在镇政府做事，便要有始有终、认认真真，不能因为收入低便做些违反约定、敷衍搪塞的事。

2008年，我正式退休。回顾漫长的工作岁月，我问心无愧，而我的工作也得到了政府和周边人的极大认可。1980年7月1日，我光荣加入了中国共产党。1988年，鄞县妇联授予我鄞县“三八”红旗手的称号。得到这项荣誉，我觉得是政府对我以往工作劳动的一个很大肯定。在1991年农村妇女“双学双比”竞赛活动中，我又荣获先进女能手称号。这个活动学的是文化、技术，比的是生产劳动的成绩、贡献，能得到这个荣誉，说明我跟同龄人相比，还是比较聪明肯干的。另外，我还得到过很多别的荣誉，比如镇级先进工作者称号、优秀党员称号和计划生育先进个人称号。这些荣誉多是和工作表现、工作成绩挂钩。比如说某一年镇里下发了关于计划生育出生率的指标，通俗点来说就是指每个村子一年内允许出生的孩子的数量，假如我们村子在这一年内出生的孩子没有超过这个指标，就说明我在村里动员和宣传工作做得好，我就有资格参与以上这些荣誉的评选。镇里领导会比较我们这些妇女主任的工作质量和工作能力，然后挑出一些人来表彰。很多荣誉证书我都有仔细收藏着，它们加在一起也能塞满一个小箱子，我有空会把这些证书拿出来看看，想想以前自己当妇女主任时候的事情。

生活

我虽然是一个农村妇女干部，但更是一个普通的农村妇女，我的生活与别人并无二致，同样充斥着对生活的精打细算和对孩子成长发展的担忧。

退休之后，与我的生活最为息息相关的一项福利政策便是农村养老保险制度。我是到改革开放政策实行几年后，才渐渐听说了农村养老保险制度这个东西，以前是根本没听过，也没想过。卸任东村妇女主任时，我与丈夫的社会基本养老保险只有800多块，那时候钱还是由生产队来发的。但是没多久村里忽然将享受养老保险的年龄从50岁上调至60岁，我当时只有52周岁，便不在这个年龄范围内。那时村里可以享受养老保险补贴的人不多，但是村长、书记与妇女主任是被包括在这少数群体之内的，可惜我又已经卸任，只能说是自己不走运。幸好我利用在镇政府工作的机会，在东吴镇花费240元购买了一份养老保险。20世纪90年代，村里来消息说国家又调整养老保险政策了。我总有一天会没有力气工作，为了以后考虑，也为了将来不拖累孩子，我就在东村花费3000元重新购买了一份养老保险，之后每月能多拿到60.6元。

2008年，我算是正式退休在家。那一年中央召开会议，似乎又要完善农村社会养老保险制度。政策很快落实到地方，为响应中央，村里表示可以重新缴纳养老保险，我就拿着我和丈夫的身份证打算去购买新的社会基本养老保险。养老保险的预先缴纳金额是与个人年龄相关的，丈夫比我年纪大，需要缴纳的费用便比我少得多，但也需要近3万元，而我则要花费将近5万元。一下子拿出快8万元，对当时的我来说肯定是不现实的，于是我就先替丈夫购买了一份保险，打算稍后手头宽裕一点，再给自己购买一份养老保险。有些村民和我说，他们觉得政策变化太大太多，一下子拿出这么多钱为未来退休后购买一份保险，就相当于一场赌博，风险太大，他们不敢尝试。但是我和他们说，我作为一名老党员，绝对相信国家政策，打定主意要跟着国家形势走。现在也证明我当初想的没错，国家给我们的退休生活提供了应有的保障，我的钱没有白花。

我清楚地记得在过去的71年中，我曾搬了7次家。第一次是从娘家搬入了结婚时婆婆购置的屋子，那时只觉得对未来充满了好奇与紧张；第二次是我与丈夫被迫搬出婆家，花了每年18元的租金租用了一间破旧的屋子，虽然房屋破败，但日子也总是要过下去的；第三次是与丈夫利用平日省吃俭用存下的650元购置的拥有三间小房间的屋子，那时我们还奢侈地装了一个电灯，作为对自己辛苦劳作了一年的奖赏；第四次便是在“分田到户”时期自己建造的房子。“分田到户”指的是将田地分配到每户，实行家庭联产承包责任制。我们村具体落实“分田到户”政策是在 1984 年，那时候村里还通知我们可以用 3500 元建造属于自己的房子，当时许多村民都高兴极了。

虽然允许造房，但也有大小、房间数量等规定，我知道两个儿子总有一天会长大成人、娶妻生子，我不希望将来让他们只能挤在一处生活，或者自己租房子住，于是我就向生产队申请可否另外多建一间房间。我虽然长期任职妇女干部，但多年来并未给自己和家人谋求过一些好处，大家对我的工作与家庭境况都有目共睹，于是生产队便答应了我的请求，允许我在村里一处废弃的猪圈上多造一间房间。加上我购置下隔壁的一间房间，我一共花了 8000 元便完成了我的第五次搬家。我与丈夫虽然没有什么大的能力，但总算也为两个孩子提供了独立的栖身之所。两个孩子渐渐长大成人，我身为母亲，却也没有能力为他们的工作提供便利，只能让他们自食其力，我的大儿子在超市工作，二儿子则在马铁厂做驾驶员。大儿子毕业后在五乡镇工作，与东吴镇相隔近 10 公里，每日来回便成了一个大问题。于是我便将村里的房子卖掉，在五乡镇另外购置了一处居所，直到大儿子去世后，我和丈夫便又回到了村中。

或许别人并不能理解我为什么会不厌其烦地搬家，这不仅是因为我想为孩子们创造更好的生活条件，更是因为我希望能顺应国家发展的形势，融入社会发展的大潮。我们的月工资从十几元发展到现在的几千元；我们居住的房子从普通的平房变成受惠于国家拆迁政策，即将迁入的公寓楼；而国家的经济政策也从计划经济变成了中国特色社会主义经济。我们每个普通家庭的更好发展，其实都是社会不断良性发展的最好例证。

回顾过去的岁月，我一直践行着自己为人处世的信条：上对得住天，下对得住人，行事不出偏差，努力跟着党的政策走。周边人曾给我们这一代妇女主任“又苦又笨”的评价，“苦”是因为我们工作于国家大力建设时期，并没有如今这般好的工作条件；“笨”则是因为我们在退休后既没有享受到较好的稳定的福利待遇，自身又没有去积极争取。许多人认为我们该去向上反映，争取更高的退休金或是节日慰问，但我认为，作为一个老干部、老党员，应当摆出应有的姿态，不能为了个人私利损害公家的形象和利益，更何况我们已经在国家发展的浪潮中受益许多。虽然现在的生活条件尚算一般，但我认为人生在世，“知足、无愧”更为重要。

34．后林复英：做好工作这才是负责

口述者：范复英、侯蚕娥

采写者：钱海燕

时　间：2016年7月，2017年1—2月

地　点：浙江省湖州市吴兴区八里店镇后林村

范复英，女，1947年生，后林村人，后嫁至同村，育有1子1女，小学毕业。1982年开始担任后林村妇女队长，1984年成为中共党员，1992年卸任后成为一名普通纺织工人，2000年退休。侯蚕娥，女，1946年生，后林村人，小学毕业。与妇女队长有较多接触。

2003年以前，吴兴区原为湖州市区，由6个乡镇和12个街道组成的。八里店镇是下属的一个乡镇，位于湖州市区的东部，共由35个行政村组成。后林村就处在八里店镇的中部，湖织大道穿村而过。过去村子面积很小，旁边的东林村和柏家湾村还没有合并进来，所以远远不足现在的3.8平方公里。由后林街、南街、铁店巷、西生兜、东道湾和西道湾6个自然村组成。

艰难的过去，尝遍困苦

我从出生到现在，一直生活在这里。在我当妇女队长的时候，全村户数大约有400多户，以张姓、赵姓、钱姓为主要姓氏。村里土地以平地为主，绝大多数人家都有自家的田亩，只是在数量和大小上会有所不同。村民会在

田地里种稻、种桑或者种菜蔬。村里也有山地和河流，山地很少，除荒废的，基本上都会在上面种植茶树；河流不少，小面积的河流主要用于灌溉农田，面积较大的河流还会用来养鱼。村民从事的副业主要有佣工、手工业、小贩、商业、摇船等。村里工业不发达，没有工厂，一些年纪在 20—40 岁的男女除在家务农的，剩下的为挣钱养家，会去离村子较近的镇上，如戴山、织里的工厂里打工。

我今年 70 岁了，在我出生那年（1947 年），家里情况很不好，母亲在艰苦的环境里生下了我。我是父母的第一个孩子，生了我之后母亲又陆陆续续生下了三个妹妹，没有一个是男孩，这在当时那个重男轻女的思想还很浓重的年代里是十分悲哀的。父母都很难过，虽然村里也有人认为“生个女孩子好养活”，但那仅仅是占少数的。无论是父母一辈，还是爷爷奶奶、外公外婆一辈，都认为不能没有男孩，于是奶奶就拿最小的一个还在襁褓中的妹妹跟一户生了四个男孩的人家换了一个弟弟。当时这种互换小孩的现象很多，像我们这种落后贫穷的农村里都是挺普遍的，现在这边的村里已经没有了这样的情况。后来母亲又生下了一个男孩。这样一来，我就有了两个妹妹和两个弟弟。

说起我小时候家里的日常生活，父亲从早到晚都在田里干活，母亲除了在家做家务，剩下的时间也会去田里，帮父亲分担一些农活。因为我是家里的老大，上小学那几年，无论是去学堂上学，还是周末休息，只要我在家，要么就帮母亲干家务活，要么就担负起“长姐为母”的角色，照顾弟弟妹妹吃饭、睡觉，虽然当时自己年纪还小，但已经知道尽自己的能力为父母分担一些家务劳动。

我挺喜欢读书的，也十分敬佩那些有文化的人。比如我的小学老师，他一个人就教了我们一个年级的语文、数学。当时我对他是非常佩服甚至可以说是崇拜的，就跟今天我孙子、孙女崇拜电视里的明星是一样的感觉。虽然他的文化水平放在现在来说也许还没有中学生高，可在当时他可是村里为数不多的文化人啊。在小学就快读完，马上就要选择读不读初中的时候，父母和老一辈经过考虑之后，决定让我不要读下去了。虽然很难过，但是我不意外，我知道爷爷奶奶一直觉得女孩子迟早是要嫁出去的，读那么多书没用；父母虽然想让我继续读书，可是他们知道要是供我上学，家里人生活会更加困难，所以我上完小学后就不再读书了，虽然我只有小学文化，不过读小学的经历和读书时候认得的字对我以后妇女干部的工作可以讲是起到了很大的帮助。由于读完小学时年纪还只有14岁，父母先是让我留在家里干家务活，照顾弟弟妹妹。再大一点就让我背起箩筐，去田里干农活了。我到现在还记得，当时每次走在往返田里的路上，看到一个个背着书袋，你追我赶的去上学的同龄人，别提有多羡慕了。

1966年，我19岁，到了该嫁人的年纪了。过去农村里结婚还是跟着“父母之命、媒妁之言”的主流走的，还不像现在这样自由。男女双方经人介绍后，觉得合适就可以结婚了。听起来和现在的相亲差不多，但区别还是有的，毕竟现在相亲的自主权还是在自己手里。当时父母托人给我介绍了个同村的，就是我丈夫。因为两家离得近，家庭情况也差不多，尤其是双方父母觉得这婚事可以，我俩见了没几次面之后婚事就定下了，没过多久就结婚了。

结婚之后，我就嫁到丈夫家里去了，和丈夫、公公、婆婆还有小叔住在了一起。丈夫结婚前就是在厂里打工的，结婚后还是一样，我自己在还没担任妇女队长的时候除了在家里干家务活，就是去田里干农活，主要还是去田里干农活。农活包括挑粪、施肥、除草、种庄稼，这些我都干。有时候一整天都在挑粪施肥，来来回回好多趟，等到晚上回家休息的时候肩膀真的是酸得睡不着觉。

结婚头一年，我和丈夫都忙着干活挣钱，没顾上生孩子，孩子是结婚一年后才有的，先生下了一个女儿，过了二年又生下了一个儿子。家里有了孩子之后，我就更忙了，除了干家务活、农活，照顾家里的老人，又多了照顾孩子的事情。不夸张地说，一天下来连个喝水的时间都没有。1982年，就是我当妇女队长的第一年，我那两个孩子都还在上学，女儿15岁，刚上初中；儿子12岁，还在读小学。当时在我们这，生产小队的叫妇女主任，生产大队的叫大队妇女队长，这也是妇女队长与妇女主任的区别。

犹豫的内心，矛盾抉择

决定当村里的妇女队长的原因，还要从原来的妇女队长阿枣阿姨说起。

我当妇女队长之前，原来的妇女队长我叫她阿枣阿姨，因为她年纪到了，加上身体也不太好，所以就退休了。她退休之后，村里妇女队长这个职位就空缺了，大队干部觉得这个职位任务比较多，长时间空着肯定不行，要有人来接手。所以大队干部就决定安排个大家都有空的时间，准备和乡里妇联的干部聚在一起开个会，通过民主投票选举出一个新的妇女队长，以便不耽误妇女队长目前正在做以及之后要做的工作。

那年是 1982 年，具体时间也记不大清楚了。开会前，大队和妇联的干部先是给出了一份上面有好几个候选人名字的名单，我的名字也在上面。妇女队长的候选人有了，开会的时间也基本定下来了，于是大队和妇联干部就开始开会商量，会议上干部陆续发言投票。大概是因为我平时做事给人一种很放心，干活又认真不怕吃苦，对人也诚恳的好印象，所以投票的时候很多干部都投了我，连我自己都没有想到我会有这么多的票数。按照少数服从多数的民主投票规定，我就从众多个候选人中脱颖而出，当选了妇女队长。

我知道自己被选上妇女队长的消息是在选举结束后第一天，那天我家里来了一两个村干部，他们告诉我我被选上妇女干部了，问我愿不愿意当。当我听到这个消息后，我的心情其实挺复杂的。开始觉得自己被选上妇女干部，看得出来大队和妇联里的干部对我平时认真干活是肯定的，这让我觉得挺高兴；后来又觉得难过了，因为我没有时间和精力接下这个职位。先不说这个妇女队长的付出与牺牲，按照当时的规定，要是当了妇女队长，开始是没有工资的，全是白干白做，而且自己是肯定要花一些钱在这个工作上的，就算以后能拿工资了，也不知道能拿的具体年份，说不定到那时我已经不当妇女队长了。这对于家里有两个孩子，仅仅靠丈夫在厂里打工的那份工资来生活的我来讲无形中是个很大的压力。而且，当时村干部还没有一个可以固定的办公场所，哪像今天，大家都有了正式且固定的办公室。妇女队长的工作也不是那种可以一天坐到晚的工作，反过来，一天都是需要在村里东走西跑的，这又肯定会影响到我家里的活。我平时在家里每天要干的活就有很多，而且当时村里“分田到户”，家里也刚分到田，我每天还要去田里干农活，像挑粪、施肥、除草、种庄稼这些活都得干，我是忙完家里忙田里，不夸张地说，忙的时候一天都没个喝水的时间。要是再当了这个妇女队长，别说田里的事情干不完，家里的活可能也干不掉了。加上家里有个婆婆，还有两个不懂事的孩子，上有老下有小的。虽然婆婆年纪还没到60岁，身体也没什么大的毛病，不过总归一些小毛病还是有的，她的一日三餐需要我准备，衣服需要我洗，要是突然出个什么事情我在家也能帮忙；家里那两个孩子，我每天都要花点时间带他们，照顾他俩。这些事情加起来弄得我真是一点闲余的时间都没有，哪还有半点心思去考虑怎么当妇女队长。当时就觉得自己家里的事情都忙不过来，再当妇女队长的话，也没时间去管具体工作，到时候家里面村里面两方面工作都做不好。

那天和干部们说明了自己家里的实际情况和困难，也跟他们说了我的想法，他们说表示理解，不过还是劝我当这个妇女队长。前前后后来了很多次，挺有耐心的，慢慢地我有一点心动了。还记得最后一次他们来我家的那天，目的还是和平时一样的，劝说的话也和原来的差不多，不过这次他们说妇女队长的工作不能再拖了，给我最后三天时间，让我再好好考虑考虑当不当妇女队长，三天以后告诉他们我的决定，能当最好，要是还是不行的话就及时告知他们，他们也是能理解的，这也好让他们能尽快再选出一个来。他们走了之后，我心里更加矛盾了，其实从他们刚开始来我家劝我起，我心里就已经开始有点动摇了。当还是不当，我想了整整两天，干活的时候想，吃饭的时候想，甚至睡觉的时候也想……

最后的决定，如愿当选

最后一天，我终于想通了，下定决心要当这个妇女队长了，这样的机会毕竟难得。最后一天，我就去了大队报到上任了。我能做出这个决定必须要感谢我丈夫和婆婆。

丈夫看到我前两天的精神恍惚，状态也不好，第三天吃早饭的时候就跟我说了一些话，大致意思是："这个妇女队长，你要是想当就去当吧，要是担心活干不完，我不上班的时候可以干些田里的活，虽然做不到田里的活我全包了，但是能让你少干点是一点。"刚开始我还以为自己听错了，所以又让他说了一遍，知道是真的后我特别感动，差点就哭了，我知道他白天在厂里干活很累，而且他是不怎么喜欢下田的，能为了我做到这份上真的不容易。

婆婆估计也对我那几天的状态看不下去了，就与我谈了一次。她说如果我想当这个妇女队长，家里的家务活她全包了，两个孩子也不用担心，她可以帮忙照顾。他们的理解更加坚定了我选择当这个妇女队长就要当好的决心。现在回想起来，在当妇女队长的这十年其实是在带这两个孩子成年之前最辛苦的几年，而我自己基本上都没怎么带、没怎么管，都是婆婆辛辛苦苦帮我照顾他们，所以我真的很庆幸自己能有这么一个开明的婆婆。

家务活有婆婆干，孩子有婆婆帮着带，丈夫除了在厂里打工赚钱，其他时间也会去田里干活，我身上的负担真的比之前少了很多，顾虑也比之前少了很多。这几个原因加起来，我就决定担任这个妇女队长，而且不只要当，更得好好当，不能让相信我的人失望。

我自己都没想到，这一当就是十年。这十年对我来说，说长不长，说短也不短，我每天早起晚睡，天还没亮就起床准备早饭，吃完早饭就去上班。晚上下班后马上去田里干活，天快黑了再回家吃晚饭，吃完饭接着去田里干活，到晚上八九点的样子就收拾收拾回家，最后自己弄弄干净再睡觉。工作忙时，无论早饭还是中晚饭，我都是随便吃几口填填肚子。

记得那时候为了省钱，我一件毛衣穿了好多年也舍不得丢掉，两双普通的布鞋子破了缝，再破再缝，缝缝补补，两双换着穿，就这样穿了十个年头。我当上妇女队长那年是 1982 年，年纪也不小了，35 岁。我现在 70 岁，身体已经不怎么好了，走路走一会儿就觉得累，大家都说是我当妇女队长那个时候干得太拼了，对自己太狠了。不过我不会去抱怨，因为我觉得当妇女队长的这十年经历对我来说是值得的，我也觉得这十年我真的是认认真真在做好每一件事。

流金的岁月，认真履职

说起我这个妇女队长主要干了什么，就不得不说计划生育政策了。1979 年，国家决定采取一对夫妇只生一个孩子的计划生育政策，提倡晚婚、晚育，少生、优生，从而有计划地控制人口，并对遵守的那些人给予奖励，对违反的那些人给予惩罚。记得1982年9月，“十二大”将计划生育政策确定为基本国策。虽然当时农村人口和少数民族被放宽可以要两个孩子，但是还有着这么一条规定：“如果一户人家第一胎生的是男孩就不能再生第二胎，但要是第一胎生的是女孩则可以生第二胎。”

考虑到计划生育这个政策出台不久，农村里长期的生育观念一时间很难改变，也基本可以猜到这个规定在村里实施刚开始一定会遭到相当多村民的不满和反对，所以在我担任妇女队长之前的几年村里基本上是作为一个过渡期，大力宣传计划生育政策，执行国家规定反而并没有那么严格，后来大队非常重视计划生育这个事情，我接任妇女干部后，都还没有经过正式培训，大队就把计划生育这件事交给我和其他几个妇女干部负责。因此，我上任之后主要做的工作就是围绕计划生育展开的，而且一做就是十年，大伙儿都管我叫计划生育队长。

当时我每天的工作就需要拿个本子整个村到处走，到处跑，挨家挨户问家里还没有出嫁的姑娘什么时候来的月经，什么时候结婚，问已经结婚的什么时候生小孩，问刚生下的小孩的性别，问年纪大的什么时候月经没有了。有人家生孩子了就给他们做登记。计划生育政策对那些独生子女家庭有一个好处就是，如果他们愿意上报登记的话，他们就可以享受奖励，当然如果他们不愿意报的话就没有奖励的。我的工作还包括劝说那些已经生了一个小男孩但还想生第二个小孩的家庭打消这个念头，有时候我也会带那些生完孩子后自愿不再生小孩的女性去做绝育手术。

在我当妇女队长的十年里，虽然很多人对我在计划生育方面的工作都表示支持和配合，但村里还是有一些不愿配合、表示反对的家庭。这些家庭基本就是不愿意第一胎生下男孩后不生了，主要原因还是传统的家庭观念和多子多孙观念的影响，虽然第一胎生下的是男孩，但他们觉得还得再生一个。再生一个如果还是男孩就更好了，要是女孩也没多大关系，一男一女还能凑个“好”字，这种迷信的观念在当时还是挺盛行的。

现在社会上好多家庭的观念已经有了很大的改变了，不会再有这样的想法，尤其在城市里，普遍认为生一个小孩就够了，男孩女孩都没关系，甚至现在反而有些家庭还会觉得生女孩比生男孩的好处多。跟我当时比起来，现在的小孩子比那个时候那是幸福多了，不管家里生的是男孩还是女孩，都是爸爸妈妈的心肝宝贝，爸爸妈妈都一样疼，好吃的好穿的好玩的，一样不落。我那时候一碰到这种情况就告诉自己，刚开始计划生育在村里肯定是难搞的，要是没什么困难，轻轻松松就做好所有工作，这样当然好，是人都想这样，可现实不会这么顺当的。我觉得既然当了，就不能怕困难，就不能碰到困难就退缩！因此，对于那些不愿配合、反对计划生育的家庭我就一遍又一遍地去劝，去做思想工作，虽然最后难免有劝不下来的，但还是有好些家庭都被我劝下来了，不生第二胎了，按计划生育的国策要求来走。这让我觉得自己的努力没有白费，这个妇女队长做得很称职，能为村里人作出贡献。

记得在我任职期间，村子里大概只有两户人家是没有跟着计划生育政策走的，也就是说，这两户人家是在第一胎生下男孩后，又生了第二胎。其实这种事情的发生肯定是在意料之中的，是不可避免的。这个政策在村里刚开始实施的时候，很多家庭都是不愿意接受的，但是我还是有点遗憾的，毕竟在我的工作责任内没有完全做到十全十美。不过总的来说我对自己的工作还算满意，后来村里的其他干部和村民也给予了肯定，因为我还有村里的干部大家一起去劝说那些想要生二胎的家庭，反反复复去做思想工作，经常是连吃饭的时间都没有，都在挨家挨户地劝说，我跟他们说家里要是生了一个男孩就够了，再生不好，而且也要挨罚，孩子多对家庭也会造成很大负担等等这些话。我还是蛮自豪的，因为国家的政策经过我和村干部的宣传，很多村民理解了，因此劝说的效果还是挺好的，很多家庭最后同意不再生第二胎，已经怀上小孩的也愿意响应当时国家的号召跟我去做流产。

再讲到原来那两户，那两户人家没有遵守这个计划生育的国家政策。实际上在他们打算生第二胎之前以及在刚怀孕前三个月的时候，村里就已经知道了相关的信息。我把他们当作重点对象，基本上是每天都要跑去他们家劝的，不过效果并没有那么好。这件事情最后也闹得挺大的，村里一些身份、地位比较高的领导干部也都来劝他们，不过没用啊。原因还是我刚才说的，家庭观念啊，多子多孙的思想影响着啊，多生几个家里想热闹一点。最后这两户人家还是生了第二胎，然后按照国家规定都缴了六七百块钱，六七百块钱在当时来讲是一笔特别大的数目，一时间哪里拿得出来，不过好在东借西凑的，钱也拿出来了，事情就这样结束了。

1978 年改革开放之后，我们村里人的生活开始发生巨大的变化。整个村子里，土坯茅草房基本上没有了，家家户户建起了砖瓦房，室内明显宽敞亮堂了很多，刮风下雨的日子里也不用担心屋里的东西被风吹得乱七八糟、屋顶漏雨把床弄湿的情况了，大家的生活逐渐变好了。可以说这也是坚定了我担任村干部想法的一个原因。村子里除了房子发生了变化，最大的变化算得上是田地了，这是实实在在给老百姓福利的。当时提出“分田到户”，1981 年村里就开始分田了，全村差不多有 1000 多亩地，一开始村里人都不敢相信分田这事，后来等手里分到田了都高兴坏了。分田是按人头分的，有劳动能力的就分劳力地，像小孩子还不算劳力的就分私有地。我就是在分到田地后的一年，开始正式担任村妇女队长这一职务。

刚当妇女队长那个时候，也是村里人刚分到田地还没多久，围绕分田，大队的主要工作包括向国家交税和解决村里公共品，这些工作作为妇女队长的我也参与了部分。一方面，村干部向农民征收税费后要上交给国家，同时大队向村民收取共同生产费后要为村里人解决最基本的生产和生活公共品。大队向农户摊派负担，他们必须交纳，就算不缴，村里也会作为债务记在那里。欠债总是要还的，要是到农户找大队办事，债不还，事情就不给办。

再说到国家向农民征税，村干部起的作用很重要，离开村干部，国家是很难实现向那么多缴纳税款不多的农户征税的。当时如果有农户拒绝交税，国家就可能会采取强制措施，比如向法院控告，组织小分队采取强制措施征收等。其中，国家什么时候派干部下来清收税收，总是要应村里干部的请求，因为国家向村里下达税费任务，农户不交是欠在村里的，而不是欠在国家的，国家记下这个村子的欠债，村里记下村子里农户的欠债。长期有农户不交，村大队的负债就会增加，这样其他交了的村民也会不满，如此一来这些交税的农户后面也不想交了，最后造成村里收税费越来越难的情况。税费收不起来，国家的任务完不成，村里的共同生产费也就很难收起来，村里的公共事业也就会越来越难办。所以如果向国家交税和解决村里公共品这两件事情办得好，村里就可以很快发展起来，相反要是办不好，村里的发展就不会好，所以村大队对这两件事是十分重视的。我当妇女队长的十年时间里除了在村里搞计划生育的事情，这征税、生产费的事，有空我也会参与宣传帮忙，但是大多数时间是让村里能力比较强、声望比较好的一些男干部负责的。

忙碌的工作，评析自我

我做妇女队长的时候，村里每次开会的内容主要就是围绕“计划生育”和“分田到户”展开讨论，当时这两件事情属于村里工作中的重中之重。那时候村里虽然还没有干部单独的办公室，不过已经有一个比较正式的集体会议室可以供干部们开会了，大家用自己出的钱加部分收上来的共同生产费，造了一所简陋的小屋子，里面再放一张大的、结实的桌子和几张凳子就成了会议室。

村里会定期开会，能到的干部尽量到场，请假的干部做好请假工作。开会时，村长、支部书记以及党员干部围在一张桌子上。先是让干部一个一个有顺序汇报这段时间里自己做了哪些工作，取得了什么成效，有什么困难，其实就是对一个阶段工作的总结。干部汇报完工作后由村长作总结，然后对于当前阶段的困难让干部积极大胆地提出自己的想法和措施，最后交代下一阶段的工作。

说到和我一起工作的同事，因为村里绝大多数都是男干部，女干部很少，而且那时候没有像现在一样集体办公的场所，所以大家工作的时候不会聚在一起，都是分散在村里的各个角落，做自己负责的工作。聚在一起的时候也就只有村里开会，所以我和同事的关系也并不像现在村干部一起办公这么关系密切吧。而且我觉得自己是喜欢独来独往的那种人，和同事之间的联系其实很少，更何况家里的事都忙不过来，跟同事打交道就更没有时间了，基本上就是自己一天的工作做好了就马上回家干起家务活，没时间跟同事之间来往啊，聊天啊，更不会去同事家串门什么的。

我做妇女队长的第二年（1984 年），正式成为了一名共产党员。我成为党员的过程，和当时大多数党员都差不多，首先我自愿申请入党，撰写入党申请书，因为我那两年妇女队长工作做得挺努力认真，对人挺好，态度也诚恳，干活也挺积极认真，上级组织很快同意了我的申请。考察期间我对自己的要求就更高了，表现得也比平时更积极，村里那几个领导干部都看在眼里，二话不说就成了我的介绍人，于是经过入党最后几个步骤之后，我就成了一名正式党员。

做妇女队长的时候，村里的村民评论我的声音还蛮多的，有好的赞扬的声音，也有不好的批评的声音。我觉得这些声音中的大部分能够存在，并且在村子里传来传去，最后传到我的耳朵里都是有道理的。当然也有一些言论是对我的为人还有生活工作无中生有的诋毁，我当妇女队长的十年里都是用笑一笑就过去了的态度对待。

记得当妇女队长的时候，有很多人会表扬我、鼓励我，这让我很欣慰。不过更开心的是，有很多人不仅会表扬鼓励我，还会指出工作中的不足之处，对工作提出很多有用的建议，让我不断改进，以便更好地完成妇女队长的工作，我都虚心接受了。有时，自己真的很难发现自己的问题，所以要靠村民的监督和帮助。我觉得，把自己的工作做好才是对整个村子，对所有村民，还有对家人，对自己负责。别人议论、批评、提建议是别人的权利，我做好自己的工作是我的义务和责任。有则改之，无则加勉。

做妇女队长的第十年（1992 年），我决定辞职了。原因有这么一些，第一，那年有一户人家没有遵守计划生育，我觉得没有把人家劝下来，就是没做好自己的工作，心里不太舒服，工作没完成，我的压力很大；第二，我这十年干下来，越来越觉得自己的工作在村里给大家，尤其是对那些很想生两个孩子的家庭造成了特别大的压力，尤其是当我带着已经有三四个月身孕的妇女去打胎，我很可惜，也很自责。

当然，我决定不做妇女队长的主要原因还是自己家里的情况。首先，大概在我当妇女队长后期，我、丈夫以及两个孩子和公公婆婆开始分开住了，所以家务活得我自己来干了，手里的活更多了；其次，那年丈夫帮我找了一个在纺织厂里上班拿稳定工资的工作。虽然从 1992 年开始我做妇女队长也可以拿工资了，工资是每月 24 元，一年 288 元。不过在工厂上班一个月也可以拿工资，比当妇女队长拿的工资更多。当时家里两个孩子都比较有出息，读书成绩好，所以还要继续读书，这样家庭开销有很大的压力，权衡之下，我最终决定不再做妇女队长了，而是选择去厂里上班了。

村里的很多干部是了解我的，也确实看到了我家的实际情况和难处，所以也都表示理解我的，虽然还是有好些干部劝说了我一番，跟最开始要求我担任妇女队长一样。我也挺感动的，因为这是他们对我工作的肯定，我其实也是蛮喜欢这份工作的。我也觉得就这么不当了有些遗憾和内疚，不过最后我还是没留下来。我辞职后，村大队里马上又选了一个妇女队长，她为人很好，态度认真，关键是工作认真努力，能吃苦。我觉得村里的领导干部没有选错人，我很欣慰。现在她还是村委会里的一名干部呢！

1992年后，我就去纺织厂里上班了。白天上班，晚上去田里干活，虽然还是很累，但是因为我和丈夫都有工资拿，所以家里的收入开始比当妇女队长那几年多起来了，家里的情况也好起来了。2000年开始，我退休了，便不再去厂里上班。刚退休那会儿，田里也不怎么去，白天就在家带带孙女，干家务活。那时候和两个孙女说起以前我当妇女队长的那些事情，她们别提多高兴了，而且这也是我很乐意干的一件事。

可能是因为早年忙里忙外顾不得看病吃药落下了病根，这几年来我的身体状况明显比同龄人差很多，所以我现在经常有事没事就会散步锻炼身体。

难忘的十年，憾未坚持

当妇女队长的这十年，我觉得工作上一直是脚踏实地的，心里想的也只是怎么为村里人解决小事、急事和难事，因为我觉得作为一名共产党员，更是作为一名村干部，我的责任就是要完成组织交给我的任务，同时要为广大的村民服务。这十年对后林村来说可能很短，对我来说也不算长，但是村里确确实实发生了许多新的变化，我觉得这其中也有我的一份贡献，所以这十年不仅对我，甚至对村里也有着很特别的意义！我也是活了大半辈子的人了，可以说，我认为作为一个人活在世上，官是当不到头的，钱也是难以挣尽的，那么更应该考虑的是怎样活的有价值。就拿自己在村里当妇女队长来说吧，虽然吃了很多苦、受了很多累，但作为丰富人生的一个平台，使自己得到锻炼，这个经历是花再多的钱，也难以实现的。

今天再回过头来看我十年的工作，只有自豪和遗憾而没有后悔。自豪的是我曾经也为国家的计划生育国策的实施作出过自己的贡献，我曾经也为后林村的发展付出过。所以我现在跟邻居聊天的时候，提到那段当妇女队长的经历，我还是很自豪的。遗憾的是我没有把妇女队长这份工作坚持下来，如果像现在这样，我们的生活条件变好了，我想我当时一定会继续做妇女队长的工作，甚至有可能一直做到退休为止！

自己的功过，由人评说

（侯蚕娥）我比复英大1岁，我们认识快有五十年了吧。和现在一样，我们过去也是对门的邻居，因为住得近，跟她接触比较多，平日里两个人偶尔会聊聊天，所以我对她是熟悉的。

在我的印象里，她年轻的时候瘦瘦小小的，感觉没什么力气，可是她无论是做家里的事情，还是做妇女队长这个工作，都很努力，很尽心尽责。她在当妇女队长的时候，虽然工作很忙，但还是会挤出时间去干家中的农活。当时我也常常去自家田里干活，大概早上七八点的样子去田里，傍晚四五点的样子收工。因为当时我们两家的农田是连着的，没什么意外的话，我每天早上到田里都能碰上她收拾农具准备回家，下午收工回家也能碰上她扛着农具来到田里准备干活。有时候我早上提前一两个小时去田里干活，或者傍晚延后一两个小时收工，我就能看到她挑粪、耕地的身影。干农活一定是需要足够的体力的，可就算是力气很大、体力很足的人干得久了也会很累，更何况她一个看上去人瘦瘦小小没什么力气的女性呢，所以她常常会大口喘气，有时候听到她大口喘气，我会劝她先坐下来喝口水，再休息一会儿，可是她每次都会说没事没事，不累不累，然后继续干活。这样的情景我大概看了有四五年，后来因为我在家里做起了早点生意，不怎么去田里干活了，也就不怎么看到了，可还是会从其他人口中听说。在这方面，村里人对她都是赞扬的。

在我看来，她这个妇女队长做起事情是很认真、很积极的，上面领导交代的任务，都会很认真、很积极地去做。这是一种很好的工作态度，村里就需要这样的干部，所以村领导也很喜欢她、信任她。不过她在抓计划生育这个事情上的积极态度，说实话还真是得罪不少人的。在她严格执行计划生育国策期间，经常会跑到那些想要多生的人家家里去劝他们不要多生了，或者是劝已经怀上的把孩子流掉，然后带她们去专门的地方做流产。就算体谅她的人有不少，但埋怨她的人更多，这样来来回回，她就得罪了许多人。

真的，她抓计划生育这事让她被村里不少人埋怨责骂过，甚至有几户人家公开和她闹过矛盾，最后也没有配合她的工作，继续生孩子。记得有一次她和一户要生二胎的人家闹得很大，最后那户人家还是生了第二胎，然后按照国家规定缴了六七百块钱，事情就这样结束了。但是，那户人家对她可是要多恨有多恨了。这样类似的事情还有一两件，可是哪怕只有一件，对她也会不怎么好。她经常会劝人家去打胎，难免会遇到这样的情况：家里的女的都很难过，男的都很生气，最后还是去打胎了。现在想想，她也有难处，也不能只怪她一个人。

后来我做起早点生意，她经常会来店里吃早点，或者买去带着路上吃。有时候我忙不过来了，她看到了就会马上过来帮忙。我和她虽然有时候会吵一吵，但总的来说关系还是挺好的。

她这个人的人品绝对是好的，我这么说吧，村里和我年纪差不多的人都是这样认为的。作为妇女主任，虽然我有时候也会埋怨她，但毕竟是她的工作，哪个人不想好好地完成自己的工作呢？而且有时候她也会对村里那些有特殊情况的家庭，比如生了好几个都是女儿的，她就睁只眼闭只眼。虽然她家里情况也不好，但还是能对村里的贫困家庭给点照顾。

35．深泽茶花：能帮助别人是高尚的

口述者：陈茶花

采写者：陈晓华

时　间：2016年2月20日、7—8月

地　点：浙江省磐安县深泽乡深二村

陈茶花，女，1947年生，深泽乡深二村人，小学文化。1998—2004年担任深泽乡村民主任。育有1儿2女。现于家里开设酒家。

深二村隶属于磐安县深泽乡，东北紧靠安文镇和云山办事处，东南连双峰乡，西南接新渥镇，西邻东阳市。主要农特产有中药材、香菇、粉干等，乡镇工业有竹木工艺品、五金化工、服装建材、文化用品等。乡政府驻地深泽，距县城9公里。省道磐缙公路穿境而过，交通便利。

幼时经历：心中信仰

我是深泽乡深二村人。我从小就生在这里，也长在这里。我的文化水平不高，只读了小学就没再往上读书了。小时候，家里很穷，社会上还不稳定，勉强能够活下去。后来嫁了人，生了三个孩子——两个女儿，一个儿子。如今几个孩子都大了，有了自己的家庭，生活是越来越好过了。

我出生的时候，还没有解放，我们这种偏僻的小山村，就更加落后了。

从小受的苦的确是很多。长大后，就在新中国了。跟大家一样，我认为毛主席真的是一位伟大的人，发自内心地尊敬和热爱毛主席。电视剧里面有一点演的没错，在那段时间，我们人手一本《毛主席语录》，里面的所有内容我们每个人都背得滚瓜烂熟。大家都觉得毛主席说的话就是真理，我们就得去执行。所以，大家觉得是毛主席开创了一个新中国，对我们来说简直是再生父母啊，听毛主席的话准没错。

在1959—1961年困难时期的那个时候，不同于其他地方，我们这边是水灾。农田全都被水淹没了，庄稼都生长的不好，几乎没有了收成。当时很多人家里没有粮食入口的，那怎么办呢？我们就去山上挖野菜，等到时间一久，野菜也就全部挖光了。然后大家都找一些既没有毒，但是也不太好吃的野草充饥。那段艰难的日子，家里没东西好吃了，我就去挖一种野草，就是那种长在水边，开着小白花的那种草。以前都是拿它喂猪的，当时不得已，人也吃上了。那些长在水边的香蒲和芦苇的根，都是吃过的。有时实在是很饿的话，那些叶子很刺人的白茅草根，也得挖来吃的。现在这种东西，还有谁会去碰它们了哦。在三年困难时期，这边的整座山都变成光秃秃了的，灰色的。哪像现在这么绿油油的，全部都是树，那个时候的树全都被砍回家当柴火烧了呢。一想到那个时候，我就会想现在的生活真的是好过多了，你看，什么东西都应有尽有。说到底还是中华人民共和国之后经济发展了，政策也做得好，老百姓才有这样子的生活。

1965年，我19岁，成为一名光荣的共青团员。在那个年代，所有的共青团员和共产党员都是严格带头遵守党的纪律的。紧接着，我开始担任大队团支部副书记、书记等职务，后来又成为大队武装民兵副连长。因此，从小我就觉得身为干部，自己要先带头做好事情，遵守规则。当时女性当干部真的很少，但是自从自己当上干部之后，我心里就有一种“能帮助别人，自己就是高尚的”这种思想。虽说自己是个女人，但在处理事情上我从来不怕男人，向来是有什么就说什么。其实做很多事情，就像毛主席说的一样，我们要讲求的是“真理”。有理走遍天下，无理寸步难行。只要真理掌握在我们手中，就不用去瞻前顾后。而且实际上那个时候不管是作为大干部还是小干部，自己都是以身作则的，不会去做一些违反规则的事情。可能现在的小孩子对毛泽东思想没什么概念了，但是当时我们都对毛主席钦佩的不得了。现在我还是常常会把毛主席说过的一些话挂在嘴边，别人就常常会笑话我说，“你是毛泽东思想挂帅的”。我就会说：“对啊，我是毛泽东思想养育出来的人啊。虽然我生在旧社会，但是我长在红旗下。”

文艺道路：酷爱戏剧

我在乡里的文化宣传方面做了很久，最主要的就是戏剧。从1964年开始，一直做到现在。我是金华非物质文化遗产——铜钿鞭的传承人（“铜钿鞭”即“马皇鞭”，又称“霸王鞭”。磐安全县都有流传。道具制作，取约三尺以上长的细竹竿，两侧劈去一片，中间串上八个铜钿，竹竿扎上花带。表演时，右手握住铜钿鞭中间，用它忽上忽下、时左时右地敲击自己的肩、背、腰和四肢，或与他人对演，敲在地上，等等。铜钿不断发出有节奏的嚓嚓响声，舞者随着响声节奏，配唱各种民歌小调。表演时的演出人数，可根据活动规模大小来确定。演员多为妇女，队形可分为两排、四排，多则可分为六排、八排。演员边打铜钱鞭边向前推进。动作优美、灵活，结合舞棍动作与舞蹈动作于一体，动作简练，舞姿轻盈，节奏感强。在广场上表演时，基本阵式有双开门、龙门阵、虎头阵、八角阵、四方阵等。适宜参加踩街活动，也可在舞台或广场上演出，基本队形变化多端，有圆形、方队形，边走边舞）。

其实，我们家乡的文化是非常多彩的。但是，很少有人会专门地去传承它们。比如说制作草帽啊、草鞋啊，以前村里的女人都会做的，但是到了现在，你看还有哪个年轻的姑娘会做草鞋了？现在大家的经济条件都好了，而且鞋子衣服都是机器生产，设计也是越来越漂亮了，也没有必要继续穿着草鞋、草帽之类的。实际上这些东西都已经被现在这个时代给“淘汰”了，现实生活当中的确是很难再用到了。但是，我认为，一样东西失传了就真的永远都找不到了。这些很难再用到的东西，说失传了也就失传了。

但是，对于像铜钿鞭这种比较有特色和价值的表演方式，我觉得失传不见了就十分的可惜。年轻的时候，我就常常会组织村里的年轻姑娘来表演

“铜钿鞭”。现在年纪大了，有点力不从心了。不过幸亏政府已经把它设立成为非物质文化遗产，对这种独特的表演形式进行了适当的保护，那样我就觉得我们乡村的文化也保留下来了，感觉自己也出了一份力，也很开心。

除了铜钿鞭之外，我还学习过婺剧和小品等。在1966—1975年这段时间内，我们一般就演出三大革命样板戏——《红灯记》《智取威虎山》《沙家浜》，还有《红色娘子军》《白毛女》等等。在《红色娘子军》里我曾经扮演过琼花；在《红灯记》里我扮演过李铁梅；在《智取威虎山》里面扮演过小常宝；在《沙家浜》里面扮演过阿庆嫂。

我非常喜欢演戏，唱戏的时候感觉自己很开心。特别是在扮演这些角色的时候，我可以将自己完全带入到这些角色当中，了解这些女性角色在当时的一些处境以及心情。不管在别人看来演的专业或者是不专业，对我来说这不仅仅是一个爱好，更加是一种精神寄托。生活中遇到很多困难和挫折的时候，我就喜欢自己一个人在家里唱戏——演着演着，就觉得戏里的女主角都可以如此坚强，我也没有理由不坚强。谁说女人就是软弱，女人也是半边天。像戏里的阿庆嫂、琼花之类的女性，也是一样的不屈不挠的。从小就觉得自己要向她们学习，可以说她们对我日后的影响还是很大的。

因为那时候的三部样板戏演出的时候都要唱京剧，金华这边唱的是婺剧，刚开始的时候是很不适应的，所以就要去自己学习。那个时候可没有像现在一样什么都有专业的老师教学生，我多是组织年轻的姑娘自学。自学大概就有两种方法吧。一种是看下乡演出的演员们唱戏，几个演员在台上唱，我们几个姑娘就远远地躲在群众的后面，害羞生怕他们转过头来笑话自己。于是后来就演员唱一句我们跟一句，她们做一个动作我们也就做一个动作。想想看那个时候自己年轻真的不怕吃苦，只要哪里有《红灯记》，不管是20里或者是30里路，他们到哪里，我就吃完晚饭也跟着自己的姐妹偷偷跑过去学戏。另一种就是跟着电影上的人唱。每一周村里都会有人来放露天电影，就是屏幕拉起来，很大的那种。一到晚上，村里小广场那里各家各户就都摆出小板凳在抢着前面的好位置，但是我跟他们不一样，我就偷偷地躲在人群后面学习。时间久了之后，一招一式，竟然也学得有模有样的了。学得最久的一部戏用了整整三个月时间。

到后来我也唱的越来越好了。1966年，因为乡里表演的需要，我和几个人被派到金华婺剧团进行专门学习。后来也会跟着那些文工团的人去武义、东阳、金华、永康等地去宣传演出。后来，毛主席提倡“送戏下乡”，深泽乡21个自然村，我们都去演出过，吃完晚饭就过去，表演完连夜宵都没得吃就直接回家吃，完全是没有报酬的。那个时候完全是按照毛主席的“三大纪律，八项注意”“不拿群众一针一线”，我对自己的要求是十分严格的，要起到带头作用的。

初为干部：内心紧张

1998年上半年，我开始担任村民主任。总共当了两届村民主任，一届村委。后来年纪大了退休了之后，一直是村里的出纳，管着、管着就过去了15年。直到现在我还任乡里面的人大代表。在我的这一生中，我差不多一直生活在这个小乡村中，从未离开过。实话说，我为村子做的事情也不算少了。现在很多人都说，虽然我是个女人，但是能力却不输给男人。的确是这样子的，村子虽然小，但是家家户户每时每刻都有不同的事情发生。因此事情可能不难，但是很多事情是需要用心去做的。你用心去做了，去帮大家做好事，那他们自然而然地就会感受到你为他们做的这些事，就会从心底里认可你的能力，对你也表示尊敬。

刚担任干部的时候，其实也不是我自己主动自愿的。那时群众拥护我出来当干部，也不知道为什么就有很多人都支持我，可能是在平时生活中觉得我比较负责任吧。当时也不知道当干部做什么，但是群众支持，我就想着出来试试看，当深二村村民主任。

选举的过程是公开的，拿着投票箱挨家挨户地让他们投票。在投票时，我还害羞地躲起来呢，心里在想那么多人希望我能够上，如果到时候投票之后我选不上真的会很不好意思的。去拉票的事情更加是难为情的，我不敢去做的。投票结束的当天，就有人跟我来道喜了，说我被选中为村民主任了。我还觉得这不可能的，一个女的这么容易就被选为干部了？天上不会掉馅饼的吧。再后来，越来越多的人过来跟我说这件事情，我就在想，一个人骗我还有可能，这么多人大家应该不会全部都在骗我吧，于是心就在砰砰砰不断跳了："真的选上了?!"

果然第二天早上，乡政府工作人员拿着任命书到了我家。接过任命书的时候，我双手都发抖了。有点惊喜，但是更多的还是紧张焦虑吧，脑子里不断地在想着：得为群众做些什么呢？怎么样做才能让大家满意我的工作呢？我再后来是否又能将我自身的工作做好呢？作为一个女人是不是很难办事呢？很多问题一下子就涌入整个大脑，脑子就瞬间变得跟一团糨糊似的。

我觉得当干部的时候，责任心是最重要的。在刚上任时，我家还开着一家早餐店。一个早上，我也具体记不得是哪一天了，有人跑来跟我说有两户人家在吵架甚至打起来了。我一听立马就放下了手中正在干的活，连正在蒸的小笼包子也没管它，就直接冲到吵架的两户人家那里，去帮助解决问题。就是这样，干起活来的时候，我经常会忘记自己家里的事情，很多时候想顾也顾不上了。

在出任两届村民主任的时候，我觉得没有遇到过什么大难题的。除了大问题之外，小问题的确是有不少的。百姓在日常生活中出现问题真的很多也很正常，但是我从来不跟他们硬碰硬，我觉得这不是一个好的解决方法，这样子只能更加激化老百姓之间的矛盾。更多的还是到他们家里去，拿条板凳坐下来好好地跟他们交流沟通。

为民服务：硬化道路

当然，作为村干部干的"大事"自然也是有的啦。当干部的第一件事情就是硬化村里面的道路。硬化村里最主要的那条大路以及深二村水塘周围的道路，那些路到现在仍旧在使用着。以前村里的道路都是泥路，很不好走，也很不方便。晴天嘛，人一走就灰尘满天飞，呼吸进去对自己身体也不好，而且走的时间长了，什么石头啊、木块啊真的很硌脚；等到天一下雨，这些路就泥泞不堪，坑坑洼洼。老人小孩子很容易滑倒，那更别说冬天结冰的时候了。特别是去小学的路上还有一个大水塘，水很深的，要是下雨天小孩子一不小心滑倒了跌进潭水中，那不是连命都没有了吗？之后有的时候看电视，看到那些城市里面的道路就很整齐划一，我就想着这种样子的水泥道路比我们村的泥路好多了，看上去又干净，走起来还方便。因此，就规划着要给自己村里面的道路也都用水泥硬化了，这样子对老人小孩的生命安全负责。本来把道路硬化单纯就是为了走路方便的，谁知道硬化道路之后，整个村子的环境也变得好了不少。家家户户都开始享受到了水泥路的好处，也不再像以前那样把垃圾到处扔在地上了。空气里的灰尘感觉也少多了，空气变得比以前好多了，擦桌子什么的也方便了不少。

最重要的是，这件事情跟后来政府提出的“建设美丽乡村”挂钩了起来。那个时候政府提出这个政策，其中很重要的一点就是“新农村改造”——就是调整村里住户的位置关系，尽量把它排列的整齐起来。我们村的特产不是粉干吗？晾晒粉干需要山坡，所以很多农户都将自己的房屋建在山坡那里，东一处西一处的。刚开始我也不是很懂自己家住得好端端的为什么要重新排列啊。后来不少年轻人就跟我们说，把原来分散的村落都拆了，然后大家的新房都可以建在交通沿线周围，孩子上学，大人上班，老人买菜都会方便不少。在弄明白了这个政策之后，我们作为村干部的要起到带头作用，首先就开始搬家。除此之外，还要去劝说一些不肯搬家的人。

说实话，我不太认同“钉子户”的说法——不肯拆自己的房子。最重要的是要跟他们说明拆迁的利弊之所在。有好的地方，自然也会有坏的地方。什么搬家具啊都很麻烦的，有很多人也是祖祖辈辈就住在那个地方，不肯搬走也是心有眷恋，所以得慢慢跟他们说。还有一种情况就是，虽然粉干加工是村里最主要的经济收入，但是小作坊之间距离很远并且很分散。这些小作坊是要慢慢拆掉的，很多就建在小学后面，很脏很臭，很多学生都说上课都闻得到。我觉得还是挺影响学习的，就想着还是得慢慢说服他们进行小作坊的拆迁。

做起这种工作来，我真的是没日没夜的。真的要一家一户地跑去劝，遇上几个比较“难说话”的人，那也是十分正常的。很累，但也是没办法，因为我相信，其实建设新农村肯定是比以前零散的好。所以，就算遇到再难劝说的乡亲，我也是耐心地跟他们说一些建设新农村的好处啊什么之类的。我觉得这种情况下我不太喜欢跟他们说什么大道理，把政府发给我们的参考书上的文字原封不动的背诵给他们听，道理谁都会讲，别人甚至可以比你讲得更好听。我觉得要真心实意地站在老百姓的角度跟他们分析拆迁了之后会得到什么样的利益与好处，而且这些好处本来就是老百姓应该得到的。这样子说话效果很明显，很多人开始愿意拆迁了。看到一家或者是几家开始有所变化，村里的人就都开始慢慢地拆迁起来，在交通沿线附近建造自己的房屋，就连那些当时的“钉子户”也开始搬迁了。

这些政策好不好，当时也是有所疑虑的。真的很担心这样子做会造成不好的影响或后果。不过这么久过去了，离开拆迁重造也有好几十年了，看着村里越来越干净，交通越来越方便。小学、菜场和酒家越来越多，越来越好，我真的感到十分的开心和自豪。我知道，当时自己并没有做错，而是为群众做了一件真正的好事。可能自己又是个女人的关系，心思比男人稍微要细密一点，这样子处理事情来可能会顾及的多一些。关键是帮大家解决好问题之后，我就感觉心底无比的舒畅——这不仅解决了我工作上的需要，而且帮助了乡政府解决群众问题。这样一想，我睡觉就睡得无比踏实。

工作重点：计划生育

还有一件很重要的事，就是计划生育。因为分工的原因，计划生育工作按道理来说是由村妇女主任管的。但是，国家刚开始实行这个政策时，村里多数家庭有“重男轻女”的思想，想生个男孩。数量一多，妇女主任经常是管不过来的。这时候村里的其他干部比如说村民主任就会上前帮助妇女主任处理一些事情。如果说有超生的情况发生的话，那么村民主任跟妇女主任同样是有责任的。其实，在很多情况下，计划生育工作都是由村里的干部一起努力完成的。

在我任村民主任不久，计划生育正式成为了一项法律法规，不管是城市还是乡村，政府对超生监管的力度也就更加大了。以前的农村，大多数夫妻都有两三个孩子，甚至更多。禁止超生是上级下达的“计划生育”政策中非常重要的一部分。

在劝说村民不要超生方面，我坚持的原则是“少生优育”。讲得通俗一些，比如一个人家里的存款有10万元可以用于教育孩子——如果他有三个孩子，那么每个孩子只能分到3万元多一点；但是如果你只生两个孩子，那么每个人就可以分到5万块。假设我们说，把这10万块钱用在这两个孩子身上，就可以很轻易地将他们培养成才。但是如果有三个的话，常常会因为培养孩子的钱不够而让其中的一个或者是两个孩子辍学去打工，或者是先用大量的精力和金钱培养了前面的几个孩子，到后来没那么多的钱去培养剩下的孩子，那么剩余的孩子没有接受教育，到后来大多数只能在家务农，出路很少，全家继续贫穷。

实际上很多父母自己小时候就是吃了孩子多的亏，年长的早早辍学在家帮助家长耕田种地，没有接受过正规的教育，因此自己成家了之后还是只能待在农村务农。这样子他们孩子的教育也不会受到多大的重视，可能世世代代都得在农村了。当然跟他们说这些的时候，也不是说农村不好，只不过对于我们这些人来说，毕竟是向往更好的生活啊。这些家长是比较容易接受“少生孩子”这些政策的，因此，我们的工作常常要从这些家长入手。

我们自己是农村人，当然是知道为什么大家都要冒着风险超生的。说到底，还是旧社会的残余思想在作怪——老祖宗遗留下来的“重男轻女”和“多子多福”的观点一直存在在生活中啊，特别是农村，这种思想就可能更为普遍，大家都这么做。原因很简单，一是想要生个男孩继承自己的家业，他们都认为反正女孩子迟早是要出嫁的，是不能够“继承香火”的；还有就是多生几个儿子防老，自己老了之后可以有儿子来养老送终，自己就可以安享晚年了。咱们也不能说这些观点是完全错误的吧，毕竟人家有自己的一套理论和思想，也有一定的现实原因。但是作为政府政策，我们就不能管这些理论了。于是，村民主任加上妇女主任在那段时间几乎天天都得上那几户人家说道理，劝他们不要超生。

实际上做这个工作是非常困难的，对于我自身来说，我自己也有三个孩子——两个女儿，一个儿子，因此可能给他们的示范作用就不是很强。其中一次印象很深刻——在上门劝说的过程中，有个婆婆就跟我说：“你看啊，你自己生了儿子，但是我们家没有啊。你老了有人孝敬你了，可是我们还是没有啊。”听到这种话，我那时真的很难过。我就在想啊，好端端的自己是在落实政府的政策，他们暂时不听也就算了，怎么还要说起我的不对了呢？我其实当时心里觉得挺委屈的。但是，我还是得耐着性子，厚着脸皮继续跟那户人家做思想工作。我就在想："你们拿我来说事，那我也就合着你们的心意拿自己说说吧。"

就光拿我个人来说，的确是生了两个女儿，一个儿子。虽说是女儿，但是我依旧是比较注重对她们的培养。那个时候全村村民的家庭状况都不是很好，但是我还是挨家挨户借钱供她们两个读完大学。那个时候借钱真的很难，我脸皮又薄，但是为了女儿的未来，我还是让她们读完了大学。也靠她们自己争气，现在一个在税务局，一个在地税局工作，工作都很好，女婿也很好，生活也很幸福，对我也很好。但是，我要跟他们说清楚的是，作为一个女人，我自己知道生了这么多孩子想要把他们培养成才是有多么的困难和心酸。日子很苦很难的时候，自己都想放弃了，但是转念一想孩子长大了埋怨我怎么办："妈妈只培养弟弟，不培养我们，真的好偏心。"我自己也是女人，从小就知道女人的不易，因此我不想让女儿长大了之后还是一无所知，重复我的生活。因此，女儿跟儿子一样，我也必须把她们培养成才，走出农村。

我举这个例子是为了向他们证明，女儿也是很不错的，关键在于家长培养不培养；但是家长也必须知道培养孩子也需要耗费大量的精力。就像农村路旁边的野草，你不用去管它们也会疯长；但是像田里的水稻，你就得经常去护理才会有一个好收成。而且野草与水稻最大的区别就在于，那些野草长得再好，也只是野草，令人讨厌；但是水稻就不一样了，它是我们不可缺少的食物之一。生孩子就跟这些通俗的道理一样，孩子不管不顾只会长成野草，到时候还会不服管教成为危害社会的人；培养得好的孩子，会讨人喜欢，以后就算再平凡，也强过乱长的野草，对吧？

所以这样一讲，问题的关键就很显而易见了：实际上这就是计划生育中说的"少生优育"。少生孩子，然后尽自己所能去培养孩子。我经常跟他们说："生一个乖巧听话的女儿比生十个笨儿子要强得多。"这个时候，我们所要做的只能是慢慢劝导。这个时候说话是要有技巧的，不能空谈计划生育政策原理上是有多么好，很多老百姓都不懂得书本上的官话。因此，很多时候都要具体详细地讲给他们听。这样一来，村民们也就慢慢懂得了这个道理，也有很多人开始接受我这种观点。从"多生儿子"到"优生优育”是村里一个很大的变化。现在村里的人对小孩子的教育越来越重视了，深泽小学的教育质量也越来越高了，很多学生考进了磐安中学。所以说，光靠家长自己在外面打拼是不够的，小孩子真的有出息了，家里的关系就真的也会变得更加和谐起来。

以前觉得女人不能做的事情很多，但是从自己当上村干部后，发现其实女人也是可以跟男人一样的。当然，做这么多的工作自己的胆量肯定也是变大了不少的。家里人也很支持我啊，都一直鼓励我继续做下去。还有就是村里的乡亲对我做的工作一般来说还是很配合的。做这些工作，让我觉得有成就感，这是以前没有当上干部之前完全感受不到的。

退居二线：心中期待

体会过年轻时的艰苦和不易，我觉得现在的生活真的很好，也很幸福。尽管以前村里也有不尽如人意的地方，但我仍旧愿意去为了建设更好的乡村奉献自己的一份力量。在看到自己村里由破破烂烂变得焕然一新，我就可以知道这些变化当中也有我自己的一份力。那种自豪感可能是做再多其他的事情都换不回来的，证明了其实女性也是可以做好男性做的事情的，甚至可能做得更好。

在两届连任村民主任之后，我因为年纪的问题离开了这个职位。但是到目前为止我仍旧担任着乡人大代表和村里的出纳。很感谢大家对我的信任，我也能够体会到作为一名女性在乡村当干部的不容易。幸好大家都很支持我，也很帮助我，这才使得我在任期间能够做一些为人民服务的好事。现在时代改变了，中央的许多政策也随之有了改变，就像从“计划生育”到“放开二胎，鼓励生育”都是政府适应国情的体现。这是十分不错的。真的，在乡村最基本的建设过程中，没有大家的配合，没有政府的政策引导，光凭自己是完全不够的。我们这一代人也老了，未来就在你们新一代的人手中。希望后人可以把我们生活的家园建设得更好。毕竟，农村才是我们的根啊。

36．陈王咪华：就是落实好国家政策

口述者：鲍咪华

采写者：马腾杰

时　间：2016年7月

地　点：浙江省奉化市江口街道方桥镇陈王村

鲍咪华，女，1949年生，陈王村人，文化水平较低。丈夫为同村人，农民，育有1子1女。1996年开始担任村里的妇女主任。

平铺直叙：成为妇女主任

我前两年已经从妇女主任的岗位上退下来了，现在年纪大了，实在是没办法应付这些工作了。我记得我是1996年的时候开始做村里的妇女主任的，那时候大家都搞民主投票选举，也没有像现在这么复杂，还需要走提名之类的程序，大家都是想选谁就选谁。平时我在村里人缘还不错，譬如说农忙的时候，我是急性子，一定是要快点把家里的地给忙活完的，要是得空我是一定会去邻居家的地里帮帮忙什么的；逢年过节的时候，村里人都相互拿些自己家里做的土货送来送去的，关系还是比较融洽的，平常吃完饭呢，大家都喜欢在村里的晒场坐坐唠唠嗑，讲讲大道理的。那时候虽然电视是有了，但是哪有那么多电视频道。平常的交流多了，我这人缘就差不到哪里去，再加上可能平常讲大道理的时候大家有时候会说到计划生育什么的，我想法有时候会比较多一些，就有些糊里糊涂地被村里人选做妇女主任了。

这妇女主任平时的工作，主要就是落实好国家的计划生育政策。你不要看现在什么二胎政策啊，那时候管得还是很严的，要缴社会抚养费的，对于家境不好的那是一笔巨款啊。我这妇女主任也是难当的紧，碰上违反政策的，家里有钱的还好；家里没钱的，我让他缴社会抚养费也不是，不交也不是。还有妇女主任也是经常要到镇上、街道里啊去开开会什么的，每隔一段时间还得填表格统计信息，这些是我最头痛的地方了。我们这辈人，没什么文化，大字不识几个，你说这开会不是受罪吗？以前年纪轻点的时候还有精力去学习一下会议内容，现在是没那精力了。还有填表格这事，我是真的吃不消，填填写写什么的每次都是要找别人帮忙。

我这妇女主任呀，有时候还得充当一下和事佬，要是赶上村里哪户人家夫妻吵架啊、婆媳不和啊之类的问题，他们总会来找我去说说好话，缓解缓解两方的矛盾，也亏得我还有几分薄面，村里人都愿意卖个面子给我，大家最后都能和和气气地坐下来谈事情。有一次，为了一对刚刚结婚的小两口，我是特特意意到镇上去，他们结婚以后新家就在镇上了，这吵架的原因倒是没什么大事，就是两个人有点小矛盾，就是两个人性格都倔，谁也不肯让着谁，我说我这么远来给你们当和事佬也不容易，你们就不能让我省省心吗，我回去也好给你们爸妈交差。最后两个人都是互相让一步，和好如初，成为一桩美谈。不过，现在年轻人之间的事我就插不上手了，我这把年纪了，他们兴的那一套已经跟以前不一样了，而且我跟他们在思想上肯定也是有很大的差距了，我也在想着差不多到了该退休的年纪了。

现在好了，年纪一大把，这眼睛也不行了，手脚也不比从前了，还有就是这思想呀，跟现在的人差太多了。趁着村里面有年轻人愿意做这个工作，我也正好可以安安心心退休去养老了。

侃侃而谈：职业心路历程

在我们村里或者其他附近村庄，村委干部里基本就有个妇女主任是女的，偶尔还有个别女的会计。照我看来啊，我们农村里很难有改变，从我小时候记事起，一个村里就没有几个妇女干部的。当妇女干部的呢，基本都不是管事的，顶多就是干干妇女主任这样的职位。像你说的高级知识分子，跟我们差不多年纪的女的高级知识分子能有多少个，也轮不到她们来农村里当妇女主任、村干部啊什么的，是不是？可能等你们这一代，这样的人才会多起来，我看电视上不是说过什么“大学生村干部”嘛，所以这种改变还是要靠以后的年轻人了。

你想想也可以知道的，我们这辈人，读书的人毕竟是少数的。像我自己，小时候家里这么穷，哪里上的起学？而且当时教书的也少，读过两三年书的，在我们这辈人里已经很厉害了。你也可以想的，我那时候，就算是有读书的机会，也肯定是要让给我兄弟的。这样下来，跟我差不多年纪的女的，基本都是文化程度很低的，不当干部还好，就算是当了也没有能力去管事情呀。你妈妈的那辈人呢，读书算是普及了，初中总算是去读过了的，高中考不上就要去工作了。像我这把年纪退下的，接替的基本就是你妈妈的那辈人，她们文化程度比我总是要高的，做起事情来比我总是有效率多了。等到你们这辈人呀，要是当上村干部，不论男的女的，我想都是能够做得很好的。

还有啊，你说在选举的时候，除了像妇女主任这种一定要女的来当，别的基本没有妇女会去竞选，除非是能力特别强的，但这也只是偶尔的一两个人。比起当什么村干部，村里大部分女的更加愿意去工厂里面找一份工作，赚赚工资就好，她们认为这村委啊就是男人们应该干的事情，包括我也是这么认为的，这在我们这边，是很普遍的想法。

如果要想改变啊，靠我们这代人是行不通的了，光是我们这思想就很难转的过弯来。你妈妈这辈呢，估计也有点难度，所以这主要任务都是落在你们年轻人身上了，你们年轻人有的是精力去折腾，说不定这村子就被你们弄得越来越好了，妇女以后也是能够起到更大更好的作用了。

历历在目：有关过往的生活

我先给你讲讲我的妈妈、我自己还有我女儿儿子他们生小孩的事吧。我出生的那个时候可没有那么多政策，还有那个时候这重男轻女思想是很严重的，我是家里的老三，我下面才是我小弟，家里四个孩子在那种年代被拉扯大也是很不容易的。我们这代人真正算是经历过艰苦岁月的了，中华人民共和国刚刚成立也没几年，那时候是国家也穷，百姓也穷，偏偏呀那个时候大家还都兴多生孩子，一户人家有三四个孩子那是一点都不奇怪的，不过也是有养不起孩子，活活挨饿的。还有我印象比较深的是三年困难时期，那个时候大家都是吃不饱的。说来也奇怪，那个时候生孩子的也很多，都是没了生，生了又没。我那时候，爸妈白天要去生产队参加劳动，晚上又回来得晚，我们小时候都是兄弟姐妹几个自己在家捣鼓的，等我们年纪大一些了，也要去干些轻松点的活帮着补贴家里。至于读书，也就是以前村里还有个教书先生教我们村里的小孩认过几个字，自己的名字总算是会写的。

再说说我自己孩子的事吧，我有一个女儿，一个儿子。也不怕你说，我那时候还是有想要儿子的想头，然后就生了第二胎，那个时候是可以生两个的，要是再多生就要缴社会抚养费了。像你外公，不就是两个女儿，一个儿子嘛。他那时候呀可是缴过社会抚养费的。我儿子、女儿出生的时候已经是 20 世纪 70 年代了，再没过几年呀就是赶上改革开放的好时代了，虽然日子过得还是比较清苦的，但是一家人吃饱、供孩子上学这些都是已经可以满足的了。这让孩子上学我也是下了决心的，我小时候是没那条件，怎么也不能让我孩子跟我一样当一辈子文盲吧，不过他们也不像你们那样，读书就是专心读书了，爸妈好吃好喝供着。他们读书的时候我给他们的生活费那是紧巴巴的，行李里再给他们塞两瓶自己腌的咸菜，实在没钱的时候凑合着吃。礼拜天回家他们还要割草喂猪，做饭啊洗衣服这些家务活都是要让他们去做的，我们自己忙着在外面干活顾不上他们，打小他们就学会自己照顾自己了。那时候考进高中的人少，考进大学的就更少了，好几个村子可能也出不了一个大学生，很多人索性就是直接工作去了，认为还是早点赚钱来得实际，我家那两个也是这样，不过被我逼着念完了初中，后来是因为实在考不上高中，这才去参加工作的。

后来，他们也到了结婚生小孩的年纪了，那个时候呀政策已经是说明每户只能生一个孩子，生育完的妇女都是要去医院做结扎手术的。最后呀，我这儿子和女儿一个给我抱了个孙女，一个给我抱了外孙女，他们这代啊已经是无所谓生男生女了，反正都是当宝一样的护着，宠溺的很。我呢，就带了我的小外孙女，另外一个小家伙让她的外婆去带了，要我一次性养两个小祖宗我还真是吃不消。这个家伙小时候可是黏人的很，我去地里的时候她要跟着，去镇上的时候她要跟着，反正不管到哪都是跟我跟得紧紧的。现在她们也已经跟你差不多年纪了，比你也就小一两岁，马上也要考大学了。现在她们要节假日才能过来一趟，一起吃个饭。有时候要真是想念的紧，我也会自己跑去看看她们。

你看看，这从20世纪50年代家家户户有好几个，到70年代每家每户基本两个，再到90年代的独生子女，这政策是一直在变，到现在，都已经要开放全面二胎了。我女儿前段时间还跟我提过也想生个二胎，以后女儿要是外面读书去了，家里面也不会太寂寞。这跟我们国家从以前那么穷的时候过来，到现在社会慢慢发展起来那是分不开的，你们这一代人是真正赶上了好时候了，从小是好吃好喝，书也都有的读，像你大学都已经考进了。你们以后的小孩就更加不用说了，反正只会是越来越好的。

还有就是我1996年当妇女主任以后的事。大概也就前几年吧，具体哪年我还真记不起来了，我在村里碰到一对年轻夫妇，是从安徽那边过来这边打工的，他们是来村里找房子租的。他们都知道，因为像他们这样的来这边打工的有很多，所以本地人或多或少有几间小屋是拿来出租的，于是问我有没有房子。我是没有房子给他们租咯，不过把他们带去了邻居家里，租了他们家的一间小屋。碰上像这样的年轻人，还是安徽那边过来的，我这不得给他们提醒一下计划生育的事情嘛，他们那边呀很多都是生了好几个的，不生出个儿子那是不罢休的。他们呢，也是挺配合的，说一定会遵守计划生育政策的。

你也知道的，我每隔一段时间就要对村里这计划生育的情况做个统计表交上去的，这些外地户口算是重点关注对象。这户人家算是我带进村子里来的，平常也对他们多关照一些，毕竟在外面打工很不容易。后来他们告诉我呀，他们在老家还有个女儿，打算等他们稳定下来了，就把女儿接过来住，这边比他们老家好太多了，我一听是个女儿，这嘴就管不住地多了两句，让他们千万不要因为是个女儿，再去接着生个孩子，像我自己就是生了个女儿，这没什么关系的。第二年的时候，他们把女儿接了过来，让她来这边上学，我看这女儿很乖巧，还很懂事，小小年纪就知道帮着爸爸妈妈做些家务活了，我想着有个这么好的女儿他们应该也不会想着再去生个第二胎了，毕竟养小孩是件又耗钱又耗精力的事情。

这后来，我有段时间没见着他老婆了就问他老婆是不是回老家去了，他回答的有些支支吾吾的，我倒是没怎么在意，想着人家肯定是有事情要办。后来，你说怀孕这事哪里瞒得住人，他老婆是肚子大起来以后每天在家里待着呢，所以很少在外面走动。这要是以前，没准儿要流掉。他们也给我说了，实在是家里的大人催得紧，一定要再生个儿子出来，他们也是没有办法，谁叫第一胎不争气生了个女儿。我说这生女儿有什么不好的呀，你要是又生了一个女儿你怎么办，我也不是没见过一个妈妈带着两三个女儿的，我说这是何苦呢。这按规矩来，超生的被发现是要去打掉的，但这肚子都这么大了，我又不忍心了，你说要是让他们超生缴社会抚养费，他们也缴不起这么多钱啊。后来这孩子终究还是生了下来，也没去医院接生，去医院得有准生证明啊什么的，还要钱，他们哪里负担得起。不过这样一来，这孩子的户口就得是黑户了，我也不知道他们要怎么弄，可能他们回老家以后再想办法吧，不过庆幸还真是个男孩了，以后不用发愁了。生了孩子以后没多久，他们就搬走了，大概是怕缴社会抚养费吧。

其实，这样的情况也不是他们独一份了，村里的外地人一户人家有个两三个也不是没有，更别说他们可能在老家还有孩子托给家里大人养着。我给你说这个事情呢，就是想说这妇女主任对外地人的工作是不好做啊，他们是可以来来去去的，你又管不住他们，加上他们很多都有着这种要生个儿子的想法，别说他们了，我们这边这两年政策宽松点以后，我看好几个都去生二胎了，也是想要个儿子。你更不要说我们这边现在搞的这全面二胎政策了。我要是碰上刚怀上的，一定是要他们去打掉的，碰上那种好几个月肚子都大起来了的，我只能是睁一只眼闭一只眼了。你说这些出来打工的也不容易，家里条件都是不怎么乐观的，偏偏还要生好几个小孩，这怎么照顾的过来。孩子小一点的时候，一个手里抱着，一个背上的筐里背着，要再有个年纪稍微大点的就自己跟着走，想想都替这些小孩子心疼。要是碰上家长顾不上的，小孩子身上穿的邋里邋遢地在村里到处跑，你说这要是跑到外面马路上去出点事情可怎么办。对于他们这些人啊，我还真的是没有什么好办法去说服他们了，我这妇女主任是要管，但是又管不住他们。这样的状况这两年倒是又好一些了，现在那些更年轻些的父母不那么追求说一定要生儿生女之类的，我这妇女主任反正是已经当到头了，就让后面的人去头疼这些麻烦事、麻烦人吧。

回首往昔：老人的心声

妇女主任的工作往大了说，就是计划生育，落实好国家政策，宣传啊，统计啊的工作一样都不能落下，这外行人听着肯定觉得很容易，但这其中也是挺不容易的。从我去镇上、街道上开会呀，再是村里哪家哪户要是结婚了我都得做好登记，为他们以后生小孩时候的一系列手续做好准备，再到他们的孩子出生，要上门去做好计划生育的思想工作，给孩子登记等流程是不知道走了多少遍了。不过从我1996年开始当妇女主任，那个时候大部分人家都是只生了一个孩子的，响应计划生育嘛。你小时候肯定也领过一本独生子女证，还有每年一百块钱可以拿。但是也不是所有人都是这么顺顺当当的，不然还要我这妇女主任干什么，这些不按政策来的大多是我刚才说到过的外地人，他们都是来这打工的，拖着两三个娃的也不是没见过。他们呀，很多就是一定要生个儿子的，这样一来，我就得关注着他们点，要是第一胎不是儿子，我就得去做做他们的思想工作了，能不要第二胎就不要。要是碰上他们偷偷摸摸怀上了，他们也不去医院接生的，都是自己生的，等孩子生出来，要他们缴钱他们没钱，又不能把小孩子怎么样，但是这些孩子呀，他们的户口就成了问题，对他们以后肯定会有影响。我这妇女主任啊，又得当好人，给村里人讲讲计划生育；又得当坏人，赶上哪家哪户发现超生，那是要及时制止的。至于村里这些外来户口，有时候真的是管不了他们，大不了他们可以换个村子继续租房，所以我这工作还是挺不容易的。

还有啊，这妇女主任其实也只能算是我的兼职，这在以前种田才是我的正事。不种田的话，哪里有足够的收入去补贴家用，靠做妇女主任发的那一点点钱是完全不够的。特别是一到了农忙时节，每天早上出门，太阳下山回来，累到不行，哪有什么心思操心妇女主任的活。这也没什么，就算是村支书，农忙的时候不也是成天在地里忙活，总不至于在办公室里跷着二郎腿。这村干部的工作到底还是生计重要啊，不过基本这个时候家家户户忙着收成，村里也出不了什么岔子。

再后来，孙女和外孙女出生了，我又多了样带孩子的任务，儿子和女儿平常工作忙，每周末才能得空来看看孩子。作为妇女主任的女儿，自然是不会去超生的，于是我的外孙女也领到了独生子女证。带孩子是个很麻烦的事情，你得随时随地守着，要是有个磕磕碰碰真的是要心疼死的了。外孙女是一天天长大，我们是一天天变老，到了上学的年纪就被接回去了，我们自己年纪上来地也种不动了，就把地包给了别人，这样我们老两口也乐得轻松。至于别的收入，我们都买了养老保险，每个月够我们用了，我还找了份去别人工厂打扫卫生的活，趁着还干得动就多干一点。至于这妇女主任的工作，我是越老越力不从心了，不过也亏得现在的人都明白事理，不用我再像 20 世纪 90 年代那样去到处宣传计划生育，就是做做常规工作就行了，自己以前要带小孩，现在还有班要上，抽不出什么时间，也没操那份心的心思，就想着有人接手就赶紧退下来。

说说我是当了十多年的妇女主任，但真正要算我做妇女主任工作的时间那是肯定没有十年的。我们这些村干部呢，可以说都是兼职村干部，都有自己的工作什么的要忙的，比较松散，只要该干的事情完成了，没有人会来管你干嘛去的，不像那些个坐在办公室里的文员，他们的工作就是坐在办公室里弄弄电脑、写写文件。你要说这村委会有特别大的作用吧，少了它还真是不行，村里要是碰上拆迁、卖地之类的大事还得靠它交涉，靠村委会干部给村民们传达信息，这要是在平时呢，这村委会在村民生活中好像也没有起到什么作用，比如交水电费，还不是得到镇上的银行里面去交。而我这个妇女主任呢，以前 20 世纪 90 年代，消息可能还不怎么灵通，有什么事情我都是要到上面去开过会再回来传达的，现在年轻人看看手机，上上网知道的事情比我还多，比我还了解。不过啊，这十多年妇女主任当下来，我还是挺有感情的，怎么说我也算是为国家的计划生育事业作出过贡献的。所以要我说啊，我们这样的基层干部，从整个国家来看这作用是不大的，但是少了我们又是不行的，国家要多培养一些这样的基层干部来接替我们这些老年人的班子，不然靠我们一帮老年人弄不出什么花头了。

要说我现在退下来以后还有什么期望呢，就是希望新接手的妇女主任的工作能够顺顺利利的，大家都能够按规定来那是再好不过的了。我以前当的时候虽然不是最好的妇女主任，但至少工作是尽心尽力的，不然也不可能当了十多年。妇女主任的工作说大不大，说小不小，希望我的接班人也能够对妇女主任的工作负起责任。

37．赵岙爱云：把分内的事尽量办好

口述者：孙爱云

采写者：张鑫垚

时　间：2016年2月，2017年2月

地　点：浙江省绍兴市柯桥区王坛镇银沙村赵岙组

孙爱云，女，1952年生，王坛镇肇湖村人，小学文化程度。1974年嫁至银沙村（原赵岙村），丈夫张仲铭，育有1子1女。1980—1990年担任赵岙村村民代表，1995年入党，1990—2005年担任赵岙村妇女主任，2005年至今仍担任银沙村妇代会委员和赵岙组组长。

少时生活简忆

1952年，我出生在王坛镇肇湖村。当时村里大概有三百多户人家，那时候每户人家少则有三四口人，多的每户有七八口人，整个村计算起来，肯定超过一千人了。“张”为村里的大姓，孙姓、李姓、赵姓等都是小的姓氏，我家姓“孙”，其实本家是在孙岙，后来定居在了肇湖。那时候在肇湖村里，大家都主要在生产队里工作，农活主要是种田和种茶叶。

我家总共有五个男孩和两个女孩，我是第六个孩子，我下面还有个弟弟。那个时候中华人民共和国才成立不久，生活都挺艰苦的，家里兄弟姐妹又多，生活更加不容易，哪像现在的孩子衣服裤子日常有需要上街去买就行，过年添置套新衣服、新鞋子更是正常不过了。那个时候多是家长用土布（粗布）给孩子做件像样的新衣服，而且家里孩子多的，往往很难做到每个孩子都有一套新衣服，一般都是小孩子穿大孩子穿过的，衣服有破的地方就再缝补缝补，一件衣服几个兄弟姐妹穿个遍，也不会分男孩女孩的，往往越到后面衣服补丁就越多啦。

说起艰苦，我还依稀记得在1958年、1959年“大跃进”时期，在国家号召下，村民家中的锅、盆都拿去炼钢炼铁了，大家吃的都是“食堂饭、大锅饭”。只有七八岁的我，只能凭饭票吃到二两饭，嘴巴张大点一两口就吃完了，根本吃不饱。到了1960年，村里才结束吃“食堂饭”，响应政策号召，大家开始开辟荒山，种植玉米、番薯等，吃饭的难题才得到缓解。

1959年前后，也就是我8岁左右，到肇湖村村里自办的小学上学。那个时候的上学情况和现在各方面相差很远，学费只要五六角一学期，一个学校差不多就两个老师来教小学各年级。上一二年级，主要学习语文、数学两科，语文学习就是认字写作，数学学习就是练习加减乘除，我除法还特别不好，乘法倒是主要顺着乘法口诀做就行。到了中午，由于学校是在自己村里的，学生往往回家吃完午饭，再回学校继续上课，下午放学也没什么家庭作业，一回家就忙着拔草，喂养家里的兔、猪、羊等家畜。

不过到了10岁那年，因为家庭经济困难，我就退学了，只读到二年级，我兄弟姐妹上学情况也都差不多。退学后，我就在家里帮父母看羊、拔草，忙些家务活。那时候大人往往在生产队(当时一个村，往往有一个生产大队，下辖多个生产小队，每个生产小队又下辖多户农户，设有队长、副队长，配有会计、出纳、记工员等）工作，来赚取工分。

到15岁那年，我就也跟着大人参与到队里工作。因为当时孩子年龄到了15岁，就可以参加生产队的工作了，到田里拔拔草，种种玉米、番薯，干干这些农活，赚取些工分。按当时的劳动力单位计算，男劳动力满分，就是一天最高为10分，年末折合成钱也就6角左右；女劳动力一天满分为8分；半劳动力（一般指具有劳动能力的16—17周岁、51—60周岁的男子，16—17周岁、46—55周岁的女子）为5分一天。我那时候作为一个15岁的小孩，够不上半劳动力，工分只计为4分一天。

参加生产大队那年，说起来正好是“文化大革命”爆发时期。在进行生产劳动之前，每个人还要在胸前别着毛泽东像章，类似学生校徽一样的东西，或许还有一张大旗插在一旁的土地上。然后，每个人拿出《毛泽东语录》

这个小本子，在红卫兵头头的带领下，排好队，红卫兵头头读一句，我们就跟着读一句，进行朗读，读完才分散进行劳动。现在想想那情景还是很搞笑的。那时候人手一本《毛泽东语录》，甚至连上车也要念一下毛泽东的语录，如果身上没有本《毛泽东语录》，根本出不了门，去不了哪里。

姐姐介绍，牵线赵岙村

我姐姐早已嫁到王坛镇喻宅村韩家岙，我丈夫的一个姐姐也嫁在韩家岙，两位姐姐住得近。我 18 岁的时候，两位聊天聊起来，一说家里有个弟弟，一说家里有个妹妹，年龄相当，就这样一来二去，由两位姐姐牵线，我和我丈夫认识了。不过由于当时两个人都挺忙，我丈夫正忙着学木工，而我在肇湖村的生产队工作，两个村中间还隔着银沙村、喻宅村，距离大概有 8 公里左右，况且当时没有什么手机电话，交通又不方便，所以一年也见不了几面，说不上几句话，只是逢年过节，两家人走走，见个面、吃顿饭。

这样过了大概五年，直到 1974 年，应该在我 23 岁下半年，我就从肇湖村嫁到了赵岙村。说起那时候的嫁妆，还没有后来流行的电视机等电子产品，多是箱了、小橱柜、炭缸、梳子、碗盆瓶之类的，我还带了俩洋灯罩，就是煤油灯，刚嫁过来那会儿电灯还没有普及，都是靠煤油点灯照明的。

嫁过来那会儿，赵岙村大约有八九十户人家，四五百人，后来随着每家孩子大了，相继分家，也有一百三十多户人家，比现在要多得多。现在村里人主要为了方便孩子读书、外出赚钱等都搬出去了，不少人在绍兴市区也买了房子，只是偶尔回村里一趟。现在整个村大多就剩些老人家，像我有时候在村里见到一些孩子都不知道是谁家的，想我 20 世纪 90 年代当妇女主任那会儿对村里多数人家的关系情况，可以说是知根知底的。

那时候赵岙村也还归属于孙岙乡，不属于现在的王坛镇，孙岙乡与王坛镇属于同一行政级别。当时孙岙乡所覆盖的范围也还很大，包括从现在的喻宅到丹家这一大片区域，大大小小十几个村子。不过到了 1992 年左右，也就是我刚当了妇女主任大约两年后，孙岙、两溪两个乡一齐并入了王坛镇，王坛镇由此下辖有约40多个村，初具现在的规模了。

不过我们整个村在孙岙乡归入王坛镇前后，仍然被称为赵岙村，归并前后整个村的具体事务也没多大的改变。只是孙岙乡的乡政府办事处原来是驻在我们村隔壁的孙岙村的，后来就随着乡并入镇，搬到了原来的王坛村，也就是王坛镇中心那里。

当时赵岙村也是实行生产大队的形式，到1981年，村里才实行土地承包到户，大家开始从事自家农业的生产劳动，各自在田地里种植水稻、麦子、玉米等农作物，以及采摘、制作茶叶、清理茶山。

到我结婚第二年，也就是我24岁时，我生下了个女孩，26岁又生了个男孩。按理当时生育二孩和大孩要相差四周年，但那个时候国家计划生育还刚刚开始，没有像后来那样严厉，所以我和我丈夫被勒令写保证书，保证以后不再生育孩子，事情就过去了。

结婚头几年，我们和公公婆婆生活在一起，到我28岁，就分家了。丈夫共六个兄弟姐妹，他是第四个孩子，上头有三个姐姐，下面两个弟弟，在兄弟里他就算最大了，而且那时候我们还带着两个孩子，也不好意思再和公婆一家一起过。就这样，我日常就带带孩子，在赵岙的生产队里劳动，以及在自家的私有土地种种玉米、番薯等，生活很平常。

记得后来各个村里开始流行评选“五好媳妇”“五好家庭”，这个主要是村干部评选的，我都被评上过，那个时候评上后就跟着村长去乡镇里开会，然后去上台领奖，就跟现在小学生拿奖状差不多。

初任村民代表，担任妇女主任

1980年，我被选为赵岙村村民代表。它是三年一届，每个村有2个名额，一般村长占一个，另一个就靠选举了。村民代表的主要职责是到乡镇里去开会，在开会时进行相关提案，譬如说村里面的交通不方便，要求修建道路、运行公交等。但话说回来，村民代表也只是负责表达诉求，最终能不能实行还得看上面领导的决策。不过村民代表也不是一定要进行提案的，我也只提提修建道路之类的。

这个村民代表从1980年当选，一直到1990年。我家里还有个1990年4月参加的绍兴县孙岙乡第十次人民代表大会的纪念茶杯。也就在1990年，可能有当过村民代表的原因，在上届妇女主任退休后，我就当选为赵岙村的妇女主任了。

那时村干部的选举是这样的，村长由全体村民投票选举，村支书是由党员选举，妇女主任由村代表选举，三年换一届。上一届妇女主任退休后，村代表选出的结果是让我来当，我马上和他们说，我干不好。

因为我虽然是上过学，能识几个字，有那么点文化，但是我自己也清楚，自己其实是一个半文盲，前面提到过，我读书也只上到了小学二年级。字确实是能认识几个，但让我写就非常困难了，对于一些文字工作，我的文化程度毕竟有点低。

不过这话说回来，像我们这一代，上学的时候正好赶上了“文化大革命”，多少有影响，而且那时候国家还没发展起来，多数人的生活都比较困难，吃穿都成问题。所以上学不像现在那么容易，前面提到我上学的时候学费一学期才五六角钱，现在看来是不多，但是对于当时一般人家来说，或许还要东拼西凑，所以上过学的人算起来也不多，上过学的也都没有什么特别高的文化程度。

那时候村里有字眼（识字）的人确实也少之又少，但是我又没当过这妇女主任，这没干过的事做起来没有经验，心里就不踏实。而且村里通知我当妇女主任那会儿，我老伴已经去了东北工作，家里两个孩子正在上五六年级，还要我照顾，怕是忙不过来。不过大家都说既然已经选上了就试着当当吧，后来我想想就试一试也没啥大不了的，于是就抱着尝试一下的心态当起了这个妇女主任。

以计划生育为工作中心

不过说起那个时候做妇女主任，真是不好当。计划生育政策虽然在我上一届妇女主任在任的时候就已经开始实施了，但是1990年前后正是国家计划生育抓得特别严的时期。我当时的工作几乎就是以计划生育为中心，可以说手头半步不离计划生育的工作，上面有关计划生育的政策层层下达，我们这些干部就要把政策付诸行动，贯彻到村里的家家户户。

不过计划生育说到底就是围绕“晚婚晚育”“少生优生”两方面实施的。我这个妇女主任最为核心的工作，就是做好“晚育”“少生”这两方面了，毕竟人家到了法定年龄要结婚了，我总不好拦着，但是有关他们什么时候可以生孩子、生几个孩子，这就需要按政策来了，需要妇女主任在其中协调好国家政策与村民需求之间的矛盾。

这个进行协调的工作没那么好做，我也没什么机灵法，主要按部就班，上面政策怎么来，我就怎么干。那时候村里能生几个孩子都是有指标的，这个指标每年又都是上下变动，不是固定的，我也具体给不出个大概的数了。每年乡镇里的领导一般都是主要根据每个村的新婚人口、育龄妇女（大概指20周岁至49周岁左右的妇女）的数量多少等数据，来给各个村分配上一级政府给乡镇政府下达的生育指标。然后我作为妇女主任，就主要根据下达的指标来给村里的村民具体安排生育事宜。

当然在安排之前，我首先需要把村里育龄妇女的情况加以了解，这是必需的。不然根本不知道怎么分配名额，一不小心容易导致我和育龄妇女家庭之间，以及各育龄妇女之间的矛盾。然后，就是召集育龄妇女开会，在会上向大家说明镇政府下达的相关信息内容，并分配生育孩子的名额。简单地说，就是告诉哪户人家这年符合条件，可以准备生孩子了。

这种工作听起来挺简单的，其实也不容易，打个随便点的比方。譬如说一年里，上面下达给村里的生孩子指标是三个，而新婚有五户人家，那怎么个分配法呢，如果大家都想趁着结婚头年生孩子，这就难了。我一般就按年龄的大小，让年龄大的先获得名额生育孩子，对于年龄相对小的夫妇，就做做思想工作，希望他们可以理解一下国家政策和妇女工作的难处。这样与她们明白地谈过话以后，其中潜在的很多矛盾冲突一般就可以得到解决了，避免造成一些不必要的麻烦，而且按年龄大小分配名额先后这一条，也算保证了我的公平性。

此外，我也会向邻村的妇女主任打听她们村的生育情况，因为计划生育强调的是不可以超生，但是大家绝对有权利选择不生。所以运气好的话，就会碰上邻村有多余的名额没有分配，就可以向他们转借几个生育的名额。这个只要向乡镇政府打个报告，留个记录，等到来年乡镇的领导按指标分配生育名额的时候，我们向别村转借的名额也会被考虑进去，就不用我们操心了，只要按下达的生育指标继续安排村里的生育情况就好了。

因为那个时候，传宗接代的观念根深蒂固，特别像在我们农村，“男孩子是个宝，女孩子是根草”这样的老话，在当时的很多人心里都还是非常认同的，甚至没有生男孩的有些妇女，都会觉得脸上挂不住。

因此国家的规定也算适应了那时人的这种心态，也就是如果一户人家第一胎生的是女孩，就还有权利选择生育第二胎，不过生完二胎，不管是男孩还是女孩，就都不允许生育了。而且政府还规定，生育二胎与一胎的间隔期要有四周年。

至于说如何安排育龄妇女生二胎的情况，这是妇女主任进行计划生育工作的核心，一般村里哪户人家结婚生小孩什么的，我都有在纸上登记，所以只要根据记录，然后按着国家政策办就好。轮到了哪家育龄妇女可以生二胎，就在全村育龄妇女开会的时候加以告知，并且给她一张蓝卡，作为可以生二胎的凭证。

我这里也提一下，妇女生第一胎也是要有凭证的，不过是一张红卡。但不管红卡还是蓝卡，这都是由妇联发放的。只要妇女主任把符合生育的育龄妇女信息传达给上面的领导，领导经审核无误后就会把这一红卡、蓝卡交给我，由我下发给相关育龄妇女。而只因有了蓝卡这张凭证，妇女在怀了二胎的时候才享有合法权利去医院检查、生产，若没有这张蓝卡，医院一般不会给做检查什么的。

除了安排村中有关计划生育的具体事宜以外，村妇女主任也需要在每月月初，也就是二三号左右去乡镇政府开会，被称为开月会，一般 8 点就须聚集到指定地点了。还是在孙岙乡的时候，我只要去孙岙乡政府报告就好，距离还是挺近的，步行也就 20 分钟左右。

但当孙岙乡并入王坛镇后，妇女主任就需要到王坛镇政府开会了，赵岙村和王坛镇相隔 15 里，如果步行去，脚程快的话就一个半小时左右，慢点的话估计两个小时都到不了。幸好那个时候已经开通了公交车，所以我一般 6 点起来，给孩子准备早饭上学去，自己也吃完早饭后，趁着时间空当再干些家务活，譬如喂猪、打扫、耕种等，然后掐准时间到车站乘坐公交车去镇里开会。那个时候车费来回花费 4 元钱，刚开始车费好像没有报销的，我也不好意思说什么。后来，也能到村里报销了。

在会上，每个妇女主任都需要向主持月会的领导报告各自村的情况，包括该月有无新婚夫妇，安排了多少育龄妇女生育，有无流产的人，等等。有些字眼（识字）的人就可以使用书面报告的形式，只要把需要报告的内容写在纸上，再把纸拿给领导看就行，没字眼的就直接口头陈述给领导听。

像我吧，就上过小学二年级，只能算有那么点文化，就写些内容在纸上，因为担心完全口头报告的话会有遗漏。要是遇上写不了的字，就用相近字形的字代替或者画个自己明白的符号，到轮到我的时候，我就把纸拿给领导看，并且就站在旁边指着相关内容，进行补充修正说给领导听就行。

乡镇里也常有领导下来村里进行实地调查。他们下来，常常是不会提前通知的，这样抽查才会有效果嘛。一般他们都随便抽个村子调查，在村子里随意逛逛，遇到个育龄妇女就了解了解情况。譬如问问你们村的妇女主任有没有在切实地执行计划生育，今年已经有多少人家安排过可以生育了，有没有超生的情况，等等。那时候的一般村民都是有一说一，有二说二，知道啥说啥，领导根据这随意的闲聊也就大概估摸出了该村计划生育的实施情况。如果发现一个村根本没有实行计划生育或者实施不理想的话，做妇女主任的就要在开月会的时候当众挨批评了，当然村里计划生育计划得不错的也有表扬。

像我也在 1996 年、1997 年、1999 年、2003 年等都获得过计划生育工作先进个人，这个主要是镇政府根据每个村一年的计划生育实行情况评定的。往往在开会时，给获奖人员颁布荣誉证书，其实也跟学生考试成绩优秀，期末上台领奖差不多。这些荣誉证书我也还藏着，作个纪念。

说起我们村实施计划生育的情况，总体上来说，还是极为理想的，村民也大多很配合我的工作。只是偶尔会出现个意外情况，想当初有户人家在生完一胎后没到四周年就又意外怀上了二胎，其实这也怪不得他们，因为那位育龄妇女在生完一胎后也是上了环的，只是不知怎么的环就掉了。说起这生育环，我作为妇女主任，需要每年安排她们去医院检查的。

听说消息后，我就去他家和他们谈谈，其实最主要的目的就是去做做思想工作，希望他们可以再等等，不要生育这个孩子了。其实如果时间与四周年相差不了多少的话，我也就马虎过去了，但是时间相差太多就不好办。不过这个思想工作也不太好做，我去了好多次，每次去都要拿捏好时间，保证他们在家，因为有的时候他们还故意避开，刚开始谈的时候态度也不好，有时候还会说狠话。那我也没什么好办法，只能一方面向他们解释政府的政策，另一方面也表明一下我的难处，希望大家都能配合配合，到了最后，人家也就同意了。

不过要是遇到三番四次说不通的，那就只能采取特殊措施了。不过这归根到底，毕竟乡里乡亲，大家做事总的说来还是留有情面的。

我记起来当时也有育龄妇女出村去其他地方打工的，譬如近点到王坛镇里，远点到绍兴市里的工厂里工作。这样的话，我成天待在村里，自然就无法了解她们这些人的情况。有些时候一般是由村里人或者其他认识的人聊起来、传嘴说的，说她们中的谁在不允许生育的条件下怀了孕。这样的话，虽然她们已经出了村，但是作为妇女主任还是有责任联系乡镇领导的。一般领导会叫上相关村的妇女主任一起，然后开车按得到的地址直接去找人，找到了人就先了解情况，情况属实就先做思想工作。妇女主任碰到这种情况，每次都是少不了东奔西跑的，然后再找到育龄妇女，好说歹说，事情才最终可以得到解决。

到了后来，许是这些情况时常发生，领导开始觉得靠我们这样赶来赶去也不是个办法，估计又制定了相关新制度吧。因此，之后一般的工厂也开始有专人对厂里的育龄妇女进行计划生育的管理，会与育龄妇女所属村的妇女主任进行联系，等等，一旦出现不符合政府政策的情况也会马上给员工做思想工作，这毫无疑问给我们妇女主任减少了不少工作负担。

除此之外，在王坛、绍兴打工的育龄妇女，离我们村还算是近的，有的育龄妇女躲到了外地，像云南等偏远地区生孩子，这就麻烦啦，我们也没办法，毕竟路途遥远，我们还真管不着。至于他们待孩子已经出生，甚至落地能走再返回村登记，就需要缴纳社会抚养费了。然后，这个孩子就能够登记入户了，毕竟孩子已经生出来了，总得给他们登记，否则以后小孩上学、看病都是特别麻烦的。

至于社会抚养费的具体数额，这个政府政策也没有明确的说明。我们农村里也都按照各自的家庭条件来定的，条件差点的就让他们少缴点，毕竟那时候的人讨生活都不容易。

总的来说，那个时候的妇女主任的工作中心就是以计划生育为中心，负责上传下达、报告反馈，并安排村中育龄妇女的生育时间，每年联系医院安排上了环的妇女的检查时间，以及东奔西走给一些人做做思想工作等，再者就是在村里加大计划生育的宣传力度，如“控制人口，人人有责”类的标语。

收缴承包税、调解家庭邻里矛盾

在村里，作为妇女主任，我的其他工作也就是每年到了一定的时间，需要挨家挨户去收农田、山林的承包税。那个时候田地等已经大多实行家庭承包制，每家每户按照田地大小缴纳一部分费用。其实这个工作也不好做，首先你去收钱的时候，不一定每户人家家里正好有人在，因此少不了要多跑几趟。其次那时候每家每户生活都还困难，缴钱都不乐意。碰着他们在家，也不一定能马上收到钱，有些直接说没钱算是回应。有些人家则一直都欠着，两三年的一直拖着不缴，一直到他们自己家要办事，像是等要转户口、批房什么的，需要村里的证明，村干部也才能趁机跟他们说明，把这欠着的承包税缴了之后才能给他们打证明。

其他的也就是些零零碎碎的小事了，像前面提到的哪家要迎娶媳妇，需要到我这说一声；再者哪家哪户家中吵架的，邻里之间有纠纷的，我作为妇女主任偶尔会去调解调解，因为村里还另设了调解委员，主要由调解委员来调解家庭、邻里矛盾。

我具体怎么去调解，也没什么可说的，就是说些吵架什么的伤和气，吵架也解决不了实质性的问题等劝和的话，尽可能地让双方冷静下来，能够心平气和地谈一谈。其实很多时候都是吵架的双方气消了就没事了，都是些芝麻小事。所以说调解人有的时候也就充当了个缓冲剂，更多时候还是要靠当事人自己静下心来，想明白了才能解决，毕竟“清官也难断家务事”。

简提工资待遇，浅谈工作收获

那个时候我们做妇女主任的工资也没有多少，工资都是以工分记录的，记录的也一般都是去镇里开会的天数，像前面提到的月会，一天记 8 个工分，以及陪伴育龄妇女去医院做节育措施，就像前面提到的上环、结扎手术，这时间也是有工分算的。而平时去村民家里调解劝说，以及通知育龄妇女相关事宜，都没有什么具体的数据记录，所以是不算工分的。

不过作为妇女主任，我当时就这么想，既然当了，就尽自己的力量去努力做好，把自己分内的事情尽量办好。我在前面提到过计划生育的时候，镇政府会评选个人先进，如果其他村妇女主任有，而自己没有，我就感觉有点难为情了。

在做妇女主任期间入了党，可能是那时候村干部看我工作干得还不错吧，认为我够上入党的资格了，就介绍我入党。1995 年，我就成为一名共产党员了。我还荣获 1999 年和 2000 年王坛镇委评选的“优秀共产党员”荣誉称号。

直到 2005 年左右，银沙村、赵岙村、张湾村三村合并，总称为银沙村，赵岙村划归降为一个组，我作为原先赵岙村和张湾村的妇女主任，因为年龄较大，就直接把妇女主任这个位置让给了银沙村的妇女主任，就是现在仍任职的孙琴珍。不过因为三村合并，管理的人就多了，因此村里就成立了个妇代会，其实这个妇代会也就由我们原来的三个妇女主任组成，我是作为赵岙组的妇女代表，算是其中的一名委员，工作仍旧是负责赵岙的一些妇女事宜，有情况就向现任妇女主任汇报，并协助她更快更全面地了解我们这边的情况。

同时，从这个时候，妇女主任开始发放真正意义上的工资了。不过我们这些妇代会委员是没有工资的，但是在年终会有 400—500 元的补贴。

在赵岙村转为赵岙组的同时，上面直接让我当了赵岙组组长。当了这个组长，除了管理妇女事务方面以外，还有些杂碎的事情，譬如组里哪里要修建道路了，这些修路款一般由村民募捐，我就需要登记一下，以及找施工人员，等等。

再者，最近几年上面的领导特别重视村里的卫生情况，因此我们经常要进行全村大扫除等领导来查看，这也要安排相关人员，以及支付一定的工资等等诸如此类的村务。不过最近几年因为我不常居住在这里，只有双休日回村一趟，有些事情多是他们打电话通知我一下，因为与村长比较熟悉，所以我好多时候都委托村长帮忙安排一下。

可惜我对这些事的细节都不大记得清楚了。而且当时文化水平有限，或者说根本就没想过要拿笔记录下来，所以大多只记在脑子里了，记得最多最清楚的，也就是有关计划生育的事情了，毕竟计划生育在那个时候实施得最为严格了。现在的很多政策和以前真的有许多不同了。

38. 塘下顺仙：经历脱胎换骨的变革

口述者：王顺仙

采写者：金舒楠

时　间：2016 年 7—8 月

地　点：浙江省东阳市甘溪社区塘下村

王顺仙，女，1952 年生，塘下村人，中师毕业。1974—1981 年，担任村小教师。1981—2003 年，担任村妇女干部。

改革开放前的岁月

1952 年，我出生在塘下村（现为甘溪社区）。20 世纪六七十年代，塘下村还是一个小村庄，只有不到 50 户的人家，200 多口人，不到 500 亩的地（现在人口有所上升，共 94 户，393 口人）。生活水平与隔壁的青山头村根本无法相比。经过“大跃进”、“人民公社”运动以及“文化大革命”，塘下村破败不堪。

我祖父是富农成分，因此在历次政治运动中，我父亲都被作为斗争的对象，常常遭到批斗。1971 年，父亲不幸去世。那年，我刚好 18 岁。

父亲去世后，养活全家的重担就落在了我的肩上，4 个弟妹加我，5 张嘴吃饭，怎么养活？家里的成分不好，亲戚熟人都怕惹祸上身，看见我们都绕着道走。晚上，弟妹们睡了，看到母亲站在窗前发愣，满脸泪水，对我说：“我不会轻生的，我一看到床上躺着的你们，就不会死了。没有我，你们怎么活？”1973 年，我中师毕业，总算能挣钱帮助母亲减轻一点负担了。

我找到县教育科，请求安排工作。那时候农村缺教师，教育科特别开恩，答应给我安排工作。这样，我就有幸回到了塘下村。从 1974 年到 1981 年，我在教师岗位上教了 7 年书。

好不容易等到了粉碎“四人帮”，生活才算稍微正常了一些。但是，这也只是回到了“文化大革命”之前的状态，村子还是很穷，每家每户也只能是在贫困线上生活。当时的大队生产，一个全劳动力每天收入也只值 2 毛钱，妇女连 1 毛钱都不到。而且，生产活动松松垮垮，早晨六七点就集合进行劳动，到了八九点，人还没到齐。村里的人发现干不干活都一样，就睡懒觉不去，队长叫也不去。所以村大队也是越来越穷。当时，村里的文艺活动好像也没什么，公社里来放电影大约一年才一次，露天电影，是打仗的片子，名字记不得了。样板戏之类的，看多了，我们也不喜欢看。

我家由于没有全劳动力，家中母亲和弟弟妹妹共 4 个人，每天的工分只有两毛多一点。实际上，塘下村社队里除了口粮外，根本没有一分钱的现金分配。在那样艰难的环境下，极少部分社员留有自留地，经营一些家庭副业，还可以补补亏空，生活得略微舒服一些。但是整个村庄的穷困窘迫，现在都是难以想象的。

在小学工作时，教师同生产队社员一样按“大寨式记工法”计算工分。工分标准分为三等，一等工相当于强劳力，全年拟 380—400 个工；二等工高于中等劳力，全年拟 350—370 个工；三等工不低于中等劳力，全年拟 300—330 个工。每个人的具体等级，需经贫下中农、革命干部、教师三结合的评议小组评议，最后由大队革命委员会审定。我被定为二等工，全年 360 个工，每个工以两毛钱计算。这样一来，我一年的收入勉强维持一家人的日常生活。

“文化大革命”结束后，我的工作一如往常，当时的学校不像现在进行分科教学，而是以政治教育为主，多是用说教、灌输的方法，来营造对党和领袖的信仰。当然，当时也有语文、数学等科目，但是这些课的教材实在是难以阅读。除了扉页的主席像，其他都是黑白的，内容都是政治性的。我到现在还记得当时六年级的《算术》课本的摘选：“毛主席教导我们：‘学习马克思主义，不但要从书本上学，主要的还要通过阶级斗争、工作实践和接近工农群众，才能真正学到’。”不过，就算这样，村里的孩子还是十分喜欢这些教材。一拿到新教材，大家就喜欢将头埋进书页里，嗅书的味道，那是一种刺鼻的油墨味。孩子能够学到的文化知识还是很少，许多孩子上课不安分，课堂一片混乱。

三中全会后村子的变化

1978 年年底，党的十一届三中全会成功召开。村里的人也通过广播的方式了解了一些会议内容。当知道党中央开始做出改变并对过去的一些错误进行纠正时，我的心中充满了矛盾。一方面，希望自己的身份能够有所改变，工作环境能够得到改善，待遇也应提高；另一方面，又担心党中央不会进行全面的改变（“两个凡是”）。毕竟这里只是一个小村庄，就算外面有什么天翻地覆的改变，等到了这儿，也得等到猴年马月了。因此，当时对于三中全会后的变化我并没有抱太大的希望。果然，在会议结束后的两个月时间里，塘下村几乎没有发生什么变化，大家依旧按照原来的方式进行生产生活，浑浑噩噩地生活着。

但是，半年后，我明显地感受到了变化。首先是 1979 年年初，中央做出了《决定》，大意是除了极少数“黑五类”分子以外，其他人只要经过群众评审，县革命委员会批准，一律摘掉帽子。这对于我和母亲、弟妹而言，意义是多么的重大——戴了将近二十年的帽子，终于一朝被摘掉了。当时，在激动之余想到，在九泉之下的祖父和父亲在得知这一消息后，也可以瞑目了。自从那天后，我的境遇也改善了不少，至少我家也不会被别人歧视和说闲话了。记得那时，我走在村子的大道上，也终于可以昂首挺胸了。之前，由于家庭成分的原因，我一直在别人面前抬不起头，而且还要忍受同龄人的嘲笑乃至侮辱。与此同时，从 1979 年年底开始，我也被同村的男青年追求，半年左右的时间，我们就确立了关系，正式结婚了。

再过了一年多的时间，中央又下发了文件，提出农村可以实行“大包干”。一开始，我对这个决定感到惊讶，但随之而来的是兴奋，因为一旦分了田，各干各的，生产积极性一定可以提高不少，更重要的是村民们可以自主分配余粮，不用担心温饱的问题。但遗憾的是，塘下村并没有很快地进行分田。直到 1983 年，全国推广家庭联产承包责任制开始，村里才开始分田。我家一共有 5 口人，也只分到了 2 亩田，因为我家的人口不算多，也没了父亲，而且村子里的土地本来就不多，所以，能有这么一小块土地也是十分不易的了。

走上妇女干部的岗位

1981 年是我人生的一个转折之年。原先村里的妇女干部因为年龄过大，精力不足，已无法处理日常的事务了，离开了岗位。可是，由谁来接班却是一大难题。虽说村里的妇女不少，但有些根本不认识字，有些虽然认识字，但是由于家庭因素和个人原因，不适合担任妇女干部。村支书和村主任反复考虑、找人谈话，就是无法确定人选。最后，他们找上了当时还在村小学当老师的我。他们找了我几回，头两次还只是试探，就问了我一些日常生活以及工作上的事情。一开始，我也没有太在意，只当是闲聊。后来，慢慢意识到了他们的用意。他们也开门见山地说出了想法，希望我能够担任这个妇女干部。他们认为我是中师毕业，有一定的文化水平，同时是这个村土生土长的，对村子里的情况也十分了解，为人也较为亲和。

对于担任妇女干部这一职务，我并没有什么信心。一是因为我结婚不久，希望把大部分精力放在家庭上；而且我也习惯了教书的生活，对学校也有了感情，实在不想放弃。二是因为我成分不好，虽然帽子已经被摘了，但是心中一直有一种自卑感。我害怕村里其他人不服，怕他们不配合我的工作。因此，我对担任妇女干部一直是犹豫不决，村支书和村主任几次上门谈话，使我感到不好意思，但是我还是无法下定这个决心。

到了后来，这件事被传得沸沸扬扬，村子里的人在背后议论纷纷。母亲在得知这件事之后，也找到了我。但是她并没有直接表达她的意见，而是与我聊起了家中的事。在谈话中，她告诉我，过去的事已经过去了，你不需要因为过去的不如意而耿耿于怀，如果因为过去的历史而不敢面对以后的生活，那么你今后的生活也不会快乐。虽然当不当这个妇女干部由你自己决定，但是我希望你可以去当。

母亲的一席话使我摇摆不定的心坚定了下来。我发觉我拒绝担任妇女干部是因为过去的身份而不是自己的能力，我只顾自己的感受而忽略了别人的看法。村支书和村主任来找我，请我担任妇女干部一职，是对我的品格、能力的肯定和信任。而且以村子目前的状况来看，我也不应该袖手旁观。想到这里，就下定决心，决定担任这个妇女干部。

就这样，经过村里人的讨论，一致同意选我为村委会的干部。但是，我没想到的是这个干部，我一当就是 30 年。

改革开放初期的工作

我担任妇女干部初期正好赶上改革开放的进行。可以说，当时的塘下村是百废待兴。“大包干”的兴起，人民公社的取消以及生产队的解体，使得塘下村经历着一场脱胎换骨的变革。作为一名妇女干部，我主要从事的是村子里的妇女工作。在改革开放之前，虽然村里人一直都在喊男女平等的口号，但是实际上，村里妇女的地位并不是很高，甚至可以说依旧存在男尊女卑的情况。这主要体现在生产生活的许多方面，比如在生产队劳动，成年男子工作一天算一个全劳动力，无论干了多少，每天都有两毛钱的收入，但是妇女干得再多连一毛钱的工分也挣不到。而且在某些人家里也存在家庭暴力的问题，丈夫一句话不和就会对妻子动粗。这些现象对于我这个妇女干部来说都是应该引起重视，并尝试解决的。

首先，我决定对家庭暴力这一问题进行了解。经过多番探访，我发现那些遭受过家庭暴力的妇女都不愿谈起这件事，有的人甚至一口否认自己遭遇家庭暴力的事实。这给我的工作带来了压力。如果我相信她们的话，认为她们并没有遭受丈夫的暴力行为，进而认为村子里家家都很和谐，那么家庭暴力的问题表面上不存在，实际上只会更加严重。于是我决定耐心一点，跟那些妇女进行沟通，当然，主要是闲聊，通过唠家常的方式让她们在不经意间说出来，同时，我也找别的村民了解这些家庭的情况。

在我的努力下，终于有人说出了她们的遭遇。实际上，那些妇女隐瞒事实也是不得已，毕竟那是自己的丈夫，家丑还不可外扬呢。我大致清楚了，全村大概有四五户人家曾经有家庭暴力的现象，其中，有两户人家比较频繁。针对这一情况，我首先向这两户人家的亲戚以及平日较为亲近的一些朋友求助，基本清楚了她们遭遇家暴的原因。这两户人家的丈夫素质本来就不高，平日里就属于好逸恶劳、惹是生非的那种人，争吵打架对于他们来说，是家常便饭。在自己家里，他们就更是肆无忌惮了，一旦他们在外面受了什么气，或是妻子有什么地方不合他们的意，他们就会把气撒在自己的妻子身上。在他们看来，对自己妻子“施暴”根本就不是事儿，因为自己比她要高一等。那两户人家的妻子对她们男人的错误经常采取迁就的方法，不予反抗，因此，他们的家庭暴力就成了习惯。针对这种情况，我希望通过他们亲戚朋友的调解，能够让那两家的丈夫避免对妻子动粗。但是，这样的方法也是治标不治本，大家说了乃至骂了之后的十几天内，那两家丈夫的行为有所改善，可是，过了一段时间后又回到原来的样子。随后，我与村支书、村主任几次上门，但是都没有什么太大的效果。最后，我决定请出村里德高望重的老人去找那两户人家的丈夫，这也吸引了许多村里的乡亲一起围观。经过严厉的责骂和警告，那两人也当着众人的面做出承诺，以后绝对不会对妻子动粗。从那次之后，那两户人家虽然还是会有家庭暴力出现，但是次数大大减少。

另外，还有妇女的文化教育问题。由于新中国成立后一系列政治运动的影响，大多数妇女到当时还是文盲或半文盲。虽然村里也进行过扫盲运动，但多流于形式，同时因为过急过快，所以，很少有人能记住几个字的。我是农村教师出身，深知农村妇女要想改变自己所处的环境，就必须有文化，不然，只能一辈子耕田种地。

提高妇女的文化水平固然重要，但是却很难着手。一方面，村里的妇女白天要干农活，晚上还要带孩子，做家务，根本不可能有时间来认字。另一方面，一些妇女也不喜欢坐在教室里，拿着书跟着老师一个字一个字地读。最重要的是，村子里也没有那么多人能够给妇女补课。

我一方面找村子里一些对活动较为积极的妇女，希望她们能够支持我的想法，同时希望她们能够找到更多人一起识字；另一方面我同村主任商量，向他们寻求帮助，包括教材、地点以及时间等。但是村主任并不热心，在他看来，农村妇女只需要在家里做做家务、带小孩、会干农活就行了，识不识字并不重要。而且，他在工作会议上反复强调在当时最重要的事情是完成“大包干”，把村子的经济条件搞上去，而不是什么扫盲。因此，这件事也就一直拖着，直到20世纪90年代由全国妇联和教育部联合开展扫盲运动，争取扫除青壮年妇女文盲，才使得村子里妇女的文化水平有所提高。

家庭联产承包责任制

1982年，中央正式下发文件，承认了“大包干”的合法性，并且在全国开始推广“大包干”。当时我刚担任妇女干部，亲眼目睹了“大包干”实施的全过程。首先是包干到户，村集体按照每家每户的家庭成员数，把农田平均分配到每个人身上。然后再是包产到户，要求每家每户按照分田的数量每年向国家和集体交一定数量的粮食。也就是俗话说的“交足国家的，留够集体的，剩下都是自己的”。

虽然，政策允许分田，但是在塘下村，村委会以及生产大队等组织迟迟不愿开始将土地分给村民使用。在工作会议上，村委会里总有那么几个思想“左”倾的成员坚决地反对大包干，认为这会导致土地私有化甚至资本主义复辟。作为一个亲眼见证农村公社产生、发展历程的人，我坚决地站在支持“大包干”的立场上，经过了将近半年的争论，尤其是看到隔壁已经进行“大包干”的青山头村的收成，那些原先反对的人也无法再坚持原先的立场了。因此，“大包干”在村子里顺利开展。

这一政策刚开始实施的时候，村里人都兴奋异常，毕竟在以前，土地是公家的，集体劳动，现在土地的使用权归自己所有，自己可以支配自己的劳动成果。在最初的几年里，大家的生产积极性很高，村里的粮食产量也很快提了上去，大家的日子也开始好转。但是，几年之后，问题就出来了。少数家庭，家庭成员数量很多，但缺乏成年男性劳动力。根据“大包干”的制度，土地按照家庭成员数平均分配到每个人身上，无论老弱病残，都要分配到土地。当时几乎没什么农用机械，播种、除草、收割全部都靠人，而且主要靠男性。对于那些没有成年男性但家庭人口较多的家庭来说，是没有力量去耕种那么多的土地的。但是将土地完全荒置又有点可惜，又怕被集体处罚乃至被集体收回。这样一来，有极少部分家庭不得不将年幼的孩子送到土地上干农活。到了后来，更大的问题出现了。由于村里土地少，分给每家的土地也不多。对于劳动力较多的家庭而言，这么一点土地是不够耕种的，这样一来，村里人家的收入也就无法提高。因此，有些青年夫妇干脆去城市里打工。他们的离开使得土地也只好由他们年幼的子女和年迈的父母耕种，并未被充分利用。直到最近几年，中央推出新的政策允许土地的转让才使土地闲置的情况有所改善。

总的来说，“大包干”在 20 世纪 80 年代初的时候对于塘下村的发展起到了显著的作用，村里人在当时因为它而得以温饱。但是，“大包干”却没有办法让村子富裕起来。

计划生育工作

在我担任妇女干部的第二年，国家提出了计划生育的政策，在农村普遍提倡一对夫妇只生育一个孩子。政策一出，立刻在村子里产生反响。对于那些希望自己老了之后能够有所依靠的庄稼汉来说，只生一个孩子根本不可能满足他们对劳动力的需要。更何况，农村自古以来就有重男轻女的传统，对于只有一个女儿的现实，他们一定不可能接受。果然，村民们根本不可能按计划生育。村东头的老李一连生了两个女儿，按照计划生育的政策，他是无论如何不可以再生孩子了，但是他却不这么认为。我与村委会的干部几次找去，劝说他们放弃生育，但是他却坚持，不生出儿子就会一直生下去。最终，他选择将妻子送到别的农村去，过了两年才把妻子和儿子接回来。当时，对这样的情况，我们也没有办法，只能默认。而对于村子里的其他人家，我们决定要坚决禁止在村子里超生。通过谈话、做工作、介绍政策，总算是让大部分的夫妇放弃了生二胎乃至三胎的想法。

计划生育的任务在我们村算是勉强完成。但是，这一政策也给村里带来了一些影响，一方面，由于子女不多，很多家庭都出现了空巢现象，很多年轻人到了城市里打工也不回来，家里只剩年迈的父母，还得耕地种粮，有一些老人跟我聊起来还在担心日后的归宿。另一方面，原先那些超生的家庭，超生孩子的户口并不是在本地，这会对子女在本地学习和工作产生障碍。直到现在，大部分超生子女的户口才迁回本地。

村委会的选举

20 世纪 90 年代之前，村里村委会成员都是村里人商量着产生的，前一任的村委会干部在退出村委会之后会选择他们的接班人，然后那些人自动成为村干部。但是，随着经济条件的改善，村里人认为这样的制度并不合理，村委会组成以及村干部人选应该由村里人共同决定，少数服从多数，这样的村委会才会做符合村民利益的事。选举说着简单，当时大家没有经验，不知道该怎么进行选举，于是这件事又被拖了几年。

到了 1998 年，国家通过法律，要求村委会必须由民主选举产生。所以，我们这些干部不得不硬着头皮举行选举。考虑到一部分年老的村民不会写字，所以第一次村委会选举采用的是投豆子的方式。由于大家都不知道怎么选，因此当选举开始后，问题就不断地冒出来。首先是有些人争着抢着投豆子，有的人一个人就投了十颗豆子。而且在投票的时候，大家也不排队，争先恐后地往前挤，唯恐落后。为了选举而爆发的吵架甚至打架，也不算少。不止如此，有的人为了被选上还做了不光彩的事，一些人给我们这些老干部送礼，希望我们能帮他美言几句。极个别的人甚至还用钱收买选票，直接开价，一颗豆子多少钱。总之，一开始选举，整个村都瘫痪了。我们没有办法，只能暂停选举。后来，我们向乡政府请求帮助，由乡政府派人指导、监督，在这样的情况下，我们村勉强完成了村委会的选举。让我感到比较欣慰的是，我还是被选为村委会的妇女主任。

过了三四年，大概到了1995年，因为选举进行次数多了，大家都有了经验，加上被选举的人也就是那么几个，所以村里的选举开始变得有序、正规了起来。大家不再投豆子，而是改投纸质票，村民在选举中也不像以前那么争先恐后了，毕竟对这种选举已经缺乏新鲜感。

基础设施建设

经过十年的改革，塘下村也逐渐富裕了起来。村里人通过种地、外出打工、经营小作坊、做小生意等多种途径渐渐地富裕了起来。村里面也有了一些万元户，富裕的人家里买了彩电、摩托车、电冰箱等惹人羡慕的大件。虽然村里人的生活水平不断地提高，但是另一个问题也出来了，那就是塘下村的基础设施实在是太落后了。这主要体现在道路、电力和水利这三个方面。

过去村里的路都是土路。晴天，大风一吹，尘土飞扬。一到雨天就更加糟糕，泥泞不堪，坑坑洼洼。不要说摩托车和自行车难以行驶，经常陷在坑里，就是人在这种路上步行也很困难，一不小心就会摔入泥坑中。村委会和村党支部为此召开了几次会议，希望就修路这件事做出决定。本来简简单单的一件事却在会上变得很复杂。村主任在会上主张修一条石子路，他认为石子路平坦，这对于过年过节回乡探亲的摩托车以及耕田的拖拉机的行驶非常方便。而村支书却提出先修一条石板路，他的理由是石板路建造起来简单而且省时省工，也用不了多少钱。我在会上并没有发言，只是看着他们在激烈地讨论。在他们争论不下时，我建议先休会，然后我跟村委会其他几个干部商量之后，决定向村支书和主任建议将这条路怎么修的决策权交给村民。最后，双方也同意这一个折中的方案，并且提出这条路要由全村人一起修的方案。

经过讨论、争吵，村里人决定先修一条石板路。于是众人动手，拉直，拓宽，低洼处填上石块，简易的石板路修成了。虽然，这条路不上档次，但是总比过去的土路强多了，至少自行车、摩托车和拖拉机可以平稳地开进开出，偶尔也有货车经过。过了几年，当村里人的条件进一步改善后，大家又寻思着建一条更好的路。这样村里人集资修路，每家每户有钱的出钱，有力的出力，将原先的石板路修成了一条7公里长的石子路，直通县城。这下方便了那些在县城工作和学习的人，再也不用担心被泥水溅一身。

再接下去就是用电的问题。在改革开放之前，塘下村用电量并不大，主要是电灯。一开始村里靠自己发电。但是小溪水流不大，加上当时设计水平较低，一座水电站发的电很有限。后来，大家生活富裕了起来，彩电、冰箱、洗衣机这些家电开始多了起来，电力就不够用了。那时，在用电高峰阶段停电限电是家常便饭。在这样的情况下，村委会和村党支部就开会讨论，并向县里反映了这一问题。最后，县里同意乡村小水电与县电网联网，我们这些乡村跟着沾了光。虽然我们村不再需要用自己破旧的小水电站发电，但是接下来的问题更严重，一是线路老化，经常发生断电的问题。再者，每家每户的电费要上交给村里，而且电价过高（1.5元一度）。这就导致某些人托关系找后门要用免费电，有些人实在没办法就干脆偷电。到了最后，村里不少人都在闹意见，经常跑到村委会来告状。当时，不少人都跟我说希望用上公平、稳定的电。可是我们也是照章办事，没有办法。用电问题直到2000年农网改造后才得以解决。

最后是水利的问题。要说与村里人关系最密切的应该算水利建设这一项了。防洪抗旱，供水用水都离不开水利设施。改革开放前，国家对集体组织兴建的小型农村水利给予补助。建成的水利设施归公社或生产队集体所有，实行集体管理。但是，等到农村公社取消了之后，水利设施就陷入了无人管理的境地。有人使用，没人管理，水利设施的老化、损坏十分严重。当时，村里的水利设施由乡政府来管理和维护，但是这么多、这么分散的水利设施仅凭政府是无法妥善管理的。因此，到目前为止水利设施的问题还是没能解决。

说实话，在塘下村的基础设施建设这一问题上，我参与的很少，在会上我说话也不多。我现在想起来，那个时候的自己也实在是顾虑太多了，或者说是胆小、怕事儿。因为干部对于基础设施建设有自己的看法，而且经常争得面红耳赤，我因为不想跟他们争论，所以也不愿表态，只是希望能够保持中立，并且在适当时候能够缓和一下气氛，让双方静下心来好好想一想自己的主张。可以说，我充当的是一个老好人或者和事佬的角色。

塘下村的环保工作

改革开放之后很长的一段时间，塘下村还是靠焚烧农作物的秸秆来烧饭取暖，烧过后的灰就当作农田的肥料。在当时的人看来，这是再好不过的了，一方面，废物利用；另一方面免除了清理秸秆的力气，一举两得。这在秋天还好，到了冬天，每家每户烧秸秆之后弄得村子里乌烟瘴气，烟尘漫天，在各家做饭的时候走在路上，更是熏得人眼睛直流泪。更危险的是，村民在农田里直接烧秸秆，如果烧到别的东西，就可能在麦田和玉米地引发大火灾，后果不堪设想。

村委会也多次进行开会讨论，虽然大多数人都支持禁止燃烧秸秆，但是这具体执行起来毕竟有很大的困难。村委会几次三番告诫村民不要烧秸秆，但是多数村民还是照烧不误。村委会甚至提出如果烧秸秆就罚款的办法。有不少人向我反映，你们叫我不要烧秸秆，那我家拿什么烧火做饭，还有这些秸秆你们让我扔到哪里去啊？难道留在地里不成？在宣布禁止烧秸秆的那段时间里，村里人意见很大，看到村委会的干部就会上前来理论，有的老人直接就开骂，让我们这些村干部无地自容，有的干部甚至见人就躲。

村里人反映的意见让我们无可奈何。让他们烧吧，怕有危险，也不环保。不让烧吧，这些秸秆该怎么处理，村里人拿什么去施肥、烧火。就这样，我们村就把秸秆问题搁置了起来。到了 20 世纪 90 年代后，村里终于找到处理秸秆的办法，这还得归功于县政府。县里派人指导把这些秸秆与人畜粪便堆在一个大坑里，过一段时间后，就会产生一种叫沼气的气体，然后铺设管道将这种气体引入每家每户。这种气体可以燃烧，不会产生烟尘和味道，而且剩余的残渣也可以作为农田肥料。可以说，在这一技术引进之后，塘下村在秸秆这一问题上逐渐安静了下来。

2000 年后，村里人家基本上先后用上了煤气。说实话，用煤气烧饭比用沼气要好，饭熟得快。原先建在那里的沼气池也就被废弃了，现在想想也是可惜。

另一个问题是农田里的地膜。地膜是用塑料做的，很便宜，在八九十年代的时候，一分钱就能买一斤地膜。在冬春季节，白天和晚上气温相差较大。如果给农田铺上地膜就可以增温、保湿，也可以保土、保肥、防虫，对于农业有增产的良好效果。地膜好用，使得村里人拼命地购买、使用地膜。可是，他们在用完了地膜之后，并没把它处理掉，而是随手扔在田里。那些地膜是塑料做的，过多少年都不会腐烂。地膜埋在地里使得土地变得贫瘠，粮食蔬菜也出现了减产的现象。针对这一情况，在村委会进行了讨论。有了之前秸秆的教训，我们都不敢随随便便地禁止村里人使用地膜。一开始，由村委会组织人力把这些地膜清除出田地。但是到后来地膜的数量不断增加，让我们难以继续清理。之后，我们的主意是让村民在用完地膜之后，自己主动清理，把地膜带离农田，然后集中起来处理。虽然村里人对这个决定都没有反对，但是在种地的时候又不愿意照做。也有个别人，干脆把自己家用过的地膜埋到别人家的土地里。当另一家发现了之后，又报复回来，甚至两家人吵架、打架。

到了20世纪90年代末，村里引进了可以被土地分解的地膜，这个问题才得到缓解。当然，现在还有一少部分人图便宜，在用塑料地膜，村委会也就睁一只眼闭一只眼了。

与乡政府的联系和协作

作为一个基层组织，塘下村村委会在办一些大事上，必须要得到甘溪乡政府的指导和协助。其中，最重要的当属乡政府对村委会选举的指导。每次选举时，乡政府一定会派人来监督、询问选举情况，并且乡长也会对新选出的村委会干部进行谈话和勉励。此外，像涉及社会保障及公共服务方面上的问题，乡政府都会特别派人下来对村委会以及村民进行介绍、指导和教育。但是，乡政府有时也采取了一些不当的举措。比如乡政府对村委会事务的过度干预，一些乡干部到我们村进行指导工作时态度并不是很好。但是总体来讲，乡政府对村委会的帮助还是很大的。

我当村妇女干部有近30个年头，一方面，我的年纪也大了，体力不比之前；另一方面，村子的发展也需要年轻人的参与。当然最重要的原因还是原先的村委会成员都已经相继退了下去，我再担任这个妇女干部也没啥意思了。作为一个妇女干部，对于村里的一些重大事件，我更多的只是以一个旁观者的身份见证了这些事情而并未参与许多。或许是我的性格使然，我不喜欢争执；也因为我是个女的，在村委会其他人看来，我这个职位就是可有可无的，有什么事情他们也不会找我商量。因此，我也乐得清闲。我在妇女干部任上既没有干出什么值得称道的"政绩"，但是也绝没有干什么违反原则的事情。虽然，我现在已经退下来了，但是有些事情我还是可以做的，比方说，邻里矛盾、家庭矛盾的调解，而且现在的妇女干部也还是有问题要找我请教的。我现在只希望我们的村子可以越来越兴旺，而我自己和老伴也能够安享晚年。现在政府给我们的补贴本就不少，再加上我又担任过村干部，补贴的钱够我们花的了（现在塘下村有粮食直接补贴、新型农村合作医疗、农村特困户救助、新型农村社会养老保险、村主职干部基本养老保险等基本政府补贴）。

39. 山马彩霞：村里人都会叫我阿姐

口述者：吴彩霞
采写者：张　煜
时　间：2016年4月、7—8月
地　点：浙江省温岭市太平街道受访者家中

吴彩霞，女，1953年生，城北街道山马村人，高中文化。1979年担任驻山马村村干部，1980年嫁到横峰村，丈夫金民勇，育有1女。20世纪80年代，成为山马村村委书记后担任城北街道妇女主任，2000年调任至横峰街道主管残联相关事宜。

家世

1953年，我出生在石粘公社山马大队。村里有150多户，有近700人，主要的姓氏是马、吴、赵、陈。

那时家里还很贫穷，我是家里的第一个孩子，上学和农活还是农活做的多些。我的父母都是土生土长的温岭人，父亲是山马大队的，母亲是邻村嫁过来的。家里的几个孩子都是娘坐在高脚桶上生下来的，我有一个弟弟、两个妹妹，其实原来还有一个大妹的，不过生下来没多久就生病死了。那个年月，孩子生下来成活率很低，经常因为得这病那病的就“没了”，所以也只能扛着一把锄头直接挖个坑就埋了。我的父亲因为喜欢喝酒，很瘦，身子也一直不大好，家里的事都是母亲干的。我比弟弟和妹妹大了许多，是家里的大姐。母亲生两个妹妹的时候，就已经全由我来照顾了，这也给我后来做工作提供了不少的帮助。

我们一家人就挤在一间小小的石板房里，后来被台风刮倒了，才重建了一幢两层的。那时虽然说是新社会了，但是有些思想观念还是旧的很，女孩还是没那么受重视的。父母也希望我能识几个字不要当文盲就可以了，不指望我能学多少知识，只希望能多懂些道理，穷人的孩子早点当家。

我读的是附近几个村子联办的小学，初中和高中读的是温岭市第八中学。家里只有弟弟一个男丁，父亲的身体也不是很好，所以农忙的时候我也得下田干农活，后来也会和弟弟去放生产队的牛。没那么忙的时候就到山洞里（温岭采石业发达，故多人工山洞，夏季较为干爽，炎热时人们喜欢在山洞里乘凉）和我的母亲、妹妹一起织草帽。我上高中的时候，家里最小的妹妹也开始上小学。一个贫困的家庭要同时支持四个孩子上学是不可能的，我虽然成绩好，在班里一直担任支部书记，但因为我是家里的老大，而且那时弟弟才是全家所寄托的希望。我只好放弃了继续读书的念头，在家帮忙干农活，做些除草、喷药、打稻、喂猪一类的事。

担任山马村驻村干部

我早先一直在班上担任支部书记，向组织靠拢是一件很光荣的事。到1978年以后，我们温岭招干部按照德才兼备的标准，实行考试和全面考察结合的选择办法，1979年考核补贴工分干部，合格的就能转成正式干部。而当时（山马）村里老一辈的干部都下了，正在招驻村干部，我成绩一直不错，家庭在村里牌子（声名，名望）也还不错，想来机会还是很大的，于是我就报名了。那时考试的形式和现在的考试没多大区别，我还没把在学校里学的东西忘掉，最后成绩也还不错，就进了村委。当时还是很高兴的，一方面向组织靠拢是很光荣的事，另一方面给家里减轻了负担。

驻村干部时期做的工作是五花八门的，什么都要管。老一辈的驻村干部，有的甚至都要会帮坐在高脚桶上的妇女接生。过年时要抓赌博，几个驻村干部要常常在村里走动，看看有没有聚众赌博的。但是，最主要的还是妇女工作、计划生育。说实在的，这个工作换谁来做都行，只要向组织靠拢，家庭背景成分还说得过去，都能干的。但是，要干出点什么成绩来，也是有一定难处的。

最开始的时候是挨家挨户的敲门，虽然自己是本地人，多多少少都面熟，但是村子里人家也多平时不怎么去的那边，敲开门，四目相对，你望望（看）我，我望望你。我也只好硬着头皮说，我是山马村吴兴旺的大囡（女儿），现在在村里当驻村干部，希望以后能多配合工作。村里的人大都挺亲切的，有些还会招呼我进屋先喝口水，坐坐再走。自己刚接触工作的时候，什么都不是很懂，当初竞选村干部的时候只知道自己一心一意的服务，肯干活肯学习肯定能做好的，跟着党的指挥走，肯定没什么大的问题。

俗话说万事开头难，刚进入工作的时候我就碰到了困难，当时新的政策下发，政府需要村委会协助把这些方针、政策啊在群众中宣传，把文件下发到村民手里这事是方便的，但是宣传文稿的撰写却不容易。宣传文稿是领导让我写的，说我高中毕业比他们这些老一辈的人有知识，写出来的东西一定能让大家一遍就看得懂。可我还是用在学校里那样的写作方式写，写出来的东西给领导和同事看，大家都说太文绉绉了，说这样贴到宣传栏里群众不一定愿意花时间看，而且不一定看得懂。所以我又得尝试着把它改的口语化一点，改着改着愈发觉得前后逻辑乱得很，我就自己主动去买了公文写作的书籍来学习，留意之前村里的公文都是怎样写的，不断熟悉各种格式，还和有经验的干部进行交流。这样，这些工作才一点一点地上手。

当时老一辈的干部格外重视对我们这批新干部的思想教育。先是培训，在一个很大的教室里，请街道里的、县里的一些有经验的干部来讲课，有讲公文写作、有讲一些事务的处理，还有一些基本文化的补课。当时我听得很认真，因为知道自己是刚从学校里出来的，为人处事方面还很不成熟，书上写的理论知识也肯定不如这些前辈做了那么多年工作，实际总结出来的更有价值。

每年秋天生产队都会划分一片山林给每家每户砍柴，有的分在山脚，有的分在山顶。分在山脚的坟墓多，砍着砍着会心慌慌的。分在山顶的，就是砍好的柴担下来比较困难。当时父亲在几十里外的外地工作，弟弟妹妹都还小，所以基本上都是母亲在辛苦忙活，我弄好自己工作的时候常常也会去帮忙，当时哪有像样的鞋啊，有时就得光着脚从山上把几十斤的柴给担下来。

1978 年开始，县委要求各区都得接收纠正冤假错案的工作。当时带我的老干部就在做这个工作，所以我也多多少少接手了一点。当时从各级抽调了 500 多名干部，一直到了 20 世纪 80 年代末。当时的原则是“实事求是，全错全纠，部分错部分纠”，恢复了一些人的公职，给一些迫害致死的同志开了几次追悼会。

我刚开始工作的时候，村里的环境还很不错，房子边上不是田就是溪坑，每家每户的垃圾也少得很，剩菜剩饭都倒去喂猪吃了，别的一些垃圾都当作柴火给烧了。上面要下来查“村村清”，就得下去通知村里的妇女，发动大家做好打扫环境卫生的工作。到 20 世纪 90 年代，村里的工业发展起来了，不远的距离就有一两家鞋厂。做鞋的边角料多得很，有些直接扔到河里，环境就难打理得很，得专门雇人去打捞。

1980 年，我在村里已经工作了几年。这时，嫁到横峰村的姑姑，给我介绍了他们村的金民勇，他的家境也和我差不多，是家里的长子，当时还在做石匠，比我大了两岁。我们处着也觉得不错，父母也觉得各方面条件都还可以，也就同意了。

横峰村有 1200 多人，260 多户，主要姓金和陈，横峰村主要也是农业，与山马村不同的是横峰村养殖业尤其是水产养殖发展的更好一些。丈夫金民勇家里还有两个兄弟，三个姐妹。我们有两间相连着的小平房，和父亲家隔得并没有很远，走路估摸一小时多一点就到了。虽然嫁到了横峰村，但是工作仍然是在原来的城北街道。

第二年年初，我生下了一个女儿。当时，家里是有一点不高兴的，因为农村还有它的封建思想在，生女儿肯定是不如生男孩的，女孩做不了农活，又得嫁出去，感觉从生下来就已经和嫁出去了一样，不是属于这个家的了。我自己接受了思想教育，表面上性子软，可内里要强的很，我自己照样可以和男人一样做干部，不觉得女人有什么比不上男人的。公公婆婆还是有重男轻女的思想，而按当时的规定，生下第一胎了以后如果是女孩，可以隔 5 年后再生一胎。这算是从实际出发，也算是个缓冲，既落实计划生育，又缓和一些思想特别传统一定得要生个男孩家庭的矛盾。

坐月子时，婆婆以为我肯定还是要生个男孩的，那时觉得一胎生不出来，肯定要再生一胎的，有的人生了两三胎非得要生个男孩出来。那时的人们常说"一个不少，两个正好，三个多了"。所以也没在我身边怎么提，可我时不时地给公公婆婆做思想工作，这个我在村里工作抓计划生育的时候也得要做。但是做自家工作的时候刚生完孩子身体不舒服，一些话在自家讲也格外的困难，也更加了解到这期间的难处，但我是做妇女工作的，在这方面肯定要给别的妇女姐妹和别的家庭做榜样的。所以我就硬着头皮做，因为放了节育环，这几年肯定是不会再生，公公婆婆也只当我还不够成熟，等过几年自己就会想开了，或许又是觉得月子里还是顺着我一点，我说这些他们也都点头。

1984 年特大台风

有件事我印象特别深。1984 年 7 月底，有一场特别大的台风。

雨下得昏天黑地，因为温岭就在海边，台风是常见的很。但这次是正面袭击，风力强大的很。去年也是差不多七八月份的时候，在石桥、塘下、田洋（温岭县内另几乡）那边遭受了一场龙卷风，风也大的很，200 多间房子被吹倒，无数的粮食被吹走，也有好几十人受了伤。县乡里都让群众加固自家的房屋，特别注意人身安全。当时的房子是用木头和石头搭建起来的，温岭白蚁蚁灾特别的严重，木头都被蛀的很厉害。那天下午三四点钟，天就乌黑了，风雨特别大，一阵接一阵的，孩子才三四岁，一直在哭。我们一直担心房子会被刮倒。还好当时的邻里关系也比现在要好得多，有的人家里条件好一点的，房子有两三层楼高，而且坚固得很，附近的人都会带着草席到他们家里打地铺，不然在自己的茅草屋或是老屋，根本睡不着。

台风大，人人都知道它的厉害，但我的通知工作却还是得做，我得出门去挨家挨户地说。因为村里人住的散，得从东走到西，告诉村民这次的台风格外的厉害，白天尽量少出门，到了晚上，要是家里的屋子盖了有好几十年木头都蛀的很坏了，千万别守着了。屋子倒了可以重起，人没了就是没了，晚上赶紧到我们安排的稍微安全点的地方住下。当时风大雨大了点，加上到处都是农田，风一大雨一大，农田一下子水就满出来了，平时走的一些田埂变得特别的软和滑，走路就特别容易摔倒。我摔了好几次，身上都是泥，但是责任在身上，我必须要在天全黑下来之前尽可能多地通知别人，我啊也就不管脸，反正雨一大到处都有水，随便弯腰弄一点水就可以洗了。我的一只布鞋还在摔倒的时候被水冲走了，我就一脚泥一脚水地走着。想到自己家里的老屋指不定也会被风吹倒，想到自己那么点大的女儿不在自己身边，又饿又怕肯定一直在哭，我心里就不安生，但是想想还有好几户人家他们的儿子都去外面谋生了，就两个老人在家里，平时的生活就很姑息相了（令人觉得可怜），这台风天不知道有没有吃的，屋子倒了有没有地方住，腿脚又不利索，屋子真要倒的话来不来得及出来。

温岭也不是没被台风袭击过，一年五六次是常有的事，那时没有电视，没台风各色预警，全靠农民们看天的本事，之前的台风没那么早天就暗了的，风声也没这么大过，所以这次都说特别的厉害，我也就急的很，摔了好几次，磕破好多次皮才总算把该通知的人通知的差不多。急的时候不冷，一回到家坐下来就格外的冷，就擦干了坐在窝灶前烤火。半夜的时候因为要给孩子喂奶，得起好几次，外面风呼呼的，一点都睡不着。天蒙蒙亮的时候，就能远远望见好些房子被吹倒了，也不知道自己母亲家怎么样。可是风还是没一点要停的意思，人可以躲在房子里不出去，庄稼却不行，风大雨大，不知道要造成多少经济损失。山马村不少人是种橘子的，眼看着离成熟就个把月的时间了，这下连树都被吹折了，心痛也痛死。同样不能在家里待着的还有我们这些干部，愈是困难的情况，愈是需要我们，这才是干部该要真正做的事呢。谁不想安安稳稳待在家里，虽然也担惊受怕，怕屋子倒了，但好歹是和家里的人一起，也好有个照应，心里也踏实些。自己这样一去做事办公的地方，家里出了些什么事，也没法第一时间赶回去帮忙。

第一天被刮倒的屋子不是很多，就把人集中安排到了村里小学的校舍里了。但是第二天夜里，无数的房子都被刮倒了，包括我母亲家，所幸母亲家里没什么人受大伤，只是两个妹妹手脚磕破了一点儿，把家里人安置好以后就又忙着救灾，趁白天组织一些力气大水性又好的男人把河道、溪坑疏通一下，因为屋子被吹倒以后，虽然那时穷，家里没多少东西，但是杂七杂八的农具啊、桌椅啊都被冲出来了，不把河道疏通一下，水漫起来庄稼颗粒无收，出入的路也都没法走。到了晚上，再安置房子被吹倒的人的地方，主要是学校校舍，安排各小队的人轮流守夜，虽然校舍相对牢固些，但这次的台风实在是厉害，夜里听到屋上瓦片吹掉下来的声音实在是心慌。

这场台风持续了3天，万幸的是我们这边离山都还是蛮远的，没有山洪，和别的几个乡比起来受灾情况已经好了很多，但是屋子还是倒了九十多间，伤亡也有三十几人，这在当时已经算得上大灾了。当时还觉得很愧疚的是，我也没时间参与母亲家的重建，那几年粮食收成不好，这次受灾又格外严重，赈灾这些事一下子就压下来，还得带小孩，抽也抽不出身。

担任村支部书记

大概是1986年的光景，经村里人的选举，我当上了山马村村支部的书记，这个时候我已经有了快十年的工作经验。村里重要的事情都由村长他们定，我做的主要是调解邻里矛盾，去县里开会，把上面的政策方针传达下去。拿调解来说，当时还是有一个调解小组的，小组成员都是各小队推上来的，都是对自己队里的事情有一定了解，而且说话也是有一定分量的人。要是哪些邻居因为一些事吵起来了，都会有知道点底细的人去劝，不然听别人吵得云里雾里，甚至听到别人吵得动起手来都插不进去嘴。

印象挺深的是，当时房屋都在扩建，家家户户都要盖新房，这本是高兴的事，但是上面规划的不是很好，以前屋子都是自家的，可是屋前屋后的地差不多都是大家伙一起用的，这些地也不大，也没人拿它来种粮食，就种些平日里的调味料，葱姜蒜什么的，谁要吃，邻里都客气的很，随你割一点来，别割完就都完事了，所以啊这地不地的，也都无所谓。这边你多一点那边我多一点，都是庄稼人，又世代都住一起，谁也不计较这么点东西。可是要等到要盖屋子了，一口井堵在两家中间，谁家要打围墙，让对门的出入都不方便。这样就不高兴了，他不让他，他也不让他，男人有时候还要打起来。家里的女人也不服软，都是两个女人在那里互相骂，男的也跟着，骂着骂着男的就打起来了。

这时候街坊邻舍看到要打架了，会来叫我们，我们撞见了也会赶快赶过去。双方看到我们来了，也会停下来，一来干部在村里也都算是有威望的人了，也都服；二来本来就是街坊邻居，都沾着亲带着故的，没人高兴街坊邻居闹僵的。远亲不如近邻这句话说不出来，道理总都是懂得。我们就得去调解呀，这些事一听就是大半天的，有的刚发生的事情还会扯到几年前的鸡毛蒜皮上。有时候，说着说着情绪还会激动起来。感觉又要打起来，得赶紧劝住，让他们先回家，冷静一下，讲好第二天或者过几天再来调解。这种事一两天是解决不了的，就得一天两天的来，记得最久的一个我连续去了一个星期，还叫上了调解组的几个姐妹，才算慢慢谈妥。

再有，家庭内部的事还要难办。要是两家的恩怨，还能说上两家的亲戚关系，还能再托一个两家都信得过的人来解决。但是家庭内部的事情，要么是婆媳矛盾，要么是夫妻矛盾，都是公说公有理，婆说婆有理的。

每当到过年这段时间，是最不能好好休息的。因为人都闲下来了，这种鸡毛蒜皮的事就多起来了。妇女闲下来了，都是要坐到一起打打麻将的。虽然是不允许赌博的，但是跑到自己家里关起门来，小打打，我们也不好常常就这么进去。再说大过年的，大家都想高高兴兴的，也不想和这些都熟的人闹僵，只要不太明目张胆的，别赌太大的，也就都睁一只眼闭一只眼。

但是，女人家一打起麻将来，手不闲着，嘴也不要闲着，就东拉西扯的，几个年轻的媳妇总要说说自家婆婆的坏话的，有的不知怎么的被自家婆婆听了去，总不免要争一争、吵一吵的。还有的就是打赢的总想多赢一点，输了的总想下一把能胡，能胡回来，这一来二去又加上说说笑笑的，一下子忘记时间的多了去了。所以啊，错过了做饭，男人总是要生气的。可那些老树人（妇女）一年里平日全是她做饭，就觉得正月里要男人给自己做几顿饭都不行，想想气不过，本就不觉得自己有什么过错，就一定要和自家男人争这口气。老倌（老公），一般争总是争不过老树人的，平时总是对着庄稼、木头或石头，一天说不了几句话，应又应不上，空有一身力气。被说的气急了，难免会动起手来，做惯粗活的，下手又没个轻重，一不小心就会打出瘀青来，女人就哭个没完。这时候调解啊，既不能让女人觉得委屈，又不能不给男人面子。

常常拿出孩子和过年两件事来讲，只要啊两个人是还想把日子过下去的，就都慢慢没事了。做这些调解啊，其实就是说些正经话，把里面的道理分析清楚给那些人听，其实啊，你说大家都活到这个年纪了，这些东西书上没学到过，老一辈总传下来的，总得要靠着像我们这样的妇女干部来说，别人说了好像就差那么一点。有些话不好听，但也得看人说。有的人好面子，就得中肯一点说；有的人优柔寡断的，性子弱的，你就得装着强一点，不然她也信服不了你。

最重要的还是耐心，没有只是去一次，听他们说上两句，自己再讲一两句，就能解决了的，就得三天两头跑去。起先，做这个我也不太会，就得硬着头皮上呗，听完总得给女人点回应，让她得点安慰；给男人点面子，事情大部分就都能解决了。当时我孩子还不大，我都得带着。也怕那些闹矛盾的人动起手来，伤到自己或是小孩，就让我的妈妈、妹妹帮忙照顾孩子，这样才能抽出时间去处理这些事情，花上一个上午去调解。当时，我已经是岁数偏大的，又因为是家里最大的，弟弟、妹妹都叫我阿姐，不知怎的，村里的妇女也都这样叫起来了，现在甚至连我母亲也都叫我阿姐了。

改革开放几年后，城北街道一带的鞋业发展起来了，乱堆的垃圾多了起来，加上鞋厂招的多是外来民工，他们多是租住在村民的老屋里，环境问题一下子凸显出来了。不管是东边菊初家的杂物需要挪，西边玉友家的棚子需要拆了，我都会挨家挨户去宣传动员，和一些鞋厂谈环境整治的好处。每月农历二十二号，组织一批热心的村里妇女，义务去打扫。可能是宣传工作到位，也可能是我们以身作则的关系，村里的环境有不小的改善。但就是鞋厂的废水，一直管不好。因为处理起来太费钱，村里的都是小厂，都花不起大钱去处理，就直接排到溪坑里。当时鞋厂多，但发展起来没几年，上面也没有明确的要求去管这些事。现在回过头来想想要是早点动手整治，近年的“五水共治”难度也就不会这么大了。

计划生育工作

我对计划生育的管理是 20 世纪 80 年代末 90 年代初的时候，但其实是工作之初就多多少少涉及了。早些时候家家户户都是“小猪沿糟”，意思是家家户户都有好几个小孩，吃饭的时候就和一群小猪在食槽抢食一样，其实也是说小孩子多都是没法好好养的，小的时候生病了夭折的也很多。而且，重男轻女观念严重，温岭也是一样的。要是一个妇女生不出儿子，在家里甚至邻里面前都是抬不起头来的。为了生儿子，求神拜佛最多，但是也有不少用偏方的，有些只是外敷外用，比如用雄黄涂肚脐眼，就是有些偏方是草药要吃下肚的，难产或是生下小孩子没几天就死了的情况也多的是。

所以早些时候的妇女主任，都是接生婆里的一把好手。一是接生的对象多是村里的妇女，因此大家都尊敬她；二是当时生小孩还是一个不小的问题，温岭原来是计划生育的后进，省里都批评过的。于是后来抓的特别紧，大概是 1979 年或者 1980 年的时候，被上面黄旗警告了。当年市里就把各级村干部和一些适龄妇女召集起来，开了个 10 万人的动员大会，并且把那次大会的发言每天播放，放了足足有一个月。那年开会开的特别多，讨论的话题就是背上黄旗怎么办。为了提高各级干部和群众的认识，还进行了一系列声势规模都很大的宣传教育活动。

到了 20 世纪 90 年代初，我的工作重心就是计划生育了。当时市里先后出台了十多个规范性文件。当时的要求非常严格，对生育指标的控制非常严格，用罚款来进行约束管理。对于偷生的，要按照省里的条例规定标准征收超生子女费，对我们这些参与管理的人也做了十分严格的要求，特别关注处罚我们这批计划生育工作人员徇私枉法的行为，如扣工资、降级、工作调动。

婚姻登记制度是较为平和的对策，当时这一块我们做得比较多也比较好，通过宣传教育，推行晚婚晚育。当时市里还专门成立了检查领导小组，进行了好几次抽查，尽量挤干水分。为了照顾到本地实际的情况，当时地方上的政策是第一胎如果是女儿，那么可以生第二胎，无论第二胎是女儿还是儿子，都不能再生育了。这样的政策已经是最大的让步了。但是没想到上有政策，下有对策，非法鉴定胎儿性别一时间特别热销。不过非法鉴定胎儿性别的说法是现在才有的，但那时其实在大家眼里还是正当合法的，重男轻女的思想没有变，计划生育下也都冒险一定要生个儿子。

当时计划生育也是整个市领导工作的重心。1992 年，温岭撤区并乡了，同时还成立乡（镇）一级的计划生育办公室。全市计划生育的干部从之前的不到一百人增加到三百多人，还经常用培训的方法，组织我们一起开大会，指导业务如何进行、计划生育如何管理，还为了解决少数干部在家乡工作，有人情难的问题，用交流的办法，让各个乡镇的计生工作人员流动。当时就是三天要去开一次会，常常要汇报工作交流经验。

工作中与妇女儿童相关的工作，还有一直以来推行的“五期保健”和“三调三不调”。“五期保健”是指妇女在经期、孕期、产期、哺乳期、更年期的保健；“三调三不调”指的是经期调干不调湿、孕期调轻不调重、哺乳期调近不调远。这些事当时我做得比较多，给做培训的大多是村里育龄妇女，所以岁数没我大，也都“阿姐”“阿姐”地叫我。有时候她们公公婆婆见我来了，也都会叫阿姐来了，喊我的名字或是吴主任的，反倒渐渐不多了。

因为计划生育虽然说是遵守党和国家的安排，但多多少少是村民所不喜欢的，有些老一辈的人觉得好像是我害死他们未出生的孙子一样，没有好脸色看，其实我内心是很委屈的。记得当时去做宣传工作，同行的是桂芬，当时那户人家就指着我俩骂。说桂芬生了个儿子才站着说话不腰疼，又说我肚子不争气，还做这等子缺德的事，活该生不出儿子。我本就在家里因为生了一个女儿，加上在做计划生育的事要以身作则就放了环，好不容易做通公公婆婆工作，让他们暂时放下这个想法，冷不丁被提起，而且这样的话多多少少听过，第一次被当面指着骂，实在委屈的紧。但是，我又是夹在桂芬和那户人家之间，桂芬性子急，差点就和他们吵起来。我只好先拉开他们，赔着笑脸，安慰桂芬说我们做这个的，肯定多多少少要吃些苦，做妇女工作，被嚼舌根的多的是。

回到家里，绷成一块的自己才放声哭了起来。说实话我也怨过组织上面这方面的安排，觉得过于严了，有些孩子被迫被引掉了我觉得实在是可惜相（觉得十分的可惜，又无可奈何）。所以我觉得这方面能弥补一点的，就是做得十分卖力，被别人称为阿姐，好像又得到了尊敬和喜爱，就欢喜的紧。有什么孩子的驱蛔治疗，还有免费疫苗接种，我就第一时间去走访家里有孩子的人家，告诉他们这些信息。

1997 年，我还参与了农业普查。农业普查不是件简单轻松的活，每户人家家里有多少亩地、赚了多少钱，也会碰上一些对你爱搭不理的，觉得你这个人怎么那么啰唆，觉得为什么要将自己家的事情，这么细小的事都要和你说。他们都会扭扭捏捏、含含糊糊给些大致的数字，不太愿意合作。每当遇到这种情况，我也只好赔着笑脸，坚持将需要的信息悉数了解到，解释这是国家的需要，并且这些数据也不会外流，是绝对安全的。

调到残联工作

1999年，我调到了横峰街道的残联工作。横峰街道就在城北街道的边上，是我丈夫所在的街道。我的工作是日常给一些孤寡老人和残疾人送补贴送物资，尤其7—9月台风季的时候。横峰街道，地势低，而且排洪排涝的建设没有建设得很好，每年夏天台风后都会发大水，淹个一星期。以前进村给那些贫困户送物资的时候，卷起裤腿，只要小心地下的泥不要被绊倒就行了，现在倒好，经济发展了，倒要让部队的开着冲锋艇进去了，威风得很，我外孙女也好几次嚷着想要坐。

印象比较深的两件事是快过年的时候，有一个本地三十来岁的小后生(年轻人)，估计是本地服装店的老板，给我工作的残联拿了整整两麻袋的新衣服，说是让我们帮忙给那些贫困有需要的住户，问他名字也没留下任何信息，笑笑就走了。当时正是年关，那些阿公阿婆要么孩子没了，要么就是被扔在乡下，哪有新衣服穿呢，我通知他们让他们过来挑新衣服，甭提有多高兴了，阿公阿婆也不多拿，十分知足。

还有一个是吴继冬，他是一名残疾老人，一只手在工作的时候不小心被锯断了，但他特别踏实能干，也不乐意在家待着。了解他的情况以后我就帮他联系了农林局的技术人员，说他家还有一点地，问看有没有他好打理的作物。于是他就种起来桃啊、李啊，但是也说了温岭这里多台风，种田也有时候是看天吃饭的活计，他第一年的收成因为台风毁了大半。本来就不富裕又折进去大半。我把他的情况和上面反映了，也为他争取了不少补贴，给他送了帮扶基金，还派人给他送去了化肥和一些农业器具，现在他的农园已经非常不错了，我回去横峰老家的时候他总是给我送来不少新鲜的水果。

40. 石铺春花：全心全意做村民工作

口述者：唐春花
采写者：匡　成
时　间：2016 年 1 月 20 日
地　点：湖南省祁阳县大村甸镇石桥铺村

唐春花，女，1957 年 1 月生，大村甸镇丁家岭村人，高中文化。1981 年嫁至石桥铺村，丈夫系祁阳县天马山草席厂下岗职工，现在家务农。育有 1 子 1 女，分别在长沙、东莞务工。1976 年高中毕业，回村做过两年民办教师，1978 年在公社担任电影放映员。1990 年至今担任石桥铺村妇女干部。

丁家岭村，因境内有“丁”字形山岭而得名。现在村子的面积 2.2 平方公里，下辖 9 个村民小组，有 900 多人。

动荡岁月里的孩童时光

1957 年 1 月 27 日，我出生在大村甸镇丁家岭村。

家里有姐弟 4 人，我是老大，有 2 个弟弟和 1 个妹妹。父亲叫唐宜全，出生没几天奶奶就去世了，3 岁时爷爷也去世了。没了父母，父亲的日子自然过得很苦，小时候经常吃不饱饭，稍大点，为了吃饱饭就去当兵了。

我母亲家条件也很不好，新中国成立以后划成分，我父母家都被划为贫农。父亲 1952 年参加了中国人民解放军，部队驻扎在广西桂林，1956 年退伍，回来就和我母亲结婚了。父亲当兵的时候，在一次常规的训练中，从平衡木上摔落，手当时就骨折了，后来因此落下了残疾。感谢国家还给予了他补助，现在每个月国家还给他发 400 块钱补助。

父亲是 1956 年担任丁家岭村的村长兼民兵营长，在这个位子上一干就是 35 年，1991 年才从村长和民兵营长任上退休。父亲担任民兵营长和村长都是公社直接任命的。因为上面领导认为他当过兵，在外面见过世面，而且家庭成分很好，所以就选了他来当村长和民兵营长。我妈妈因为在村里的口碑很好，口才也很不错，加上出身贫农，政治上可靠，就被乡镇组织部任命为妇女主任。就是说我家里有两个村干部。当时丁家岭村总共就三个村干部，还有一个是村支书。

说起我的父亲，对于他担任民兵营长的经历，我的记忆还算比较深刻的。因为他在部队里待过，所以对训练、打靶比较有经验，他当民兵营长也就得心应手。平时枪是放在枪械库保管的，只有训练的时候才拿出来，还配发了子弹，不过每人都有定额数。枪械库设在公社，因为武装部在那里。每个村里都有民兵，一般都是村里的青壮年来承担民兵的工作。那时候民兵都是要挑选的，每年训练四次，一般训练主要是射击。民兵的主要作用就两个：一是维护村里治安；二是一旦有战事发生，民兵就是预备役部队，拉上去就能打。那时还招收女民兵，但是人数很少。

参加民兵大家都是自愿报名的，那时候大家对于参加民兵热情很高，认为是很光荣的事情，很多人踊跃报名。大家对参加民兵热情这么高，还有一个原因就是去参加军事训练就不要参加劳动了。那时候都是出集体工的，训练相对集体劳动来说还是轻松的，也比较有趣味。挑选民兵也有严格要求，虽然不要体检，但是起码来说五官要端正，身体要好，力气要大，当然政治面貌一定要好。这些审核和挑选都是由民兵营长把关的。当时村里设立民兵营长，镇上就叫武装部长了。村里的民兵分四个队，大概有 32 个人。我村里面现在还有民兵营长，但是民兵已经几乎不训练了。民兵营长都是兼职，有的村是村长兼民兵营长的，有的村是村秘书兼任民兵营长。现在虽说不训练了，但是民兵营长还是有任务的，每年征兵了，他要进行摸底，哪些人合适、哪些人不合适，他心里都要有数。

我大弟读到高中，后来也当过兵。还有一个弟弟、一个妹妹读了初中的。小弟弟和妹妹读书的时候，国家就开始抓教学质量了，他们两个人也不想去考高中，读了初中就没继续往下念了。由于我是老大，而且读书的时候学费很便宜，国家对于教学抓得也不紧，所以我一直读到了高中毕业。

我在丁家岭小学读的书，后来又在丁家岭读的初中（现在改名叫大村甸镇一中）和高中（初中、高中在同一个学校），这个学校以前叫丁家岭中学，我毕业以后丁家岭中学和大村甸镇一中合并（2003年合并），称为大村甸镇一中（以前大村甸一中在大村甸镇，现在搬到丁家岭村来了）。我们那时候上小学的时候共四门课，数学、语文、音乐、体育。而且我读小学的地方离我家也很近，只有一公里不到。我读初中、高中的时候学校也离家很近，大概两公里之内。我小学的时候没有住校，但是初中、高中以后，我们那时候文艺会演搞的多，经常要排练，所以我初中、高中都是住校的。

我们那时候的文艺会演主要为政治服务，上面提倡什么，我们就表演什么。我记得我们演出过《红色娘子军》，还有《沙家浜》（这都是读初中以后的事情）。小学也搞过会演啊，但是没有这么多。记得那时候修水库，不像现在都是机械化了，那时候全是村里的乡亲们人工修出来的，村里很多壮劳力都是在工地上干活，干一天活就发一个筹码（相当于工分）。我们小学的时候，学校就组织我们去工地上慰问演出，不过演得不好，都是自己乱编的，主要没老师带，到初中、高中以后就有专门的老师来给我们培训了，因为要为政治服务，大家的行动都是有组织、整齐划一的。

1965年我上小学（那时候没有幼儿园），读了5年小学，3年初中，3年高中（1976年高中毕业）。那个年代的老师流动少，我从一年级到五年级基本上老师都是固定的。我记得我小学班主任一直是唐建繁老师，也是我们村的，现在已经去世了。我初中、高中班主任的名字想不起来了。我读小学的时候学费一学期只要5角钱，初中、高中的时候稍微贵点儿，2块钱一个学期。那会儿东西都很便宜，几分钱就能买个鸡蛋，几角钱就可以买很多东西了。我读书的年代，国家对于教学质量抓得很松，所以我学习压力都不怎么大，基本上就是参加各种文艺会演。

1970年，我顺利考上了初中（丁家岭中学），1973年又顺利升入丁家岭高中。我高中毕业就没读大学了，主要当时高考还没有恢复。我是1976年高中毕业的，1977年恢复高考，我当时连高中的毕业考试都没有参加。我记得学校考毕业考试那会儿我还在衡阳参加全地区中学生文艺会演。而且我那年会演还是最后一批中学生会演，以后就没有类似的活动了。那时允许复读，我当民办老师以后，我高中的老师碰到我还让我回去复习准备考大学呢，但是我工作了以后，也不想继续读书了，就没去准备复习了。

由于父亲是村长的缘故，我读初中、高中的时候还是沾了他的光。那时候有句话叫贫下中农管理学校，父亲就是贫下中农驻学校的代表。也是这个原因，我在学校被选为文艺骨干，经常去参加文艺会演。并且，当时学校其他人都要交粮食，但是我因为是文艺骨干不用交粮食的。

从教师到放映员

1976 年高中毕业，我回到丁家岭小学当了 2 年民办教师，这个学校 1983 年撤销了。我做民办教师和我父母还是有关系的。他们都是村干部，对本村的情况和上面的政策也了解的比别人多些。我当时顶替的是一个已经离职的民办老师，因为她的父亲是县广播局的，县里面来招女兵，她就去当女兵了。她离职后，我刚好读书回来，所以我就接替她的岗位。我一个人上一个年级的课，一天七节课上下来强度还是相当大的。虽然工作强度大，但是我们做民办教师的待遇却不高。那时民办老师工资很低，只有 6 块钱一个月，其余的补助，按生产队第三等劳力的工分来算。那时候靠工分吃饭的。一个男劳力一天是 10 分。他们的 10 分，相当于我的 8 分。按当时的劳动价值，我的收入在村里还算可以。但是民办老师的收入比正式老师差的还是很远的，他们虽然说工资不高，但是他们有 30 多块钱一个月，比我们多好几倍。当然，我们毕竟不是正式在编人员，待遇差距大也是可以理解的。另外当时的代课老师就根本没有工资。

和我同时入职的民办教师，只要没有离开岗位，后来都转了正式教师，现在都退休了，享受国家待遇，拿退休工资，一个月有 3000 多元。后来公社调我去放电影，我觉得公社电影队也是份正式工作，好歹也是享受国家待遇，就过去了。现在想来，离开学校的决定，使得我吃了好大亏。

说起错过好的机会，我还记得一件事情。我13岁那年县里戏剧团到村里来招工，就到我们高中来挑人，把我和村支书的孩子还有另一个同学作为考察对象。那时村支书的权力还是挺大的，结果他的孩子就被招进县戏剧团了。如果当时她不去的话，我肯定就去了，真都是命啊。戏剧团对我们进行了面试，考唱歌、跳舞，但是最终的选拔还是偏重于家里的关系。我在唱歌、跳舞方面还是有些天赋，不管是唱歌还是跳舞，我都拿得出手。现在这么多年过去了，我在这里说啊，当时我们村支书的小孩真的在这方面没什么拿得出手的东西来。我落选以后给我的说法就是我年纪超过了，她年纪比我小。戏剧团就是拿国家工资，现在戏剧团不存在了，虽然戏剧团解散了，那个村支书的孩子后来被调到金洞林场工作去了，毕竟她是国家工作人员，带编制的。

1978年，河公庙公社招收电影放映员，我去报名参加选拔。公社设立在大村甸镇上，认为我符合条件，就任命我去担任电影放映员了。我做出这样的决定，一是因为当民办教师确实太累了，工资又不高，而且在电影队的话当时工资还不错；二是我一直是学校的文艺骨干，自身在这方面还是有些基础，我也乐于从事文艺方面的工作。当放映员吃住都在公社，那时的我很天真，认为进了电影队工作就稳定了，就有保障了，也没想到后来会这么大变化。

由于经济条件比较落后，物质水平也不高，看电影是那个时代老百姓日常生活中为数不多的娱乐项目，男女老少都爱看电影。记得我们有很多好片子，像什么《红楼梦》啊，《地道战》啊，等等，这些都是老百姓强烈要求看的。晚上，我们就拿着影片（用一个盒子装着），从这个村的放映点跑到那个村的放映点。有时候在一个放映点一直放映到天亮。公社电影队是每个村轮着来的，河公庙公社有8个村，假设今天晚上在刘家岭村放映，明天晚上就在石桥铺村放映，反正就在这几个村之间穿梭，每个村每月放三次电影。电影基本是每天晚上都放。每个月我们的休息时间顶多是6天。

后来快到1990年了，乡村电影事业不那么兴旺了，公社就没怎么管了。我开始是属于公社的工作人员，我的工作啊，收入啊，都归公社管。我在公社大概是20多块钱一个月，加一点点放映补助和一点点下乡补助（下乡补助好像是2角钱，放映补助好像也是2角钱）。村里没有工资，我相当于公职人员。所以我们电影队现在很多人向上面反映，我们这些人当时是属于公职人员，现在老了就要退休了，就要领退休工资，现在国家给我们退休人员每个月只发了 120 元的补贴。因为我还有几天才满 60 岁，所以我现在还没领到这 120 元钱的。我听以前的同事说这个政策是去年才实行的，他们有的人已经领了 1000 多元钱了。

1991 年以后，因为当时上面也没有那么重视了，放电影的和看电影的人也都少了，看电视的人多了。乡政府就宣布公社不负责这个事情了，当时我们大多数人就回村里来了。只是在村里红白喜事的时候偶尔放一放电影。

以前放电影主要是为了做宣传，配合什么杂交水稻啊、计划生育啊，等等，宣传国家的政策。开始都要把这些政策做成幻灯片，用幻灯机放出来。特别是当时宣传杂交水稻，还专门编写了杂交水稻歌。“杂交那个水稻喂，就呀么，就是好勒。一呀呀，一呀哟，产呀么，产粮高”，这首歌是以我们祁阳当地小调唱出来的。这首歌是石洞园电影队自己编写的歌，在县里组织的比赛中还获奖了，后来就在我们祁阳地区唱开了。那时候流行编写这样的歌曲，也是一种宣传手段。

我记得当年为了纪念周总理，县里专门组织了纪念活动，还举行了比赛，你编曲你去唱，我编曲我去唱，我们电影队也编了歌。歌词好像是：“三月里来是清明，一送白花泪纷纷，白花献给周总理”，后面的词我就记不得了，太多年过去了。这个歌其实就是我编写的，歌名就叫《怀念周总理》。编这个歌的时间是 1979 年。

担任石桥铺村妇女主任

1990 年，由于待在公社事情不多，就回到村里，天天在家忙农活，偶尔回放映队放放电影。因为我村里面妇女主任调出去了，之前的那个妇女主任调到镇里面计生办去了，她这个位子就空了出来，我们村里就要重新选一个妇女干部。

村支书认为我还读了一点点书，再一个是我有电影放映队工作的经历，算是见过些世面。村支书就和我说："你现在在村里时间也比较充裕，放电影和当村干部不会冲突的，村干部就是白天有些事情，晚上你还可以继续去放映队放电影啊。"其实我本人是不想当妇女干部的。村支书推心置腹地同我谈话，因为我有在公社工作的经历，公社的人基本上认识我，特别是我还经常放映电影，村里的人就对我印象比较深刻，所以他觉得我是担任妇女主任恰当的人选。到我家来做了几次工作。他说："这对你的影响也不大，反正你要放映电影的话去就是了，不会冲突的。"但是我心里还是很纠结的，毕竟我以前在公社工作，现在从公社回来了，公社也没给我什么补助，也没有什么交代，连一句话也没有。

村支书后来又劝我，说其实担任妇女主任也很不错的。刚回来那时候县里面当时还招收文化站长，他说你当妇女主任，有机会还可以去考文化站的站长，你如果当妇女主任的话机会就会大很多。但是，后来我当了妇女主任以后，这个事情我也就抛在脑后了。

其实在当妇女干部这件事情上面，爱人唐铁桥是给了我很大支持的。他之前在大马山草席厂工作，是个国营单位，就在现在祁阳县一中旁。他是招工招进厂的，后来下岗了，但是由于他买齐全了养老保险，现在也是享受国家退休人员的待遇，每月可以领取退休金，他就回村里了。回村后，家里的事情他基本上都给包揽了。他同我说村支书也来了几次了，别人也是看得起你，你反正在家也没事情做，你过去有放电影的经历大家都认识你，也信任你，你不如就做这个工作吧。那时候妇女主任主要抓计划生育工作，还是要得罪人的，有的人说起妇女主任就说难听的话。像当时有的人家里生二胎的，被抓住罚款了，基本上就责怪妇女主任，认为是妇女主任报告的。

有件事情我现在还记忆犹新，那时候我还在电影队工作，有一次和一个同事去村里放电影，当时碰上了一个老太婆，当时这个老太婆看到我们来了就很不高兴，对我说："小姑娘，你们怎么年纪轻轻就来做这么不好的事情呢？"我当时和同事听了就懵了，问老太婆："我们到底做什么了，惹您这么不开心？"老太婆说："你们是下来抓计划生育的吧，别以为我不知道，你们这些人啊，没一个好东西。"听了这话，我们恍然大悟，答道："老人家，您误会了，我们是下乡来放电影的，不是来抓计划生育的，您误会了。"我们还把随身带的证件给老人家看，她才松了一口气，赶紧和我们赔礼道歉。她以为我们是来搞计划生育，抓她儿子去结扎的。那时候抓计划生育工作就有这么讨人嫌。所以我的意愿也不是特别强烈。我爱人倒是不断做我的工作。最后我在他的“劝说”下，参加了妇女主任的竞选。

竞选活动首先是选民列举出来，然后镇上再下来人组织选举。海选的时候是先请出群众代表、党员、组长投票。就提出了候选人的名单，然后正式选举的话由村里18岁以上的选民参加投票。有资格参加投票的选民都要登记好，虽然有些人不在家，但是如果漏掉了名字就不好了。在乡干部的监督下，老百姓来投票。大家觉得我粗通文墨，有一些活动能力，而且我村里的人比较信任我。起码来说我这个人很爽直，做事比较大公无私。从我当妇女主任到现在，有人和我竞争选举的时候，有些人会去拉关系，送烟啊什么的。她们这样做主要还是因为挺羡慕当村干部的，妇女主任就是村干部之一。还有一个原因就是有些人是出于嫉妒，觉得你能当妇女主任，我为什么不能当呢？其实就是一个面子问题。出于这种心态，她们就来参选妇女主任了。

我那时当妇女主任也是大家通过选举程序选举出来的。候选人当时有两个，有个人和我竞争。结果毫无疑问，大家选择了我。这年是1990年。因为我之前放电影的缘故，经常在村里走动，当然从小的到老的都认识我啦。那时候大家都喜欢看电影，没有电视，电影就是唯一的娱乐啊。那时候8个村隔个十多天就有一场电影看。20世纪90年代初，农村里有电视机的人家都比较少。到了90年代中期，有些人家才有电视了，大家就三五成群围在一起看电视了。

我当妇女主任以后放电影这块就没以前那样重视了，但是放科技片的时候还是由我来负责的。我们那时候放电影前要放科技片，什么国家新政策之类的。我们那时候称之为“加影”，这个“加影”有大概半点钟的样子，放完以后再放电影（加影是一种政治宣传手段，就是放电影之前放一些关于国家政策的时事报道，相当于现在的新闻联播。那时候加影的内容很丰富，有宣传杂交水稻，有教授种花生、种红薯、种油菜等等，讲解还挺详细的。基本就是一些技术性的报道和一些国家政策的宣传，对农民了解农业技术和国家的农业政策还是很有帮助的。反正每个村放电影之前都得放这个东西）。

我们村里面原先是三个村干部，一个秘书（会计）、一个支书、一个妇女主任。当时分支委和村委，支委是产生支书的，村委就是秘书和妇女主任。还有个村长，我们那时候村长是由支书兼任的。现在是四个村干部，支书、村长、秘书（会计）、妇女主任。

我担任石桥铺村的妇女主任，主要负责计划生育工作和妇女工作，其他的工作都是我和其他几个村干部合作进行的。

开始农村里还要收上缴款，收粮食，现在国家政策这么好了，这个取消了。现在主要是计划生育和妇女工作。我的责任就是计划生育工作，其余的工作就是协助性的工作。像我们每年收老人的社保，从 100—800 元不等。还有合作医疗，处理一些民事纠纷什么的，都属于协助工作范畴。

计划生育的话，其他干部有时也协助我一起来做。其实我们石桥铺村的工作还是比较好做的，因为这里离城市近，老百姓比较想得开。毕竟还是儿多母苦，村里实行计划生育很大的阻力是没有的。大家基本上看得开，村里很多人在城里做事，反正养多了孩子，也不方便出去做事。现在二胎政策放开了，有个同村的生了个女娃，我劝她生二胎她都不愿意。因为以前农村生一个女孩以后，要间隔四年才能生第二胎。现在政策放开了，凡是符合养二胎的就要进行审批，开始是自己打报告，交给镇里，镇里交给县里，县里到市里审批，批复下来就可以生二胎了。总的来说，我们村计划生育工作是比较好开展的，放在有的村就很不好弄了。

我们村里的妇女还比较尊重我，还没有什么人故意找我麻烦。记得有次抓计划生育的时候，有个妇女离婚了，我们按照指示去查验她的审判书，刚好碰到她一个小侄儿在她家，这个侄儿是生育计划外的，现在跑到我们这边来了，我们当然要管了。她后来就埋怨我，就说我是特意去查办的。后来她就一直对我有些意见，在背后说了我一些不是。但最后她也跟我和解了。她侄儿是计划外的，这个是违反计划生育规定的，不管你到哪里，都要缴社会抚养费。其实那次她侄儿也是凑巧来走人家，恰好被我们陪同镇上的领导搞检查，撞见了，也不是特意查的。我们本来是去了解那个妇女的离婚情况，看她是不是真的离婚了，这个我们是要登记的。

那时候我们计划生育每年都要检查四次，一个季度检查一次。如果抓住了，肯定要缴社会抚养费的。现在是按倍数缴，以前是缴 4000—5000 元左右。而且这个钱不好收，特别是那时经济没发展起来，20 世纪 90 年代老百姓手里也没有什么钱。反正不好收，得慢慢磨嘴皮子。看起来缴款不是很重，但是那时候收入也不多啊。那时候打工的话才赚多少嘛，现在打工的话还能捞到两个钱。所以我们村里有些人看得开，干脆就不生那么多，免得缴社会抚养费。我每个月基本都要去村里开一次会，主要是为了计划生育的事情。村里要开会，基本是一个季度开一次总结会。现在针对我们的培训也很多。镇里、县里都对我们进行了培训。一般就是办学习班的形式，有时 1 周，有时 5 天，主要是宣讲，指导我们工作怎么进行。那时候还让我们抓出生率，现在倒是没怎么提过了。这个是县计生委组织的培训，主要还是针对计划生育工作。

以前最难的就是征收上缴款。那时候国家免除农业税的政策还没有下来，村里面要上缴公粮，交农业税，老百姓没有钱就收粮。那时候，除了计划生育工作外，这个收上缴款的工作就是很重要的一块了。而且这个工作在我们村要比计划生育难开展很多。那时候每年差不多都要三五个月才能把这个钱收齐。因为，搞了“双抢”过后，就要征收农业税了。有时村支书和我们下去收粮，有的老百姓觉得交多了就没有存粮了，急了，打架了也是有的。但是，也没办法，上面交给的任务你必须完成。你只有做通村民的思想工作，来硬的肯定不行。当时公社也有领导到村里驻点，会同我们一起处理征收的事情。

我们村有个性子比较躁的妇女有次就和我们支书直接打起来了，她就抓着支书打，支书就只有退啊。因为你是男的，她是女的嘛。我们妇女干部也只有慢慢帮着一起做工作啊。我们作为妇女干部相对容易沟通一些。

此外，有时候村里搞活动了，比如修塘、修堰、修路，都在我的工作范畴内。现在，为了大家的健康着想，村里组织跳广场舞。村里还出钱买了音响，就在我家门口这个广场跳，由我组织。以前还组织大家改善村里的绿化，现在主要是修路这些基础设施建设。对于我的这些工作，乡亲们还是肯定的。有几届，有人和我竞选妇女干部，大家还是很支持我的。我这个人话不多，也不惹事，尽量想办法把工作做好。

妇女工作上，我主要调解家庭矛盾。有次我们村里有两口子有矛盾了，那个妇女怀疑她爱人在外面有人了，两人就闹别扭了，她找到我倾诉，我只有慢点和她解释，让她看开一点，后来她又闹到镇里，镇里还是让她回来找我，让我开导开导她。我就和她说，你没亲眼见到，风言风语的，信不得。还有一个原因，因为她爱人是开商店的，免不了要和很多人打交道，这是正常的。两口子还是要互相信任的。反正农村里这些零零碎碎的事情还是挺多的。但是，这些事情一般是她们信任我，主动找我倾诉我才做工作的，其他我是不介入这些事情的。

担任了妇女主任后，我的日常生活还是发生了不小的变化。我这个人求上进，处处严格要求自己。比如老百姓可以乱说的话我不能说，你毕竟还是个村干部嘛，你起码还是要有一定的思想觉悟嘛，言语要谨慎，有的话能说，有的话不能说。再一个，老百姓有怨言了，虽然说与我无关，但是你毕竟还是个村干部啊，你必须要解释啊，不能解释的话你就不作声了。有的老百姓在说我不好的，我听到了也就笑笑算了。不过，基本上解释的话，老百姓的话还是信任的。我也是一名共产党员啊，1993 年入党的，才当妇女干部不久就入党了。当时村委里面不一定要是党员，但是支委里一定要是党员。我想妇女主任既然是村干部了，我觉得还是要起带头作用吧，就写申请入党啊。然后上面下来调查，那时候入党挺麻烦的，还要进行社会调查的。镇组织部要下来考察的。考察时限还挺长的，我当时好像过了两年才转为正式党员。

再一个当村干部以后，开的会多了，往镇里汇报的多了。像我每个月计划生育必须报表啊，报表就要去计生办，同时还要报出生、死亡。死亡这个肯定要报表的，国家一定要掌握这个情况，如果死亡了，国家补贴就没有了，不报的话，就等于骗取国家的钱财了。如果我们漏掉了年终考核是会扣分的。

我们村干部还是比较团结，没什么问题。有什么事情大家还是一起做的。上面交代任务了，由支书分配工作，大家按小组进行。那时候发什么妇检通知了，育龄妇女每年都要检查几次啊，大家有时间的话都会帮我一起做的。工资是镇上定的，大家没什么利益上的冲突，所以也都相处很融洽，不存在很多问题。现在信息社会了，大家都有手机，上网也方便，上面的会议精神一般就打村长手机通知了，也不用次次跑到镇上来。以前没有手机的时候，村里有电话嘛，打电话打到村里，有人值班的。而且村里还有镇上来的驻点干部，也可以通知的。然后该传达到哪一级的就哪一级开会。党员冬训的时候，规定每个村干部管几个组，每个党员都要通知到位。

我们村长很能干，也是老高中毕业生，虽然年纪不大，但是人很聪明，很能吃苦，现在也在兼着做些小生意。我们秘书也很不错的，他家里开了个商店的。我们村支书更不用说，他爱人就是镇计生办的妇女主任。我们这几个村干部，在老百姓那里口碑都还不错，大家对我们的工作也很支持。毕竟我们是大家自己选举上来的嘛，现在老百姓认识水平提高了，不支持你不会投你的票。

其实从事这份工作，报酬是很微薄的，全凭自己的服务意识和奉献精神。妇女主任就一点点工资啊，如果不干了就没有工资了。我刚做妇女主任的时候，20 世纪 90 年代，好像是一年 400 元，后来涨到 600 元，再后来就是 1000 元。

整体上来说我们村民风挺淳朴的，据我了解，到现在为止村里面闹离婚的现象还是没有的。“80 后”的我们村也没听说谁离婚的。像看报纸，说什么离婚的多啊，反正嫁到我们村的离婚的没有。

我们村的治安情况不错，有的人在外面见过世面的，为了自己的待遇，可能会去上面闹闹。上访基本上还是为了维护自己的利益。除此之外，我们村里吸毒的没有，聚众打架的也没有，社会上混的也没有，民风还是比较淳朴的。治安这块基本上是村长管的。我们村里 60 岁以下的人基本在外面做事，现在快春节了大家都回来了，一般村里年轻人不多的，一般 40 岁左右的妇女也是在外面打工的，基本是老人在村里。现在村里种田的人也不是很多，有些人种经济作物，种花生、油菜、芝麻什么的。

文化建设和基础设施方面我们村算是公社八个村里比较好的。村里有石桥铺村小学，是属于大村甸镇管的，不属于我们村里办的，但是在我们村里面。这个学校很老了，在我懂事的时候就有了，我爱人就在这里读书的。我们村里医疗所也有，20 世纪 50 年代就有了。现在条件好了，农村信用社也进来了。以前这里还有交粮点的。我们村的人在特别远的地方打工的不多，基本在县城打工、做小生意。因为特别方便，很多人买了摩托车，这里离县城只有十三里地，骑摩托车一溜烟的工夫就到了。我们村里的老百姓勤快，脑袋灵活。很多人家里条件比我家还好很多，我家算落后的。我们村里比较团结，不像一些村比较散。这个跟我们村交通方便有很大关系。大家不是散居嘛，基本在一起。我们村 2000 年就通公路了。现在大概有 1078 人。作物主要是水稻，经济作物主要是花生、油菜、芝麻，有些还种小麦的。

农民是要看天吃饭的，防虫抗旱是我们工作中一个相当重要的环节。碰上旱灾、虫灾，我们干部就要组织防虫抗旱。

我们村里每年还买了稻田保险的。碰上旱灾，我们东边有高角塘水库，西边有麻土湾水库，取水还是比较方便。但是真正碰上大旱天了也没有办法的。实在干旱严重了，水库放水下来要通过别人几个村，晚上就要组织老百姓去守水，这种情况每年都有。特别是种水稻的时候，干旱起来了大家还要扯沟守水，你守白天、我守晚上。或者你守几个小时，我守几个小时。因为你要通过别人两三个村，别人也要放水啊，你就还要协调啊。首先你要有计划去开票，这两个水库都有专门的管理人员的，开好票以后，假设上面写着早上八点放水至第二天八点，时间都会标注清楚的，时间一到，人家放闸，把你水断了。我们放水的时候，别的村的老百姓也来拿的，你就必须派人守着，不让他们取水。如果人人都来取的话，到我们村的话就没水了。本来要通过那么远的距离引水就要很久，你再把水通到田里面，很麻烦的。老百姓都有私心的，我田在前面，我就想在前面放啊，我田在后面，我得想办法先浇灌我后面的田，矛盾就产生了。

这个矛盾有的是我们和别的村的矛盾，也有我们本村内部的矛盾。前年干旱，我们和另外一个村抢水，那个村不准我们放水，说他们时间还没到，还想多放点。他们离水库近些，这毕竟不是我们村的水库，而他们是受益村。这样我们就比较吃亏。像我娘家的丁家岭村就是受益村，就是之前修水库的时候这个村是出力了的。用农村的话说就是这个水库的水我们村有份。平时还好，天干旱了，肯定是受益村先取水的，出力了嘛。而其他村就着急啊，稻田里没水，作物就死了。村里的干部就要带老百姓去协调啊，你要做对方的工作，谁先谁后，放多久，商量好。那时候我们守水都是抱着被子过去的，生怕别人抢了我们的水。有的人还趁你睡着了，偷偷放点，这一点水可不得了，最低可以保十天以内。为了这件事情，还打过架的。你不准我放水，我要放水，吵着吵着就打起来了。打起来了，村干部就要拉架啊，不能激化矛盾。两个村的干部先拉住自己这边的人，先劝下来再说。再怎么处理再慢慢协商啊，反正最后得想办法渡过难关，不然你在乡亲们心里没地位，没威信啊，以后工作就没法做了，这都是事关乡亲们切身利益的事情。

现在的家庭生活

我娘家是丁家岭的，大概离这里有 4 公里，两个村是一个公社的，我之前放电影的时候就经常到这里来的。我是 1981 年结婚的，我们那时候提倡晚婚，所以我 24 岁才结婚。我在这里放电影就认识了我现在的丈夫，后来一来二去熟悉以后就结婚了。我丈夫很小的时候他母亲就去世了，他很早就承担起了家庭的责任，和我结婚几年以后，他的父亲也去世了，所以我丈夫还是很不容易，他比一般人更能理解生活的艰辛。所以他的家庭意识很强，那时候他在祁阳县草席厂上班，每天都是骑单车上下班的，上班回来以后还要忙活家里的事情。1981 年我的第一个孩子出生了，1984 年有政策，我丈夫是独生子女，可以批第二胎，1986 年我又生了第二胎，一个儿子和一个女儿。我爱人在家庭中还是很民主的，他非常尊重我的选择，这是我们夫妻关系很融洽的重要原因。他对我的工作也相当支持，当初还是他劝说我当妇女主任。我嫁过来以后，村里也分了田地。因为我爱人下岗了，天天在家帮忙，所以家里这边基本没什么压力，我可以全心全意做我的工作。

我儿子、女儿现在都在外面打工。儿子之前在北京工作，现在在长沙当设计师，一年大概可以赚个十多万，过年准备带女朋友回家来。女儿在东莞定居，已经结婚了，小孩也有了。现在女儿也带着外孙子回来看我了。现在儿子、女儿生活都不错，也都很孝顺，我感到很幸福。

后　记

《乡村妇女主任口述：新中国基层社会政权建设（1949—1999）》是“20世纪中国乡土社会”口述历史系列中，继《三代人 · 六十年：20世纪中国乡土社会变迁》《倾听 · 记录 · 传承：飘散而去的中国乡土社会》《祠堂 · 学堂 · 礼堂：20世纪中国乡土社会公共空间变迁》之后的第四部著作。

近年来，中华人民共和国的妇女解放与妇女参政问题成为中外学界研究的重要话题之一。本书从这一论题出发，通过口述史的形式，揭示新中国成立以来农村妇女的政治参与、基层民主发展、乡村社会治理、社会文明进步以及女性生活变迁等内容。书稿还原了新中国成立初期女性参与乡村地方社会治理的情景，构建中国乡土社会基层民主建设的历程，揭示了新中国成立以来妇女参政的成就，及其新中国成立后农村社会在政治、经济、社会、文化等方方面面的发展变迁情景。

本书从2016年初开始筹备，经过杭州师范大学历史系本科141班、151班学生，以及历史系2015级、2016级中国近现代史、专门史专业硕士研究生，共40多位年轻学子近三年的持续努力，同学们主要利用寒暑假对家乡妇女干部进行口述访谈，回到学校后进行“逐字稿”的整理，最后进行逻辑梳理工作，现在基本完成了这项工作。

在编辑过程中，编者根据文稿内容和质量，精心筛选，最终保留了约四十位出任基层干部农村妇女的故事，反映了浙江、江西、安徽、福建、湖南、河南、陕西、山西、山东等省农村妇女干部的成长、工作、生活等内容。书稿中的受访者，多出生于20世纪上半叶，多经历了土改、扫盲运动、“四清”、“文化大革命”，也有部分是改革开放后的。大多是一辈子从事妇女主任工作的。我们所做的是尽量复原、保留她们的热血情怀，生命历程。在此也对她们的工作与奉献，表示崇高的敬意。

为阅读方便，大致上将书稿分成五部分。第一部分是“峥嵘岁月”，反映的是新中国成立初期妇女干部的工作生活等内容；第二部分是“心诚志坚”，反映的是对工作充满的信念和执着；第三部分是“两全其美”，反映的是妇女主任如何兼顾家庭和工作的；第四部分是“甘苦冷暖”，反映的是妇女干部在工作中的种种艰辛和快乐；第五部分是“改革年代”，反映的是改革开放后妇女主任的工作生活。

本书从计划到出版，得到杭州师范大学党委宣传部、教务处、学生处、团委、科学研究院、人文学院，浙江省民国浙江史研究中心，杭州师范大学浙江省“十三五”优势专业（历史学）、浙江省一流专业（历史学）、浙江省一流学科（中国史）、浙江省重点学科（中国近现代史），特别是浙江省“十三五”师范教育创新工程项目（文史专业卓越教师的养成途径）等部门、平台、项目的大力支持。感谢人民出版社，尤其是詹夺老师，在持续七年的出版过程中所付出的辛勤劳动。感谢主管部门严格而专业的审定，感谢大家！

丁贤勇

2020 年 12 月 21 日

2024 年 8 月 16 日改订

责任编辑：詹　夺
封面设计：姚　菲
责任校对：东　昌

图书在版编目（CIP）数据

乡村妇女主任口述 ：新中国基层社会政权建设：1949—1999 / 丁贤勇，刘俊峰，徐杨，冯小雪编著．-- 北京 ：人民出版社，2024. 11. -- ISBN 978 – 7 – 01 – 026678 – 7

I . D442.6

中国国家版本馆 CIP 数据核字第 20245MK149 号

乡村妇女主任口述

XIANGCUN FUNÜ ZHUREN KOUSHU

——新中国基层社会政权建设：1949—1999

丁贤勇　刘俊峰　徐杨　冯小雪　编著

人民出版社 出版发行

（100706　北京市东城区隆福寺街 99 号）

北京建宏印刷有限公司印刷　新华书店经销

2024 年 11 月第 1 版　2024 年 11 月北京第 1 次印刷

开本：710 毫米 ×1000 毫米 1/16　印张：31.25

字数：495 千字

ISBN 978 – 7 – 01 – 026678 – 7　定价：168.00 元

邮购地址 100706　北京市东城区隆福寺街 99 号

人民东方图书销售中心　电话（010）65250042　65289539